거대한 고분에 새겨진
고대인들의 죽음에 관한 관념

Kofun-Jidai no Sôsei to Takaikan

Copyright © 2014 by Seigo Wada

First published in Japan in 2014 by Yoshikawa Kobunkan Co., Ltd., Tokyo
Korean translation rights arranged with Yoshikawa Kobunkan Co., Ltd.
through Japan Foreign-Rights Centre/ Shinwon Agency Co.

이 책의 한국어판 저작권은 신원에이전시를 통한 저작권사와의 독점 계약으로
도서출판 생각과종이에 있습니다. 저작권법에 의해 한국 내에서 보호를 받는 저작물이므로
무단전재와 복제를 금합니다.

거대한 고분에 새겨진
고대인들의 죽음에 관한 관념
초판 1쇄 펴낸날 2019년 2월 20일

지은이	와다 세이고
옮긴이	이기성, 천선행, 최영주
펴낸이	문정원
펴낸곳	도서출판 생각과종이
기획	가경고고학연구소
편집	사공영
디자인	이새미
등록	제 566-25100-2014-000004호
주소	충청남도 천안시 서북구 충무로 155, 301호
전화	070-4191-0610
전송	0303-3441-7503
전자우편	jw9408@naver.com

ISBN 979-11-955977-1-0 03910

* 이 책은 가경고고학연구소의 학술연구지원을 받아 출간되었습니다.
* 잘못 만들어진 책은 바꿔드립니다.
* 책값은 뒤표지에 쓰여 있습니다.
* 이 도서의 국립중앙도서관 출판시도서목록(CIP)은 e-CIP 홈페이지(http://www.nl.go.kr/ecip)와 국가자료공동목록시스템(http://www.nl.go.kr/kolisnet)에서 이용하실 수 있습니다.
  (CIP 제어번호: CIP2018041243)

거대한 고분에 새겨진
고대인들의 죽음에 관한 관념

古墳時代の葬制と他界観

와다 세이고 지음 ㅣ 이기성·천선행·최영주 옮김

생각&종이

일러두기

1. 이 책은 와다 세이고의 《古墳時代の葬制と他界観》(2014)을 완역한 것이다.
2. 맞춤법과 띄어쓰기는 국립국어원의 '한글맞춤법'에 따랐다.
3. 인명, 지명, 시대 명칭 등 고유명사는 원칙적으로 국립국어원의 외래어 표기법에 따라 표기했으나, 국내 독자의 이해를 돕기 위해 다음 몇 가지 예외를 두었다. '古墳時代'는 '고훈시대'가 아닌 '고분시대'로, '閉ざされた棺'은 '가두는 관'으로, '開かれた棺'은 '열린 관'으로, '据えつける棺'은 '설치된 관'으로, '持ち運ぶ棺'은 '들어 나르는 관'으로, '板石囲い'는 '판석 두르기'로, '仕切石'은 '구획석'으로 표기했다. 또한 원서에서는 '묘광墓壙'을 '묘갱墓坑'으로 바꾸어 표기했지만, 이 책에서는 '묘광'으로 통일해 썼다.
4. 일본 고서는 《일본서기日本書紀》와 《고사기古事記》를 제외하고는 모두 일본어 발음에 따라 표기했다.
5. 이 책의 고분시대 시기 구분과 시대 인식의 개요에 관해서는 부론2의 '고분시대의 정의'를 참고하기 바란다.
6. 원서에는 각 장의 말미에 해당 장의 주註가 배치되어 있었지만, 한국어판에서는 본문 내용과 관련된 논의 혹은 보충 설명은 해당 페이지 하단에, 문헌들은 책 말미에 배치하였다. 다만, 본문 내용과 관련된 논의 가운데 초출 논문 집필 시에는 제기되지 않았던 것들은 따로 정리해 각 장의 말미에 '보주補註'로 정리해 실었다.
7. 본문에 쓰인 기호의 쓰임새는 다음과 같다.
    - ■ : 지은이주
    - ● : 옮긴이주
    - 《 》: 단행본, 간행물
    - 〈 〉: 논문, 미술 작품 등

들어가는 말

일본열도에서 시작된 긴 역사 가운데 '고분시대古墳時代'로 이름 붙여진 시대는 3세기 중엽부터 6세기 후엽까지 약 350년간으로, 사람들이 고분에 열광했던 특이한 시대이다. 고분은 남쪽으로는 규슈九州 지방부터 북쪽으로는 도호쿠東北 지방 남부에 걸쳐 넓게 축조되었으며, 그 수가 크고 작은 것들을 합해 약 십수만 기에 달한다. 이 시기는 일본열도에 처음으로 본격적인 관개시설을 동반한 수도농경사회水稻農耕社會가 정착되고 복잡화되기 시작한, 그야말로 고대국가 형성의 도상途上에 해당한다. 따라서 고분시대사 연구의 중심을 이루는 고분 연구는 자연히 고분의 형태, 규모, 매장 시설, 부장품, 하니와埴輪* 류 등을 정치·경제·사회사적으로 분석·검토하고 이해하는 데 중점을

---

* 흙으로 빚어 만든 토기의 일종으로, 갖가지 인물이나 동물·기물 모양으로 만들어 무덤의 봉분 주위를 두른 것.

두어왔다. 고분을 구성하는 요소들이 당시 사회의 질서와 변화를 민감하게 반영하고 있을 것이라 평가되었기 때문이다. 그러나 '무덤인 고분이 어째서 당시 사회의 여러 양상들을 반영할 수 있는가'라는 의문 역시 항상 따랐다.

흔히 '고분은 무덤이지만 단순한 무덤은 아니다'라고들 이야기한다. 그렇다면 고분이란 무엇일까? 분구墳丘*의 표면에 즙석葺石**을 깔고 하니와 등을 줄지어 세우고 때로는 물이 차 있는 주호周濠를 둘러 만드는 고분은 무엇을 표현하는 것일까? 사람들은 왜 그 거대한 것을 만드는 데 그토록 많은 힘과 노력을 기울였을까? 달리 말해 당시 사람들에게 고분은 어떤 사상적·종교적 의미를 가지고 있었을까? 이런 의문에 관해 지금까지 고고학은 충분한 답을 하지 못했다.

고분이란 무엇인가?

이 책의 목적은 바로 이 의문에 다가서는 것으로, 이에 도움이 되는 고고학적 증거를 구체적인 시점에서, 넓은 시야로, 많이 수집해 기초적인 검토를 하는 데 있다.

제2차 세계대전 이후 고분 발굴조사 횟수가 증가하고 발굴 방법이 정밀해져 정보를 풍부하게 축적하고 다양한 분석을 할 수 있게

---

* 무덤 위에 쌓은 봉분. 다만 지금의 것과 달리 옛날 고분시대에는 봉분을 크게 언덕처럼 만들어 피장자의 권위를 내보이곤 했다. 따라서 현재의 봉분과 구분하여 분구라고 부른다.
** 봉분의 경사면에 깐 잔 자갈.

되어, 고분에 대한 인식이 깊어졌다. 고분이 무엇인지 검토하기 위한 조건이 갖추어진 것이다. 그렇기에 이 책에서는 고분이라는 장소에서 행해진 사람들의 행위를 가능한 폭 넓게, 구체적으로 검토·복원하는 것에서부터 작업을 시작했다.

먼저 고분과 관련된 의례 전체를, 특정한 이념에 기초해 쓴 각본에 따라 고분과 그 주변이라는 무대에서 대도구와 소도구를 사용하여 행해진 일종의 연극(복수의 의례적 행위의 집적)으로 판단했다. 그래서 최종적으로는 대도구인 유구遺構와 소도구인 유물遺物에서 각본을 유추하고, 각본에서 기본 이념을 추측해내는 방법으로 고분 의례를 검토하고자 했다. 다행히도 사람의 손으로 훼손하지 않는 한, 부패로 소멸하지 않는 한, 분구 안팎에는 사람들의 약속에 따라 행해진 일회성의(추가장이 이루어지지 않았다면) 의례적 행위에 동반된 대도구나 소도구가 행위의 순서에 따라 남아 있을 것이기 때문이다. 순조롭다면 대도구와 소도구의 사용 방법과 사람의 동선動線도 추측할 수 있을 것이다.

그렇게 연구한 결과 고분 의례는 죽은 대왕大王이나 수장首長의 혼魂의 명복을 빌고 사자死者의 혼을 무사히 타계他界로 보낸다고 하는, 고대사회에 비교적 보편적이었던 관념을 지극히 일본열도의 고분시대적 방식으로 표현한 것이었다. 그 의례 가운데서 고분은 분구 내부에 유체를 매장하는 무덤으로 기능했으며, 동시에 표면에 사자의 혼이 향해 가는 타계(내세來世)를 표현해 '타계를 구현한 것', 즉 모조품으로 만들어져 의례의 중요한 도구로도 기능했다. 일본열도에서 타계를 가시화한 것은 이때가 최초였고, 따라서 여기에 고분의 큰 문화사적·사상사적 의미가 있다.

고분시대 장례 행렬葬列의 목적은 배를 타고 가는 사자의 혼을 무사히 타계로 보내는 것으로, 추측컨대 실제 장례 행렬에서는 실물 크기로 치장된 배에 유체를 싣고, 땅 위에서 그것을 타계를 본떠 만든 고분을 향해 끌고 갔을 것이다. 고분의 형태와 규모에 타계의 질서가 고스란히 투영되어 있으니, 고분 축조는 사회를 통합하는 데도 중요한 의미가 있었다.

이와 같은 이해는 고대국가 형성 과정에서 고분 의례가 가지고 있던 정치사회적·사상적 의의를 생각하는 데 있어서도, 뒤따르는 아스카시대飛鳥時代에 사원寺院을 중심으로 한 불교문화가 도입된 것을 생각하는 데 있어서도 중요하다. 또한 앞으로 이와 관련된 여러 견해를 검증하고 과제를 해명해나가기 위해서는 관련된 문제들을 동아시아적 범위에서 논의하는 과정도 반드시 필요할 것이다.

이 책에서는 문제 제기적 성격을 띠는 1장을 필두로, 이런 논의의 중심이 되는 논문 여덟 편을 살핀다(집필 순 게재). 뒤이어 그것을 보완하는 소논문 세 편을 보고, 마지막으로 종장을 통해 전체를 정리한다. 각 장에서 다룬 논의는 집필 이후 검증 과정에서 새로운 전개를 맞기도 했고, 따라서 의견들에 약간의 변화가 생기기도 했다(뒤로 갈수록 지금의 생각에 가까우며 종장이 현재의 총괄적인 견해이다). 논문 발표 후 새롭게 밝혀지거나 알게 된 사실도 있으나, 몇몇 단어와 문장만을 수정했을 뿐 가능한 처음 쓴 그대로 실었다. 다만 논지와 관계된 중요한 가필, 수정, 유의점 등이 있는 경우에는 장 말미에 '보주'를 두어 설명했다. 초출 논문을 기본으로 한 만큼 중복과 수정이 적지 않은 점에 대해서는 양해를 부탁드린다.

단행본으로 정리하며 책 전체의 통일성을 고려해 제목과 소제목은 일부 변경했으며, 그림과 표는 중복을 피하기 위해 새로 정리해 1장에서부터 차례대로 번호를 부여했다. 논문의 사사는 생략했고 초출의 서지와 참고문헌은 한꺼번에 정리해 책 뒷부분에 수록했다. 용어와 관련해서는 '묘광墓壙'은 '묘갱墓坑'으로, '점토상粘土床'은 '점토관상粘土棺床'으로 통일했다. 관棺·곽槨·실室을 총괄할 때에는 '내부 시설' 대신 '매장 시설'이라는 용어를 선택했으나, 단축段築·즙석·하니와 등 '외부 시설'의 대응으로 '내부 시설'을 쓴 경우에는 그대로 두었다. 이 책의 고분시대 시기 구분과 시대 인식의 개요에 관해서는 부론2의 '고분시대의 정의'를 참고하기 바란다.

독자들에게 조금이나마 도움이 되는 책으로 읽히기를 바라며, 책에서 다룬 내용들에 대해 자유로운 비판이 오고가기를 염원한다.

한국의 독자들에게

저는 일본의 나라奈良에서 태어나고 자랐으며, 교토京都대학교 고고학 연구실에서 고고학 공부를 시작했습니다. 제가 대학교 1~2학년이던 무렵에 일본은 고도의 경제성장기에 들어서서, 지역개발이 활발하게 추진되며 많은 유적이 파괴되고 있었습니다. 그런 와중이라 자연히 유적의 보존 활동에 참가할 기회가 많았고, 활동하며 고분을 중심으로 다룬 고고 자료를 이용해 지역 역사를 해명할 수 있다는 사실을 알게 되었습니다.

본격적으로 고고학 공부를 시작한 이후에는 고분 편년을 재검토하고, 교토부 남부(미나미야마시로南山城 지역)의 지역사를 연구했습니다. '지역을 통해 전국을 보겠다'는 생각으로, 미나미야마시로 지역의 고분 축조 상황을 검토해 얻은 결과를 당시 최고 권력자인 대왕의 묘역이나 타 지역 묘와 비교해 살펴보았고, 그렇게 고분시대라는 일본열도 초기 수도농경사회에서 고대국가가 형성될 당시의 정치·사회 연구를 진행했습니다.

그러던 중 1991년에 리츠메이칸대학교에서 장기 해외연수의 기회를 얻어 처음으로 한국을 방문했습니다. 제 나이 마흔세 살 때였고, 다른 연구자들에 비해 상당히 늦은 편이었습니다. 교토 지역사로 연구를 시작한 탓도 있고 이전까지 제 문제의식이 좀처럼 한반도까지 미치지 않아 방문할 기회가 별로 없었기 때문입니다. 같은 대학교 선후배 가운데는 영국이나 프랑스로 연수를 가는 사람이 많았지만, 저는 한국어가 서툴면서도 주저 없이 한국을 택했습니다. 일본 고분 문화를 이해하기 위해서는 한국의 유적과 유물을 실제로 접할 기회를 많이 가져야 한다는 것을 깨달았기 때문입니다. 그때부터 약 2개월 반 동안 부산 동아대학교에서 연구 활동을 했습니다. 그때 도움을 주신 동아대학교 학생들과 대학원생들, 선생님들, 그외 제가 방문했던 다른 대학교나 박물관, 유적 등에서 다양한 정보와 가르침을 주신 많은 분들께 깊이 감사드립니다. 덕분에 한국 고고학의 매력에 한층 더 빠질 수 있었습니다.

이후로는 기회가 생길 때마다 종종 한국을 방문해 더 많은 분들께 신세지며 여러 유적과 유물을 견학했습니다. 그러나 석공 기술과 관련된 쐐기 박기(구사비아나矢穴)에 대해서만 조금 살펴보았을 뿐 그렇다 할 성과는 거두지 못하고, 한일 고고 자료를 머릿속에서 비교하는 정도로만 만족해왔습니다. 하지만 이 책에서는 최초로, 한국과 일본 유구의 공통점과 차이점을 조금이나마 확장된 시야로 관찰해 얻은 고찰을 다뤘으며, 그런 의미에서 이는 제가 가진 문제의식을 이제 겨우 한국으로까지 확장해 거둔 첫 번째 결과물입니다. 지금까지 신세진 여러 분께 조금이나마 답례가 될 수 있기를 바랍니다.

이 책의 의의는 고분의 종교적·의례적 의미를 찾는 데 있습니다.

고분이 갖는 의미 가운데 정치적이고 사회적인 것만을 논하는 것은 너무 편파적입니다. 우리는 과연 어떤 집단이, 어떤 종교적·의례적 의미를 가지고, 무덤인 전방후원분을 비롯한 크고 작은 수많은 고분을 약 350년 동안이나 건설했는지 해명해야 합니다.

고고학에서 인간의 마음을 다루는 것은 어렵다고들 이야기합니다. 그러나 고분 내부나 표면에는 후세 사람들이 교란하지 않는 한, 피장자의 장송 의례와 관련된 여러 가지 행위의 흔적이 유구와 유물 등으로 많이 남아 있습니다. 게다가 그 행위는 특정한 의례적 약속에 근거를 두고 있습니다. 그래서 이 책에서는 발굴조사에서 얻은 여러 가지 흔적들을 바탕으로, 개별 흔적을 구체적으로 검토하고, 그들을 연결 짓는 줄거리(시나리오)를 복원하고, 최종적으로 그 기본 이념에 다가가는 방법을 취했습니다.

이런 시도가 담긴 이 책을 이번에 리츠메이칸대학교에서 유학하고 박사학위를 취득한 이기성, 천선행, 최영주가 번역한다는 소식을 듣고 매우 기뻤습니다. 다만 제 글이 그들이 고생해 번역할 만한 가치가 있는지를 생각하면서는 조금 부끄러웠습니다. 논문집 형태이므로 반복되거나 생각을 수정한 부분도 있어 읽기가 다소 번잡스러울 수 있으리라 짐작됩니다만, 부디 양해해주시기를 부탁드립니다.

마지막으로 일일이 열거하기는 어렵지만, 지금까지 한국과 일본의 여러 장소에서 다양한 가르침을 주신 많은 고고학 동료들의 이름과 얼굴을 떠올리며 한 분 한 분께 진심으로 감사의 말씀을 전합니다.

2018년 효고현에서
와다 세이고

차 례

들어가는 말 _____ 5
한국의 독자들에게 _____ 10

1장 장제의 변천

시작하며 _____ 20
1. 고분 축조 _____ 21
2. 분구와 내부 시설 _____ 24
3. 관·곽·실 _____ 33
4. 다양한 장법 _____ 38

2장 '설치된 관'과 '들어 나르는 관'

시작하며 _____ 46
1. 설치된 관: 수혈계 내부 시설의 경우 _____ 48
2. 설치된 관: 횡혈계 내부 시설의 경우 _____ 55
3. 들어 나르는 관 _____ 68
마무리하며 _____ 74

3장 묘광과 분구의 출입구

시작하며 80
1. 묘광의 출입구 82
2. 분구의 출입구 92
마무리하며 109

4장 '가두는 관'과 '열린 관'

시작하며 116
1. 가두는 관 117
2. 열린 관 125
마무리하며 132

5장 동아시아의 '열린 관'

시작하며 138
1. 일본열도의 열린 관 140
2. 한반도의 열린 관 146
3. 중국의 열린 관 159
마무리하며 166

6장   황천국과 횡혈식석실

시작하며	174
1. 간추린 연구 역사	175
2. 두 개의 횡혈식석실	177
3. 황천국 방문담의 개요와 무대 장치	181
4. 황천국과 규슈계 횡혈식석실	184
마무리하며	187

7장   고분의 타계관

시작하며	194
1. 고분 축조와 매장 절차	197
2. 종교적 측면에서 본 고분의 두 가지 성격	214
3. 고분과 배	220
4. 타계와 횡혈식석실	230
마무리하며	236

8장   고분 축조에 관한 약간의 고찰

    시작하며 _____ 242

    1. 수릉과 시장자 _____ 242

    2. 고분 축조와 군사행동 _____ 257

    3. 고분 축조의 이벤트적 성격 _____ 263

    4. 고분시대의 장례 행렬과 타계를 구현한 것으로서의 고분

       _____ 267

    마무리하며 _____ 268

부론1   석관 출현과 그 의의

    시작하며 _____ 272

    1. 석관 종류와 출현 시기 _____ 275

    2. 석관 출현의 배경 _____ 277

    3. 가두는 관과 열린 관 _____ 290

    마무리하며 _____ 293

부론2   일본 고분의 특징과 가야 분구묘

    시작하며 _____ 296

    1. 고분시대의 정의 _____ 297

    2. 고분시대 전·중기의 관점 _____ 303

    3. 고분시대 후기의 관점 _____ 313

    마무리하며 _____ 316

부론3 고분의 이해와 보존정비

시작하며 — 320
1. 고분의 일반적인 특징 — 322
2. 고분은 타계를 구현한 것 — 328
3. 고분 정비 — 330

종장 가시화된 타계

1. 고분이란 무엇인가 — 334
2. 고분 축조의 조건 — 336
3. 고분(전방후원분)의 사회적 기능 — 338
4. 고분(전방후원분) 의례에서 불교 의례로 — 339

나가는 말 — 342
옮긴이의 말 — 347
주 — 351
초출일람 — 372
자료 목록 및 출처 — 374
참고문헌 — 377
찾아보기 — 397

1장
장제의 변천

시작하며

만인이 피할 수 없는 '죽음'이라는 것에 대해 사람들이 취하는 행위는 시대와 장소에 따라 매우 다양하게 변한다. '고분시대'란 사람들이 죽음을 대하며 취한 행위의 한 기념물을 시대 명칭으로 사용한 것이다. 이 시대는 '삶'이 다른 어떤 시대보다도 더 직접적으로 '죽음'과 마주하고 있던 시대, 바꾸어 말하면 사람들이 사후 세계를 가장 의식하고 죽은 자 또는 조상신과 함께 살았던 시대가 아니었을까 생각한다. 그 속에서 전개된 고분 의례는 사자를 극진히 장례 지내는 행위이자, 죽은 자와 산 자 사이 혹은 산 자와 산 자 사이를 이어주고, 그 관계를 확인 및 재생산하는 행위라고 할 수 있다.

따라서 수장분首長墳*에서 출발해 후기 군집분群集墳**에 이르기까지,

---

* 우두머리의 무덤.
** 여러 종류의 무덤들이 모여 있는 형태.

광범위한 사람들의 장제 葬制에 수반된 고분 의례를 취급하는 관점이란 매우 다양하고 다각적이다. 이 가운데 1장에서는 장송 葬送과 직접 관련된 사람들의 행위에 초점을 맞추고, 장제라고 하는 소위 고분 의례의 방식과 절차에 대해 검토하고자 한다. 고분을 축조하는 과정 및 유체를 다루는 과정 전체가 바로 장제에서 유래하는 의례적 행위라는 입장에서, 먼저 장제 과정을 가능한 구체적으로 복원하는 것에서부터 출발할 것이다. 다만 장제와 관련된 것들은 지역색이 매우 강하기 때문에 먼저 키나이 畿內 지역을 중심으로 살펴보고, 필요에 따라 다른 지역에 대해서도 살펴보고자 한다.[보주1]

1. 고분 축조

고분을 만드는 과정에 대해서는 여러 가지 의견이 있으며, 유일한 과정이 있다고 단정할 수도 없지만, 전형적인 한 가지 안 案을 제시하면 다음과 같다(2장에서 다시 한 번 다룬다).

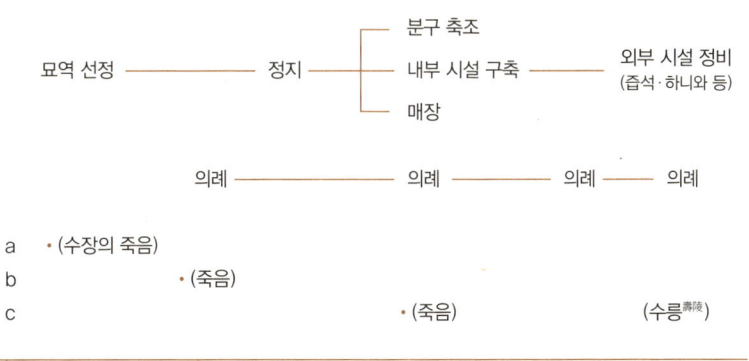

먼저 묘역을 선정한다. 고분시대 전기에는 구릉 능선이나 대지 주변부, 중기에는 평탄한 대지나 단구段丘* 위, 후기에는 구릉이나 산기슭, 종말기의 아스카시대에는 산기슭의 남쪽 경사면을 선정하는 경우가 많았다.

묘역을 선정하고 나면, 부근 일대를 정지整地**하고 분구 축조를 시작한다. 착공에 앞서 몇 가지 의례를 치렀을 것으로 추정되지만, 토기나 목탄이 출토될 뿐 그 증거가 적다. 후기 고분인 후쿠오카福岡현 아사쿠라朝倉시 오니노마쿠라鬼/枕 고분¹의 분구 아래에 있는, 구舊지형의 가장 높은 곳에서 확인된 모닥불 흔적이 있는 토광土壙(구덩이) 등이 이런 의례와 관련된 유구遺構일 것이다.

분구는 산을 깎거나 성토盛土***해서 만드는데, 어떤 작업의 비중이 더 큰지는 고분에 따라 다르다. 성토하는 경우도 먼저 분구 가장자리를 높게 쌓고 내부를 채워 넣는(충진充塡) 방법, 성토할 범위의 중심에 작은 분구를 쌓고 그것을 포함하여 쌓아올리는 방법, 또는 양자를 병용하는 방법 등 다양하다.

그러면 분구 축조와 내부 시설 구축, 유체 매장은 어떤 순서로 실행될까? 이 점은 1장의 주요 주제 가운데 하나로, 이어지는 '분구와 내부 시설'에서 자세히 검토하고자 한다. 그리고 각각의 행위를 수행하는 과정에서 때마다 특정한 의례가 이루어졌음을 토기와 그 밖의

• 바다, 호수, 강 기슭을 따라 형성된 계단 모양의 지형.
•• 땅을 반반하고 고르게 만듦.
••• 흙을 쌓음.

유물을 통해 알 수 있다.

즙석이나 하니와가 어느 시점에 배치된 것인지도 현재로서는 아직 논의 중이지만, 이 책에서는 분구 축조와 유체 매장이 끝난 후에 배치된 것으로 간주한다. 분구 정상부 네모반듯한 구획에 있는 하니와열이 유체 매장 후의 묘광墓壙 위에 배열되어 있는 점이 그 증거 가운데 하나이며, 내부 시설의 배수구 위 분구 밑단부에 원통형하니와열이 놓여 있는 예(나라시 마에츠카マエ工塚고분2), 소형 고분에서 묘광 위에 즙석이 덮여 있는 예를 통해서도 추측할 수 있다. 최근 출토 예가 증가하고 있는 목제 하니와도 대부분 분구 축조와 유체 매장이 끝난 후에 하니와와 더불어 배치된다.[보주2]

유체 매장이 끝나고 즙석과 하니와가 배치되어 고분이 완성된 후에, 분구 정상부의 네모반듯한 구획에 있는 하니와열의 바깥 부분(교토부 무코向日시 데라도오츠카寺戶大塚고분3)이나 분구 밑단부의 원통형하니와열의 바깥 부분(교토부 요사노与謝野정 시기타니히가시鴨谷東 1호분4) 등에서 토기를 이용한 의례가 이루어지면 고분 의례가 대개 종료된다.

이런 행위들은 언제부터 어떤 계기로 시작되었을까? 고분이 매장되는 수장의 죽음을 계기로 조영造營되는지, 아니면 수장이 살아 있을 때 고분의 분구가 이미 완성되는 것인지는 고분 제사의 성격을 고려할 때, 매우 중요한 과제다. 따라서 이 문제 역시 '분구와 내부 시설'에서 함께 살펴보고자 한다.

2. 분구와 내부 시설

(1) 묘광

분구 축조, 내부 시설 구축, 유체 매장. 고분 축조 과정에서 가장 중요한 이 세 가지 행위는 어떤 순서에 따라 실시될까? 이 논의를 시작하기 위해서는 먼저 고분시대 각 시기에 성행한 매장 시설과 이를 구축하기 위해 설치된 묘광의 구축 방법 등부터 살펴보아야 한다.

먼저 내부 시설의 변천 과정은 개략적으로 그림1과 같이 정리할 수 있다.[보주3] 키나이 지역에서 알 수 있는 한 가지 중요한 점은 고분시대 전·중기에 수혈竪穴식석곽, 점토곽, 관의 직장直葬 등 수혈계가 발달했다는 것이다. 후기에야 횡혈橫穴식석실이 보급되고, 종말기의 아스카시대에는 횡구橫口식석곽이 출현하여 후반에 주류를 이뤘다.

묘광 축조 방법은 그림2와 같이 유형화할 수 있다. 가장 먼저 묘광의 유무에 따라 전체를 크게 둘로 나눈다. 묘광이 없는 것을 '무無묘광'이라 하지만, 무묘광 가운데서도 관이나 석재를 배치할 때 약간은 굴착掘鑿하는 경우가 있다. 다음으로는 묘광이 지반이나 성토를 굴착해 만든 것인지, 흙이나 돌로 구축한 것인지가 기준이 되며, 전자를 '굴착묘광', 후자를 '구축묘광'이라고 한다. 굴착묘광은 분구 축조 과정의 어느 단계에서 묘광을 굴착하는지에 따라 더 세분된다. 성토가 종료된 후에 묘광을 굴착하는 경우(a류)가 있고, 성토 도중에 굴착하는 경우(b류), 지반에 묘광을 굴착하고 그 후에 성토하는 경우(c류)가 있다.

그림2를 통해 내부 시설과 묘광의 대응 관계를 확인할 수 있다. 수혈계 내부 시설에서는 모든 유형의 묘광이 나타나며, 특정 내부 시

그림1 관·곽·실의 종류와 변천

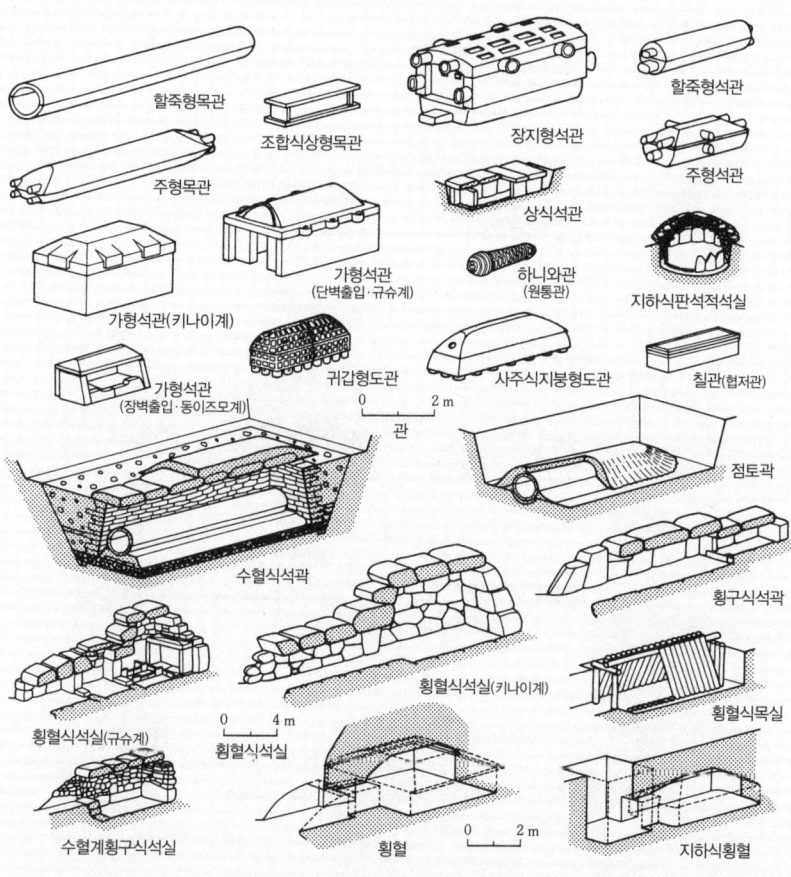

그림2 내부 시설과 묘광의 유형

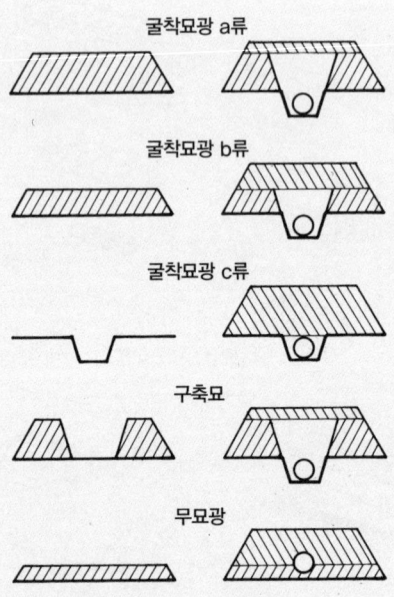

수혈계의 내부 시설(수혈식석곽·점토곽·관 직장)

- 묘광 있음   굴착묘광 a류   오사카부 쇼군야마고분, 나라현 도다이지야마고분
  굴착묘광 b류   오카야마현 쓰기노와고분, 지바현 산노야마고분
  굴착묘광 c류   오카야마현 1호분, 효고현 야쿠야마 1호분

  구축묘광   나가노현 모리쇼군즈카고분, 이시카와현 고쿠부아마즈카 1호분, 나라현 메스리야마고분

- 묘광 없음   무묘광   후쿠오카현 죠시즈카고분, 지바현 이시가미 2호분, 오사카부 노나카고분, 나라현 사키미사사기야마고분

횡혈계의 내부 시설(횡혈식석실)

- 묘광 있음   얕은 묘광   후쿠오카현 스키자키고분, 교토부 온도가이케 1호분
- 묘광 없음   무묘광   나라현 이치오하카야마고분

횡구계의 내부 시설(횡구식석곽)

- 묘광 있음   얕은 묘광   나라현 고세야마 323호분
- 묘광 없음   무묘광   나라현 다카마츠즈카고분, 나라현 이시노카라토고분

설과 특정 묘광이 짝을 이루는 경향은 보이지 않는다. 그러나 여러 묘광 가운데 가장 일반적인 것은 굴착묘광이고, 특히 굴착묘광 a류는 고분 출현 당시부터 키나이의 기본적인 묘광 축조 방법이었을 것으로 추정된다. 그에 비해 다른 유형들은 특정 지역에서만 발견되어 분포의 보편성이 부족하고, 규슈·호쿠리쿠北陸·간토関東 등에서 적잖이 확인되는 무묘광을 제외하면 사례도 많지 않다.

결론적으로 굴착묘광 a류와 다른 유형을 비교하면, 굴착묘광 a류는 키나이적·고분적이며, 그 외 유형, 특히 굴착묘광 c류나 무묘광은 토착적·전통적이라 할 수 있다. 양자의 차이는 기본적으로 계층차를 내포하며, 키나이와 주변부의 장제 차이로 파악될 가능성이 높다. 다만 대왕분 또는 그에 상응하는 고분으로 판단되는 나라현 사쿠라이桜井시 메스리야마メスリ山고분[5]에서 구축묘광이 확인되고, 나라시 사키미사사기야마佐紀陵山고분(현 히바수히메노미코토日葉酢媛命릉)[6]이 무묘광으로 추측되기도 하기 때문에, 오직 이런 관점만으로 그 차이를 다 설명할 수는 없을 것이다.

한편 고분시대 후기 이후의 횡혈식석실이나 종말기 이후의 횡구식석곽은 수혈계와 큰 차이를 보이며, 수혈계는 시간이 지나며 굴착묘광 a류가 사라지고 거의 대부분 굴착묘광 c류 내지 무묘광으로 변했다.[보주4] '수혈계 횡구식석실'로 불리며 북부큐슈를 중심으로 분포한 도입기의 횡혈식석실은 묘광이 깊은 것이 특징이며, 다른 시설들과 비교해보면 묘광의 유무에서는 큰 차이를 발견하기 어렵다.

(2) 분구와 내부 시설의 구축 패턴

고분의 내부 시설과 묘광은 고분 축조 과정과 어떤 관련이 있을까?

다음 표1과 같이 그 관계를 정리할 수 있다.

표1 분구와 내부 시설의 구축 패턴

계통	묘광 유형	구축 순서						유형
수혈계	굴착묘광 a류	분구 축조	=/=	내부 시설 구축	===	매장		분구선행형
	굴착묘광 b류							
	굴착묘광 c류	분구 축조	===	내부 시설 구축	===	매장		동시진행형
	구축묘광							
	무묘광							
횡혈계	얕은 묘광	분구 축조	===	내부 시설 구축	===	매장		동시진행형
	무묘광	분구 축조	===	내부 시설 구축	===	매장		매장후행형
횡구계	얕은 묘광	분구 축조	===	내부 시설 구축	===	매장		매장후행형
	무묘광							

=== 행위가 연속으로 이루어지는 경우
=/= 행위가 시간 간격을 두고 이루어지는 경우

먼저, 수혈계 내부 시설이 주로 채택된 고분시대 전·중기에 주류를 점한 굴착묘광 a류는 분구 축조가 선행되고, 분구가 완성된 후에 묘광이 굴착되고 내부 시설이 구축되며, 이와 병행하여 유체가 매장된다(분구선행형). 수혈식석곽을 예로 들어 그 과정을 소개한 것이 그림 3이다. 할죽형목관割竹形木棺●을 배치하고, 석곽 하부의 벽체를 일정한 높이까지 쌓아올리는 것이 절차의 전반부에 해당하고, 유체를 묻고 부장품을 배치하는 의례부터 그 이후가 후반부에 해당한다. 즉 전반

● 큰 나무의 위아래를 잘라내고 중간 부분을 세로로 갈라 내부를 파내고 각각을 관과 뚜껑으로 쓸 수 있게 만든 목관.

그림3 굴착묘광 a류의 매장 절차(수혈식석곽)

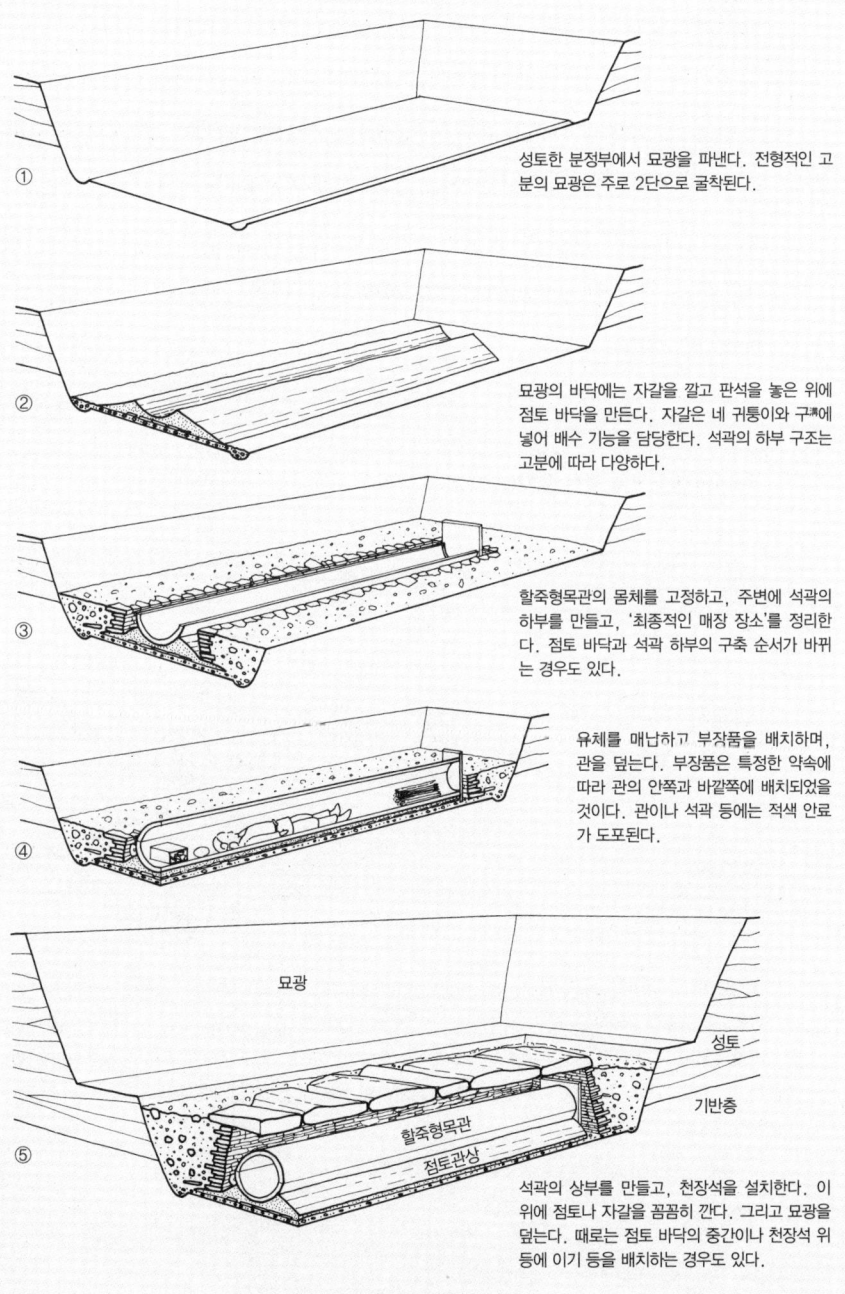

① 성토한 분정부에서 묘광을 파낸다. 전형적인 고분의 묘광은 주로 2단으로 굴착된다.

② 묘광의 바닥에는 자갈을 깔고 판석을 놓은 위에 점토 바닥을 만든다. 자갈은 네 귀퉁이와 구체에 넣어 배수 기능을 담당한다. 석곽의 하부 구조는 고분에 따라 다양하다.

③ 할죽형목관의 몸체를 고정하고, 주변에 석곽의 하부를 만들고, '최종적인 매장 장소'를 정리한다. 점토 바닥과 석곽 하부의 구축 순서가 바뀌는 경우도 있다.

④ 유체를 매납하고 부장품을 배치하며, 관을 덮는다. 부장품은 특정한 약속에 따라 관의 안쪽과 바깥쪽에 배치되었을 것이다. 관이나 석곽 등에는 적색 안료가 도포된다.

⑤ 석곽의 상부를 만들고, 천장석을 설치한다. 이 위에 점토나 자갈을 꼼꼼히 깐다. 그리고 묘광을 덮는다. 때로는 점토 바닥의 중간이나 천장석 위 등에 이기 등을 배치하는 경우도 있다.

부는 최종적인 유체 매장의 의례를 집행하는 장소(場)를 설치하는 과정이고, 후반부는 매납(埋納)한 유체를 보호·밀봉하는 과정이라 할 수 있다. 최종적인 매장 장소가 이런 형태인 이유 가운데 하나는 할죽형목관의 성격이 '설치된 관'이기 때문이다(2장에 자세히 다룬다).

반면 굴착묘광 b류와 c류, 구축묘광, 무묘광에서는 분구 축조, 내부 시설 구축, 유체 매장이 연속으로 이루어진다(동시진행형). 묘광이 있는 경우에는 묘광이 굴착된 이후의 과정이 앞에서 기술한 굴착묘광 a류의 경우와 같거나 그보다 간략하다. 다음 그림4는 구축묘광의 매장 절차이다.

그림4 구축묘광의 매장 절차(목관직장)

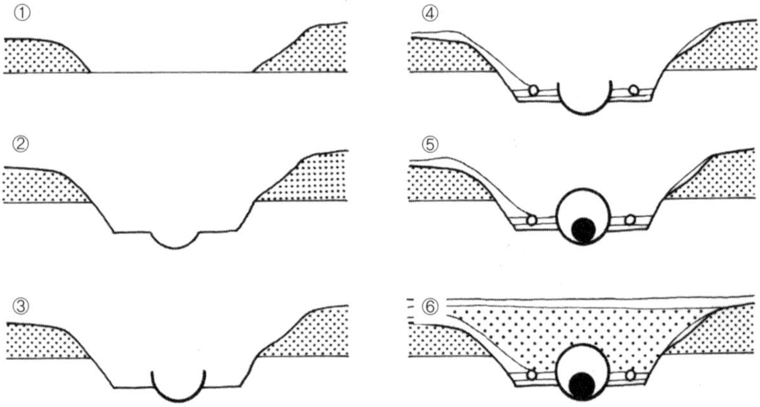

① 분정부의 네 귀퉁이에 성토를 하고, ② 그 중앙부의 지면을 파내고 단면이 U자형인 관의 바닥을 만들고, ③ 할죽형목관을 둔다. ④ 주변을 다듬어 목관을 고정하고, 묘광을 다시 정비해서 '최종적인 매장 장소'를 정리한다. ⑤ 유체를 매납하고 부장품을 배치하고 관의 덮개를 덮은 후, ⑥ 묘광을 덮는다. 이시카와현 나나오시 고쿠부아마즈카 1호분[7]의 사례이며, ④ 단계에서 통나무를 사용하는 경우는 드물다.

다음으로 고분시대 후기 횡혈식석실의 경우, 대부분은 분구와 내부 시설이 함께 만들어지고, 그 후에 매장이 이루어진 것으로 추정된다(매장후행형). 횡혈식석실이 유체를 매납하는 현실玄室과 현실에 이르기 위한 연도羨道로 구성된 것도 이 원리에 상응한다. 그러나 (적어도) 후기의 키나이에서는 대형 횡혈식석실에 가형석관家形石棺이 이용된 경우가 많았는데(그림14), 이 경우를 간단히 매장후행형이라고 할 수는 없다. 내부를 파내어刳拔式 만든 대형 가형석관을 이미 완성된 횡혈식석실의 연도로 반입하기 곤란하거나 불가능하다면, 석실 구축 이전에 석관을 다른 정해진 장소에 설치해두어야 하기 때문이다. 이 문제에 대해서는 아직 명확한 답이 나오지 않았지만, 여기에서는 전기 수혈계와 마찬가지로 석실 구축에 앞서 혹은 동시에 석관이 배치되고 유체가 매납되었을 가능성이 있음을 지적해 둔다(동시진행형). 이는 일본의 전통적인 장제가 한반도 남부에서 전래된 새로운 장제와 융합되어 나타난 모습이라고 할 수 있을지도 모르겠다. 뒤에서 다시 다루겠지만 다른 지역이 횡혈식석실을 채택했음에도, 키나이 지배층의 장제는 매우 보수적이었기 때문이다.

이와 달리 종말기에 출현하는 횡구식석곽은 일회성 매장으로 모두 매장후행형이다. 그리고 이때 이용된 관은 '들어 나르는 관'이라는 새로운 성격을 띤다.

지금까지의 이야기를 정리하면, 고분을 축조하는 과정에서 분구 축조, 내부 시설 구축, 유체 매장이 이루어지는 순서로는 묘광 유형에서 단적으로 드러나듯이 세 가지 패턴이 있고, 세 패턴은 시간·지역·계층에 따라 조금씩 다르게 전개되었다. 그리고 그 차이는 후술하듯이 관의 성격 차와 깊이 관련 있다.[보주5]

(3) 수릉

고분 축조 과정에서 세 가지 패턴이 가지는 의의는 무엇일까? 하나는 고분 축조가 시작된 계기 및 시기와 관련 있다.

넓은 의미로 권력자가 생전에 자신을 위해 만든 분묘를 '수릉寿陵'이라고 한다. 과연 고분은 수릉으로 만들어졌을까?

중국에서 진나라의 시황제나 북위의 효문제 등 역대 황제가 수릉을 만든 사실은 잘 알려져 있으며, 한국의 백제 무령왕릉[8]도 수릉이라 지적된 바 있다. 《일본서기日本書紀》나 《풍토기風土記》 등 8세기 일본 문헌에도 닌토쿠仁德천황이나 츠쿠시노기미 이와이筑紫君磐井, 소가노 에미시蘇我蝦夷 등의 분묘가 생전에 만들어졌다고 기록되어 있어, 적어도 당시에 수릉을 짓는다는 인식은 있었음을 알 수 있다(대왕이 아닌 이와이나 에미시가 수릉을 만든 것에 대해서는 반왕권적인 행위라고 묘사되어 있다). 그러나 문헌에는 아스카시대에 이미 수릉이 없어졌으며, 덴무天武천황의 릉大內陵도 사후 약 1년 후 겨울에 축조가 시작되어 1년 후의 겨울에 매장되었다고 기록되어 있다.

앞에서 지적한 고분 축조 과정의 패턴과 수릉과의 관계를 검토하면, 수릉은 동시진행형 고분에서는 불가능하고, 고분시대 전·중기의 분구선행형 또는 후기나 종말기의 매장후행형 고분에서 비로소 가능하다. 그러나 종말기 고분을 수릉으로 보지 않았을 때 매장후행형 고분에서 문제가 되는 것은 후기의 대형 고분으로, 앞서 이야기했듯이 여기에 대형 가형석관이 채택되어 있다. 따라서 고분시대에 수릉이 조영되었다면, 그 시기는 주로 전·중기였을 것이고 후기까지 계속되었을지는 현재로서 불분명하다. 고분의 출현 배경으로 중국의 강력한 영향이 지적되고 있는데, 수릉 제도 역시 그 가운데 중요한

한 요소로 전래되었을 가능성이 높다(8장의 '수릉과 시장자' 참조).

3. 관·곽·실

고분 축조 과정의 세 가지 패턴은 내부 시설의 성격과 불가분의 관계에 있다. 게다가 내부 시설의 형태는 서술한 것보다 더욱 다양하여 고분을 구성하는 여러 요소 가운데 시대성·지역성·계층성을 가장 종합적으로 반영한다.

(1) 내부 시설

고분의 내부 시설은 예로부터 '관棺'·'곽槨'·'실室'로 구분해왔으며, 각각은 다음과 같이 정의한다(기본적으로 변경된 적이 없으며, 2장에서 다시 한 번 다룬다).

관 유체를 담는 용기 또는 그것에 준하는 것.

곽 관을 수납하고 그것을 보호하는 시설. 곽 내부 공간의 형태는 기본적으로 관에 의해 규정된다. 때로는 부장품을 두는 장소 등도 곽에 포함한다.

실 독립된 내부 공간과 그곳에 이르는 통로를 가진다. 내부 공간은 관을 두는 장소·부장품을 두는 장소·제사의 장소·통로의 연장 부분 등으로 구성되고, 기본적으로 공간 이용 방법이 석실의 내부 형태를 결정한다.

(2) 내부 시설의 변천

관은 기본적으로 야요이시대에 도작문화稻作文化와 함께 일본열도로 전해진 후 다양하게 발달했다. 그러나 곽이나 실은 야요이시대에는 없었고, 고분시대 후기부터 종말기에 이르러 처음으로 소형의 목곽과 석곽이 등장해 일부 지역에서 분구묘에 이용되기 시작했다.

고분시대에는 관과 더불어 곽이 비약적으로 발달했다. 전기에는 내부를 파낸 할죽형목관이나 조합식목관組合式木棺이 보급되었다. 할죽형목관은 이미 야요이시대 후기부터 소형품이 출현하고, 고분시대에는 길이 4~8미터에 이르는 대형품이 많이 이용되었다. 전기 후반에는 본격적인 대형 석관인 속을 파낸 할죽형석관이나[보주6] 주형석관舟形石棺 또는 조합식석관이 출현했다. 그리고 이런 관을 담는 수혈식석곽(지금까지 흔히 수혈식석실이라고 부르고 있는 것)이 등장했고 조금 늦게는 점토곽粘土槨이 발달했다.

중기의 내부 시설도 이 연장선상에 있는데, 키나이를 중심으로 한 지역의 대왕분을 비롯한 대형 고분에는 조합식 장지형석관長持形石棺이, 주변 지역에서는 주형석관이 많이 이용되었다. 또한 북부큐슈에서는 일찍이 중기 초두에 횡혈식석실의 영향을 받은 수혈계 횡구식석실(횡혈식석실의 일종)이 운영되었으며, 계속해서 횡혈도 출현했다. 후기에는 키나이에도 횡혈식석실이 들어와 급속도로 보급되었다. 이와 함께 대형 고분을 중심으로 횡혈식석실 내 관으로는 가형석관이 채택되었다. 한편 후기를 특징짓는 군집분의 석실 안에는 조합식석관이 많이 이용되었고, 중기에 동일본까지 확산되어 있던 상식석관箱式石棺도 일부 지역에서는 횡혈식석실의 관으로 채택되었다.

아스카시대에는 키나이를 중심으로 새로운 횡구식석곽이 전해졌으며, 관으로 칠도목관漆塗木棺이나 협저관夾紵棺* 등의 새로운 형식이 등장했다. 횡혈식석실과 가형석관의 조합은 아스카시대 전반까지는 계속되었는데, 횡혈식석실은 이 영향으로 급속히 석곽화되었다. 횡구식석곽은 아스카시대 후반부터 주류가 되었으며, 나라시대에 화장이 시행되면서 석곽도 석궤石櫃(유골을 거두어 넣는 용기를 담는 시설)화 되었다.

매우 개괄적이지만 야요이시대부터 아스카시대까지 관·곽·실의 변천 과정을 살펴보았다. 키나이를 중심으로 각 시기의 중심적이고 특징적이었던 매장 시설을 총괄한다면, 야요이시대는 '관의 시대', 고분시대 전·중기는 '수혈계 곽의 시대', 고분시대 후기는 '실의 시대', 아스카시대는 '횡구식석곽의 시대'라 할 수 있다. 그리고 이에 대응하는 주요 관으로는 차례대로 조합식목관, 할죽형목관·장지형석관, 가형석관, 칠관을 들 수 있다. 야요이시대 이래의 긴 역사 속에서 시대를 나누는 변혁기에는 반드시 장제의 큰 변혁이 있었다.

(3) 두 개의 관

그 과정에서 관의 성격도 크게 변했다. 현재 우리가 관이라 부르는 것은 유체를 담아서 장제葬祭의 단상에 안치하는 것이자, 매장 장소로 운반하는 것(들어 나르는 관)을 뜻한다. 그러나 앞의 매장 절차로 추측할 수 있듯이, 이 시대의 관 가운데는 매장 장소에 설치되어 따로 운반해 온 유체를 넣는 관(설치된 관)이 존재했다. 즉 야요이시대

• 거친 천을 겹치고 칠漆을 발라 굳힌 관. 협夾은 겹치는 것, 저紵는 마포麻布를 뜻한다.

와 고분시대의 관은 기본적으로 '설치된 관'이고, '들어 나르는 관'은 확실하게는 칠도목관과 협저관이 채택되는 아스카시대부터 출현했다(2장 참조).

설치된 관의 존재는 고분의 축조 과정, 특히 내부 시설의 구축 과정에 결정적인 영향을 미쳤고, (당시 동아시아에서는 특이했던) 무게가 수 톤에 달하는 대형 석관의 발달을 촉진시켰다. 그리고 그것이 횡혈식석실이라는 새로운 형식의 내부 시설이 채택되었음에도 '동시진행형'이라는 독자적이고 전통적인 장제의 과정을 낳았을 가능성도 부정할 수 없다. 앞서 곽에는 수혈식석곽과 횡구식석곽, 두 종류가 있다고 했는데, 양자의 차이도 기본적으로는 두 가지 관의 성격 차이에서 유래한다. 설치된 관의 경우, 유체를 어떤 형태로 운반했는지 명확하지 않지만, 포목이나 멍석으로 싸서 들어 나른 것으로 추측된다. 야요이시대 대형 옹관 속의 유체 가운데 멍석으로 포장된 것이 있고, 아스카시대 이바라키茨城현 무샤즈카武者塚고분9의 유체에 포목, 피혁, 끈 등이 부착되어 있는 것은 설치된 관이 널리 보급되어 있었음을 암시한다.

(4) 벽사 사상

고분시대 전·중기는 야요이시대부터 이어져 내려온 '설치된 관'과 새롭게 들어온 '곽'이 장법의 기본을 이룬 시기이다. 그렇다면 곽의 발달에는 어떤 사상적 배경이 있을까?

수혈식석곽의 구축 순서를 한 번 떠올려보자. 구축 과정에서 사악한 것의 침입을 방지하기 위해 유체를 꼼꼼하게 보호·밀봉하는 등 많은 노력을 기울인다는 사실을 알 수 있다. 공정의 여러 단계에서 적색 안료를 도포하고 이기利器를 매납하는 것도, 다량의 거울을 관 밖에 부장할 때 거울 면을 안팎으로 가지런히 놓는 것도 이 때문이다. '벽사辟邪 사상', 즉 사악한 것에서 유체를 항구적으로 보호하고자 하는 생각은 고분 출현 전야에 곽과 함께 전해진 중국 장송 사상의 중핵을 이룬 하나의 요소였던 것으로 추정된다. 당시 일본은 정치·문화적으로 중국의 직·간접적 영향을 받았는데, 그것이 무엇보다도 시대를 대표하는 건축물인 고분에 강하게 반영된 것이다.

따라서 고분 고유의 대형 석관은 이 벽사 사상과 설치된 관의 성격이 바탕이 되어 만들어지고 발달한 것으로 추정된다. 그러나 횡혈식석실 도입기에 그에 대응하는 방식은 지역에 따라 큰 차이가 있었다. 정리하면 키나이에서는 횡혈식석실 도입 이후에도, 틈새 없이 밀봉된 관(가두는 관)인 가형석관이 발달하여 아스카시대 전반까지 성행했다. 이에 비해 규슈의 가형석관은 좁은 석실 내에 안치되는 경우에는 석실화된 관으로서 추가장이 가능한 단벽출입 횡구식이 되었고, 이후 넓은 공간의 횡혈식석실 안에 배치되는 경우에는 석옥형石屋形이나 시상屍床으로 전환되어 유체를 담는 용기로서의 기능을 점차 상실했다. 이즈모出雲의 가형석관도 규슈의 강한 영향을 받아 대부분이 장벽출입 횡구식이며, 동부를 중심으로 발달했던 조합식은 세월이 흐르면서 조합의 부재部材가 없어지고 관은 용기로서의 기능이 약화되었다. 그러니까 이 관들은 실을 대신하는 것이자 실 안의 열려 있는 관으로, 관이 유체를 밀봉하는 것이라는 생각이 매우 약화되었음을 알 수 있다(열린 관).

석실 내부에 '가두는 관'을 놓을 것인지, '열린 관'을 둘 것인지는 장제상의 차이인데, 이것에 키나이와 규슈, 양 지역의 횡혈식석실이나 횡혈의 기본적인 성격 차이까지 반영되어, 각지의 석실과 횡혈의 형태에도 큰 영향을 주었다. 규슈의 후기 횡혈식석실과 횡혈은 장식 고분으로 유명한데, 석실 내부를 채색 벽화로 장식하는 행위는 '열린 관'이기 때문에 비로소 의의를 갖는 것일 것이다(4장 참조).

4. 다양한 장법

(1) 단차장과 복차장

매장 방법을 결정짓는 또 한 가지 중요한 요소는 유체를 다루는 방법이다. 유체를 그대로 매장하는지(단차장單次葬), 아니면 어떤 형태로 처리한 후 유골을 매장하는지(복차장複次葬이라고 총칭한다)에* 따라 매장 방법과 내부 시설은 크게 달라질 수 있다(이 문제는 현재로서 명확하지 않지만, 그래도 조금 언급해 두고자 한다).

먼저 복차장의 예를 드는 것이 이해하기 쉬울 텐데, 복차장은 이미 조몬시대 동일본에서 확인되는 것이 있으며, 야요이시대에도 간토에서 도호쿠 남부에 걸친 지역이나 규슈 주변의 해안부 등에서 확인된다. 그러나 고분시대에는 일부 지역에서 토기관이나 상식석관 등에 복차장이 있다고 지적된 바 있을 뿐,[보주7] 대형 고분에는 드물게 나타난다. 전기 후반에서 중기에 걸쳐 간토에서 몇몇 고분이 보고

• 단차장·복차장을 한국에서는 일반적으로 일차장·이차장이라고 한다. 여기서는 유체를 처리하는 방식과 매장과의 관계를 이야기하여 두 차이를 부각시키고자 하는 지은이의 의도를 존중하여 그대로 단차장·복차장으로 번역한다.

된 정도다. 다만 아스카시대부터는 규모가 작은 석실·횡혈·석관·도관에서 조금 더 많은 수의 복차장이 확인되며, 따라서 이 시기에 키나이를 포함한 넓은 범위에 복차장이 전개되었을 가능성이 높다. 문헌상으로도 이 시기에는 개장改葬*의 사례가 적지 않다. 물론 오사카大阪부 다카츠키高槻시 아부야마阿武山고분의 예10나 나라현 이카루가斑鳩정 고보야마御坊山 3호분 예11처럼 이 시기에는 명확한 단차장 역시 확인된다.

따라서 고분시대 복차장은 지방색이 강하고, 간토 지역을 제외하면 일부 지역의 민중에게 채택된 장법이었을 가능성이 높으며, 아스카시대에는 한 층 더 널리 확산되지만, 그것이 고분시대의 것과 동일 계보의 것인지는 불분명하다고 정리할 수 있다. 달리 말하면, 키나이를 중심으로 한 야요이·고분시대의 장법은 단차장에 따른 앙와신전장仰臥伸展葬**이 기본이고, 앞서 설명한 내부 시설이나 구축법은 모두 이 장법을 기초로 한 것이다.

사람이 죽고 난 후 매장 전에 유체를 작은 빈소(小屋) 등에 안치하고, 유족이 각종 의례를 거행하는 관습을 모가리(殯)***라 하는데, 고분시대에도 이미 모가리가 행해진 사실이 밝혀졌으며 모가리 기간 동안 분구가 축조되었다는 설도 유력하다. 그러나 축조에 긴 시간이 필요한 대형 고분에서 백골화된 유체를 복차장한 인골이 출토된 예

• 장사를 다시 지내는 것.
•• 시신을 곧게 펴 하늘을 보게 한 자세.
••• 시체를 매장하기 전에 관에 넣어서 잠시 동안 빈소에 안치하던 일이나 의식.

가 없고, 내부 시설은 모두 단차장에 상응하는 것이다. 모가리 기간이나 장소, 내용 변화는 수릉 문제와도 관련되므로 아직 과제로 남아 있다.

(2) 단장과 합장

내부 시설 형태와 관련 있는 유체 취급 방법에서 또 하나의 문제는 단장單葬 혹은 합장合葬, 즉 하나의 관·곽·실에 한 사람의 유체를 매납했는지, 아니면 복수의 유체를 매납했는지이다. 합장의 경우에는 그것이 '동시합장同時合葬'인지 '이시합장異時合葬'(추가장)인지도 문제가 된다.

결론부터 이야기하면, 고분시대 장제에서 전·중기의 수혈계 내부 시설은 단장이 원칙이었고, 후기의 횡혈식석실에는 추가장이 보급되었으며, 아스카시대에는 단장의 횡구식석곽이 출현함과 동시에 횡혈식석실도 단장화되었다. 고분 축조 과정과 내부 시설 구조는 이를 근간으로 성립되었다. 그러나 고분시대 전·중기에도 사례가 많지는 않으나 '동관합장同棺合葬'과 '동광합장同壙合葬'의 예가 있으며, 동관합장에는 동시합장은 물론 추가장 예도 확인된다.

사람과 사람과의 결합이 다양하고 죽음의 원인도 다양한데, 언뜻 특수하게 보이는 이 장법들은 각각 어떻게 사용되었을까?

고분시대 후기에 추가장을 기본으로 한 횡혈식석실이 보급된 것은 당시 사람들의 생사관에 큰 영향을 준 듯하다. 그러나 키나이의 석실에는 가두는 관이 복수 안치되었고, 이 추가장은 고분시대의 전·중기에 많이 보이는 한 분구 안에 복수의 내부 시설을 설치한 '동분합장同墳合葬'과 다르지 않다고 할 수 있다.

그렇다면 키나이에서 횡혈식석실을 채택한 것은 당시 사람들의 생사관에 어느 정도 영향을 미쳤을까? 이 문제에 대한 답은 아직 준비되어 있지 않으며 역시 과제로 남아 있다.

이렇게 1장에서는 고분에서 행해지는 의례를 고찰하는 데 가장 기초가 되는 부분을 검토했다. 여기서 검토한 여러 가지 요소는 본래 각 시기와 지역, 계층에 따라 특정 생사관을 바탕으로 하나의 정합성을 가진 장제 체계로 관념화되어 실행된 것이다. 이런 이야기들을 이 장에서 충분히 풀어내지는 못했는데, 이는 이후 더 많은 사람들과 함께 검토해나가야 할 과제이며, 고분이 가지는 사상적·사회적·정치적 의미 역시 그 토대 위에 정립되어야 더욱 풍부하게 해명될 수 있을 것이다.

[보주1] 묘제와 장제

이 책에서는 무덤과 관련된 습관·약속·규칙·제도 등을 '묘제'로 하고, 묘제를 포함한 사람의 죽음과 관련된 의례적 행위를 '장제' 또는 '장제 의례'라 하기로 정한다. 또한 이제까지의 졸고에서는 장제 가운데서도 고분이라는 장소에서 확인할 수 있는 행위 전체, 바꾸어 말해 고분을 발굴하고 고고학적으로 인식하는 과정 전체를 '고분 제사'로 불렀지만, 이 책에서는 고분 축조를 중심으로 한 장송 의례(상장喪葬 의례) 전체를 '고분 의례'로 총칭한다.

[보주2] 묘광 굴착과 즙석 시공의 순서

이 글을 처음 쓴 1989년 경에는 묘광 굴착과 즙석 시공의 순서가 그다지 명확하지 않았다. 그러나 1995년에서 1999년까지 도호쿠가쿠인東北學院대학교에서 아홉 차례에 걸쳐 발굴한 미야기宮城현 가미加美정 오츠카모리大塚森고분에서 정밀한 조사를 통해 (분구 완성 후에 즙석이 설치되었지만, 묘광을) "되묻은 후 의식적으로 구축을 미루고 있던 묘도 부분 분구 중단中段과 상단의 즙석을 구축하고, 분정墳頂부에 붉게 채색된 이중구연 호형토기를 배치하여 고분 축조, 매장을 전체 종료한다"는 것이 판명되었다.[12]

이러한 예를 일반화시키면, 즙석은 묘광 굴착 이전에 대부분 완성되어 있는 것이 된다. 그러나 현재로서는 일반화시킬 만큼의 사례가 없기 때문에, 이 책에서는 일관성을 유지를 위해 작업 순서를 '묘광 되묻기—즙석·하니와 등의 정비'로 정하고 이야기를 진행한다. 사실 전체적인 논지에는 큰 영향이 없지만, 수릉의 경우, 어디까지 분구를 완성시켰는가를 생각하는 데에 매우 중요하다(8장 1절 참조).

[보주3] 1장의 초출 논문에 사용된 삽화는 이 책에는 사용되지 않았으며, 그림 1은 永原慶二監修의《岩波日本史辞典》(1999)에서 따왔다(和田 원도). 관의 개요는 2013년 출간된 필자의《事典·墓の考古学》를 참조하라.

[보주4] "굴착묘광 a류가 사라지고 거의 대부분 굴착묘광 c류 내지 무묘광으로 변했다"는 구절은 사실 잘못되었다. "분구 위에서 묘광을 굴착하지 않게 되고, 석실과 석곽은 분구와 일체화되어 축조되며, 묘광은 최하부에 얇은 묘광이 있거나 묘광이 없어지게(무묘광) 되었다"라고 해야 정확하다. 그림3과 표2는 이에 따라 수정했다. 수혈계와 횡혈계를 동일 개념으로 설명하고자 한 점에서 약간의 무리가 있었다.

[보주5] 분구의 축조와 매장 시설 구축의 두 요소에 한정한다면, 선후 관계와 동시 진행은 더 알기 쉬워진다(7장 각주3 참조).

[보주6] 초출 논문의 해당 위치에 삽입되어 있는 삽화의 캡션에 "오사카부 가시와라柏原시 안푸쿠지安福寺 석관"[13]이라고 되어 있지만, 오도로키노야마이시驚/山석제 석관에 베개 부분이 남아 있는 경우가 많으므로, 베개가 없는 석관은 뚜껑으로 보는 편이 나을 것이다. 이 경우 몸체 부분에 다양한 돌선과 문양이 새겨져 있었을 가능성이 높다.

[보주7] 두개골의 주^朱

초출 논문[14]에서는 그림159의 해설로 유체가 백골화되고 나서 두개골에 적색 안료가 도포되었다고 했는데(그림 159는 이 책에는 사용되지 않았다), 가타야마 카즈미 치片山一道로부터 두개골 등에 주가 반드시 도포되는 것이 아니라, 머리부에 주가 두껍게 놓여 있거나 산포된 경우도 있을 수 있으므로 백골화되고 나서 주를 도포했다고 단정할 수 없다는 이야기를 들었다. 아마 이에 대해서는 앞으로 더 많은 검토가 필요할 것 같다.[15]

2장
'설치된 관'과 '들어 나르는' 관

시작하며

이 책에서는 고분에서 시행되는 여러 가지 의례들을 '고분 의례'로 총칭한다. 고분 의례의 사상과 내용 또는 구체적인 행위의 실태에 다가가기 위해 지금까지 매우 다양한 방법이 시도되어왔다. 그 가운데 한 가지 방법은 의례를 '고분이라는 장소에서 시행된, 특정한 약속에 준거한 구체적인 사람들의 일련의 행위'로 이해하고, 고분의 축조 순서와 매납 순서 또는 각 요소에서 불이나 토기 등을 이용한 의례 행위가 어떤 순서를 거쳐 어떻게 행해졌는지를 상세하게 검토하고, 각 단계에서 유구와 유물이 담당한 역할을 명확하게 밝혀, 그 행위의 실태를 파악하고 의의를 해명하는 것이었다. 이 방법은 먼 길을 돌아가는 것처럼 보이지만, 발굴조사를 기본으로 하는 고고학에서는 매우 원칙적인 것이며, 발굴의 성과를 체계적으로 이해하기 위한 하나의 기둥이라 할 수 있다. 고분이라는 곳에서 행해진 사람들의 행위를 매우 구체적인 단계까지 파헤쳐, 유형화시키고 비교해 그 의미를 찾고자 하는 것이다.

2장에서는 이와 같은 관점으로, 고분으로 유체를 매장할 때 이용된 '관'의 용법에 대해 검토한다. 고분시대의 관은 형태나 재질이 다양할 뿐 아니라, 용법도 결코 단순하지 않다. 또한 관 용법의 차이는 시간 차와 지역 차를 반영하며 유체에 대한 관념 차와 결부되어, 석곽과 석실 형태에 큰 영향을 줄 뿐만 아니라 고분 의례의 방식을 규정하는 요인 가운데 하나로도 꼽힌다.■

구체적인 논의에 앞서, 이 책에서 관·곽·실을 어떤 의미로 사용하는지부터 살펴보자.■■

관 직접 유체를 담는 용기. 또는 그에 준하는 것. 유체를 직접 놓는 곳을 '시상屍床' 또는 '시상대屍床臺'라 부르며, 이는 관을 놓는 '관상棺床' 또는 '관대棺臺'와는 명확히 구분된다.

곽 관을 수납하고 그것을 보호하는 시설. 또는 그에 준하는 것. 곽의 내부 공간 형태는 기본적으로 관에 의해 규정된다. 때로는 부장품을 두는 장소도 곽에 포함한다.

실 독자적인 내부 공간인 실(현실)과 그곳에 이르는 통로인 연도를

■ 2장에서 다루는 논의의 일부는 앞서 1장에서도 서술했다.

■■ 1장에서 내린 정의를 약간 수정했으며, 이를 이 책에서의 최종적인 정의로 삼는다. '석곽'이라는 용어의 사용에 대해서는, 이미 사멸한 난해한 용어를 부활시켰다는 비판이 있다(考古學硏究會編 1995). 난해한 용어는 가능한 사용하지 말자는 뜻에 전적으로 찬성한다. 그럼에도 여기서 석곽이라는 용어를 사용한 것은 석곽과 석실을 명확히 정의하고 실제 유구 형태를 검토하는 것이 고분시대 각 시기나 지역에서 확인되는 내부 시설 형태의 차이를 고려하는 데 매우 유효하다고 생각하기 때문이다. 석곽 대신 사용할 수 있는 '목곽', '점토곽', '수혈식석실', '횡혈식석실' 등은 용어에 따라 차이는 있지만 정의하기 애매하기 때문에, 오히려 이해하기 더 어려울 것이다.

포함한다. 내부 공간은 관으로만 규정되지 않고, 관을 두는 장소·부장품을 두는 장소·제사의 장소·통로의 연장 부분 등 다양한 요소로 구성되며, 기본적으로는 공간 이용법이 석실의 내부 형태를 결정한다.

실제로는 정의에 완전히 적합한 것과 절충적인 것이 있다. 보통은 곽 안에 관이 매납되는데 곽 안에 직접 유체가 매납되는 경우도 있다.[보주1] 또한 실 안에 관이 매납되는 것이 통상적인데, 직접 유체가 매납되거나 드물게 곽이 설치되어 그 속에 관이 놓이는 경우도 있다.

1. 설치된 관: 수혈계 내부 시설의 경우

(1) 고분 제사의 절차

고분 제사와 관련된 일련의 행위의 흐름을 정리하면 다음과 같다.*

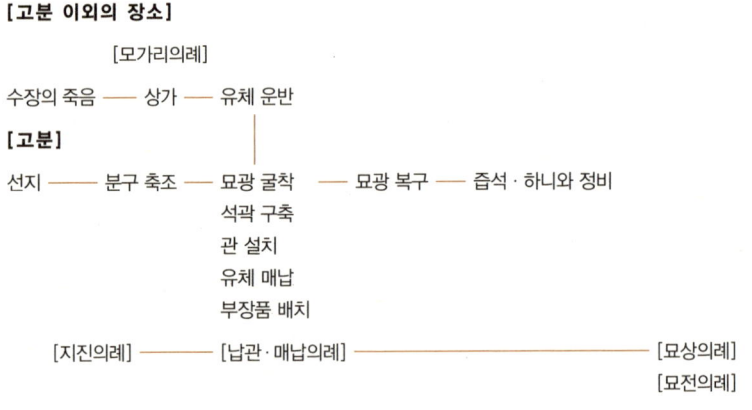

고분 의례와 관련된 일련의 행위는 묘역 선정부터 즙석과 하니와 등의 외부 시설을 정비하기까지, 토기 등을 이용한 일종의 의례를 여러 차례 진행하고, 마지막으로 고분 완성 후의 의례를 진행해야 비로소 완료되는 것으로 본다. 그 과정에서 분구 축조, 석곽과 석실 같은 내부 공간 구축, 관의 안치나 유체 매납 등의 중요한 행위가 이루어진다. 이 행위들의 절차는 내부 시설이 수혈계인지 횡혈계인지에 따라 달라지며, 앞서 1장에서 언급한대로 수혈계 중에서도 묘광의 유무 또는 묘광의 설치 시기에 따라 달라진다.

(2) 수혈식석곽과 관

고분시대 전·중기에 가장 전형적이었던 고분의 내부 시설 구축 방법은 분구 축조 후에 묘광을 굴착(굴착묘광 a류)해서, 그 안에 수혈식석곽을 만들고 할죽형목관을 매납하는 것이었다. 이를 예시로 고분 축조 순서와 그 과정에서 관을 취급하는 방식을 복원하면 다음과 같다(그림3 참조).■■

1 분구 축조
2 묘광 굴착(그림3의 ①) — 묘광 내 기초 공작 — 점토관 바닥 설치 (그림3의 ②) — 관 설치 — 석곽 하부 구축(그림3의 ③) [매납의례의 개시·매납의례의 무대 완성]

■ 1장의 내용을 약간 수정하여, 이를 본 책의 최종적인 절차의 모식도로 한다.
■■ 묘광 굴착 후에 이루어지는 세 절차(점토관 바닥 설치·관의 안치·석곽 하부의 구축)의 순서가 서로 바뀌는 경우도 있을 것이다(仚尾 1995).

3 유체 납관―관내 부장품 배치―관 뚜껑 설치―관외 부장품 배치(그림3의 ④) [납관의례의 종료]
4 석곽 상부 구축―천장석 설치(그림3의 ⑤)―점토 피복―묘광 되메움 [매납의례의 종료]

여기서 주목해야 하는 것은 유체를 매납한 관이 석곽이 완성된 후에 반입되어 안치되는 것이 아니라는 점이다. 먼저 조금 이른 단계에 관 본체가 묘광 바닥에 안치되고, 석곽 하부는 관 높이를 기준으로 구축된다. 그리고 다음으로 유체를 안치하고 관내에 부장품을 배치한 다음 관 뚜껑을 덮고 관 밖에 부장품을 두는 등 고분 제사의 유체 매납과 직접 관련된 마지막 정점(납관의례)의 무대가 이루어진다. 이 과정에 이용되는 관은 유체를 담아서 들어 나르는 '들어 나르는 관'이 아니라, 특정한 장소에 설치되고 거기에 유체를 매납하는 '설치된 관'이다.

(3) 설치된 관의 인정

설치된 관의 계보는 어떻게 찾을 수 있을까?

관은 조몬시대 후기 동일본의 상식석관'을 제외하면, 수도농경문화의 한 요소로 조몬시대 말기에 북부큐슈에서 출현해 야요이시대 이후에 발달했다. 야요이시대는 전 시기에 걸쳐 토광에 직접 유체를 매납하는 토광묘가 보이며 후기 후반 이후에는 일부 지역에서 목곽이나 석곽도 출현했지만, 기본적으로 '관의 시대'였다.

최초로 전래된 관은 상식석관이다. 상식석관은 주로 묘광 내부에 판석을 조합해서 만들며, 부재部材는 지면에 묻혀 있고 바닥석은 없는 경우가 많다. 따라서 용기로서의 완성도가 낮은 설치된 관이었음에 틀림없다. 야요이시대 전기 후반 이후에는 북부큐슈 등지에서 대형 옹관이 발달했는데, 역시 설치된 관으로 유체는 멍석 같은 것으로 싸서 관 안에 매납했다.[2]

한편 야요이시대 전기 이후 키나이를 중심으로 발달한 목관은 대부분 조합식 상자형(상형箱形이라고도 한다)목관■이었다.[보주2] 이 목관은 길이 1.8~2.0미터, 폭 0.5~0.7미터로 대형에 속한다. 판재의 접합 방식은 장측판長側板 사이에 단측판短側板을 끼워 넣는 형식이 기본이었으며, 저판底板·측판과의 관계는 다양하다. 저판 위에 장·단측판을 놓는 것(a1류), 저판 위에 장·단측판을 놓지만 단측판이 철凸 자형으로 저판의 요凹 자 상에 파고들며 때로는 앞쪽 끝이 땅속에 묻혀 있는 것(a2류), 장측판은 저판 위에 놓고 단측판은 저판 바깥쪽에 묻는 것(b류), 단측판은 저판 위에 놓고, 장측판은 저판 바깥쪽에 묻는 것(c류) 등이 있다.[3] 따라서 구조상으로 보면 유체를 넣어 들어 나르는 것도 가능한 a1류나 a2류 일부와, 운반이 불가능한 b류와 c류가 유적마다 편재성을 보이며 공존하고 있다.■■ 그런데 a1류와 a2류라도 두께 10센티미터 전후의 판재를 못을 이용하지 않고 조립하기는 어렵고 결합을 위한 가공도 적어, 장측판과 단측판의 결합이나 저판과 단측판의 결합에는 판재에 홈을 새겨 조립하는 '소혈 끼워넣기'小穴入

■ 최근에는 긴키 지방에서도 조몬시대 만기 후엽에는 목관이 사용되고 있었을 가능성이 지적된 바 있다(中村 1991).

■■ 나카니시(中西 1982)는 야요이시대 조합식목관을 '운반되는 목관'과 '운반되지 않는 목관'으로 나누었다.

朳)' 기법이 확인되기도 하고 저판과 단측판의 결합에는 앞서 설명한 '장붓구멍 조합(枘組)' 기법이 확인되기도 한다. 따라서 무겁고 구조적으로도 약한 야요이시대 목관은 모두 설치된 관이었을 것으로 추정된다. 고분시대에 관을 설치하는 용법은 야요이시대의 전통에서 비롯된 것이다.

    고분시대에 들어서면 수혈식석곽과 점토곽 같은 수혈계 곽이 발달한다(고분시대 전·중기를 '수혈계 곽의 시대'라고 부를 정도이다). 관으로는 앞서 이야기한 것처럼 길이 5~8미터의 할죽형목관이나 조합식목관과 길이 약 2미터의 조합식목관(하니와관이나 원통관도 포함해서)까지 사용되었으며, 그 매장 순서나 설치 방법, 관의 재질이나 규모, 예상되는 구조 또는 야요이시대 이래의 전통 등으로 판단하면, 모두 설치된 관이었던 것으로 추정된다. 관의 용법이 그랬기 때문에 고분시대 전기 후반 이후에는 본격적인 석관도 출현할 수 있었다. 장지형이나 할죽형·주형 등 무게가 수 톤에 이르는 석관은 장엄한 관을 만들고자 했던 바람과 사악한 것에서 유체를 항구적으로 보호해야 한다는 벽사 사상, 대형 석재를 가공하는 기술 전래와 설치된 관의 용법이 결합되어 비로소 출현한 것으로 추측된다(부론1 참조).■

■ 과거에 필자는 목관을 들어 나르는 관이라고 생각했고, 석관에 대해서는 '유해를 목관에 담고, 모가리를 하여 장지로 운반하고, 마지막에 석관 안에 넣어 매장하는 것이 일반적이지 않을까', 즉 석관이 석곽 역할도 했다고 생각했다(和田 1969). 그러나 목관도 석관도 설치된 관이었으며, 그 쓰임은 빈전 장소의 상황 설정과 유체를 고분까지 운반하는 방법도 포함하여 재검토해야 한다. 오사카부 후지이데라시 쓰도시로야마 고분의 장지형석관에서 발견된 목편은 관이 아니고, 굳이 말하자면 유체를 운반하는 데 쓴 호판(轜板) 같은 것이었을 가능성이 높다(梅原 1920·1921).

(4) 설치된 관의 의의

야요이시대와 고분시대 전·중기의 관을 개관하면, 일관되게 설치된 관이었다는 추측을 할 수 있다. 그렇다면 고분 의례에서 설치된 관이 갖는 의의는 무엇일까?

첫째, 관의 장대화를 가능케 했다. 야요이시대 분구묘와 비교하면 고분은 현저하게 장엄화·상징화·차별화·거대화되었다. 이런 관의 대형화는 관이 설치된 관이었기 때문에 가능한 것이었으며,■ 장대화된 관은 그 관을 덮는 대형의 수혈식석곽과 그 곽을 포함하는 큰 묘광을 낳고, 나아가 석관을 출현시켰다.

둘째, 관의 장대화나 석곽·묘광의 대형화는 유체를 관에 담는 의례(납관의례)도 성대화시켰을 것이다. 의례가 성대해졌을 거라는 추측은 단순히 관이나 곽이 크다는 것뿐만 아니라, 앞에서 본 것처럼 납관의례의 장소가 매우 정성스레 마련된 점과 관 안팎에서 많은 부장품이 발견되었다는 점, 그리고 부장품을 배치하는 방법에도 일정한 약속이 이행되었다는 점을 통해서 얼마든지 도출해낼 수 있다. 관의 장대화 배경에는, 후한 장례를 치르는 사상과 결합한 납관의례를 중시하는 장송관도 있었을 것으로 추측된다.■■

■ 대형화된 관은 주로 대상이 할죽형목관이었는데, 목관의 폭은 나무 두께로 결정되기 때문에 자연히 장대화라는 방향을 띠게 되었다. 고분 비약의 방향성에 대해서 곤도(近藤 1983)는 변화의 비약 방향이 다량화·거대화에 있으며, 그 성격은 형식화·상징화에 있다고 했다.

■■ 묘광 내부에서의 의례는 하루나리와 이마오의 논문(春成 1976, 今尾 1984)에서도 중요하게 다루어졌는데, 하루나리春成의 논문에서는 납관의례가 고분 이외의 장소에서 이루어지는 것으로 설정되어 있다.

셋째, 납관의례 장소를 고분 정상부의 묘광 안으로 설정했다. 납관의례는 수장의 죽음과 관련된 일련의 장송제사로, 유체를 담는 매납의례, 이전의 모가리의례, 이후의 묘상·묘전의례와 대별된다. 두 종류의 관, 즉 설치된 관과 들어 나르는 관의 용법을 비교해보면 가장 큰 차이가 바로 이 납관의례를 행하는 장소에 있음을 알 수 있다. 즉 들어 나르는 관의 납관의례는 모가리의례가 열리는 곳에서 이루어지는 데 반해, 설치된 관의 납관의례는 매납의례 장소에서 이루어진다. 따라서 전방후원분의 경우, 납관의례의 장소는 봉분이 있는 후원부 정상의 묘광 내부로 설정된다.

넷째, 앞서 수혈식석곽의 구축 순서에서 본 것처럼, 고분시대 전·중기 수혈계 내부 시설에서의 납관의례와 매납의례는 연속으로 이루어져 내부 시설 구축 과정과 불가분의 관계에 있다. 그리고 내부 시설 구축과 결합된 매납의례도 벽사 사상을 바탕으로 매우 정성스레 이루어졌다. 따라서 고분시대 전·중기의 수혈계 내부 시설의 의례는 설치된 관이라는 관의 용법에 따라 납관의례와 매납의례가 일체화되어, 고분 정상부의 묘광 속에서 시행되었다. 그리고 관의 용법에 상응하여 고분이 장엄화·거대화되면서 그 안에서 이루어지는 납관의례·매납의례도 성대화되고, 의례 순서도 내부 시설의 구축 과정과 밀접하게 결합된 형태로 이루어졌다. 즉 설치된 관이라는 관의 용법에서 기인하는 납관의례와 매납의례의 일체화는 고분시대 전·중기의 장송 의례 속에서 매우 큰 비중을 차지함과 동시에 고분 구축 과정과 긴밀하게 결부되어, 고분이라는 장소를 장송제사의 거점으로 활용되게 했다고 할 수 있다. 그리고 고분 축조 자체가 중요한 의례적 행위였던 것으로 추정된다. 뒤에서 한 번 더 설명하겠지만,

설치된 관의 강한 전통은 장송 의례가 가지는 종교적 또는 정치사회적 의의의 중요성과 강한 전통성을 보여준다.

이상의 내용은 앞으로 고분 의례의 변질을 검토하는 데 중요할 뿐만 아니라, 고분의 의의를 추구하고 수장권 계승 의례의 장, 매납에 앞서는 모가리의례의 장과 실태를 추구하는 데 있어서도 경시할 수 없다.

2. 설치된 관: 횡혈계 내부 시설의 경우

(1) 횡혈식석실과 관

횡혈실석실은 고분시대 장제를 혁신시켰다는 평가를 받는다. 횡혈실석실의 채택으로 관의 성격은 어떻게 변화했을까?

① 규슈의 경우

횡혈식석실이 빨리 채택된 규슈의 경우, 고분시대 중기 초두(5기) 이후 초기 북부큐슈형 석실에서 다음과 같은 관이 이용되었다. 사가佐賀현 가라츠唐津시 다니구치谷口고분■(5기·그림15의 ①)[4]의 후원부 동·서 석실에 조합식석관, 요코타시모橫田下고분(6기·그림15의 ③)[5]에 상식석관, 후쿠오카시 스키자키鋤崎고분(5기·그림15의 2)[6]에 상식석관

■ 이 석관은 형태나 석재로 보아 장지형석관과 구별된다. 장지형석관은 다츠야마이시龍山石제를 기본으로 그것을 모방한 예를 추가한 정도에 지나지 않는다.

· 식제관墳製棺*(저부 없음) · 목관,[보주3] 마루쿠마야마丸隈山고분(6기)[7]에 양질의 대형 상식석관이 이용되었다. 히고肥後형 석실에서도 초기의 구마모토熊本현 야츠시로八代시 고소조우小鼠藏 1호분*(6기 무렵)[8]의 석장石障** 내부에 상식석관, 오와리미야尾張宮고분(7기경)[9]과 미후네御船정 고사카오츠카小坂大塚고분(8기)[10] 등의 석장 내부에서 상식석관에서 발전한 것으로 추정되는 시상구획석이 확인되었으며 그 이후로 계속 상식석관 계열의 관이 채택되었다.

즉 규슈로 들어온 초기 횡혈식석실의 관은 규슈에서 전통적으로 채택되어 온 설치된 관인 상식석관 내지는 그 계보상에 있는 시설이 주체를 이루었으며, 그 후에도 이 전통이 큰 위치를 점한 것으로 추정된다. 바꾸어 말하면, 이 시기 횡혈식석실의 출현은 새로운 관을 동반하는 것이 아니었으며, 바로 이 점에 횡혈식석실이 규슈로 수용되는 방식이 암시되어 있다고 할 수 있다. 다만 초기의 대표 석실인 후쿠오카시 로지老司고분[11] 3호 석실이나 1·2·4호 석실에서는 관의 흔적이 명료하지 않고, 소규모 북부큐슈형 석실로 발전한 수혈계 횡구식석실에서 발견되는 관의 실태도 거의 불분명하다. 이에 관해서는(관을 이용하지 않은 장법도 포함하여) 검토의 여지가 남아 있다.

규슈의 횡혈식석실과 관에 대한 평가는 4장에서 자세히 살펴볼 것이다.

• 하니세이관이라고도 하며, 하니와 재질 즉 연질의 관을 일컫는다.
■ 다카키는 이 석실을 히고형으로 보고, 석장계 횡혈식석실의 가장 오래된 예로 보았다(高木 1994).
■■ 현실 사방에 판석을 세우고 내부를 구획석으로 나눠 놓은 것.

② **키나이의 경우**

키나이와 그 주변에서는 중기 후엽(8기)부터 후기 후엽(9기)경에 비로소 횡혈식석실이 축조되었다. 그리고 횡혈식석실이 보급되기 시작한 후기 중엽 전반(10기 전반) 이후에는 가형석관이 발달했고, 키나이형 횡혈식석실과 키나이적인 가형석관의 조합이 수장분을 중심으로 한 고분의 전형적인 내부 시설과 관이 되었다('실의 시대').

키나이적인 가형석관은 주형석관의 계보를 잇는데, 횡혈식석실에 적합한 형태로 변화한 것으로 추측되고, 무게가 수 톤에 이르는 내부를 파낸 가형석관과 운반이 불가능한 조합식 가형석관이 설치된 관임에는 의심의 여지가 없다. 따라서 가형석관이 성행한 고분시대 후기 중엽부터 아스카시대 중엽에 걸쳐 키나이와 그 주변 지역의 관은 이전과 마찬가지로 설치된 관이 기본이었다. 바꾸어 말하면, 규슈와 마찬가지로 키나이에서도 설치된 관의 전통이 강했고, 횡혈식석실이라는 혁신적인 매장 시설이 전래되었음에도 관의 성격은 변하지 않았다. 횡혈식석실의 기본적인 장법이 유체를 차례로 운반하는 것이라면, 유체를 담아서 운반할 수 있는 들어 나르는 관이 횡혈식석실 기준에서는 더욱 합리적이라고 할 수 있다. 그러나 일본열도에서는 야요이시대 이래의 관 전통이 강했고, 그 전통이 그대로(설치된 관의 성격이 그대로) 횡혈식석실에 적용되었다.

(2) 정부식목관
① **정부식목관의 출현**

이쯤에서 검토해야 하는 관이 있다. 키나이와 그 주변에서 처음으로 채택된 횡혈식석실 일부에 이전까지 없던 형식의 목관이 사용된 것이다. 각 부재를 철정鐵釘으로 박아 맞춘 상자형의 '정부식목관釘付式木棺'■이 그것이다.

오사카부 후지이데라시 후지노모리藤の森고분(8기)[12]에서는 철정이 출토되었다고 보고되어 있을 뿐 자세한 것은 알 수 없지만, 가시와라柏原시 다카이다야마高井田山고분(9기, 그림13의 ②)[13]에서는 두 기의 목관이 석실 주축과 평행하게 안치되어 있다. 동관은 길이 2.2미터·폭 0.58미터·높이 0.6미터로, 길이 14~18센티미터의 철정과 꺾쇠가 사용되었으며, 철정에 나뭇결이 남아 있는 것으로 보아 관재 두께는 최대 10센티미터로 추정된다.[보주4] 또한 나라현 가츠라기葛城시 데라구치오시미寺口忍海 D-27호(9기)[14]에서도 석실의 주축과 평행하게 두 기의 목관이 확인되었는데, 동관은 약 2미터×0.8미터·서관은 약 2.5미터×0.4미터로, 각각에 약 16~20센티미터의 철정이 10개씩 함께 발견되었다. 관재 두께는 각각 7~8센티미터, 8~9센티미터 정도로 추정된다. 또한 시가현 오츠大津시 가이고메飼込 16호분[15]에서도 9기의 매장 시설이 축조된 것으로 추정되는데, 역시 철정이 출토되었다고 보고되었다.

동일한 형태의 정부식목관은 고분시대 후기 중엽 전반(10기 전반)에 이르면, 데라구치오시미 E-1·3·5호분, H-15·16호분[16]과 나라현 사쿠라이시 사쿠라이코엔桜井公園 2호분,[17] 고세御所시 고세야마巨勢山고분군 사카다니境谷지구 8호분,[18] 다케노구찌 4지군 16호분,[19] 교토부 조요시 가부토야마冑山 1호분,[20] 오사카부 가난河南정 잇스카一須

■ 이 명칭은 오카바야시(岡林 1994)에 따른다.

賀 I-4(꺾쇠)·6·8호분,[21] W11호분(꺾쇠)[22] 등 횡혈식석실이 보급되면서 사례가 증가한다.

정부식목관을 매납하는 초기 횡혈식석실이(연도가 없는(無袖型) 데라구치오시미 E-1호분, H-15·16호분을 제외하고) 모두 연도 입구에서 볼 때 좌편수형 횡혈식석실이라면, 정부식목관은 좌편수형 횡혈식석실과 조합되어 키나이에 출현했다고 봐도 좋다. 거의 동시기에 키나이와 그 주변, 가령 오사카부 사카이堺시 도츠카塔塚고분(8기),[23] 히가시오사카東大阪시 지야마芝山고분(10기 전반),[24] 후쿠이福井현 와카사무코야마若狭向山 1호분(8기)[25]·니시츠카西塚고분(9기)[26]·쥬젠노모리十善の森고분(9기),[27] 효고兵庫현 히메지姫路시 요로丁 1~3호분(3차 조사, 10기 전반)[28] 등에서는 규슈계 횡혈식석실도 축조되었지만, 철정이 출토되지는 않는다.

키나이와 그 주변에서 출토되는 초기의 꺾쇠나 철정이 모두 좌편수형 횡혈식석실에만 사용된 것은 아니다. 그 무렵의 꺾쇠와 철정이 사용된 경우는 그 밖에도 세 사례 정도가 더 알려져 있다.

앞의 횡혈식석실에 정부식목관이 함께 발견되는 예를 용법의 첫 번째라고 한다면, 용법 두 번째는 전·중기 수혈식석곽보다 폭이 넓고 자갈을 깔았으며 납작한 괴석을 쌓은 새로운 형식인 수혈식석곽에 이용된 정부식목관의 예다. 그 사례로는 효고현 히메지시 미야야마宮山고분 2호 석곽의 목관(8기, 꺾쇠 5개체)[29]·3호 석곽의 목관(8기, 꺾쇠 6개체),[30] 가코카와加古川시 이케지리池尻 2호분 목관(8기, 철정 10개체·꺾쇠 7개체)[31] 등이 있다.

용법 세 번째는 종래의 할죽형목관이나 조합식목관 뚜껑과 몸체를 결속시키는 데 꺾쇠가 이용된 경우로, 오카야마岡山현 소자総社시즈안^{隨庵}고분(8기, 수혈식석곽, 할죽형목관으로 길이 2.9×폭 0.6미터, 꺾쇠 6개체 이상),³² 오사카부 다카츠카^{高槻}시 도보산^{土保山}고분(8기, 점토곽, 조합식목관으로 돌기를 제외하고 약 2.5×약 0.6미터, 꺾쇠 4개체),³³ 도요나가^{豊中}시 미나미텐폰즈카^{南天平塚}고분(7~8기, 제1점토곽, 할죽형목관으로 길이 2.9×폭 0.7~0.85미터)³⁴ 등을 들 수 있다.

용법 네 번째는 목관 형태의 목궤 뚜껑과 몸체를 결합할 때 철정을 이용한 경우로, 오사카부 후지이데라^{藤井寺}시 노나카^{野中}고분(7기, 직장)³⁵에서는 부장품을 담는 다섯 기의 목궤(내부 크기 약 4.0×약 0.4미터나 약 3.1×약 0.4미터 등)에 두께 5센티미터 정도의 덮개를 고정하는데 길이 13~19센티미터 정도의 철정이 각각 4개 정도 사용되었다.

따라서 꺾쇠와 철정이 전해졌던 초기 단계에 그것들이 이용된 사례를 살펴보면, 크게 두 가지 전래 방식이 있었음을 알 수 있다. 첫 번째는 꺾쇠와 철정이 일반적인 목재 결합금구로 전해져, 목제 상자의 결합금구로 사용되거나(용법4, 단 노나카고분 예는 관이었을 가능성도 있음) 전통적인 관의 뚜껑과 본체를 닫아 맞추는 금구로 응용되는 경우(용법3)이다. 두 번째는 용법 첫 번째와 두 번째처럼 새로 들어온 매장 시설인 횡혈식석실, 신식의 수혈식석곽에 동반하여 새로운 형식의 관(정부식목관)의 결합금구로 전해졌던 경우이다.■

키나이와 그 주변에서 새로운 형식의 목관을 동반한 새로운 매장 시설이 전해졌다. 여기에는 규슈의 횡혈식석실 수용과는 다른 사정

■ 꺾쇠는 야요이 후기후반부터 종말기의 방형대상묘인 효고현 도요오카^{豊岡}시 다테이시^{立石}고분군 103호 지점 C군 18호 묘광에서 확인된 것이 가장 오래된 것인데, 길이 40센티미터 정도의 소형품이라 이후의 것과는 구별하고자 한다(瀨戶谷 1987).

이 있었던 것으로 추정된다. 규슈의 횡혈식석실 수용은 정보·기술의 전파가 중심이고 피장자가 어디까지나 토착인이었음에 비해, 키나이에서 초기의 정부식목관을 사용하는 좌편수형 횡혈식석실과 신식 수혈식석곽은 제작자가 도래인이었으며 피장자 역시 도래인渡來人이었음이 암시되어 있다.

② **정부식목관의 성격**

정부식목관이 출현한 이후 신식의 수혈식석곽은 그다지 확산되지 않고 이내 사라져버렸지만, 좌편수형 횡혈식석실은 고분시대 후기 중엽에 키나이형 횡혈식석실로 정형화되고, 수장분과 신식 군집분으로 활발하게 채택되며 더불어 정부식목관도 보급되었다. 그러면 이 정부식목관의 성격은 어떠했을까? 덧붙이자면 신식 군집분에 선행하고 후기 초두에 출현한 고식 군집분의 매장 시설은 목관직장이 중심이었고, 여기에 사용된 목관 대부분은 종래의 조합식목관으로 설치된 관이었다.

다나카 아야타田中彩太는 정부식목관의 전개 과정을 3단계로 나누고, I기는 철정·꺾쇠의 출현, II기는 철정·꺾쇠의 보급, III기는 철정의 급격한 소형화로 정의했다. 철정과 꺾쇠는 I기(5세기 후반, 이 책의 구분 방식으로는 7~8기)에는 관재 접합의 주류가 아닌 보조적인 역할을 담당했고, II기(6세기, 10기~11기 중엽)에는 횡혈식석실이 보급되면서 확산되는 목관직장분直葬墳에도 사용되었는데, 철정은 일반적으로 대형이고 관재는 상대적으로 두꺼웠으며, 이때 철정을 이용한 접합 방식은 목관 자체를 이용해 조합하는 방식과 병용되었다. III기(6세기 말~7세기 초, 11기 후엽)에는 꺾쇠가 감소하고 철정이 길이 10

센티미터 전후로 소형화되며 관재 두께도 3~5센티미터로 얇아진다고 하는데, 철정의 사용 개수·덮개 판의 구조 변화·관 장식금구의 출현 등을 종합해보면, Ⅲ기는 종말기 고분과 그 이후 관 형태의 결절점結節点이라 할 수 있다. 그리고 Ⅰ·Ⅱ기의 목관은 5세기대 이래의 조합식목관의 전통과 요소를 강하게 남긴, 매장 장소에 고정되어 조립된 것(설치된 관)이고, '관'이라는 형태를 가지고 분구나 석실 내로 운반하는 것(들어 나르는 관)은 Ⅲ기 이후 추가장이 성행한 시기에 비로소 성립한 것으로 평가된다.[36]

데라구치오시미고분군의 목관을 검토한 치가 히로시千賀久 또한 스에키 TK43형식(6세기 후엽)을 경계로, 이후에 철정은 가늘고 짧게 변하고 철정에 남은 관재 두께도 6~8센티미터에서 2~4센티미터로 변한다고 지적하며, 2장에서 다루고 있는 설치된 관에서 들어 나르는 관으로의 이행을 언급했다.[37]

그밖에 1994년에는 오카바야시 코사쿠岡林孝作가 정부식목관을 재검토하여, 정부식목관 형식의 관의 원류는 중국에 있고, 5세기 중엽부터 말엽에 걸쳐 긴키 지방에 횡혈식석실이 도입될 때 함께 흘러들어왔는데 직접적으로는 백제로부터 전해진 것이라고 보았다. 그리고 일관되게 인체를 기준으로 한 크기로 만들어지고 관은 간소한 상자형으로 무게는 300킬로그램을 크게 상회하지 않아, 구조적으로 안정적이고 기능적으로 들고 나르는 데 적합하다고 평가하여, 정부식목관 전체를 들어 나르는 관으로 추정했다.[38]

아직은 정부식목관의 기능을 단정적으로 말할 수 없다. 그러나 가형석관을 비롯한 종래의 조합식목관·도관·하니와관·상식석관과 키나이의 후기 고분에서 주류를 점하는 관은 계층을 불문하고 설치된 관이었다. 초기의 좌편수형 횡혈식석실의 연도는 덜 발달되어 관을 반입하기에 적합하지 않았다. 무게 200~300킬로그램으로 추정되는 관 역시 들고 나르기에 적당했는지 의문이다. 추가장 때도 목관과 유체를 별도로 운반하여 어떤 받침대도 없는 점을 고려하면, 정부식목관이 들어 나르는 관이었다고 볼 수는 없다. 다만 고분시대 정부식목관 가운데, 철정이 소형화된 후기 후엽(11기 중엽) 이후의 것은 일부 사람들 사이에서 들어 나르는 관으로 이용되었을 가능성이 있다고 추정할 수 있을 뿐이다.■ 추가장의 증가가 관의 용법을 변화시킨 것은 아니다.

정부식목관은 규슈 횡혈식석실에서 발달하지 않았다. 이 점은 키나이와 규슈 횡혈식석실에서 이용된 관의 성격을 비교하는 또 다른 관점을 제공한다.

(3) 횡혈식석실과 설치된 관

고분시대 후기 키나이와 그 주변의 관의 주류가 설치된 관이었다면, 횡혈식석실을 채택한 고분의 축조 과정과 매장 순서는 어떠했을까? 이 고분들에서 석실과 분구 축조가 일체화되어(연속으로) 이루어졌

■ 최근 에히메愛媛현 마츠야마松山시의 하자이케葉佐池고분 횡혈식석실에서 두 기의 노송나무제 목관이 발견되었다. 첫 번째 관(A관)은 장측판을 장부(순자枘子 또는 통예通枘)에 꽂아 나무못으로 고정한 것인데, "본래 소구관과 측판을 조립한 것과 바닥 및 덮개의 세 부품을 각각 결구하지 않은 채로 상자형으로 조립한 것"으로 추정된다. 6세기 중후반에 철정 등을 사용하지 않고 만든 목관이지만, 길이 약 190센티미터·폭 약 43센티미터·판 두께 3~5센티미터 정도로 설치된 관이었을 것으로 추정된다. 그 외 다른 관(B관)은 한 매짜리 판으로, A관 덮개로 전용되었을 것으로 판단된다. 이런 예도 있었던 것이다(栗田 1994).

다는 것은 잘 알려져 있다. 따라서 비교적 관이 가볍거나 조합식 부재로 이루어졌다면, 관을 완성된 석실의 현실로 반입하여 특정한 곳에 설치한 후 유체를 운반했다고도 생각할 수 있다. 하지만 무게가 수 톤이나 되는, 내부를 파낸 가형석관은 어땠을까? 관을 완성한 후에 석실로 반입하기는 곤란하다고 생각되는 예를 먼저 살펴보자.

우메하라 스에지梅原末治에 따르면 나라현 사쿠라이시 구사하카艸墓 고분³⁹은 석관을 안치한 후 석실을 축조한 것으로 알려져 있다. 다만 이 사례에서는 확실히 관에 뚜껑을 덮어 반입할 수는 없지만, 뚜껑과 본체를 별도로 가지고 들어와 좁은 현실 안에서 뚜껑을 덮는 것은 완전히 불가능하지 않다. 다음으로 나라현 이카루가斑鳩정 후지노키藤ノ木고분(그림14)⁴⁰에서는 현문玄門부에서 연도 폭이 관 폭(단변 폭)보다 넓은 곳은 바닥면 바로 위쪽뿐으로, 그 위로는 관 폭이 더 넓어 석관을 옆으로 눕히지 않는 한 반입이 불가능하다(그림5). 그리고 만일 옆으로 눕혀 반입했다 하더라도 석실 주축과 평행하게 들고 들어온 관을 정正 위치로 돌려 주축과 직각을 이루게 배치하기 위해서는 관을 회전시켜야 하고, 이 경우 관이 석실 측벽에 거의 맞닿게 될 것으로 추정된다.■ 또한 시가滋賀県현 야스野洲시 마루야마円山고분⁴¹의 경우, 연도 폭보다 관 폭이 넓으며 관을 옆으로 눕혀도 반입할 수 없다.[보주5] 이 고분들 외에도 내부를 파낸 가형석관을 매납한 석실에서

■ 제1차 조사보고서에서 '석관의 위치' 항목을 담당한 후지이 토시아키藤井利章는 모형을 사용하여 검토한 결과, 석관을 석실 완성 후에 안치하는 것은 도저히 불가능하다는 결론을 내리고, 석실을 2단까지 쌓아 올리고 나서 반입하는 방법을 생각해냈다(奈良縣 橿原編 1990).

는 연도 폭이 석실 폭보다 근소하게 넓은 경우가 많다.

그림 5 후지노키고분의 횡혈식석실 현문부와 석관

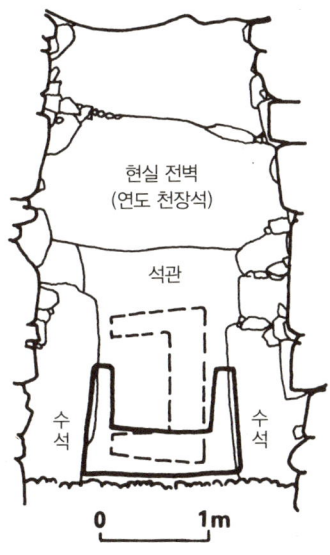

정리하면, 후지노키고분과 마루야마고분군 등을 제외하고는 확실하게 연도부로 석관을 반입할 수 없는 고분을 찾기가 어렵지만, 석관 반입이 매우 곤란한 예가 이렇게 어느 정도 존재한다고 생각하면, 내부를 파낸 가형석관을 매납하는 고분에서는 묘광을 굴착하고 바닥면을 형성한 후, 석실 구축을 시작하기 직전 내지는 구축 도중의 어느 단계에서 가형석관을 배치한다고 보는 것이 타당할 것이다.

이 경우 석실 완성 후에 납관을 한다면,[42] 제사 순서는 다음과 같았을 것으로 추정된다.

1 묘광 굴착—석실 기초 공작—(석실 구축의 시작으로 추정)—관 설치—석실 구축·분구 축조 [석실·분구의 완성]
2 유체 안치—관내 부장품 배치—관 덮개의 설치 [납관의례·매납 개시]
3 관외 부장품 배치—모종의 의례—석실 입구 폐쇄 [매납 종료]
4 전정에서의 의례 [묘전의례]

이 순서는 목관 등 석실 완성 후에 관재를 들고 들어와 현실 안에 관을 설치하고, 그 후에 유체를 반입하여 납관하는 것과 제사 순서가 거의 다르지 않다.■■

이 순서를 고분시대 전·중기 수혈계 내부 시설과 비교하면, 가장 큰 변화는 분구 축조·석실 구축이라는 고분 축조와 납관·매납의례가 완전하게 분리된 것에 있다. 그런 의미에서 고분 축조의 의례적 역할이 희박해졌다고 할 수 있다. 그러나 현실 안에서 이루어지는 납관의례와 매납의례는 여전히 불가분의 관계에 있고, 석실 폐쇄 후 전정前庭에서 이루어지는 묘전의례와 더불어 고분이라는 장소는 전前시대와 마찬가지로 장송 의례 속에서 중요한 위치를 점한 것으로 추정된다. 고바야시 유키오小林行雄43가 말하는 '요모츠헤구이よもつへぐい',

---

■ 마에조노前園는 석관 뚜껑을 개폐하는 데 도르래[滑車]가 이용되었다고 추측한다.
■■ 내부를 파낸 가형석관을 확실히 횡혈식석실을 구축하기에 앞서 배치하고, 같은 순서로 축조되었음이 확실한 예가 시마네현 이즈모시에서 확인되었다. 다이넨지고분·가미엔야츠키야마고분·지죠야마고분 등이 그러하다. 형태적으로 키나이 가형석관의 영향을 받았지만, 이들은 뒤에서 유체를 삽입하기 위한 횡구를 관의 장측면에 만들었다(出雲市 1988 등).

시라이시 타이치로白石太一郎44가 말하는 '고토도와다시ことどわたし',** 쓰데 히로시都出比呂志45가 말하는 뇌誄를 주상奏上***하는 것과 비슷한 의례 등을 행하는 장소는 여전히 고분으로 추정되는 것이다.

다만 좁은 현실 안에서 석관 덮개가 어떻게 닫히고 또 열렸는지는 명확하지 않다. 만약 현실 안에서 석관을 덮는 것이 곤란하다면, 석관 설치 단계에 납관이 이루어진 것으로 보아야 하고, 납관의례는 석실 완성 후의 여러 의례로부터 분리되어, 고립되고 축소되었다고 생각할 수 있다. 매장의 순서 측면에서 이 방식이 수혈계 내부 시설에 가깝지만, 여기서는 설치된 관과의 정합성을 고려해서 전자(49쪽의 매장 절차)를 채택하고자 한다.■

매납 종료 후의 묘상·묘전의례는 전기 수혈계 내부 시설의 고분에서도 분구 정상부에서 이루어지고, 중기에는 조출造出****부에서 활성화된다. 이 의례들과 횡혈식석실 전정에서의 묘전의례가 어떤 관련이 있는지는 앞으로의 과제인데, 이는 인물형하니와군의 설치 장소 및 배치 형태와도 얽혀 있어 더욱 흥미롭다.

● 황천국 음식을 먹는 것. 황천국 음식을 먹으면 현세로 돌아오지 못한다.
●● 일본 신화의 이자나기가 이세상과 저세상의 경계에 있는 요모츠히라사카黃泉比良坂를 천인석千引石으로 막아, 저세상에 있는 부인 이자나미와 주고받는 말을 통해 이별하는 과정.
●●● '뇌(시노비고토)를 주상한다는 것'은 죽은 자의 생전 공덕을 기리며 애도의 말을 올리는 것을 말한다.
■ 1장에서는 후자(66쪽의 매장 절차)의 입장을 취했지만, 정정한다.
●●●● 전방후원분의 잘록한 부분에 붙은 돌출된 평지로 여기에서 의례 등이 이루어진다.

3. 들어 나르는 관

(1) 횡구식석곽의 출현

유체를 넣어 들어 나르는 관이 출현한 것은 확실히 언제부터일까? 들어 나르는 관을 전제로 하는 횡구식석곽이 출현한 것은 아스카시대 전엽(7세기 전엽) 이후이다.

횡구식석곽은 하나의 관을 덮는 데 필요한 최소한의 공간과 그곳으로 관을 삽입하기 위한 횡구를 가진 소규모 석곽을 중심으로 이루어져 있다. 전래된 당초에는 석곽·전실前室·연도 세 부분으로 구성되어 있었으며, 키나이에 전해져 내려오던 내부 시설과 관에도 영향을 주어, 양수兩袖형 횡혈식석실 안쪽 벽에 석곽이 부설된 것(나라현 사쿠라이시 하나야마니시즈카花山西塚고분[46]·오사카부 카난河南정 아카하게アカハゲ고분[47] 등)과 가형석관 단측면에 횡구를 만들어 석곽으로 삼고 돌·기와·벽돌 등으로 석실처럼 그 위를 덮고 앞에 연도를 설치한 것(오사카부 돈다바야시富田林시 오카메이시お亀石고분[48]·다이시太子정 마츠이즈카松井塚고분[49] 등) 등이 나타났다. 그러나 대부분의 형식이 단기간에 간략화되고 석곽에 연도가 붙은 간소한 형태로 변하며, 7세기 후엽에는 마침내 석곽만 남게 되었다(나라현 아스카明日香촌 다카마츠高松塚고분[50] 등이 이에 해당하는데, 이 경우는 간소화된 묘도가 붙는다).[51]

6세기 말부터 7세기 전엽에 걸친 시기는 고분시대에서 아스카시대로 넘어가는 큰 전환기에 해당하고, 고분제사의 변혁기였다. 이 시기의 횡구식석곽은 들어 나르는 관과 더불어 도래인들이 먼저 채택한 것으로 추정되는데, 장제 내지는 장제가 가진 이념이 종래의 고분 또는 내부 시설인 횡혈식석실 형태에도 큰 영향을 미쳤다. 이때부터 횡혈식석실은 급격하게 소형화·석곽화되었고, 단장을 기본으로 하는 1고분 1매장으로 진행되었다.[52] 그리고 이런 동향 속에서 가형석관은 소멸하고, 석곽화된 횡혈식석실 가운데 들어 나르는 관이 매납되었다(그림6).

(2) 각종의 들어 나르는 관

이 시기의 대표적인 들어 나르는 관은 칠관이다. 관은 나무·포·삼태기(籠) 등 재질 차이에 따라 건칠관乾漆棺·협저관夾紵棺·남태관籃胎棺 등으로 불린다.[53] 크기는 오사카부 다카츠키시 아부야마阿武山고분[54]의 협저관이 길이 1.97미터·폭 0.62미터·높이 0.52미터·두께 약 2센티미터, 나라현 아스카무라 겐고시즈카牽牛子塚고분[55]의 협저관이 길이 약 1.8미터·폭 약 0.65미터·두께 2.3센티미터, 다카마츠츠카고분의 건칠관(구리 못(銅釘) 사용)[56]이 길이 약 2.02미터·폭 약 0.57미터·높이 약 0.4미터·두께 약 2센티미터 정도이다. 만들어진 시기는 오사카부 이바라키茨木시 핫타初田 2호분[57]의 건칠관(구리 못 사용)과 다이시정 에이후쿠지키타叡福寺北고분(성덕태자묘)[58]의 협저관이 비교적 오래된 것으로, 7세기 전반에 축조된 것으로 추정된다. 둘은 모두 양수형 횡혈식석실 안에 안치되었으며, 다른 예들도 횡구식석곽이나 고위급 횡혈식석실에 사용되었다.

들어 나르는 관으로 추정되는 또 다른 관으로는 관고리를 부착한 목관이 있다. 관고리는 둥근 형태의 금속 도구와 그것을 고정하는 철물(아시카나모노足金物), 꽃모양과 원형의 고정판(좌금구)으로 되어 있으며, 출토된 것들 가운데 일부는 관을 들고 나르기 위해 손잡이로 사용되었을 것으로 추정된다.[59] 관고리가 목관에 어떤 식으로 부

그림 6 아부야마고분의 석곽화된 횡혈식석실과 협저관

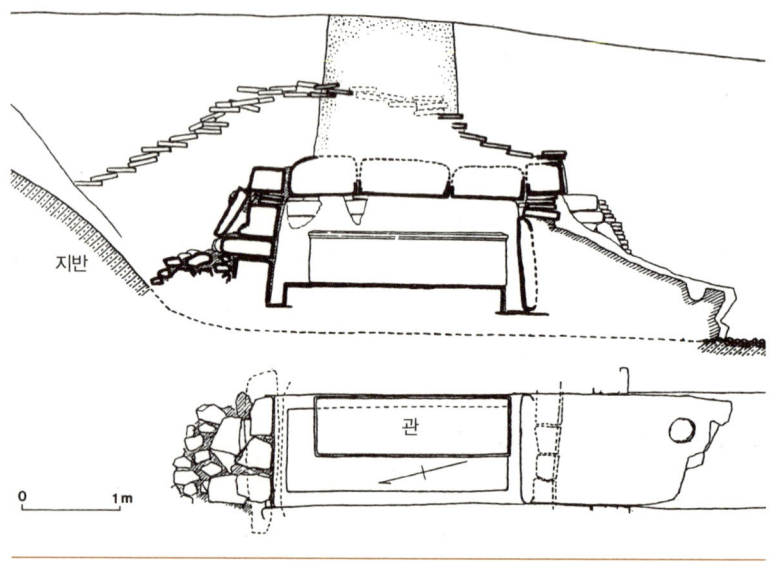

착되어 있었는지 알 수 있는 예는 많지 않다. 와카야마^{和歌山}시 나루타키^{鳴滝} 1호분[60]에서 관 장측변 좌우 양단 가까이에 관고리가 각각 두 개씩 부착되었을 것으로 추정되는 상태가 확인된 바 있을 뿐이다(그림7). 이 목관은 길이 약 1.8미터·폭 약 0.6미터·관재 두께 약 2센티미터로, 부근에서 약간의 철못도 출토되었다. 추가장된 것으로 6세기 말에서 7세기 초경의 것으로 추정되며, 이런 예는 7세기 후반까지 확인된다. 대부분 횡혈식석실에 사용되었으며, 횡구식석곽에도 사용되었는지는 명확하지 않다. 출토 고분의 계층은 칠관보다는 낮다.

　칠관과 관고리를 부착한 목관은 이전의 고분시대에는 존재하지 않던 것으로, 6세기 말부터 7세기 전엽에 걸쳐 대륙 문화의 한 요소

그림7 나루타키 1호분의 관고리와 출토 위치

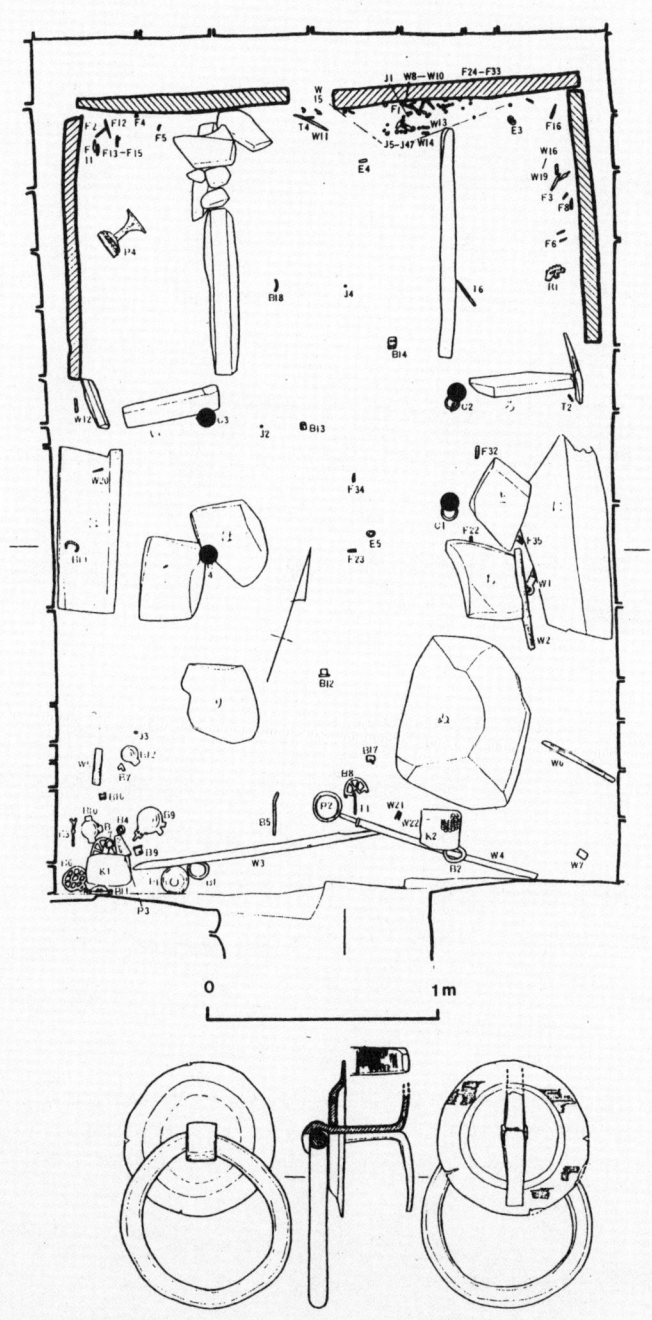

로 횡구식석곽 등의 내부 시설과 함께 들어온 것으로 추정되고, 초기 단계에 양자의 조합 관계는 명료하지 않다. 이밖에 청동제 못을 사용한 목관이나 앞서 검토한 정부식목관도 아스카시대에는 들어 나르는 관으로 사용되었을 것으로 추정된다.•

(3) 들어 나르는 관의 의의

들어 나르는 관의 출현은 고분제사에 어떤 변화를 가져왔을까? 들어 나르는 관이 채택된 경우 제사의 순서는 다음과 같이 추정된다.

1 석곽과 석실 구축·분구 축조 [시설 완성]
2 관에 유체나 부장품 납입 [고분이 아닌 다른 장소에서의 납관의례]
3 석곽과 석실로 관 반입 [매납의례]
4 묘전의례

들어 나르는 관의 경우, 횡혈식석실이든 횡구식석곽이든 고분의 내부 시설이나 분구는 미리 따로 축조되며, 유체를 매납한 관을 들고 그곳으로 옮겨 석실 안과 곽 안으로 반입했다. 그 결과 이전 시기 횡혈식석실의 경우와 마찬가지로 고분 축조 과정과 장송제사 과정이 완전히 분리되었을 뿐만 아니라, 전·중기 고분제사에서 매우 중요

• 1992년에 발표한 논문에서는 들어 나르는 관의 지표 중 하나인 관대를 이용한 목관을 추가했지만, 그것을 철회했다. 관대는 데라구치오시미 寺口忍海 고분군이나 잇스카 一須賀 고분군에서 후기 중엽 전반에 출현한다.

한 위치를 점한 납관의례가 마침내 고분이라는 장소에서 벗어나서 아마도 모가리의례 속에 흡수되었을 것으로 추정된다. 그러나 후기에는 주로 횡혈식석실의 현실 안에서 이루어진 매납의례가, 횡혈식석실의 무無연도화·석곽화로 인해 현실이 축소·소멸됨에 따라 또한 횡구식석곽의 경우 전실이 소멸됨에 따라 의례 공간을 잃고, 쇠퇴되었을 것으로 추정된다.

즉 들어 나르는 관이 출현함으로써 고분시대에 납관의례와 결합되어 장송 의례 가운데 매우 중요한 위치를 점하던 매납의례가 쇠퇴하고, 특히 모가리의례로 옮겨졌을 것이라 판단된다. 바꾸어 말해 고분이 가지고 있던 제사의 장으로서의 의의가 극단적으로 희박해지고 고분 축조가 단순한 토목공사로 분해, 고분이 유체가 안치되는 단순한 무덤으로 변해버리기에 이르렀다. 그런 의미에서 들어 나르는 관의 출현과 보급은 고분 의례를 급격하게 쇠퇴시키는 결과를 낳았다. 역으로 말하면 고분 의례가 급속도로 변질되고 쇠퇴해가는 시기였기 때문에 들어 나르는 관이 일본열도에 정착할 수 있었던 것이다.

6세기 말에서 7세기 전엽에 걸친 시기는 사회가 성숙해지고 중국과 한반도로부터 새로운 문화의 영향을 받아, 고분시대에서 아스카시대로 전환되던 시대이다. 그 속에서 고분 의례도 큰 변혁을 거쳐 대왕분·수장분으로서의 전방후원분이 소멸하고, 대왕분은 주로 방분方墳(네모꼴 무덤)에서 팔각분으로, 수장분은 주로 원분圓墳이나 방분으로 변했다. 아울러 소원분小圓墳에서 추가장을 기본으로 하는 가부장층의 신식 군집분이 쇠퇴하고, 주로 방분에서 1고분 1매장을 기본으로 하는 종말기식 군집분으로 변화했다.[61] 이런 현상은 스이코推古조 시기 고분 의례의 큰 변질을 단적으로 보여주는 것인데, 중국과 한반도로부터 전해진 들어 나르는 관으로 대표되는 장송제사와 순서는 바로 이런 동향에 적합하다.

마무리하며

이상으로 고분시대에서 아스카시대에 걸쳐 유체를 매납하기 위해 이용된 관을 설치된 관과 들어 나르는 관으로 나누고, 두 관과 각종 내부 시설의 구축 순서와 관계를 비교 검토하여, 모가리의례—매납의례—묘상·묘전의례로 이어지는 일련의 장송제사에서 납관의례와 매납의례의 방식을 살펴보았다. 그 결과 관의 용법은 그것을 매납하는 내부 시설의 구축 순서와도 관련되고, 고분제사 뿐만 아니라 장송제사 전체의 순서와 깊이 관련되어 있거나 혹은 그 방식을 강하게 규정했다는 사실이 밝혀졌다.

먼저 고분시대 관은 야요이시대 관의 전통을 계승받아 설치된 관으로 출발했다. 그리고 이 관의 용법은 야요이 분구묘가 거대화·상징화·장엄화되어 고분이 되는 비약 속에서 장대한 할죽형목관과 수혈식석곽의 출현을 가능케 했다. 게다가 이들을 이용한 전·중기 수혈계 내부 시설의 고분에서는 납관의례와 매납의례가 일체화되어 있었고, 장송제사 가운데 매우 중요한 위치를 점하는 동시에, 고분 정상부의 묘광 속 내부 시설 구축과 불가분하게 결합되어 이루어졌다. 이를테면 이 단계에 고분 축조는 그 자체가 중요한 의례적인 행위였고, 고분이라는 장소는 장송제사의 핵심이었다. 제사 순서 역시 설치된 관의 용법에 매우 적합했다.

설치된 관은 전통이 강해 고분시대 후기에 들어와 안치된 관의 용법에 부합하지 않는 횡혈식석실이라는 내부 시설이 보급되었음에도 존속했다. 그 경우 내부를 파낸 무거운 가형석관은 석실 완성 이전에, 가벼운 목관 등은 석실 완성 이후에 현실 안에 설치된 것으로 추정된다. 그 결과 고분 축조와 납관·매납의례 과정이 분리되어, 고분 축조가 가지고 있던 '제사적인 의미'가 희박해졌다. 그러나 납관―매납―묘전으로 이어지는 여러 가지 의례는 어디까지나 고분에서 시행되었고, 장송제사에서 고분이라는 장소의 중요성 역시 그대로 유지되었던 것으로 추정된다.

하지만 아스카시대에 들어와서는 중국과 한반도로부터 새로운 문화가 파급되면서 들어 나르는 관과 이에 적합한 횡구식석곽이 전해져 열도의 전통적인 장송제사에 큰 영향을 주었다. 횡구식석곽의 보급과 횡혈식석실의 석곽화는 1고분 1장제를 기본으로 하는 새로운 장제에 적합한 것이었고, 들어 나르는 관의 용법과 이에 대응하는 내부 시설의 구조 변화는 납관의례를 모가리의례 속으로 포섭시켜 매납의례를 쇠퇴시켰기 때문이다. 그 결과 장송제사 가운데 고분이라는 장소가 가지는 의미가 극단적으로 저하되었고, 고분 축조는 단순한 토목공사로 전락하여 고분이라는 장소는 단순히 유해를 매납하는 무덤이 되었다. 아스카시대의 고분 쇠퇴는 이런 장송제사의 의례 변화로 설명할 수 있다.

이렇게 고분의례는 수혈계 매장 시설의 묘광을 중심으로 한 분구 위 의례에서 횡혈식석실 내부와 전정에서의 의례로 변해 아스카시대에 쇠퇴했다.

2장에서는 관의 용법과 내부 시설의 구축 순서를 비교해 장송제사의 순서를 복원하고 이 현상을 더욱 설득력 있게 설명하고자 했다. 관의 용법과 관련해서는 2장에서 다룬 내용 이외에 또 하나, 횡혈식석실과 설치된 관의 대응 관계에서 '가두는 관'과 '열린 관'을 개념화할 수 있는지의 고찰이 남아 있고, 이는 4장에서 다룰 것이다. 또한 이번 검토의 중심이 관이었기 때문에 이야기의 중심이 납관의례와 매납의례에 치우쳐, 모가리의례와 묘상·묘전의례에 대해서는 충분히 논의하지 못했고, 장송제사 과정에서 실행되었던 것으로 추정되는 수장권 계승 의례에 대해서도 거의 다루지 못했다.[보주6] 이어지는 다음 장들에서는 이런 다른 의례들의 의미와 내용에 대해 더욱 넓은 시야로 검토해보고자 한다.

[보주1] 수혈소석곽

'곽 안에 직접 유체가 매납되는 경우'란 수혈소석곽 등을 가리키는 것으로, 이런 곽들의 본래 성격은 설치된 관이라고 해야 할 것이다. 아주 드물게 이런 수혈소석곽이 횡혈식석실 안에 설치되는 예(교토시 시모니시다이下西代고분[62])가 있다. 실 안에 곽을 설치하고, 관을 매납하는 예는 일본열도에서는 보이지 않지만, 중국에서는 곽에서 실로 넘어가는 이행기에 볼 수 있다.

[보주2] 조몬시대 만기에서 야요이시대 전기의 목관

서일본에서는 조몬시대 만기(야요이 조기) 이후에 조합식목관이 발견되었다.[63] 조합식목관은 상식석관과 재질은 다르지만 구조는 유사하다. 또한 규슈에서는 이 시기에 이미 내부를 파낸 목관이 출현했다고 한다.[64] 한반도 무문토기 시대의 통나무관에 대해서는 아오키[65]가 집성한 바 있다.

[보주3] 후쿠오카현 스키자키고분의 '열린 관'

2002년에 발표된 보고서[66]에 근거하여 스키자키고분의 관에 대한 설명을 수정한다. 1호관(안쪽 벽 평행)은 판석을 조합한 것인데, "덮개가 있던 흔적이 없다." 상식석관이라기보다 구획 판석이 사방을 두른 상황이다. 2호관(입구에서 보아 오른쪽)은 토제 연질로 "같은 소재의 덮개판과 바닥판이 확인되지 않는다." 3호관은 조합식목관으로 추정되었지만 명확한 근거가 없다.

[보주4] 2011년에 다카이다야마高井田山고분 동관의 규모가 길이 228센티미터·폭 74센티미터·내부 길이 216센티미터·폭 56센티미터·관재 두께는 바닥판과 덮개판이 7센티미터 전후·측판 9센티미터·소구판 6센티미터 정도로 수정되었다.[67]

[보주5] 아울러 내부를 파낸 대형 가형석관을 가진 시가현 야스野洲시 마루야마円山고분과 가부토야마甲山고분의 석실이 발굴조사되어,[68] 석실 완성 후 연도에서 석관을 반입하기 곤란하다는 것이 판명되었다.

[보주6] 현재는 수장권 계승 의례를 장송 의례 과정의 하나로는 생각하지 않는다(7장 참조).

3장

묘광과 분구의 출입구

시작하며

고분은 정치적인 기념물이기 이전에, 무엇보다도 조상 숭배에 기반을 둔 수장의 장송 의례 및 그와 관련된 다양한 의례가 집행되던 종교적인 구조물이자 기념물이다. 따라서 고분이 지닌 다양한 성격을 해명하기 위해서는 그곳에서 시행된 고분 의례로 총칭되는 여러 가지 의례의 실태와 의미를 밝혀낼 필요가 있으며, 이것이야말로 고분을 정치적으로 이해하기 위한 요점이자 배경일 것이다. 본래 고분이 지닌 정치적 측면과 종교적 측면은 떼려야 뗄 수 없는 것으로 양자는 동시에 병행하여 고찰해야 한다.

지금으로부터 천수백 년 전의 의례 실태를 밝히는 것은 사실상 매우 어려운 일일 것이다. 하지만 다행히 고분에는 당시 사람들이 행한 다양한 행위의 흔적이 많이 남아 있다. 더욱이 고분에 남겨진 행위의 대부분은 분묘라는 유적의 성격상, 셀 수 없는 무질서한 행위가 중복된 것이 아니라, 일정한 작업 순서와 의례적인 약속에 따라 행해진 정합적인 일련의 행위의 결과라 추측된다.

따라서 고분 의례의 실태를 구명하기 위해서는 '일련의 행위'를 가능한 구체적으로 검토하여 복원하는 것이 무엇보다도 가장 기본이고 전제가 되는 작업이어야 한다. 이제까지 의례를 복원하는 데 주로 이용해온 부장품이나 관, 내부 시설, 하니와류 등 역시 일련의 행위가 전개되는 가운데 사용된 한 요소로 규정함으로써, 그 의미를 정당하게 평가할 수 있다고 생각한다. 고분을 상세하고 정밀하게 발굴하는 가장 큰 이유가 바로 여기에 있다.

그 작업은 마치 인류학자가 미지의 의례를 목전에 두고 각 행위의 의미에 고개를 갸웃거리면서 의례의 진행 상황을 속속들이 관찰하고 기록하는 것과 같다. 다만 지금 우리에게는 다양한 의례를 시연하는 사람들의 모습이 이미 없고, 더불어 많은 것이 사라져버렸다. 그러나 고분에 남겨진 사람들의 행위 흔적은 현대의 것이 아니라, 지금으로부터 천수백 년 이전에 살았던 사람들의 것이다.

유적 발굴에서 중요한 것은 단순히 유물과 유구를 확인하는 것이 아니라 이들의 '관계'를 파악하는 방식이라는 것이 오늘날 연구자들의 공통된 인식이다.[1] 고분 발굴 분야에서도 이와 마찬가지로 각지에서 상세하게 조사되어 많은 '관계'들이 발견되고 있으며, 그 가운데 대부분은 고분이라는 장소에서 이루어진 일련의 사람들의 행위와 관련된 것으로, 고분을 '만든 사람의 입장', '사용한 사람의 입장', 때로는 '보는 사람의 입장'에서 조사된 결과이다.

그러나 현재 성과의 대부분은 부분적·단편적이며 우연히 발견된 경우가 적지 않고, 아직 일련의 행위 전체를 충분히 복원하는 데는 이르지 못했다. 그보다 일련의 행위 전체를 복원하려는 의식적인 조사가 아직 적은 것이 현실이다.

필자는 앞의 1~2장에서 고분이라는 장소에서 이루어진 사람들의 행위 전체를 '고분의 축조 과정'이라 부르고, 그것을 묘역 선정, 분구 축조, 내부 시설 구축, 납관과 매납을 거쳐, 즙석과 하니와 등의 외부 시설을 정비하고 마무리하기까지의 제 단계와 각 단계에 수반되는 제 의례라고 이해했다. 그리고 묘광의 여러 유형을 중심으로 분구와 내부 시설의 구축 패턴을 검토하는 한편, 관의 용법과 내부 시설 구축 절차를 비교하여 모가리의례—납관의례—매납의례—묘상·묘전의례로 이어지는 일련의 장송 의례 방식을 고찰했다. 즉, 이제까지의 논의의 중심은 고분 발굴의 중심이자, 앞서 말한 여러 가지 '관계'가 가장 많이 판명되는 내부 시설이었다.

3장에서는 시점을 바꾸어 사람들의 행위 범위를 고분 전체로 넓혀보고자 한다. 고분과 관련된 사람들의 행위 전체를 복원하는 데 중요한 요소이자 '고분에서 사람의 동선'을 복원할 때 핵심이 되는 묘광과 분구의 출입구에 대해 검토하고, 동선 복원과 그 의미에 대해 이야기할 것이다. 주 대상은 고분시대 전·중기의 수혈계 내부 시설을 가진 전방후원분이다. 다만 검토에 이용할 수 있었던 자료가 매우 적어, 이 작업은 향후 고분 발굴을 통해 추가적으로 해명해야 할 과제에 대한 가설이라 할 수 있을 뿐이다.

1. 묘광의 출입구

전기와 중기의 대형 고분에서는 수혈계 내부 시설이 깊이 2~3미터 정도의 깊은 묘광 안에 설치되는 경우가 많았다. 이 경우 묘광은 분구가 축조된 후 다시 파내어 만들거나(굴착묘광 a류), 때로는 주위에 분구를 만들고 그 중심에 설치(구축묘광)했다. 그리고 그 깊은 묘광 안에서 관을 안치하고 유체와 부장품을 매납하여 수혈식석곽과 점토곽을 구축하는 모든 행위가 이루어졌다.

사람들은 이 깊은 묘광을 어떻게 팠을까? 어디서 어떻게 그 중심으로 들어가 석곽의 석재와 관, 유체를 운반하며 의례를 집행했을까? 아마도 깊은 묘광의 어깨선 높이에서 뛰어 내리거나 하지는 않았을 것이다.

매우 적기는 하지만, 이제까지의 발굴에서 묘광 출입구로 추정되는 시설이 발견된 예를 살펴보자.

(1) 발굴 사례

초기에 발견된 예로는 1948~1951년에 걸쳐 발굴된 미에三重현 이가伊賀시 이시야마石山고분(전방후원분, 고분 길이 약 120미터)을 들 수 있다. 후원부에는 세三 기의 점토곽을 동시에 매납한 남북 길이 11.2미터·동서 길이 10.0미터(북측)~8.6미터(남측)·깊이 2.5미터 이상·벽 경사 각도 약 70도의 묘광이 설치되어 있고, 전방부(유체의 발쪽)에 해당하는 묘광 남벽의 거의 중앙에는 폭 2미터 정도의 경사통로가 만들어져 있다(그림8의 ①, ②).[2] 아마도 점토상관粘土床棺 위에 목관의 본체가 설치되고, 본체 높이 근처까지 자갈이 채워 넣어진 단계의 '납관의례의 장'으로 내려가기에 적당한 시설이었을 것이다. 이 시기는 제2차 세계대전이 끝나고 얼마 되지 않은 시기로, 고분의 내부 시설 발굴에서 묘광의 존재가 평면적으로만 확인되던 매우 초기 단계에 해당하는데,[3] 이 무렵에 이미 묘광의 출입구 시설이 확인된 것이다.

다음으로 1969년에 발굴된 구마모토^{熊本}현 우토^{宇土}시 무코노다^{向野}
^{田}고분(전방후원분, 고분 길이 약 86미터)에서는 후원부에 주형석관을
안치한 수혈식석곽이 확인되었는데, 묘광은 2단으로 길이가 남북으
로 10.1미터·동서로 7.0(북측)~6.9미터(남측)·깊이 약 3.0미터(중간
테라스까지 약 1.5미터)·벽 경사 각도 60도로 계측되었고, 전방부(유
체의 머리쪽)에 해당하는 묘광의 동북 모서리에서 묘광 안팎으로 오
르내릴 수 있는 발판이 발견되었다(그림8의 ④, ⑤). 이 시설은 묘광
상부에서 폭 약 0.4미터의 도랑$^{(溝)}$ 모양 경사통로를 파고 그 앞에 3
단의 계단을 마련한 것으로, 계단 윗면에는 디딤돌이 놓여 있고 통
로는 묘광 중간의 테라스 면으로 이어져 있다.[4]

1965년에 발굴된 시마네^{島根}현 야스기^{安來}시 즈쿠리야마^{造山} 3호분
(방분, 약 38미터)에서는 수혈식석곽을 매납한 동서 길이 약 8.5미터·
남북 길이 약 9.0미터·깊이 2.0미터이상의 묘광이 확인되었는데, 지
면을 파낸 묘광 남쪽 벽(유체의 발쪽) 중앙이 약 3.7미터 정도의 폭
으로 분구 경사면을 향해 파여 있는데, 그 중앙에 배수구가 설치되
어 있다(그림8의 ⑦, ⑧).[5] 이 고분에는 분구 사면에서 묘광 바닥으로
통하는 폭이 넓은 묘도가 지면에 굴착되어 있는데, 그 중앙 바닥면
에 배수구가 설치되어 있었을 가능성이 높다. 주목되는 것은 2단 묘
광 형태로 만들어진 묘광의 남쪽을 제외한 3면이 '단^{段}'(묘광 중간의
테라스로 추정) 중에 동쪽의 테라스는 다른 것보다 넓으며, 동쪽 천장
석 부근에서 하지키^{土師器}*가 출토되었다. 게다가 이쪽 묘광(하단) 벽

• 고분시대에 사용한 토기의 일종. 회청색을 띠는 스에키와 달리 적갈색을 띤다.

그림8 이제까지의 발굴에서 묘광 출입구로 추정되는 시설이 발견된 예

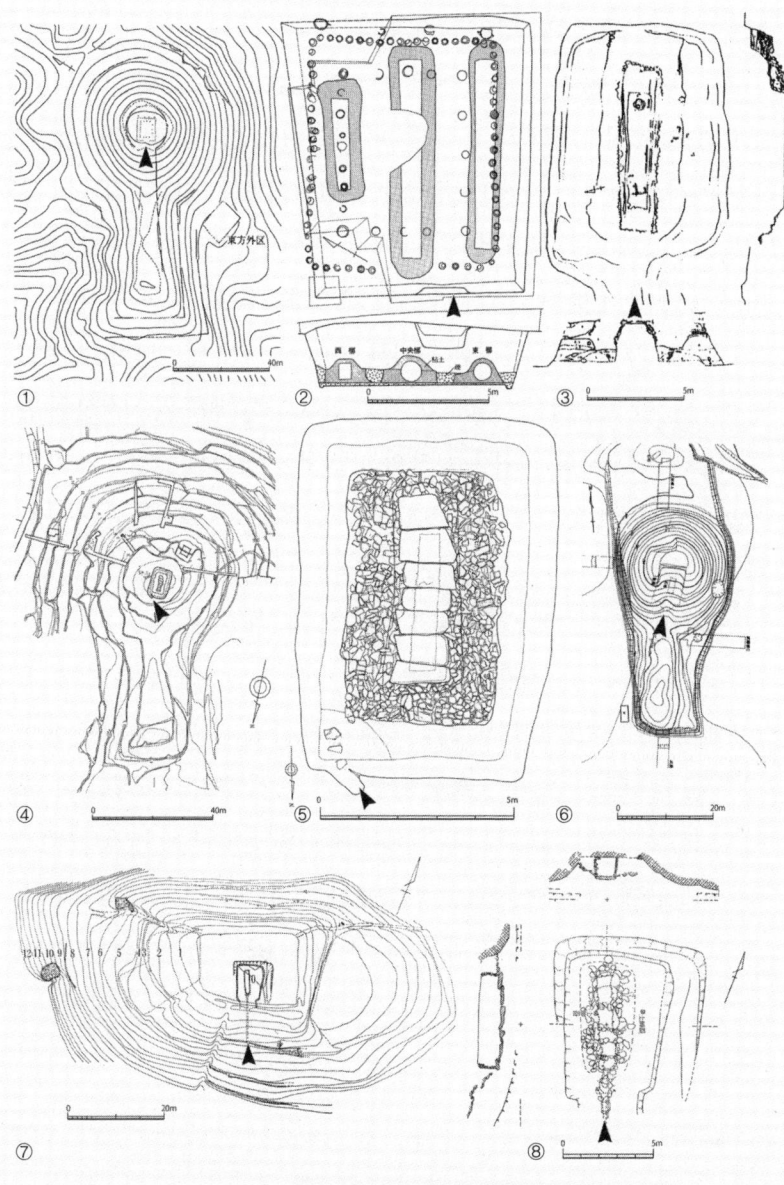

①,② 이시야마고분   ③ 신보인야마 D2호분   ④,⑤ 무코노다고분
⑥ 와카미야고분   ⑦,⑧ 즈쿠리야마 3호분

의 경사각은 약 40도로, 보통 50~75도 정도 되는 다른 것보다 완만하다. 묘광 바닥부로 이어지는 사람이 드나드는 출입구는 남쪽의 묘도와는 별도로 동쪽에 있었을 수 있다.

즈쿠리야마 3호분의 묘도와 유사한 것이 1981~1982년 발굴된 시즈오카靜岡현 이와타磐田시 신보인야마新豊院山 D2호분(전방후원분, 약 34미터)에서도 확인된 바 있다. 특수한 수혈식석곽을 매납한 묘광이 동서로 약 5.5미터·남북으로 약 4.9미터·깊이 1.4미터 이상으로 구축되어 있는데, 전방부(유체의 발쪽)에 해당하는 묘광 서벽 중앙에 폭 2.5미터로 약 20도의 완만한 경사를 가진 묘도가 설치되어 있다(그림8의 ③). 이 고분에서는 묘도를 메운 후에 다시 배수구상 시설을 만들었는데, 배수구상 시설은 묘도와는 방향을 달리해 전방부와 후원부가 만나는 잘록한 부분(구비레부<びれ部>)* 쪽으로 향하게 한 것으로 추정된다.[6]

또한 1989년에 발굴된 교토부 야와타八幡 히루츠카ヒル塚고분(방분, 약 52미터)에도 점토곽을 매납한 동서 길이 약 9미터·남북 길이 약 12미터·깊이 약 3.5미터의 2단 묘광 북벽 중앙(유체의 측면)에 묘광에서 분구 밖으로 통하는 횡구부(묘도)가 존재했다고 지적된 바 있다.[7] 이 고분에서는 묘도의 연장 상에 주호를 건너기 위한 육교陸橋가 확인되었는데, 양자가 하나로 연결된 시설이었을 것으로 판단된다. 그러나 묘도를 메운 후, 그 위에 제2의 매장 점토곽이 설치되었기 때

---

* 전방후원분의 전방부와 후원부가 만나는 경계부의 잘록한 부분. 이하 '잘록한 부분'으로 통칭.

문에 묘도는 발굴되지 않았다.

1958~1959년에 발굴된 야마구치山口현 시모노세키下關시 와카미야若宮고분(전방후원분, 약 47미터) 후원부에는 대형 상식석관을 매납한 남북 길이 약 6미터·동서 길이 약 5미터의 묘광이 있고, 묘광 남벽(유체의 발쪽)에서 전방부로 향하는 폭 약 1.5미터의 묘도가 확인되었다(그림8의 ⑥).[8] 조사자는 여러 상황을 종합하여 이를 추가장을 위한 묘도라고 판단했는데, 첫 매장 때부터 이 부분에는 묘도가 있었을 가능성이 있다.

(2) 두 개의 출입구

매우 적은 예■라고 해도, 위에서 살펴본 대로 지금까지 확인된 묘광 출입구로 추정되는 시설을 검토하면, 성격이 다른 두 가지 시설이 있음을 알 수 있다. 첫 번째는 가장 먼저 언급한 이시야마고분과 무코노다고분의 사례에서 볼 수 있는 유형으로, 이시야마고분은 묘광 벽 중앙에 경사통로가 있고 무코노다고분은 묘광 모서리에 경사통로와 계단이 있는 등, 묘광에 연결된 위치와 형태에는 약간의 차이가 있지만, 모두 후원부 정상의 평탄면에서 묘광 안으로 오르내리는 것처럼 만들어져 있고 규모가 비교적 작다(이하 '묘광의 경사통로' 또는 '묘광의 계단'). 두 번째는 앞의 두 사례를 제외한 나머지 네 사례에 해당하는 유형으로, 묘광 한 변의 중앙을 측면에서 분구 밖으로 굴

■ 그밖에 경사통로는 오카야마岡山시 우라마차우스야마浦間茶臼山고분에도 있었을 것으로 추측되는데, 아직 명확하지 않다(近藤·新納 1991).

착해 만들어진 묘도이고 규모가 비교적 크며 간혹 배수구가 동반되어 있다(이하 '묘광의 묘도').

이런 두 개의 출입구는 각각 어떤 기능을 담당했을까? 대형 묘광 가운데 가장 일반적인, 굴착묘광 a류에 수혈식석곽을 설치해 할죽형 목관과 주형석관 등을 넣는 경우를 예로, 묘광 굴착—납관—매납에 이르는 과정을 복원해보자.

1 분구 축조
2 묘광 굴착—묘광 아랫부분의 기초 공작—관 설치—석곽 하부의 구축 [매납의례 개시·납관의례의 장 완성]
3 유체 납관—관내 부장품 배치—관 덮개 설치—관외 부장품 배치 [납관의례]
4 석곽 상부 구축—천장석 설치—점토 피복—묘광 되묻기 [매납의례 종료·도중에 작은 의례 있음]
5 묘상의례

이 과정의 특색은 납관의례와 매납의례, 즉 관 설치·유체 납관·석곽 구축이 일체화되어 연속으로 진행된 것이다. 이 과정에서 앞에서 설명한 두 가지 성격의 출입구가 언제 어떤 역할을 수행했는지를 각각 추측하면, 주로 전자의 경사통로나 계단은 세 번째 단계에서 납관의례를 중심으로 한 유체와 부장품 반입, 의례 참가자의 출입에 이용되었을 거라 볼 수 있고, 후자의 묘도는 두 번째 단계부터 네 번째 단계에 이르기까지 묘광을 굴착할 때 발생하는 흙을 반출하고 석곽의 석재와 관을 반입하는 데 이용한 작업용 출입구였을 것이라 볼 수 있다.

따라서 하나의 묘광에는 원칙적으로 의례용과 작업용 두 가지 성격의 출입구가 있었던 것으로 추측된다. 무코노다고분에서 확인되는 계단 등으로는 대형 주형석관 등을 도저히 반입할 수 없어, 다른 작업용 묘도가 있었을 거라는 추측을 할 수 있다. 다만 목관직장과 점토곽 등의 경우에는 이시야마고분처럼 넓은 경사통로가 있고, 하나의 출입구가 두 기능을 모두 수행했을 수도 있다. 마찬가지로 묘광 한 변의 경사 각도를 완만하게 만들어 두 기능을 모두 수행한 경우도 있었을 거라는 추측도 가능하다. 묘도의 경우 역시 묘도 하나로 두 기능을 수행하는 것이 가능했을 거라 추측할 수 있다.■

어쨌든 묘광의 출입구는 전방후원분인 경우에는 전방부측에, 방분과 원분인 경우에는 육교 측에 마련되는 것이 원칙이었을 것으로 추정된다. 단, 작업용 출입구와 관을 매납하는 출입구가 겹쳐져서 설치에 차질이 발생하는 경우에는 둘 중 하나의 위치를 약간 이동시켰을 가능성이 높다.

묘광의 묘도는 내부 시설이 수혈계인 것에만 있는 것으로 보이는데, 이는 이상하게 느껴질지도 모른다. 그러나 이런 설정은 처음이 아니다. 1993년에 가타다 타다시堅田直가 "수혈이라도 굴착한 흙을 쉽게 반출시키기 위해 후원부에서 전방부를 향하여 폭 2~3미터를 굴착하는 경우가 있다"고 지적한 바 있다.■■9

또한 수혈계와 횡혈계를 별도로 생각하면, 1969년에 발굴된 후쿠

■ 묘광의 묘도는 적어도 납관의례 종료 후의 석곽 상부를 구축할 때까지 되메워진다.
■■ 가타다堅田에 따르면, 오사카부 이바라키茨木시 쇼군야마將軍山고분 예를 들 수 있다.

오카시 로지^{老司}고분(전방후원분, 약 75미터)의 후원부 중심 매장 시설인 3호 석실에는 남북 길이 약 8.4미터·동서 길이 약 8.0미터 이상·깊이 3.0미터 이상의 묘광 안에 설치된 수혈계 횡구식석실이 있으며, 석실 입구에 해당하는 묘광 남쪽 벽에 전방부 평탄면으로 통하는 길이 약 9미터·저부의 폭 1.5~1.0미터 정도의 묘도가 굴착되어 있다.■10 석실이라고 해도 수혈식석곽과 유사한 방법으로 설치되며 연도부도 거의 없는 초기 수혈계 횡구식석실인 점으로 본다면, 묘광과 이에 딸린 묘도는 수혈식석곽의 묘도와 같은 성격의 것이라고 봐도 좋을 것이다. 그 경우 묘도는 작업용 출입구와 의례 참가자용 출입구, 두 기능을 모두 수행한 것이 된다.

뒤에서 다시 설명하겠지만, 로지고분의 예는 초기의 연도부가 짧은 수혈계 횡구식석실과 횡혈식석실이 입구를 분구 측면에 마련하지 않고, 전방부측에 마련하는 이유를 단적으로 보여준다고 할 수 있다. 이 석실은 수혈계 내부 시설에 적합한, 전통적인 방법과 동일한 의례 동선상에 설치된다.

(3) 전방부에서 후원부로

이렇게 지금까지는 적은 사례에서 많은 것을 추측해냈지만, 앞으로의 고분 내부 시설 발굴에서는 묘광의 출입구를 더욱 의식해야 할 것이며, 앞에서 살펴본 몇 가지 시설이 어느 정도의 보편성을 갖는

■ 보고서에서도 이 묘도가 묘광 굴착과 석실 구축을 위한 작업통로였을 가능성이 있다고 지적되어 있다.

지에 대한 검토 역시 이루어져야 할 것이다. 그러기 위해서는 이전까지 좀처럼 발굴되지 않았던 전방후원분의 전방부 평탄면에서 후원부 경사면에 걸친 부분('후원부 전면'이라 부름)을 적극적으로 조사해야 한다.

전방부 평탄면에서 후원부 정상 평탄면으로 오르는 구체적인 길은 아직 발견되지 않았다. 그러나 대형 전방후원분에서 후원부 최상단이 둥근 오래된 형식의 전방후원분(전방부 2단·후원부 3단 등)이든, 전방후원형의 새로운 형식의 전방후원분(전방부 3단·후원부 3단 등)이든,[11] 후원부 전면에 후원부 정상의 평탄면으로 오르내리기 위한 것으로 추측되는 경사면('후원부 전면 비탈길'라고 부름)이 형성되어 있는 경우가 있다. 앞에 설명한 묘광의 묘도는 이 연장선상에 있다.

그런데 분구에 즙석이 깔리고 하니와가 둘러지는 것은 앞서 검토한 납관·매납의례가 끝난 후로 추측된다. 따라서 후원부 전면이 조사되어도 묘광의 묘도 출입구와 후원부 전면 비탈길의 실태를 알 수 없는 것은 그 부분의 즙석과 하니와를 제거하면서까지 분구를 조사하기는 어렵기 때문이다.[보주1]

그러나 후원부 정상 평탄면에서의 묘상의례는 유체 매납 직후뿐만 아니라, 즙석이나 하니와를 정리한 후에도 이루어진다. 앞의 이시야마고분과 교토부 무코向日시의 테라도오츠카寺戶大塚고분[12]에서는 방형 하니와열 바깥의 특정 범위에서 하지키 호壺(항아리 모양 토기)와 고배高杯(굽다리 접시)가 출토된다. 따라서 후자의 경우는 구체적인 동선 시설의 확인뿐만 아니라, 하니와열과의 관계도 문제가 된다. 후원부 정상 평탄면 가장자리에 원형으로 배치된 원통형하니와열에는 전방부에 하니와가 세워지지 않고 출입구가 열려 있는 것(이시야마고분

·교토부 요사노与謝정 에비스야마蛭子山 1호분13 등)과 폐쇄된 것(나라현 사쿠라이시 메스리야마メスリ山고분14·오사카부 사카이시 구로히메야마黒姫山 고분15 등)이 있는데, 앞으로는 이들과 묘상의례와의 관계도 구체적으로 검토해야 할 것이다. 뒤에서 이야기하겠지만, 하니와를 세운 후 실시된 묘상의례는 조출에서의 의례[보주2]와도 깊이 관련되어 있다.

또한 에비스야마 1호분의 후원부 평탄면 가장자리의 하니와열에서 전방부로 이어진 2열 하니와열을 조사한 사토 코이치佐藤晃一는 하니와열 사이에 즙석을 깐 방식이 다른 사면과 다르고, 한쪽 하니와열은 전방부 평탄면으로 내려온 지점에서 3개체분의 공간이 있어, 그곳에 잘록한 부분으로 이어지는 묘도가 있었을 것으로 추정된다고 지적했다. 또한 전방부에서 후원부의 평탄면으로 올라가는 지점에서 주혈柱穴(기둥 구멍, 대칭 여부는 불명) 1기가 확인되었고, 그 부근에서 뒷면에 두꺼운 봉 모양의 무언가가 붙은 가공된 새 모양(鶏形) 토제품이 발견되어, 일찍이 다카하시 요시쿠니高橋美久二가 전방후원분의 완성 상상도(그림11)에서 상정한 도리이鳥居*를 방불케 한다.16[보주3]

2. 분구의 출입구

(1) 잘록한 부분의 묘도

분구 내부의 동선(묘도)에 이르는 분구의 출입구는 어디에 있었을

---

* 신사 입구에 세워진 기둥문.

까? 먼저 주호가 없는 고분을 검토해보면, 사례가 적지만 분구 출입구를 나타내는 시설을 지면을 깎아 만든 것과 하니와 배열 등으로 표현한 것, 두 가지가 있다.

지면을 깎아 만든 것으로는 1987년 발굴된 도야마^{富山}현 오야베^{小矢部}시 야치^{谷内} 16호분(전방후원분, 약 48미터)을 들 수 있다. 좌측 잘록한 부분(전방부에서 볼 때의 좌우. 이하 동일)의 후원부 가까운 곳에서 길이 약 5미터·폭 약 3~5미터의 지면을 깎아낸 돌출부가 확인되었고(그림9의 ①), 묘도로 인정되었다.■17 1983년과 1987년에 발굴된 니가타^{新潟}현 니가타^{新潟}시 야마야^{山谷}고분(전방후방분, 약 37미터)에서도 잘록한 부분을 중심으로 직사각형의 단상 돌출부(造出)·구덩이(空堀)·외제^{外堤}가 확인되어(그림9의 ②), 역시 분구 출입구 또는 의례(주변부에서 하지키 출토)와 관련된 유구로 추정된 바가 있다.18 아울러 아직 발굴되지 않았지만, 도야마현 이미즈^{射水}시 고부이치^{五歩一}고분(전방후방분, 약 43미터, 우측)과19 후쿠시마현 아이즈와카마쓰^{会津若松}시 아이즈오츠카야마^{会津大塚山}고분(전방후원분, 약 114미터, 좌측, 그림9의 ③)20 등에서도 해당 사례가 소개되었다. 역시 아직 발굴되지 않은 교토부 무코시의 이츠카하라^{五塚原}고분(전방후원분, 약 91미터, 그림9의 ④)의 좌측 잘록한 부분에서 확인되는 구덩이나 제방상 유구(堤狀遺構)도 동일한 양상일 가능성이 높다.21 [보주4]

하니와 배열 등으로 표현한 것으로는 1988~1989년에 발굴된 나

■ 여기서는 그밖에 분구 밖의 묘도와 후원부에서 전방부로 내려오는 묘도, 하늘로 이르는 길 등이 상정되어 있다.

라현 가와이河合정 나가레야마ナガレ山고분(전방후원분, 약 105미터)을 들수 있다. 여기에는 우측 잘록한 부분의 전방부 가까운 곳에, 분구 끝자락 하니와열과 직각을 이루며 분구 밖에서 분구 안으로 이어진 약 2.5미터 폭의 두 하니와열이 있다(그림9의 ⑤, ⑥, 그림43). 두 하니와열 사이는 약 0.2~0.4미터이며 단면은 사다리꼴 모양으로 높게 되어 있어 "사람이 다니는 부분을 하니와로 구획한, 분구 안부鞍部■에 이르는 도로"로 추정된다.²² 더구나 이 고분에서는 그 연장선상에 해당하는 전방부 측면 중간 테라스 하니와열도, 이에 대응하는 부분에만은 하니와가 배치되지 않고 열려 있다. 바로 앞에서 언급한 에비스야마蛭子山 1호분의 전방부 평탄면 위의 하니와열과 마찬가지로, 분구 끝자락에서 전방부 평탄면으로 이르는 동선이 표현된 것이라 할 수 있겠다. 게다가 두 하니와열의 후원부쪽 외측에서는 파손된 도자·도끼·야리간나(釶)● 등의 석제모조품이 출토된다.[보주5] 또한 1993년에 조사된 후쿠이福井현 와카사若狭정 시로야마城山고분(전방후원분, 약 63미터)에서는 우측 잘록한 부분 중단에 분구 밖으로 이어진 묘도로 추정되는 얕은 구상 유구가 확인되는데, 중위 평탄면을 두르는 하니와열이 이 구를 따라서 바깥쪽으로 열린 것처럼 배치되어 있다.●●²³[보주6]

이렇게 수는 적지만 발굴된 사례에 따르면, 전방후원분과 전방후방분의 분구 출입구는 주로 잘록한 부분 주변(전방부 측면도 포함)에

■ 잘록한 부분 상면.
● 목제를 평편하고 매끄럽게 만드는 데 쓰이는 목공구.
●● 구릉 위에 축조된 2단 구성의 고분으로, 우측은 경사가 급해 하단의 형태를 모른다. 하니와열은 하단에서 확인되지 않는다.

있었던 것이 틀림없다. 또한 이런 출입구는 토사·즙석·하니와 같은 자재를 반입한 작업용이 아니라 주로 의례용 출입구였을 것이며, 뒤의 두 사례는 하니와가 세워진 후에도 출입구 기능을 한 것으로 추정된다.

(2) 육교

주호가 있는 고분에서 분구로 가는 출입구로는 '육교'와 '건너기 위한 토제(渡土堤)'로 불리는 시설이 있다고 알려져 있다(여기서는 후자도 '육교'로 통일한다). 야요이시대의 방형과 원형 주구묘(周溝墓) 이래, 주구(도랑)와 주호(큰 도랑)가 있는 고분에는 본래 분구의 출입구로 통하는 육교가 있는 것이 보통이라고 말할 수도 있을지 모르겠지만, 매장 완료 후에 육교가 제거된 경우도 있을 것으로 추정되며, 현재는 육교가 남아 있지 않은 경우도 많다. 특히 대형 전방후원분 가운데는 육교를 가진 고분이 결코 많지 않고, 비록 지금 육교를 가지고 있다 하더라도 후세에 고분을 다시 이용하며 만든 경우가 적지 않은 듯하다.■

주호가 있는 대형 전방후원분으로 축조 시에 육교가 있었던 것으로 확인되는 예로는, 먼저 나라현 덴리(天理)시의 시부타니무코야마(渋谷向山)고분(약 300미터)이 있다(그림9의 ⑦). 이 고분은 1977년과 1993년에 발굴되었으며 후원부 왼쪽 뒷편의 육교(제4·5호 주호 사이)는 지

■ 예를 들면 오사카부 하비키노(羽曳野)시 다카야츠키야마(高屋築山)고분은 1992년에 발굴되었는데, 후원부와 전방부에 있는 두 개의 육교가 모두 후세에 만들어진 것으로 판단된다(福尾·佐藤 1994).

면을 깎아내고 즙석을 깐 것으로, 후원부 오른쪽 뒷편(제5·6호 주호 사이)의 육교와 더불어 축조 당시의 것으로 추정된다.■24 또한 나라시 사키미사사기야마^{佐紀陵山}고분(약 207미터)에서는 1985년 조사에서 전방부 우측면의 육교가 즙석을 깔았던 축조 당초의 것임이 확인되었고,25 1990년 조사에서는 좌측의 육교도 당초부터 있었을 가능성이 있다고 확인되었다(그림9의 ⑧).■■26 1995년에 조사된 나라시 사키이시즈카야마^{佐紀石塚山}고분(218미터)에서는 후원부 뒤쪽의 육교가 즙석이나 하니와를 설비한 당초의 것으로 판명되었다(그림9의 ⑨).■■■27 마찬가지로 1990~1991년에 조사된 기후^{岐阜}현 오가키^{大垣}시 야미치나가즈카^{矢道長塚}고분에서도 좌측 잘록한 부분의 전방부에 가까운 후원부 뒤쪽 2개소에서 지면을 깎아내고 즙석을 깐 육교가 발견되었고(그림9의 ⑩),28 1992·1994~1997년에 발굴된 오사카부 기시와다^{岸和田}시 구메다카이부키야마^{久米田貝吹山}고분에서도 후원부 왼쪽과 뒤쪽 2개소에서 확인된 육교가 지면을 깎아낸 축조 당시의 것이라고 확인되었다(그림9의 ⑪).29 이렇게 확인된 예는 적지만, 주호가 있는 대형 전방후원분에서는 하나 이상의 육교가 설치된 예가 확실히 있다.

■ 즙석를 까는 방식에서 주축상의 후원부 정가운데 뒤에도 육교가 존재했을 가능성이 지적되었고, 동시기에 일부 조사된 후원부 왼쪽 옆(제3·4호 주호 사이)의 육교는 존재가 불명확하고, 후원부 좌측 잘록한 부분 가까운 곳에 있는 것(제2·3호 주호 사이)은 이 부분에 큰 단이 있었다지만 토제상 시설의 존재 여부는 재검토가 필요하다.

■■ 후원부 뒤쪽의 육교는 "분정부에 사당 등이 있었을 때 참배가 된"것으로, "참배를 정례화하는 양상과 밀접한 관계를 가지며 그 위치에 축조된 것"이라고 추정된다.

■■■ 전방부 전면의 육교에 대해서는 적어도 "그 서쪽 자락 부분은 후세에 성토되었음이 판명되었다"고 한다.

대형 전방후원분을 축조하는 경우에는 다량의 토사, 석곽의 석재와 관, 즙석과 하니와를 분구로 반입할 필요가 있기 때문에 분구에 복수의 작업용 육교가 설치되었을 것이라 추정된다.■ 1988년 후쿠오카시 하이즈카拜塚고분 발굴에서는 후원부에 적어도 2개소, 전방부에 6개소의 육교가 확인되었다(그림9의 ⑫).■■30 앞서 예로 든 몇몇 육교 역시 그런 기능을 담당했을 것이다. 그리고 앞서 설명한 주호가 없는 고분의 사례와 뒤에 살펴볼 조출의 예를 보면, 주로 잘록한 부분 주변에 설치된 육교가 분구 축조 시에 작업용 통로로 이용되었을 뿐만 아니라, 이후 유체 반입과 의례 참여자(참례자)의 통로로도 이용되었을 것으로 추측된다. 그리고 이런 묘도와 육교의 분구 쪽 출입구에서는 특히 토기 등을 이용한 모종의 의례가 행해졌을 것으로도 추정된다.

전방후원(방)부의 전방부는 묘도에서 이어지는 방형·원형 주구묘의 통로로서, 육교부가 제사 행위 속에서 특별한 의미를 가진 단계에 돌출부로 발달한다. 나아가 장송제사의 과정에서 중요한 역할을 하는 방형단으로 전환되며, 그 자체로 독립되어 분구 밖으로 연결되는 '길'의 의의는 부정되어버렸다고 평가된다.[31] 야요이시대 분묘가 고분시대 고분으로 변하는 과정에서 분구 안팎을 연결하는 동선에 큰 변화가 생기고, 분구의 의례용 출입구가 분구 측면인 전방부 측면에서 잘록한 부분으로 장소를 옮긴 것으로 추정된다. 주호가 없는

■ 예를 들면, 모리·호즈미(森·穗積 1985)의 논문에도 그렇게 상정되어 있다.
■■ 분구도는 곤도(近藤編 1991, 그림4)의 논문에 기재되어 있다.

그림9 발굴된 분구의 출입구

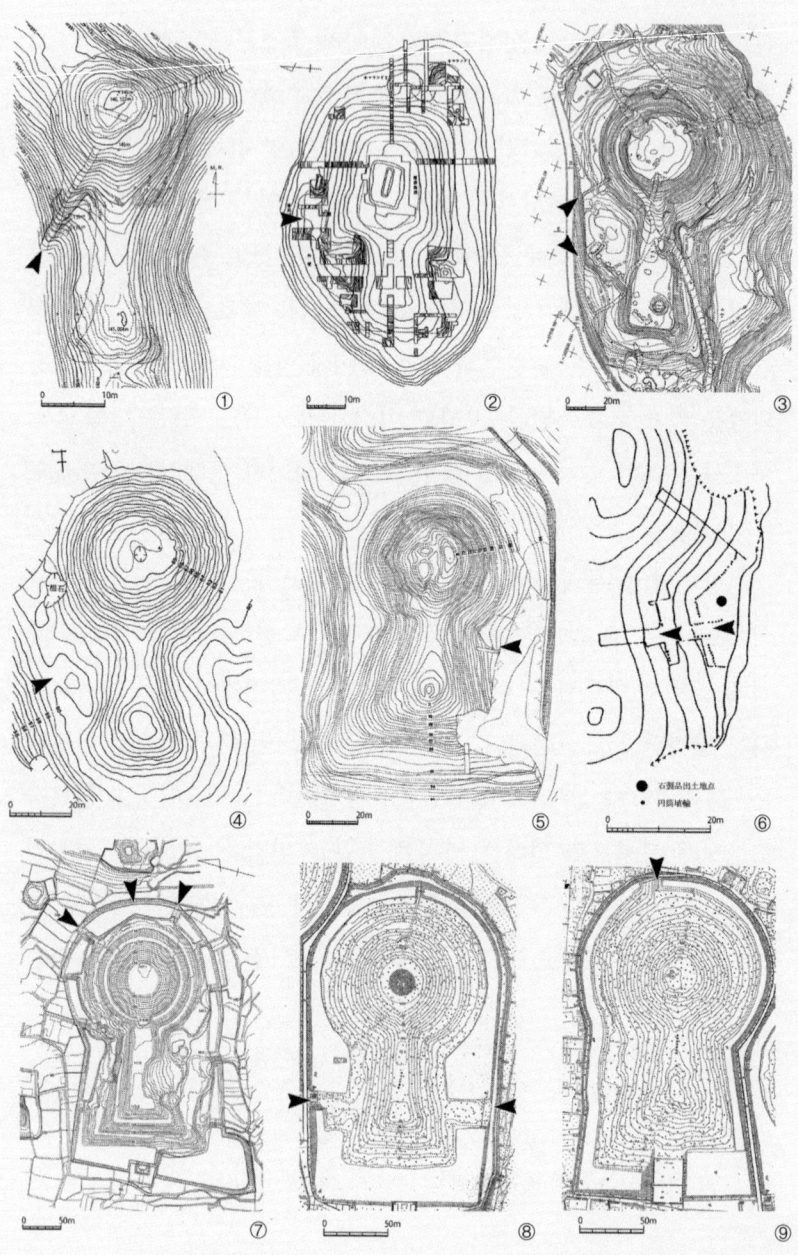

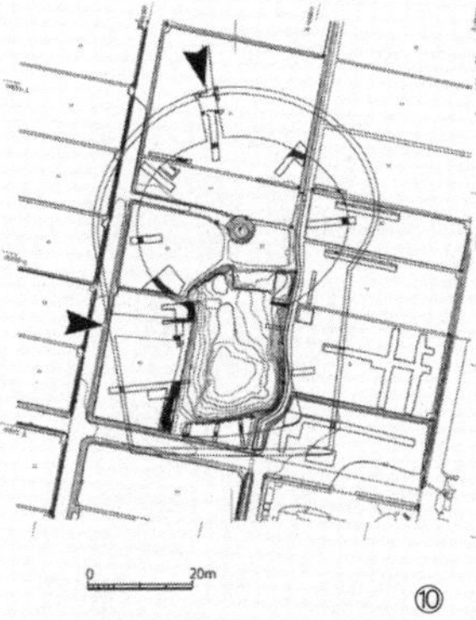

⑩

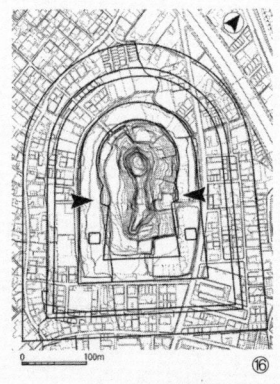

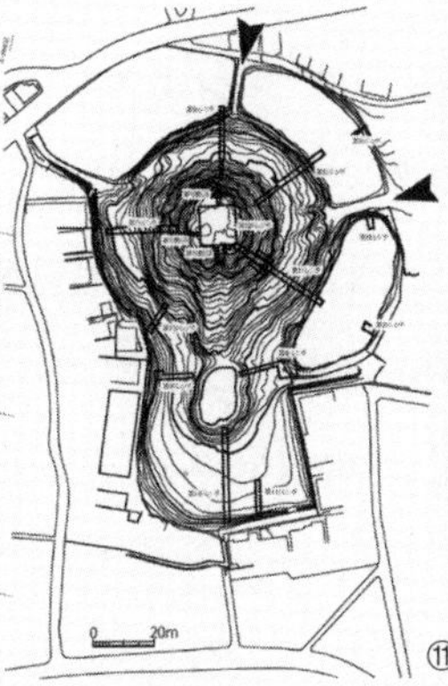

⑪

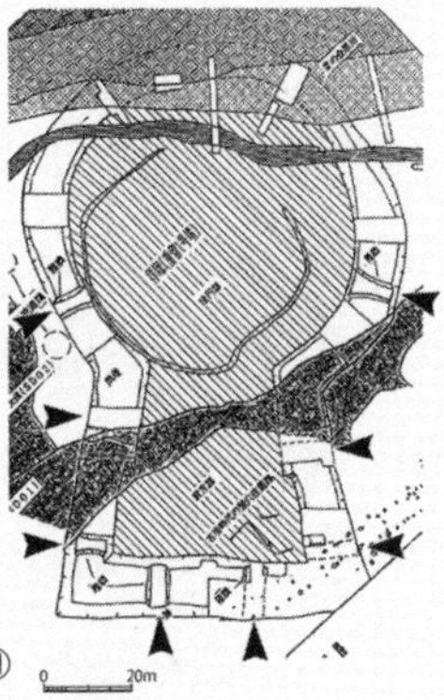

⑫

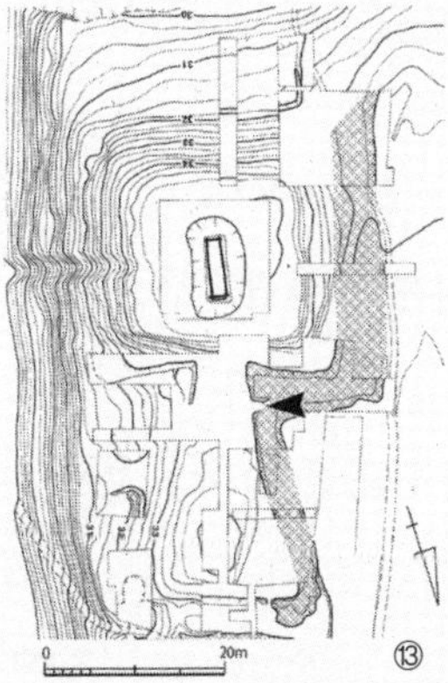

⑬

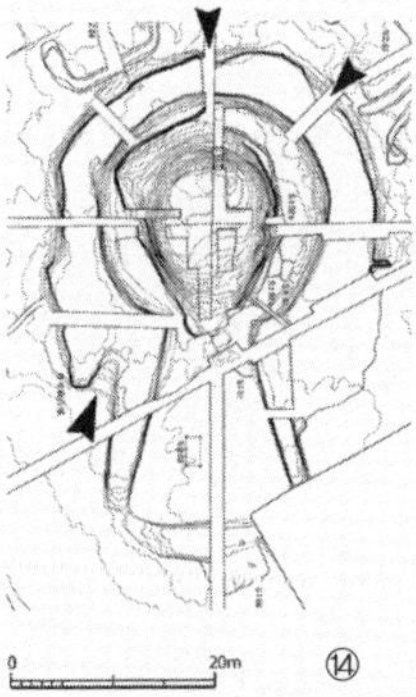

⑭

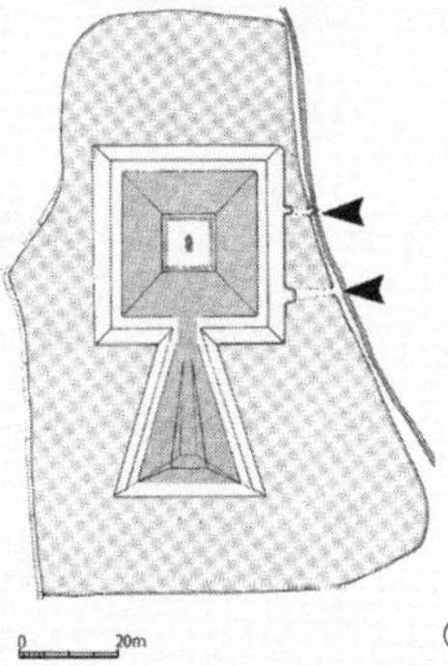

⑮

⑯

① 야치 16호분
② 야마야고분
③ 아이즈오츠카야마고분
④ 이츠카하라고분
⑤, ⑥ 나가레야마고분
⑦ 시부타니무코야마고분
⑧ 사키미사사기야마고분
⑨ 사키이시즈카야마고분
⑩ 야미치나가즈카고분
⑪ 구메다카이부키야마고분
⑫ 하이즈카고분
⑬ 고쿠부아마즈카 1호분
⑭ 기네가모리고분
⑮ 모토시마나쇼군즈카고분
⑯ 쓰도시로야마고분

전방후원분의 예로 보면, 그 시기는 고분 성립 당초부터였다고 추정할 수 있다.

그러나 고분시대 전기 전반 대왕분이 조영된 나라분지 동부의 고분군에서는 그 무렵 대형 전방후원분의 출입구 상황이 아직 명확하지 않다. 다만 1985~1986년의 나라현 덴리시 나카야마오츠카中山大塚고분 조사 때 후원부 뒤쪽에서 구릉으로 이어진 지면을 깎아낸 폭이 넓은 육교 모양의 시설이 발견되었고, 1990년 조사에서 '주호에 해당하는 구획'과 '외제에 해당하는 둔덕'이 확인되어, 좌측 잘록한 부분의 전방부 가까운 곳에 있는 삼각형 모양의 돌출부는 축조 때부터 있었을 가능성이 있다고 추정되었다.■32 또한 덴리시 니시토노츠카西殿塚고분에서도 후원부와 전방부 우측(구릉측)에서 육교 모양의 둔덕이 확인되었고,■■ 히가시토노즈카東殿塚고분에서도 1996년 발굴에서 전방부 왼쪽에 하니와를 세운 조출과 같은 시설이 발견되고 하지키도 출토되었다.33 이로 보아, 고분 성립 때부터 작업용과 의례용 묘도, 육교는 존재했음이 틀림없고, 나중에 정형화되는 의례용 통로는 아직 그 위치나 형태가 정해지지 않은 것으로 판단된다.

의례용 육교가 고분의 잘록한 부분에서 전방부 측면에 걸친 곳에 좌우대칭적으로 정착한 것은 고분시대 전기 후엽의 사키미사사기야마佐紀陵山고분 무렵이다. 이 시기는 전방부 3단·후원부 3단의 새로운

■ 후원부 뒤쪽의 육교상 시설와 유사한 것이 인접하는 도로야마燈籠山고분에서도 보인다(東 1981).
■■ 덴리시교육위원회 이즈미 타케시泉武의 교시.

형식의 분구가 성립되고, 좌우대칭으로 정착된 마제형馬蹄形(말굽형) 주호가 성립되던 단계다. 중기 고분으로 이어지는, 분구와 주호의 혁신기에 분구로 통하는 의례용 출입구는 정비되고 형식화되어, 잘록한 부분 주변의 좌우대칭 위치(때로는 한쪽 방향)에 설치되었을 것이다.

주호와 공호空濠는 있지만 규모는 비교적 작은 전방후원(방)분에도 주호 안팎으로 지면을 덜 파내어 통로상 돌출부가 부설되는 예가 있다. 이시카와현 나나오七尾시 고쿠부아마즈카國分尼塚 1호분(전방후방분, 약 53미터, 분구 우측 잘록한 부분 전방부 가까이, 그림9의 ⑬),³⁴ 이바라키현 시모츠케下野시 산노야마미나미즈카三王山南塚 2호분(전방후방분, 약 50미터, 분구 좌측 잘록한 부분 전방부 가까이),■³⁵ 후쿠시마현 아이즈반게会津坂下정 기네가모리杵ガ森고분(전방후원분, 약 46미터, 좌측 잘록한 부분 외제, 그림9의 ⑭)³⁶ 등이다. 이들도 잘록한 부분 주변의 의례용 육교 내지는 묘도의 흔적이라고 볼 수 있다. 다만 소규모 고분 가운데는 전방부 앞 양 모서리 중 하나, 때로는 양 모서리에 육교가 설치된 것이 있는데, 이것이 의례용 통로라면, 그 동선은 고분보다 야요이 분묘에 가까운 것으로 전통적인 동선이 잔존한 형식으로 봐야 한다.■■

■ 분구도는 곤도(近藤編 1991, 그림4)의 논문에 기재되어 있다.
■■ 그밖에 전방부 정면 중앙에 육교가 있는 것으로는 효고현 고베神戸시 고시키즈카五色塚고분이 있는데, 이것은 성토하여 만들어져 '하니와를 세워 나열한 후에 만들어진 것'으로 추정된다(神戸市 1989). 또한 같은 위치에 조출이 존재하고, 즙석·하니와로 정돈되며, 스에키가 출토된 예로는 시마네현 마츠에松江시 고소시오타니古曾志大谷 1호분이 주목된다(足立·丹波野編 1989).

또한 육교는, 후대에 고분을 재이용하며 새로 설치한 경우가 있었던 것처럼, 대부분의 경우 앞서 제거되었다는 점에도 주의를 기울일 필요가 있다. 모두 정형화되기 이전의 얘이기는 하지만, 앞서 지적한 주호나 공호 안의 돌출부 예, 기네가모리고분의 후원부 뒤쪽과 후원부 오른쪽 뒤편의 주호 외제 쪽에서 육교를 철거한 흔적으로 판단되는 작은 돌출부가 보이는 것, 군마群馬현 다카사키高崎시 모토시마나쇼군즈카元島將軍塚고분(전방후방분, 약 90미터, 그림9의 ⑮)의 후방부 오른쪽의 분구 쪽과 외제 쪽에 각각 대응하는 위치에 돌출부가 있고 2개의 육교 중앙 부분이 헐린 것처럼 되어 있는 것■37 등은 육교를 철거했거나 주호 밖에서 분구 안으로 들어가는 통로를 절단한 예다. 육교의 철거 시기에 대해서는 ①분구가 완성되고 즙석과 하니와가 마련된 단계, ②분구 안의 제사가 이미 종료된 단계, ③후대에 주호가 저수지로 이용된 단계 등과 같은 의견이 있으며, 이어 설명할 것처럼 조출이 육교에서 전환된 것이라고 보는 입장에서라면, 적어도 조출이 성립된 이후에는 많은 작업용 육교가 ①의 단계에서, 잘록한 부분의 의례용 육교는 ②의 단계에서 철거되는 것이 원칙이었을 것이다.

(3) 조출

전방후원분의 잘록한 부분 주변에는 조출造出이라 불리는 네모반듯한 모양의 돌출부가 만들어진다. 1930년에 오바 이와오大場磐雄가 아이치愛知현 나고야名古屋시의 단푸산斷夫山고분(전방후원분, 약 151미터,

---

■ 이 보고서의 '유구 검토'에서 다나카 이치로田中一郎가 '돌출부' 폭을 검토했다.

좌측에 조출)의 조출에서 다수의 스에키(술잔(杯)과 모자고배母子高杯 등)가 출토된 것을 근거로 이를 '일종의 제단'으로 본 이후,[38] 조출은 고분 제사에 동반된 일종의 유구로 여겨져왔다. 그러나 그 출현 과정에 대해서는 명확하게 설명된 바 없고, 고분 동선과의 관계 검토도 미약했다.▪

그러나 전방후원분에서 동선과 유구를 이상과 같이 검토해보면, 그야말로 이 동선 위에 설치된 조출의 성립 과정도 자연스럽고 명확해지는 듯하다. 즉 조출은 분구 축조 시에는 작업용으로 이용되고, 완성된 후에는 분구 쪽 부분이 독립되어 의례용으로 이용된다. 조출이 분구 일부로 편입된 결과, 육교의 철거 흔적도 분구를 구성하는 요소의 하나로 남게 되었을 것이다.▪▪[보주7]

주호를 가진 대형 전방후원분에 조출이 형성되는 것은 중기 초두 오사카부 후지이데라藤井寺시 쓰도시로야마津堂城山고분(전방후원분, 약 208미터, 좌우에 조출, 그림9의 ⑯)[39]부터로 추정되는데, 이 시기는 대왕분이 나라분지 북부의 사키타테나미佐紀盾列고분군을 벗어나 오사카 평야 남부의 후루이치古市고분군으로 이동한 단계에 해당한다. 이 시점의 고분은 방패형 주호를 갖추고 전방부 3단·후원부 3단의 분

▪ 조출에 대해서 정리된 논고가 몇 편 있다(上田 1951, 西川 1960, 櫃本 1976, 田中 1990 등). 다나카田中는 최근의 조사 예를 검토하여 조출 변천 과정의 일정한 방향성을 제시했으나, 조출이 동선상에 위치하는 분구 출입구부 의례의 장이었다는 인식은 적다.

▪▪ 구누기(椚 1975)는 "조출은 후에 여기서 묘전제사가 행해졌다고 해도, 발생 시에는 연결 완충부나 오르는 길(재료 운반로이기도 했을 것이다)처럼, 기술적 또는 실제적인 것이 아니었을까"라고 지적했고, 와카마츠(若松 1990)는 조출의 첫 번째 기능은 궤의 반입로이고, 두 번째로는 모가리에서 이용한 음식기를 폐기하는 장소라고 생각했다.

구로 이루어진 중기 양식으로 완성되어갔는데, 이때 육교라는 고분 출입구에서의 제사의 장이 조출로 정형화되었을 것이다.

조출에서 시행된 의례는 어떠했을까? 조출이 성립된 지 얼마 되지 않은 중기 전엽의 예를 검토해보면, 오사카부 사카이시 모즈오츠카야마百舌鳥大塚山고분(전방후원분, 약 159미터, 우측에 조출)에서는 조출 주변으로 원통형하니와열이 둘러지고 다수의 하지키 조각이 출토되었고,[40] 모즈미사사기야마百舌鳥陵山고분(전방후원분, 약 360미터, 우측에 조출)에서도 소형 하지키 파편이 출토되었다.[41] 1986~1987년에 조사된 나라현 가와이河合정 오토메야마乙女山고분(가리비형고분, 약 130미터, 후원부 좌측 뒤 가까이에 조출)에서는 원통형하니와열로 둘러싸여 안에 자갈이 깔려 있고, 집·호壺·뚜껑 모양 등의 형상하니와가 배치되어 있는 곳에서 하지키(고배)·조리형㸚形토기·봉상棒狀토제품(막대기 모양) 등이 출토되었으며, 한 원통형하니와 안에 소형 환저호丸底壺(바닥이 둥근 항아리)와 뚜껑으로 보이는 토제 원판圓板이 놓여 있었다고 보고되었다.[42] 또한 1995년~1996년에 조사된 효고현 가고카와加古川시 교자즈카行者塚고분(전방후원분, 약 110미터, 잘록한 부분 좌우와 후원부 좌우 뒤 가까이에 조출)에서도 잘록한 부분 좌측의 조출에서 사방으로 원통형하니와열이 둘러진 모습과 그 속에 놓여 있는 가형하니와가 확인되었으며, 부근에서 다량의 하지키 소형호와 고배, 물고기·새·떡·으름덩굴·마름 열매 등을 상징하는 토제품이 출토되었다.[43] 주호가 없는 원분인 교토부 나가오카長岡시의 가라에가다케ヵﾗﾈｶﾞ岳2호분(조출이 있는 원분, 약 36미터)의 조출에서도 하지키 고배과 소형 환저호가 출토되었으며,[44] 유사한 예가 적지 않다.

이와 같이 조출에서 이루어진 의례의 중심은 음식물 공헌을 수반하는 것으로, 하지키의 고배와 호를 사용하는 것이 일반적이고, 내용물이라 생각되는 토제품이 봉헌된다.

이런 토기를 비롯한 유물로 이루어지는 의례는 본래 후원부 정상 평탄면에서의 묘상의례에 수반되는 것이다. 사례가 많지 않지만, 분정부에서 출토되는 토제품도 모즈오츠카야마고분과[45] 교토부 요사노与謝정 쓰쿠리야마作山 1호분(원분, 약 28미터)■[46] 등에서 확인된 바 있다. 전자에서는 전방부의 점토곽 위의 분구 표면에서 침상(牀)·소반(案)·의자·호·그릇받침(기대器台) 등의 토제품이 출토되었고, 후자에서는 분정부 평탄면의 묘광 옆 2제곱미터 정도에 고운 모래를 깐 부분이 있는데 그곳에서 소형 환저호와 소형 기대 파편과 더불어 석추石錘·칼·검·봉棒·원판圓板 등의 토제품이 출토되어(그림10), 하니와 열 설치 후에 제사가 행해진 것으로 추정된다.

따라서 조출에서의 의례는 후원부 정상의 평탄면에서, 아마도 하니와 수립 후에 행해진 묘상의례가 분구 출입구로 장소를 옮겨 이루어진 것이라고 추측된다. 현 자료로는 이 시점에 사람들이 하니와를 세운 후 묘상의례를 위해 후원부 정상의 평탄면으로 올라가지 않았다고 하기는 어려우나, '하니와 수립 후의 묘상의례'의 중심이 조출로 이동하여 '묘전의례'로 변했다고는 추측할 수 있다.[보주8]

무덤 위에서 행하던 의례를 잘록한 부분의 조출로 가지고 내려온 것은 그 의례를 고분 주변에 모이는 더 많은 사람들에게 보여주기 위해서였던 것으로 추측된다. 일부 사람들만 참가할 수 있었던 의례

■ 토제품을 집성한 것으로 스도(須藤 1992)의 글이 있다.

그림10 쓰쿠리야마 1호분 분정부에서 출토된 하지키와 토제품

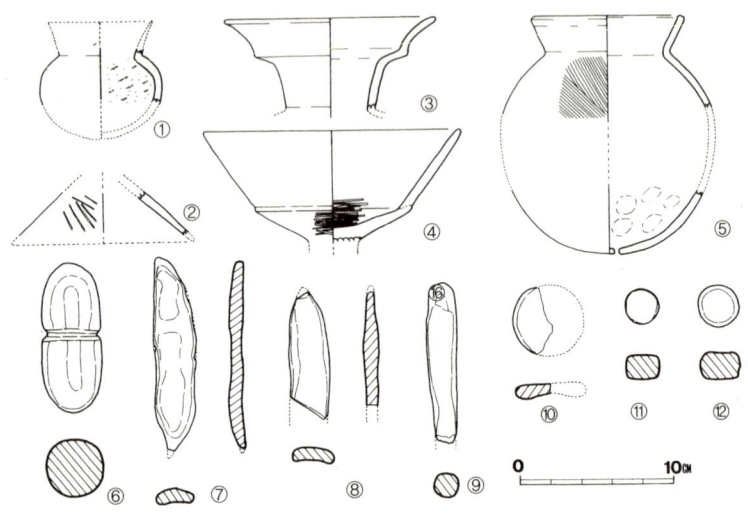

의 신비성을 약화시키고 대신 정치적인 시위示威 행위로서의 성격을 강화하기 위해 그것을 민중 앞에서 거행한 것이다.

종종 조출의 선구적 형식으로 거론되는 이시야마石山고분의 우측 잘록한 부분 전방의 방형단과 나가레야마ナガレ山고분의 하니와열로 만들어진 통로 옆 돌을 깐 곳에 보이는 석제모조품을 이용한 의례의 장소 등은, 조출 출현 전후에 주호가 없는 고분의 분구 출입구 주변에서 제사가 이루어진 상황을 보여주는 것이라 추정된다.

(4) 인물형하니와

조출에서의 제사를 위와 같이 이해한다면, 여기에 출현하는 인물형

하니와는 어떻게 이해할 수 있을까? 인물형하니와가 의미하는 바에 대해서는 이제까지 여러 설이 제기되어왔지만,▪ 대부분은 그 의미를 고분제사 전체 속에서 충분하게 검토하지는 못한 것 같다.

앞서 살펴본 바와 같이 조출에서의 의례를 '유체 매납이 종료되고 하니와가 세워진 후에 거행된 후원부 정상에서의 음식물 공헌을 중심으로 한 묘상의례가 분구 출입구로 장소를 바꾸어 묘전의례로 변질된 것'으로 본다면, 여기에 등장하는 인물형하니와가 이 의례와 깊게 관련되어 있음은 틀림없다.▪▪ 초기 인물형하니와로 출현하는 것이 고분의 여러 요소에 강하게 반영되어 있는 벽사 사상에 부합하는, 고분을 수호하는 방패를 든 사람과 갑주甲冑를 착용한 무인이라는 점과, 음식 의례와 깊게 관련된 무녀형巫女形하니와 역시 초기에 많이 출현한다는 점도 이 견해를 지지하는 것으로 여겨진다.

즉 인물형하니와의 등장은 지금까지 없던 새로운 의례의 창출을 의미하는 것이 아니라, 전기 이후 고분제사의 연장선에서 보아야 하며, 후원부 정상에서 행해지던 신비한 성격이 강했던 묘상의례가 조출로 장소를 바꿔 정치적인 시위 행위로서의 성격을 띤 묘전의례로 변질되고, 나아가 이것이 계기가 되어 의례를 항구적으로 고정화시켜 보여주고자 하는 의도를 바탕으로 만들어진 것이라 추측된다. 인물형하니와는 "사자에 대한 공헌만을 목적으로 경건한 태도로 만들

▪ 인물형하니와의 연구사에 관해서는 하시모토(橋本 1988)의 글에 상세히 나와 있다.
▪▪ 다카하시 카츠히사高橋克壽도 분정부에서 이루어진 제사가 조출에서 행해지게 되었다고 하며, 그 제사의 변화로 공헌물이 토제품이 되었던 것처럼 "제사를 모시는 인물을 토제품으로 바꾸어 놓은 것이 인물형하니와가 아닐까"라고 지적했다(高橋 1996).

어진 것이 아니라, 민중에게 보여주고 상찬賞讚 받을 것이라는 기대를 담아 만들어졌다"는 견해47 역시 이와 같은 성격에서 나온다.

인물형하니와를 배치하는 장소가 주호 외측으로 이동하는 현상도, 매장 시설이 수혈계에서 횡혈식석실로 변하고 나서 석실 개구부인 분구 중간 테라스에 열을 지어 배치된 현상도 이 흐름의 연장선에서 설명할 수 있을 듯하다. 의례 참가자를 흙으로 만드는 아이디어 자체는 동아시아 세계와의 교류 속에서 탄생한 것일지도 모르지만, 여기서 탄생한 인물형하니와는 새로운 종류가 더해지고 설치 장소가 바뀌고 이에 따라 배열 상황이 바뀌긴 해도 그 성격의 본질이 크게 변하지 않은 것으로 추정된다. 인물형하니와의 여러 형식을 검토한 쓰카다 요시미치塚田良道는 각 고분은 공통 형식과 배치 규칙을 바탕으로 "드러내려고 하는 세계가 모두 동일했을 가능성이 높다"고 지적했다.■48

따라서 인물형하니와의 성격은 후원부 정상의 묘상의례가 무엇이었는지, 그 속에서 사람들이 무엇을 나타내고자 했는지로 직결된다. 하니와와 관련된 의례가 유체 매납 후에 행해진 점으로 보아 판단하자면, 인물형하니와 장례 행렬(葬列) 재현설과 모가리殯 재현설은 성립하기 어렵다. 여기서 더 깊게 검토하지는 않을 예정이지만, 이제까지의 논의 상황으로 볼 때, 인물형하니와는 고분을 즙석과 하니와로 장엄하게 치장한 후에 행해진 수장령에 대한 음식물 공헌을 수반한

■ 스기야마(杉山 1990)는 인물형하니와 현창비顯彰碑説설을 제기했는데, 이 점이 큰 문제가 된다.

최종적인 의례를 표현한 것이자,■ 그 의례를 토제품을 이용해 항구적으로 고정시킴으로써 죽은 수장에 대한 영원한 봉사를 맹세한 것이라고 정리할 수 있다. 중심이 되어 의례를 거행한 이가 새로운 수장이었다면, 그 의례는 새로운 수장이 수장권 계승을 위해서 해야만 하는 중요한 의례의 일부이기도 했을 것이다.

마무리하며

필자는 수년간 고분제사를 복원하기 위해 고분에서 이루어진 사람들의 구체적인 행위의 흔적을 성실히 수집하고, 그것을 일정한 맥락으로 정리·복원하여 해석한다는 방침으로 고찰을 계속하고 있다. 3장에서는 이전까지 그다지 주목되지 않았던 '고분에서의 사람의 동선'을 묘광과 분구로 통하는 출입구, 그곳에서의 의례를 중심으로 검토했다.[보주9] 이는 고분제사를 복원하기 위한 전체 과정에서는 매우 기초적인 작업으로밖에 볼 수 없지만, 당연히 밝혀야 하는 과제이기도 하다. 그 가운데 고분제사에 있어 분정부에서의 묘상제사를 검토하는 것의 중요성은 특히 초기 전방후원분에서 재차 확인되는데, 이에 대해서는 다음을 기약하고자 한다.

묘상의례에 대한 고찰은 후원부 정상의 이야기가 중심이었지만,

■ 다카하시高橋는 이 의례를 "적어도 피장자의 명복을 빌면서 음식물을 바친 것임에 틀림없다"고 하고, "최초의 인물형하니와는 피장자에 대해 기도하는 자세였다"고 한다 (高橋 1996).

초기에는 묘상의례가 전방부를 포함해서 이루어졌던 것으로 추정된다. 교토부 무코시 모토이나리元稲荷고분의 전방부 평탄면에서 발견된 특수기대형하니와와 호형하니와[49]가 그것을 암시한다. 그러나 전방부는 급속도로 제사 장소라는 성격을 잃어버린 듯하고, 전기 중엽에는 2차적인 매장이 이루어졌다. 하니와에 각종의 형상하니와가 출현하는 점과 전방후원분 최상단이 원구에서 전방후원형으로 변해가는 것도 이와 관련이 있다고 생각한다. 묘상의례가 잘록한 부분 주변으로 내려오기 이전에도 이미 의례는 변질되기 시작했다.

여기서 검토한 묘광의 출입구에 대해서는 논문 집필 중에도 같은 문제의식을 가지고 도호쿠가쿠인대학교(쓰지 히테코辻秀人)는 미야기현 가미加美정 오츠카모리大塚森고분에서, 가니可児시 교육위원회(요시다 마사히토吉田正人, 교토대학교 다카하시 카츠히사高橋克壽)는 기후현 가니시 마에나미나가츠카前波長塚고분에서, 안와다岸和田시 교육위원회는 오사카부 안와다시 구메다카이부키야마久米田貝吹山고분(곤도 리유近藤利由, 리츠메이칸대학교 요시이 히데오吉井秀夫·와다 세이고和田晴吾)에서 조사를 계속했으며, 앞으로 더욱 풍부한 복원이 가능해질 것을 기대한다.[보주10]

추기

이 글은 1997년에 《리츠메이칸대학교 고고학론집》을 통해 처음 발표했다. 탈고 후 치바현 사쿠라시에 있는 국립역사민속박물관에서 〈하니와 사람은 말한다はにわ人は語る〉라는 주제로 심포지엄이 개최되었는데, 그때 인물형하니와의 출현 의미가 중요한 논점으로 다뤄졌다. 전반적인 평가의 방향은 이 글과 비슷하지만 세부적인 생각에는 미묘한 차이가 있다. 당일의 발표문[50]과 심포지엄 보고서[51]를 참고하면 자세한 내용을 확인할 수 있다.

[보주1] 1장의 [보주2]와 8장 1.수릉과 시장자 내 '오츠카모리고분의 발굴 성과'를 참조하라.

[보주2] 1997년에 발표한 논문인 〈石の棺と古墳時代の動向〉[52]에서는 "분구 중간 테라스에 열을 지어 배치되어 있던 인물형하니와"라고 썼다. 키나이에서 초기 인물형하니와가 원칙적으로 조출에 배치되지 않았다는 생각을 철회한다.

[보주3] 목제 하니와와 도리이
다카하시 요시쿠니의 〈목제 하니와 토제 하니와로 장식된 전방후원분 상상도(시죠四條·오바카小墓고분의 조사 성과에서 연상된 이마자토쿠루마즈카今里車塚고분의 복원 상상도)〉를 보면 전방부에서 후원부 중앙에 이르는 길 2개소에 도리이가 보인다(그림11).

그림11 목제 하니와와 토제 하니와로 장식된 전방후원분 상상도

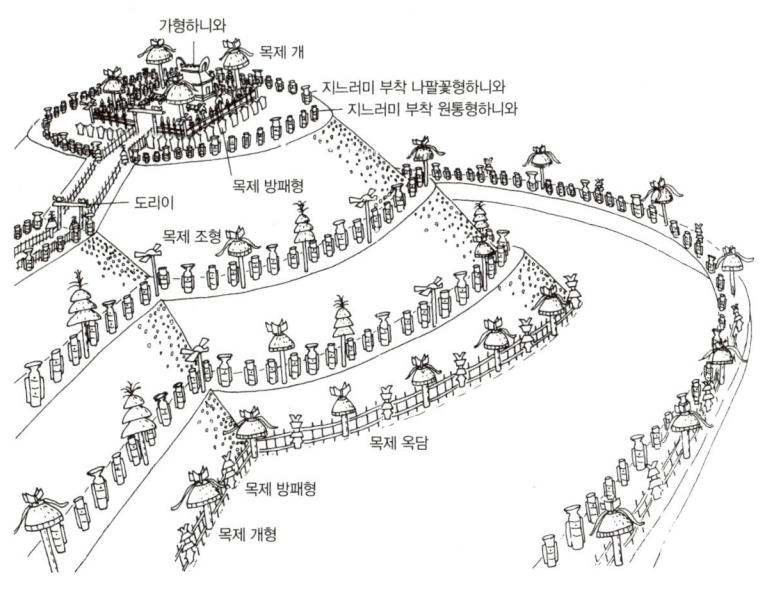

[보주4] 고시키즈카五色塚고분의 좌측 잘록한 부분에서 확인된 구덩이와 제방상 유구는 발굴조사 결과 모두 자연 지형으로 판명되었다.

[보주5] 나가레야마ナガレ山고분 입구를 구성하는 두 원통형하니와열 가운데, 바깥에서 보아 오른쪽(잘록한 부분 쪽) 하니와열의 앞에서 다섯 번째와 여섯 번째 개체 사이에 원통형하니와 1개체분의 간격이 있어 그곳을 빠져나가면, 잘록한 부분의 의례의 장(석제모조품 출토지)에 이른다.

[보주6] 시로야마고분에서는 전방부에서 볼 때, 좌측 잘록한 부분 중간 평탄면(2단 축성)의 하니와열에도 폭 약 0.5미터 정도의 틈새 구조가 있고, 전방부에서는 주혈도 발견되었다.

[보주7] 효고현 아사고朝來시 이케다池田고분의 육교와 조출

3장의 근간이 된 논문을 처음 집필할 때는 육교의 분구 측 선단부가 의례의 장이 되고, 육교 철거 시에 조출로 남겨졌을 가능성도 생각했지만, 육교와는 별도로 잘록한 부분에 조출이 출현하는 예가 이케다고분 발굴로 밝혀졌다(그림12). 이 고분에서 주호 외측에서 전방부 측면에 붙는 좌우 육교와 잘록한 부분 좌우의 조출(분구 본체는 돌을 깐 좁은 구로 구분되어 있다. 나무다리가 걸쳐져 있었을 가능성이 있다)이 확인되었다.[53] 그 구조는 주호가 없는 나가레야마고분 오른쪽 두 개의 하니와열로 구성된 출입구와 잘록한 부분측 의례의 장을 분구 주축을 기준으로 좌우대칭시킨 것과 유사하다. 앞으로 이 형식이 육교와 조출의 하나의 전형적인 예가 될 것이다. 모두 중기 전엽의 고분이다.

[보주8] 현재는 후원부 정상과 조출에서 동일한 의례가 행해진 것으로 추측한다.

[보주9] 3장 전반에서 다룬 이 내용에 대해 일본의 고고학자 곤도 요시로近藤義郎는 분구로 통하는 길(출입구)이 전방부 오른쪽 모서리에 있다고 하는 등, 묘광과 분구 출입구에 대해서 독자적인 견해를 제시한다.[54]

[보주10] 오츠카모리고분,[55] 마에나미나가츠카고분,[56] 구메다카이부키야마고

그림12   이케다고분의 개념도

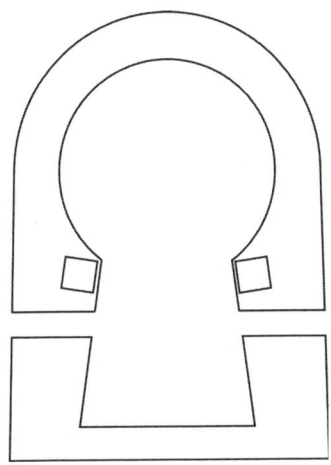

분[57]에서 묘광의 출입구를 발견했고, 이에 대한 보고서가 간행되었다. 더불어 나라현 덴리시 구로츠카黑塚고분에서도 묘광의 묘도가 발견되었다.[58]

4장
'가두는 관'과 '열린' 관

시작하며

그동안 우리는 조금 멀리 돌아오기는 했지만, 고분 축조 과정과 고분이라는 곳에서 벌어진 사람들의 움직임 또는 그곳에서 이용된 시설과 도구의 역할을 구체적으로 검토하여 고분의례의 실태에 다가가려는 시도를 했다. 고분에 이용된 관에 대해서도, 2장에서 고분시대에서 아스카시대에 걸쳐 관의 이용 방식을 검토하고 이용 방식과 깊이 관련된 매장 시설(수혈식석곽과 횡혈식석실 등)의 성격과 구축 순서 등을 비교하면서, 모가리의례―납관의례―매납의례―묘상·묘전의례로 이어진 일련의 장송 의례를 복원하고, 그 변화 과정 및 의미를 고찰했다.

4장에서는 '가두는 관'과 '열린 관'이라는 측면에서 접근해, 관과 관련된 또 하나의 문제인 기능의 문제와 그 의미를 검토하고자 한다. 관의 기능 차이는 그것을 매납하는 매장 시설의 기능과 그 기능이 의미하는 바의 차이이기도 하며, 특히 키나이와 규슈의 횡혈식석실에서 보이는 현실玄室 공간의 의미 차이를 비교하는 데 매우 중요한 관점이 된다. 4장은 주로 고분시대 '설치된 관'의 기능을 검토한 것이다. 7세기 이후에 이용되는 '들어 나르는 관'은 기본적으로 '가두는 관'인데, 그 의미는 고분시대의 것과 달리 상당히 변질된 것으로 추정된다.

1. 가두는 관

(1) 수혈식석곽과 가두는 관

먼저 고분시대 전·중기의 매장 시설과 관을 살펴보자. 이 시기에는 수혈식석곽과 점토곽이 많이 이용되었고, 그 안에는 내부를 파내어 만든 조합식목관과 석관이 매납되었다. 키나이의 대형 고분에서 가장 흔히 보이는 수혈식석곽에 할죽형목관을 넣는 전형적인 매장 순서를 따르는 굴착묘광 a류에서의 장제 과정을 나타내면 다음과 같다(그림3).

① 분정부에 묘광을 판다.
② 묘광 바닥 사방에 배수구를 만들고, 바닥 전체에 모래를 깐다 (단, 하부 구조에는 여러 유형이 있다).
③ 점토곽을 만들고 관의 본체를 놓는다.
④ 관 사방에 관 높이 정도의 석곽 하부를 만든다(납관의례의 장 완성).
⑤ 관 안에 유체를 넣고 관 안팎으로 부장품을 배치한다.
⑥ 관을 덮개로 덮고, 덮개 위에 방패 등을 놓는다. 관외 부장품은

이 시기에 놓일 가능성이 있다.

ⓐ 석곽 상부를 만들고 천장석을 설치하여, 전체를 점토로 덮은 후에 묘광을 되메운다.

부장품 가운데 관내, 특히 유체를 놓는 중앙 구획에 놓이는 것은 거울과 도검 등 극히 일부로 한정되며, 대부분은 관내의 상하 구획이나 관외(곽내)에 놓인다. 다량의 삼각연신수경三角緣神獸鏡*이 관외에 배치될 경우에는 거울 면을 안팎으로 정렬해서 놓고 최하층에 자갈을 깔거나 점토관 바닥 또는 석곽을 쌓는 도중에 철제 이기鐵製利器 등(때로는 거울)을 배치하는 예가 적지 않다. 또한 유체에 주朱를 뿌리고, 관과 석곽 내부와 피복점토에 벵갈라**(주朱)를 추가하여 도포하는 점 등도 주목된다.

즉 유체는 할죽형목관과 수혈식석곽으로 밀봉된 후, 적색 안료로 감싸이고 거울과 철제 이기에 둘러싸여 전체가 점토로 덮인다. 바꾸어 말해, 관과 곽은 유체를 담는 용기임과 동시에 완전하게 밀봉하기 위한 의례적인 여러 행위를 보장하는 장치이다.

그러나 야요이시대는 기본적으로 관의 시대였다. 곽이 중국과 한반도에서 중부 세토우치瀨戶內 일각으로 전해진 것은 야요이시대 후기이며,[보주1] 장대하고 세심한 구조로 개량되어 보급된 것은 고분시대 전기부터이다. 그동안 야요이 분구묘는 고분으로 변모했는데, 고

• 거울 가장자리 단면이 삼각형이고, 배면에 신선과 동물모양이 새겨진 청동거울.
•• 산화철, 붉은 안료

분 출현은 야요이 분구묘의 여러 요소를 도입하면서도 중국과 한반도로부터 받은 강력한 영향을 바탕으로 창출된 것이라 추측된다. 따라서 전기 고분의 요소 가운데는 중국의 사생관과 관련된 요소가 적지 않다고 지적된 바 있으며,■1 필자는 그 가운데 곽이야말로 이 시기에 들어온 사생관과 장송 사상을 단적으로 보여주는 유구라고 생각한다.

곽은 중국에서 이미 신석기시대 후반에 출현했고, 상商(은)대부터 한대에 걸쳐 다양하게 전개되었다. 나중에 다룰 실室은 전한前漢대에 출현해 후한後漢대에 제국 주변 지역까지 확산된 것으로 알려져 있다.[2] 일본열도와 한반도의 곽과 실의 원류는 중국에 있으며, 열도의 곽은 늦어도 야요이 후기, 실은 규슈에서는 고분시대 중기 초두, 키나이에서는 중기 말~후기 초두경에 전해졌다. 문헌을 통해 그 시대의 사생관을 비교적 신빙성 있게 추측할 수 있는 중국에서, 실로 곽의 시대였던 춘추전국시대의 사생관을 살펴보면 당시 사람들이 "사람의 죽음을 혼과 백의 결합이 해체되는 것"으로 보고, "육체적 요소인 백은 땅으로 돌아가 귀혼이 되는 데 반해, 정신적 요소인 혼은 하늘로 올라가 조상령이 된다"고 이해했다는 것을 알 수 있다.[3]

이 견해를 타당한 것으로 여기고, 이에 앞서 이야기한 할죽형목관을 매납하는 수혈식석곽의 특징을 가미하여 판단하면, 전·중기 고분의 관과 곽은 실로 유체인 '백'을 밀봉하는 장치이고, 앞서 말한 여러 의례도 유체(백)에 사악한 것이 깃드는 것을 막는 동시에 사악한 것

■ 쓰데 히로시都出比呂志도 그 가운데 하나로 '밀봉 사상'을 거론했다.

이 깃들어 유체인 '백'이 날뛰는 것을 진정시켜 밀봉하기 위한 의례였다고 보는 편이 타당할 것이다. 이런 중국의 것과 시기·시대 차가 있겠지만, 열도의 '(수혈계) 곽의 시대'에는 신선 사상을 동반한 소박한 혼백 사상을 기본으로 한 사생관이 널리 퍼져 있었다고 이해하고 싶다.

이렇게 이해하면, 전기 후반에 무거운 내부를 파낸 대형의 할죽형·주형석관과 조합식 장지형석관이 출현하게 된 사상적 배경도 자명해진다. 대형 석관은 장엄한 관에 대한 욕구와 대형 석재를 가공하는 기술의 전래 및 설치된 관이라는 관의 용법 등 여러 조건이 맞물려 비로소 실현된 것으로 여겨지지만, 이것만으로는 관의 소재로 돌을 선택한 이유를 밝힐 수 없다. 나무를 대신하여 소재를 돌로 정한 이유는 돌이 당시 구할 수 있는 가장 오랫동안 썩지 않으며 견고한, 동시에 뚜껑으로 이용하기에도 충분히 무게 있는 소재였기 때문이 틀림없다. 사람들은 유체를 봉하는 데 목관과 석곽으로는 성에 차지 않아 석관 안에 다시 석관을 준비했다(그림13의 ①, 부론1 참조).

4장에서는 이런 사생관을 바탕으로, 고분시대 전·중기의 '곽'과 결합되어 뚜껑도 본체도 틈새 없이 딱 맞는 용기로 완성된 목관과 석관을 '가두는 관'으로 전제하고, 관련된 이야기를 해보고자 한다.

(2) 키나이계 횡혈식석실과 가두는 관

고분시대 전·중기의 관을 가두는 관이라고 한다면, 후기에 발달한 횡혈식석실의 관은 어떤 기능을 했을까?

키나이에서는 늦어도 고분시대 후기 전엽(9기)부터 횡혈식석실이 축조되기 시작했다. 석실의 계보로는 양수兩袖식이고 현문玄門에 문주

그림13 여러 가지 가두는 관

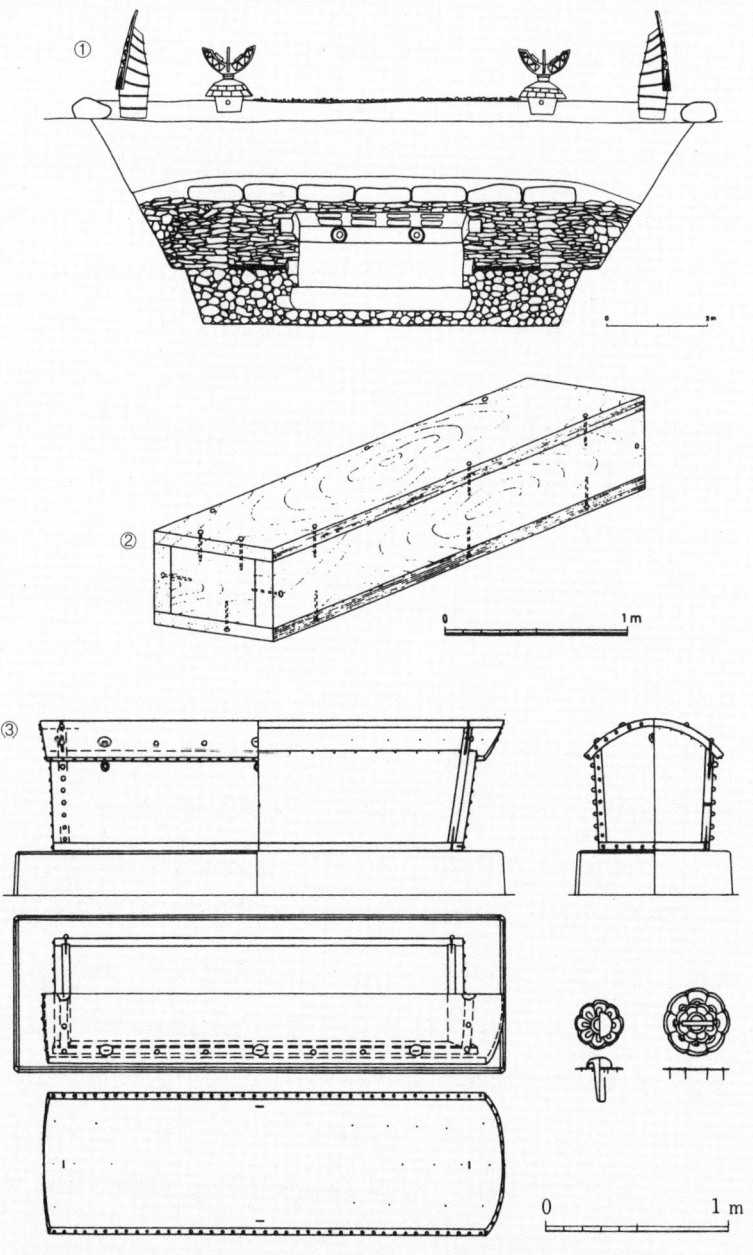

① 쓰도시로야마고분의 수혈식석곽과 장지형석관 모식도
② 다카이다야마고분의 정부식목관 복원도
③ 익산 대왕묘의 조합식목관

석牀石이 있는 것을 주류로 하는 규슈계 석실과 좌편수袖式(입구에서 볼 때 좌우)을 기본으로 하는 백제계의 석실이 거론된다. 규슈계는 나중에 살펴보기로 하고, 좌편수식 횡혈식석실과 그것이 정형화된 키나이형 횡혈식석실부터 살펴보자.

먼저 주목되는 것은 초기의 좌편수식 횡혈식석실 대부분에서 철정이 출토되고 있어, 이 석실과 더불어 정부식목관이 전해졌을 것으로 추측되는 점이다.[4] 오사카부 가시와라시 다카이다야마高井田山 고분(9기)에는 석실 안에 두 기의 정부식목관이 안치되어 있는데, 잔존 상태가 좋은 동관東棺(그림13의 ②)은 판재 두께가 저판 7.0센티미터·장측판 9.5센티미터·덮개판 7.2센티미터이고, 길이 약 15~18센티미터의 철정 20개가 덮개를 포함한 각 부재에 서로 교차되어 박혀 있었던 것으로 추측된다.[5][보주2] 당시에 사용된 모든 정부식목관의 관 뿐만 아니라 덮개에까지 못이 박혀 있었는지 여부는 단정할 수 없지만, 초기 횡혈식석실에서 출토되는 철정이 길어 관재가 두꺼웠을 것이라고 생각하는 이들도 있으며, 따라서 초기 정부식목관은 가두는 관이었을 것으로 추정된다.

또한 정부식목관이 안치되는 횡혈식석실은 한반도 서해안의 백제 지역에 계보를 두고 있을 가능성이 높으며, 백제의 정부식목관도 가두는 관이었을 것으로 추측된다. 특히 전라북도 익산시에 있는 익산 대왕묘의 관은 덮개가 열리지 않도록 "삼루환 투조식三累環 透彫飾 금구가 붙은 판상금구를 관 덮개에서 관 본체 쪽으로 8개소에 꽂아 넣고, 끝단 구멍에 관 측면에서 팔화형 좌금구와 결합시켜 못을 박아 밀봉했다"(그림13의 ③)고 하고, 동일한 삼루환 투조식 금구가 붙은 판상금구가 능산리 중상총고분과 능산리 7호분에서도 출토된다고 한다.[6]

고분시대 후기 중엽(10기)이 되면, 관의 기능이 더욱 명확해진다. 왜냐하면 이 시기에는 키나이의 횡혈식석실에 니죠잔二上山 백석제白石製와 다츠야마이시竜山石제의 내부를 파낸 조합식 가형석관이 이용되었고, 아스카시대 전반에 걸쳐서는 횡혈식석실에 가형석관 조합이 키나이 수장분의 기본적인 매장 양식이 되기 때문이다(그림14). 그리고 키나이의 가형석관은 내부를 파낸 것이든 조합식이든 용기로서 틈새 없이 완성시키는 것이 원칙인데, 이는 그야말로 가두는 관 그 자체라고 할 수 있기 때문이다.■■[보주3]

즉 키나이계 횡혈식석실에서 석실 안에 안치된 관은 기본적으로 가두는 관이었고, 유체(백)는 관과 석실 연도부에 석괴를 쌓아 만든 폐쇄석으로 이중으로 밀봉되었다. 따라서 석실 공간은 뒤에서 다룰 규슈계 석실처럼 백魄이 스스로 부유할 수 있는 공간이 아니라, 장송에 따른 일정한 의례가 끝나고 연도가 폐쇄된 후에는 무기적無機的인 공간이 되어버렸다. 키나이계 횡혈식석실은 '가두고 설치된 관'이라는 전·중기 이래의 기능과 용법을 답습하여 '곽'적인 성격이 강하다.[보주4] 키나이와 그 주변의 초기 횡혈식석실 내면에 수혈식석곽과

■ 요시이는 관고리의 존재를 근거로 백제 목관을 들어 나르는 관으로 보았는데, 키나이의 정부식목관도 동일한 것인지는 단정할 수 없다. 관재 두께와 철정 크기 등에 차이가 있고, 키나이에서는 관고리도 늦게 출현하므로, 동일한 가두는 관이라도 고분시대의 정부식목관 대부분은 설치된 관이었다고 추정된다.

■■ 아스카시대에 오사카부 돈다바야시富田林시 오카메이시杙亀石고분과 다이시太子정 마츠이츠카松井塚고분처럼 횡구를 가진 가형석관이 출현하는데, 이는 들어 나르는 관을 넣은 횡구식석곽의 영향을 받은 것으로, 이전의 키나이의 횡구가 없는 가형석관이나 뒤에서 살펴볼 규슈의 단벽출입 및 장벽출입 횡구식가형석관과는 다르다.

그림14 후지노키고분의 횡혈식석실과 가형석관

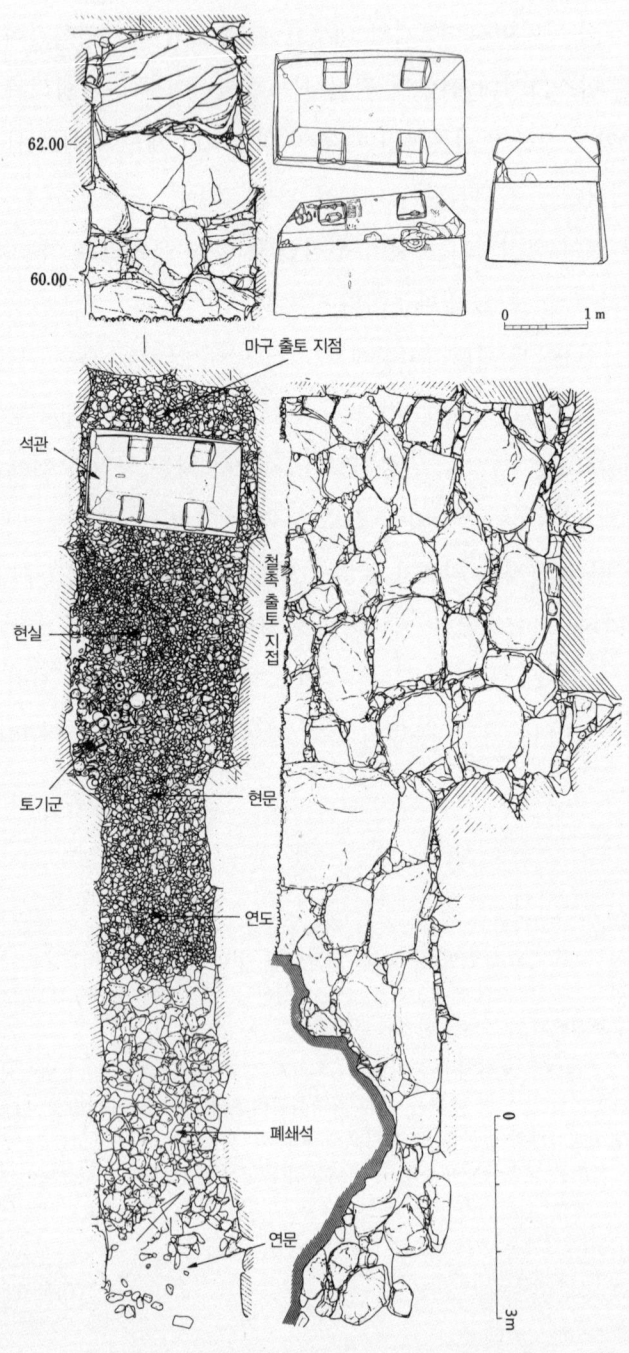

마찬가지로 적색 안료가 도포되어 있는 것도 이 때문일 것이다. 다만 새로운 매장 시설로서 횡혈식석실의 출현을 새로운 사생관의 전래로 성급하게 결정짓는 것은 신중해야 할 것이다.

키나이계 횡혈식석실에서는 나라현 이카루가斑鳩정 후지노키藤ノ木고분7처럼 드물게, 포 등을 걸었을 것으로 추정되는 갈고리(鉤) 모양과 봉 모양의 철제품이 석실의 벽면에 남아 있는 경우가 있는데, 포는 석관 앞뒤로 걸어 관을 보이지 않게 가리는 기능을 하는 것으로, 관 및 석실의 기능과는 직접적인 관련이 없는 것으로 추정된다.

2. 열린 관

(1) 규슈계 횡혈식석실과 열린 관[보주5]

① 시상·석장·석옥형·석붕 : 열린 관 A류

키나이보다 앞선 고분시대 중기 초두(5기)에 횡혈식석실을 채택한 규슈의 횡혈식석실에서는 어떤 관이 이용되었을까? 시게후지 테루유키重藤輝行가 북부큐슈형 초기 횡혈식석실을 집성한 것8에 따라 관을 검토하면, 중기 초두(5기)의 사가佐賀현 가라츠唐津시 다니구치谷口고분 동석실(그림15의 ①)과 서석실9에서는 장지형석관과 비슷한 조합식석관이 사용되었고, 후쿠오카시 스키자키鋤崎고분(그림15의 ②)10에서는 제1매장에는 상식석관(판석이 둘러짐)이, 추가장에는 특수한 덮개가 없는 '토제 하니와질의 관'과 화강암 전석塼石으로 두른 조합식목관(추정)이 이용되었으며,[보주6] 수혈계 횡구식석실을 가진 로지고분11의 4기의 석실에서는 어떤 관이 사용되었는지 명확히 확인하기 어렵다.

이로 보아 북부큐슈 횡혈식석실에서는 초기에 장지형석관과 비슷한 조합식석관과 상식석관과 같은 가두는 관이 이용되었고, 이것이 중기 전엽(6기)의 사가현 가라츠唐津시 요코타시모橫田下고분(그림15의 ③, 제1매장은 상식석관, 추가장은 덮개가 없는 상식석관)[12]과 후쿠오카시 마루쿠마야마丸隈山고분(대형 상식석관 2관 한 쌍)[13] 단계까지 잔존했음을 알 수 있다. 또한 스키자키고분의 추가용 목관은 규슈의 석실에서는 드문데, 이 지역에서는 정부식목관도 거의 발달하지 않고 후기 후엽이 되어 일부 석실에 이용되는 정도였다.[14]

이에 비해 횡혈식석실에 채택된 상식석관에서는 급속도로 개석蓋石(뚜경돌)이 누락되었으며, 중기 초에 축조된 것으로 추정되는 구마모토현 아라오荒尾시 뱃토즈카히가시別当塚東고분(그림15의 ④)[15]과 중기 전엽의 사가시 구보이즈미마루야마久保泉丸山 2호분,[16] 구마모토현 우토宇土시 죠城 2호분,[17] 중기 중엽(6기)의 후쿠오카현 아사쿠라朝倉시 오다차우스츠카小田茶臼塚고분(그림15의 ⑤)[18]에서는 확실히 유체를 직접 놓은 울타리(囲い)·바닥床·받침臺으로서의 '시상屍床'이 출현했다.

중부큐슈의 초기 히고肥後형 횡혈식석실에 있는 특유의 '석장石障'에 대해서도 같은 이야기를 할 수 있다. 석장이란 현실의 네 벽 앞에 세워 둘러진 판석 내지는 판상으로 가공한 석재로 된 시설로(그림16의 ①), 내부는 구획석에 의해 1~3구획의 매장 공간으로 구별되어 있다. 이 시설도 현실 안으로 운반된 상식석관에서 유래한 것으로 추정되는데,[19] 다카키 코지高木恭二는 지하식 판석적석실板石積石室 네 벽의 판석과의 관계에 주목하면서, 석장이 둘러진 석실 중앙에 1기의 상식석관이 주축과 평행하게 놓여 있는 구마모토현 야츠시로八代시 고

그림15 규슈의 횡혈식석실과 관 1

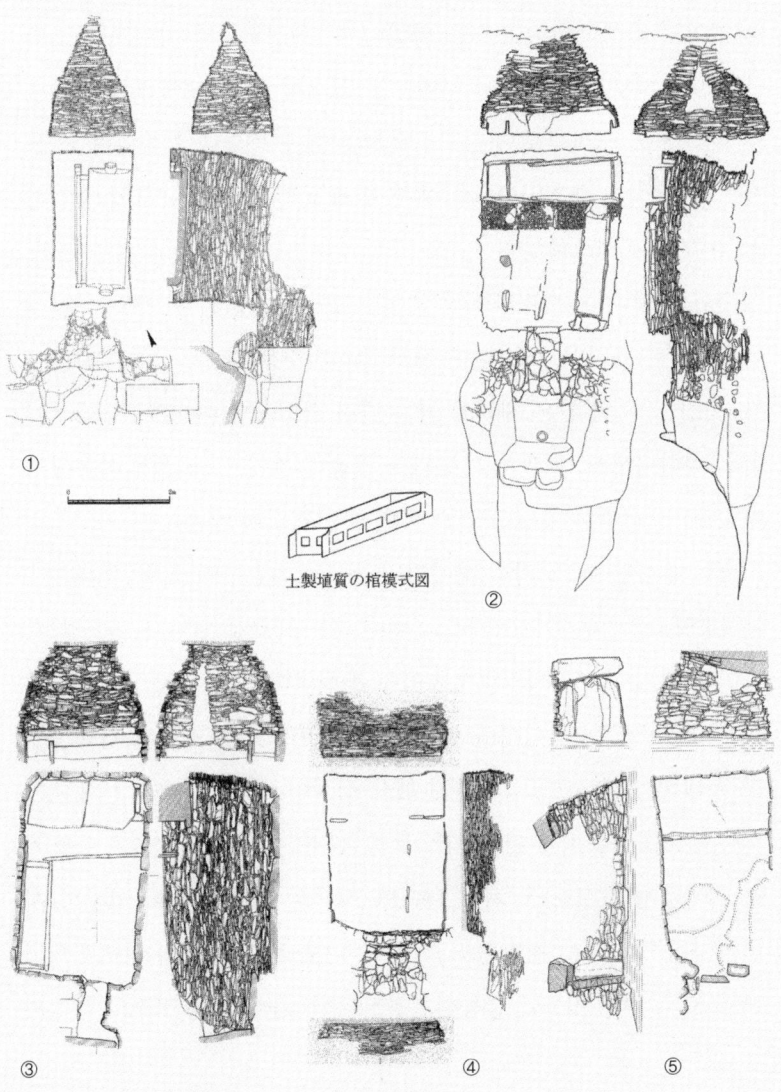

土製埴質の棺模式図

① 사가현 다니구치고분 동석실과 조합식석관
② 후쿠오카현 스키자키고분의 석실과 구획석·토제 하니와질의 관
③ 사가현 요코타시모고분의 석실과 상식석관
④ 구마모토현 뱃토즈카히가시고분의 석실과 구획석
⑤ 후쿠오카현 오다차우스츠카고분의 석실과 구획석

소조우^{小鼠藏} 1호분(6기 무렵으로 추정)을 조형^{祖形}으로 보았다.∎²⁰ 석장의 유래는 그렇다치고, 내부에 놓인 상식석관에서는 개석이 급속도로 없어져 구획석으로 모습을 바꿨다. 이 석장과 구획석은 구마모토 남부 야츠시로시 주변에서 구마모토 중부에 걸친 지역에 집중적으로 나타나고, 구마모토 북부·후쿠오카·사가 등으로 확산되며, 성행기는 주로 중기 중후엽(7·8기)에서 후기 전엽(9기)으로, 후기 중엽경(10기)부터는 쇠퇴했다.²¹

즉 규슈의 전·중기 횡혈식석실에서는 초기에 일부 가두는 관이 이용되기도 했지만, 머지않아 상식석관과 깊은 관계를 갖게 되며 시상·석장·구획석 같은 개석이 없는 열린 관이 중심이 되었고, 이것이 이후 횡혈식석실 내 관의 기능과 성격을 규정하게 되었다. 이곳에서의 관 내부 공간은 현실 공간으로 열려 연결되어 있다.

그런데 이런 관의 전통 하에서 후기 중엽(10기)이 되면, '석옥형^{石屋形}'(장벽출입 횡구식가형석관을 포함)이라는 새로운 열린 관이 구마모토현 북부의 기쿠치카와^{菊池川}유역에 출현한다. 구라후지 히로시^{藏富士寬}는 석옥형을 "횡혈식석실 안에 설치된 판석으로 조합된 장벽출입의 유체 안치 시설로, 입구부에 폐쇄 시설이 없는 것"이라 정의했고, 구마모토현 나고미^{和水}정 쓰카보주^{塚坊主}고분(그림16의 ②, 후기 중엽 전반·스에키 MT15형식)을 처음 나타난 형태로 보았다.²² 이 고분의 횡혈식석실²³은 평면 정방형이고 할석^{割石}(모양이나 크기가 고르지 않게 깬 돌)으로 쌓은 벽체가 궁륭상천장^{弯窿狀天井}∎을 이루는 것으로 추정되

∎ 지하식 판석적석실과의 관계는 미지마도 지적한 바 있다(三島 1984).

그림16 규슈의 횡혈식석실과 관 2

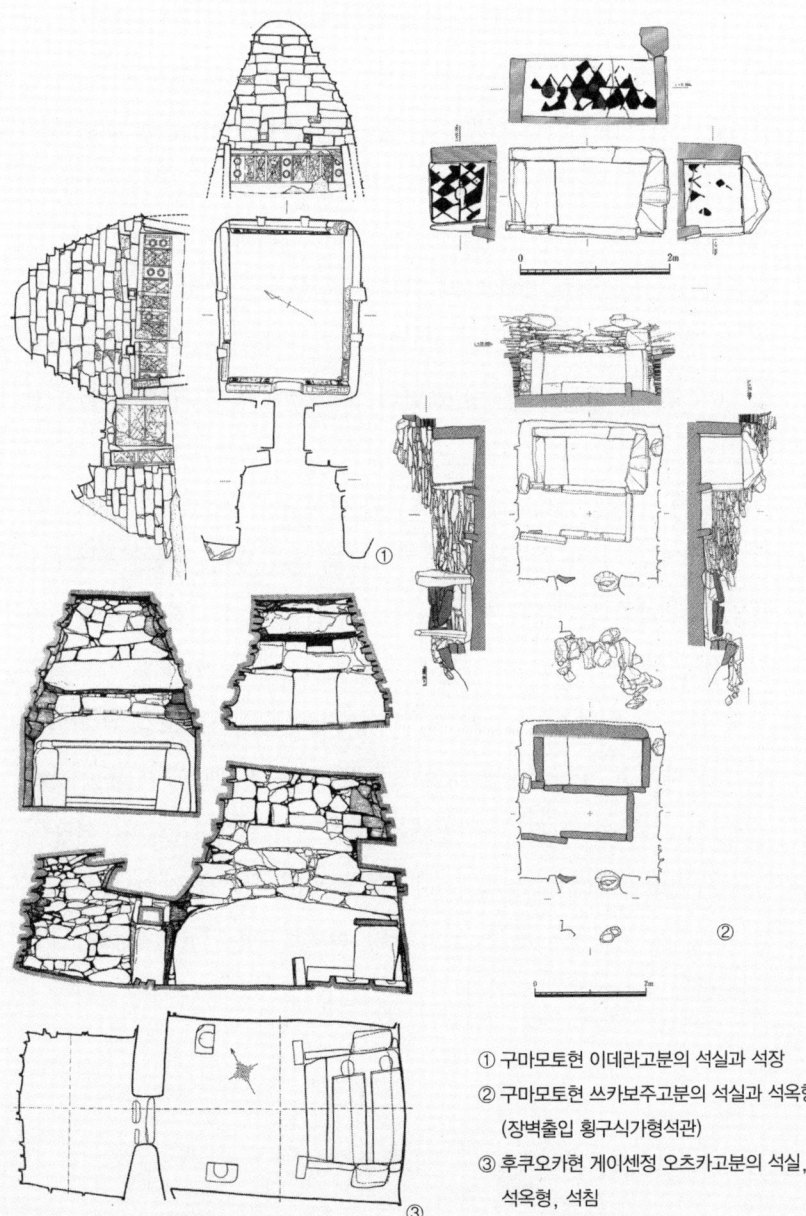

① 구마모토현 이데라고분의 석실과 석장
② 구마모토현 쓰카보주고분의 석실과 석옥형
　(장벽출입 횡구식가형석관)
③ 후쿠오카현 게이센정 오츠카고분의 석실,
　석옥형, 석침

는데, 석장이 없고 안쪽 벽에 조합식의 장벽출입 횡구식가형석관이 놓여 있으며 그 앞에 시상 한 기가 설치되어 있다. 이 책에서는 이런 형식의 가형석관이 출현한 배경을 깊이 다루지는 않을 것이지만, 적어도 덮개 형태와 돌기 형식은 같은 지역에서 발생한 '북히고형 주형석관'[24]의 계보를 잇는 것으로, 같은 조합식 가형석관에서는 바로 뒤이어 언급할 단벽쪽에 횡구를 가진 후쿠오카현 히로카와廣川정 세키진산石人山고분 등에서 사례가 확인된다. 그리고 이 가형석관은 횡혈식석실 안의 안쪽 벽에 따라 안치된 시점에서, 이미 관 자체가 현실 쪽 부재部材가 없는 장벽출입 횡구식석관이 되며, 이때 횡혈식석실 안의 관은 열린 관이어야만 한다는 생각이 이 지역에 넓게 퍼져 있었다.

그후 석옥형은 구마모토 중·북부를 중심으로 후쿠오카, 일부는 시가, 후쿠이로 확산되는 한편, 구마모토에서는 후기 중엽 후반(TK10 형식)에 간략화 된 '석붕石棚(돌로 지은 시렁)•'을 출현시켰다. 구라후지 히로시는 석붕을 a류(석실 돌을 쌓는 중에 끼워 넣는 것), b류(안쪽 벽측은 요석腰石 위, 측벽측은 돌 쌓는 중에 끼워 넣는 것), c류(요석 위에 얹은 것)로 구분하고, 구마모토를 중심으로 한 석옥형 계보에 속하는 것을 A유형(b·c류), 와카야마和歌山시 이와세센즈카岩橋千塚고분군 등 석붕의 영향을 받았을 가능성이 있는 석옥형 이외의 계보를 가진 것을 B유형(a류)으로 구분했는데,[25] 열린 관의 계보로 이어지는 석붕은 엄밀하게 말해 A유형의 석붕이다.

• 활이나 무지개 같이 한 가운데가 높고 길게 굽은 형상의 천장.

유명한 후쿠오카현 게이센桂川정 오츠카王塚고분(그림16의 ③, 후기 중반)[26]에는 횡혈식석실의 안쪽 벽 상부에 B유형의 석붕이 있고, 그 아래에 안쪽 벽을 따라 석옥형이 설치되어 있다. 그 아래에는 두 사람의 유체를 놓을 수 있게 오목하게 팬 시상이 놓여 있고, 시상 앞에는 등명석燈明石이라 불리는 직사각형의 입석이 배치되어 있다. 또한 현실 앞쪽에는 석침도 세 개 놓여 있다. 이런 조합은 바로 열린 관의 전통 아래에서 발생한 가장 완비된 단계의 매장 시설의 하나이고, 벽면에는 근사한 채색 벽화도 그려져 있다.

이렇게 함께 살펴본 시상·석장·석옥형·석붕 등을 '열린 관 A류'로 부르고자 한다. 열린 관 A류의 특징은 관의 내부 공간이 현실 공간으로 열려 연결되는 '관과 실의 일체화'이다. 그곳에서 백, 즉 유체는 관내에 밀봉되지 않고, 현실 공간을 자유자재로 부유할 수 있는 것으로 추정되며, 전체 공간은 현실 입구부의 판석으로 폐쇄되었다.

② 조합 단벽출입 횡구식가형석관: 열린 관 B류

규슈에는 또 다른 종류의 관도 있었다. 그것은 '초당鞘堂'이라 불렸던 것처럼, 관이 들어갈 자리 외에는 거의 틈새가 없을 정도로 관에 딱 붙게 축조된 횡혈식석실 안에 매납되는 조합식 단벽출입 횡구식가형석관이다. 이들을 '열린 관 B류'로 부르고자 한다.

이 종류의 석관 가운데 가장 오래된 예로는 세키진산고분(6기, 중기 중엽, 그림17의 ①)[27]을 들 수 있다. 이곳에는 원문圓文(원 무늬)과 직호문直弧文(직선과 호선을 조합한 무늬)을 새겨 넣은 북히고형 주형석관과 동일한 형식의 관 뚜껑을 가진 조합 단벽출입 횡구식가형석관이, 축조된 관이 들어갈 자리 이외에는 거의 틈새가 없는 횡혈식석실 안에 안치되어 있다. 직사각형 모양의 관에서 짧은 변에 마련된 횡구橫口는 석실 입구 방향을 향해 나 있고, 복수 매장이 가능한 형태로 되어 있다. 당시 중부큐슈에서 석관의 복수 매장이 결코 적지 않았다는 점으로 미루어 보아,[28] 이 예는 횡혈식석실에 안치된 관이 석실 역할을 하는, 복수 매장(추가장)에 적합한 것이었다고 할 수 있다. 이처럼 동일한 열린 관으로 분류되지만 열린 관 B류는(A류와 달리) '실화室化된 관'이라는 전혀 다른 성격을 지닌다.

이후 석관의 석실화가 더욱 진행되어, 구마모토현 나고미和水정 에다후나야마江田船山고분(그림17의 ④)과 구마모토시 이시노무로石之室고분(모두 9기·후기 전엽)에서는 직장直葬된 단벽출입 횡구식가형석관 자체가 석실이 되고, 그 앞에 연도가 부설되었다. 단벽출입 횡구식가형석관은 사가 동부·후쿠오카 남부·구마모토 북부 등으로 확산되었고, 일부는 7세기 전반까지 존속했다고 하는데,[29] A류에 비해 그 수가 적다.

마무리하며

4장에서 검토한 것을 통해 키나이계 횡혈식석실에서는 가두는 관이, 규슈계 횡혈식석실에서는 열린 관(그 가운데 특히 A류)이 기본이었다는 사실을 밝혀냈다. 이제까지 키나이계와 규슈계로 구별해 온 횡혈식석실의 두 가지 계통 차가 단순히 형태나 구조상의 차이에 국한되어 있는 것이 아니라, 그 안에서 이용되었던 관의 기능 차(성격 차), 나아가서는 석실(현실) 공간의 기능 차(성격 차)까지 내포하고 있었던 것이다.

이런 견해를 인정하면, 여기서 또 수많은 문제가 파생된다. 하지만 이 책에서는 관련된 논의를 충분히 전개할 여유가 없으므로, 후일을 기대하며 이와 관련해 앞으로 검토해야 할 몇 가지 문제를 간단히 열거하고 논의를 마무리하고자 한다.

가장 먼저 해야 할 것은 여기서 지적한 관의 기능 차(성격 차)를 바탕으로, 부장품 배치를 고려하면서 키나이계와 규슈계 횡혈식석실 자체의 기능을 검토하는 것이다. 이를 바탕으로 다시 스에키와 하지키 같은 토기 부장의 의미를 재고하고, 요모츠헤구이나 고토도와다시와 같은 의례와 더불어 황천국 신화와의 관계도 재검토할 필요가 있다(6장 참조).

두 번째는, 채색 벽화는 관이 열린 관 A류일 때 비로소 출현하는 규슈의 횡혈식석실과 횡혈 특유의 것인데, 2002년에 석옥형의 출현과 불가분의 관계에 있다고 지적된 바 있다.[30] 따라서 A류의 성격을 바탕에 깔고 다시 채색 벽화의 내용을 재검토할 필요가 있다.

세 번째는 한때 고바야시 유키오小林行雄가 키나이와 규슈의 가형석관을 비교했을 때, 키나이의 가형석관이 일종의 상자형으로 제작되어간 데 비해, 규슈의 가형석관은 언제나 가옥 형상을 더 충실히 모방하는 방향으로 나아갔다고 지적한 바 있다.[31] 이 지적은 가두는 관 및 열린 관과 깊이 관련되어 있는데, 고바야시가 그 연장선상에서 지적한 '가장家葬 사상'과 규슈의 열린 관 및 횡혈식석실과의 관계 또한 재검토해보아야 할 것이다.

네 번째는 이런 관점에서 각지의 관 및 횡혈식석실과 횡혈의 계보 관계, 지역적 변질을 재검토하는 것이다. 열린 관은 각지로 확산되는데, 예를 들면 시마네현 이즈모出雲 동부에서는 시상을 공반한 석관식석실이, 횡혈에서는 조합 장벽출입 횡구식가형석관이 발달하는 한편, 이즈모 서부에서는 키나이의 영향도 있어 이와 달리 독특한 내부를 파내어 만든 장벽출입 횡구식가형석관이 전개된다. 또한 규슈에 출현한 횡혈에서는 열린 관 A류가 기본이었지만 키나이, 예를 들어 오사카부 가시와라시 다카이다高井田횡혈군에서는 횡혈 안에 석관이 개석을 공반하는 예(제3지군-30호 횡혈 등)도 존재한다.

마지막으로 다섯 번째는 중국 및 한반도의 관과 횡혈식석실을 비교하는 것이다(5장 참조). 앞에서는 한반도 백제 횡혈식석실 내의 목관이 가두는 관임을 지적했는데, 신라의 횡혈식석실에서는 관을 이용하지 않고 유체를 직접 대상臺狀의 시상(시상대)에 눕힌 예가 적지 않다.

이런 과제들에 대해 앞으로 더 깊은 검토가 필요하다.

[보주1] 야나기다 야스오柳田康雄에 따르면, 목곽은 북부큐슈에서 야요이 조·전기 이후에 존재했다고 한다.³² 인정하기 어려운 경우가 많다.

[보주2] 2011년에 다카이다야마고분의 동관 규모가 정정되었다(2장 보주4 참조).

[보주3] 아스카시대 횡구식석곽의 가두는 관
아스카시대의 횡구식석곽에 매납된 관도 가두는 관이다. 칠도漆塗목관에는 철제 및 동제 못이 이용되는데, 오사카부 타이시太子정 고미네야마御嶺山고분에서는 철정 이외에 관 뚜껑과 본체 결합에 이용된 자물쇠(錠前)가 출토되었다.³³

[보주4] 이 글을 쓴 후에야, 이미 1983년에 스기야마 린케이椙山林繼가 키나이의 횡혈식석실은 "관을 담는 곽이고" "수혈식석실과 거의 다르지 않은 의식이었다고 생각한다"³⁴고 지적했다는 것을 알게 되었다. 명확하게 알지 못한 데 대해 사과하고 양해를 구한다.

[보주5] 규슈의 열린 관의 최종적인 분류는 5장을 참조하기 바란다.

[보주6] 스키자키고분의 3개 관에 대해서는 2장 보주3의 설명을 참조하기 바란다.

5장

동아시아의 '열린 관'

시작하며

고분 축조를 중심으로 하는 장송 의례의 의미를 밝히기 위해서는 고고학적 연구의 기초 작업으로 무엇보다 고분이라는 곳에서 이루어진 사람의 행위를 가능한 구체적으로 복원하고, 각 장소에서 발견된 유구나 유물의 용법과 기능을 세밀하게 해명할 필요가 있다. 이런 관점에서 필자는 유체를 넣는 관의 용법과 기능을 검토했으며, 용법으로는 '설치된 관'과 '들어 나르는 관', 기능으로는 '가두는 관'과 '열린 관'이라는 각각 정반대의 성격을 가진 두 종류의 관이 존재한다는 것을 보여주었다. 그리고 이 개념이 고분 제사를 검토하는 데 매우 중요하다고 설명하면서 양자 사이에 현저한 시기 차와 지역 차가 있음을 지적했다(2, 4장 참조).

5장에서는 이 가운데 열린 관의 계보와 지역적 편재성을 동아시아 범위에서 찾아보고, 같은 사례를 소개함으로써 열린 관이 규슈를 중심으로 한 일본열도 고유의 것이 아니라 넓게 동아시아 곳곳에서 확인됨을 지적하고, 이런 관점이 동아시아 분구묘(분구를 가진 무덤의 충칭, 일본의 고분도 이 중 한 종류)를 비교연구하는 데 유효하다는 점을 보여주고자 한다.

　동아시아에 관을 사용하지 않는 장법이 존재한다는 것은 이미 제2차 세계대전 이전에 세키노 타다시関野貞와 아리미츠 쿄이치有光教一 등이 보고한 바 있고, 그것이 동아시아적 분포를 가졌을 것이라는 예측은 1960년대에 고이즈미 아키오小泉顯夫[1]와 김원용[2]등이 지적했는데, 그 후 오랫동안 연구의 진전이 보이지 않았다. 그러나 한국에서 가두는 관에 해당하는 정부식목관의 실태가 밝혀졌고[3] 동시에 중국에서의 조사 연구도 진전되어, 최근 야마모토 타다츠네山本忠常가 중국 북조의 석관상石棺床 연구 성과를 정리했고,[4] 이제 이들 간 비교연구도 어느 정도 기대해볼 수 있게 되었다.

　따라서 5장에서는 열린 관의 계보 관계를 비롯한 역사적 의의를 다시금 찾아보고자 하는데, 이 작업은 곧 관을 매납하는 횡혈식석실의 계보 등을 규명하는 것이다. 다만 열린 관과 가두는 관의 시공적인 분포 양상이 매우 복잡해서, 시공적인 정리와 계보 관계가 아직은 명확하지 않다. 그렇기에 여기서는 열린 관과 가두는 관의 시공적인 분포 양상과 계보 관계를 소개하고, 둘을 비교하기 위한 약간의 정리와 전망을 중점적으로 다루고자 한다. 설명을 위해 일본열도에서는 수혈식석곽 단계부터 이야기를 시작하지만, 다른 지역에서는 횡혈식석실과 유사한 매장 시설의 사례만을 다룬다. 열린 관은 모두 설치된 관에 해당한다.

1. 일본열도의 열린 관

먼저 일본열도의 가두는 관과 열린 관에 대한 개요를 살펴보자.

(1) 키나이의 가두는 관

고분시대 전·중기(3세기 중엽~5세기 중엽)의 고분 매장 시설은 기본적으로 수혈계 곽으로, 주로 수혈식석곽과 점토곽 안에 내부를 파낸 목관이나 조합식목관組合式木棺을 매납하는 식이었다. 곽의 축조 과정이나 그 과정에서의 관 설치·유체 안치·유물 배치를 포함한 여러 의례를 검토하면, 이 시기에 중국의 신선 사상과 '혼백魂魄 사상'■이 일본열도에 전해졌다는 것을 알 수 있다. 그리고 유체를 매납하는 관과 그것을 보호하는 시설인 곽은 여러 의례와 합쳐져, 유체인 백魄에 사악한 것이 깃들지 않고, 사악한 것이 깃들어 날뛰지 않도록 백을 진정시켜 밀봉하기 위한 장치였던 것으로 추측된다. 이렇게 사용된 벽사·진혼·밀봉이라는 성격이 합쳐진 관을 가두는 관이라 부른다. 전기 후반부터 출현한 할죽형·주형석관이나 장지형석관長持形石棺은 가두는 관의 이런 성격을 단적으로 보여준다. 키나이와 그 주변에서는 고분시대 후기(5세기 후엽~6세기 말 경)에 이르러 매장 시설로 키나이계 횡혈식석실이 채택되어도 키나이계 가형석관이 성행했듯이, 관이 가두는 관으로 기능했고 그것이 아스카시대(7세기 초두~8세기

■ 사람의 죽음은 '혼'과 '백'의 결합이 해체되는 것으로, 육체적 요소인 백은 땅으로 돌아가 귀혼鬼魄이 되고 정신적 요소인 혼은 하늘로 올라가 조상령이 된다는 사상(黃 2000).

초두)까지 계속되었다. 새로운 매장 시설이 도입되었음에도 관의 본질적 성격이 변하지 않은 것이다. 또한 정부식목관을 가진 오사카부 가시하라柏原시 다카이다야마고분高井田山古墳처럼,5 이후 키나이계 횡혈식석실로 이어지는 초기 석실의 계보를 한반도 백제에서 찾을 수 있는데, 일본열도는 단순히 정치적인 관계뿐만이 아니라 백제의 석실에 사용된 목관 역시 정부식의 가두는 관이었다는 점 때문에 백제계 석실을 더 쉽게 받아들였을 것이다. 이에 대해서는 뒤에서 다시 한 번 설명할 예정이다.■

즉 키나이계 석실에서 유체인 백은 관과 석실에 의해 이중으로 밀봉되었다. 따라서 관 내부 공간과 석실 공간은 불연속적이고, 석실 공간은 일정한 의례가 끝나고 연도가 괴석과 흙으로 폐쇄된 후에는 무기적無機的인 공간이 되었을 것으로 추측된다.

(2) 규슈의 가두는 관

한편 키나이 지역에 앞서 고분시대 중기 전엽(4세기 후엽 경)에 횡혈식석실을 채택하기 시작한 규슈에서는 앞에서 이야기한 가두는 관이 거의 발달하지 않았다. 그곳에서는 관이 사용되지 않았으며, 대신 유체를 직접 안치하는 다른 시설들이 발달했다. 이들을 열린 관이라 총칭하며, 열린 관으로는 두 종류가 확인된다.

■ 다만 관정(棺釘, 관을 짜는 데 쓰는 못)의 대소나 관고리의 유무 등으로 판단한다면, 백제의 정부식목관은 들어 나르는 관(吉井 1995)인 데 비해, 일본열도의 것은 설치된 관이었던 것으로 추정된다.

① 열린 관 A류

첫 번째 것은 규슈의 초기 횡혈식석실에서 시작된다. 북부큐슈 일부에서는 석실에 가두는 관이 사용되었으나(사가佐賀현 가라츠唐津시 다니구치谷口고분 동석실에서 확인된 장지형석관과 유사한 조합식석관 등, 그림 15의 ①), 그 밖의 곳에서는 후쿠오카福岡시 스키자키鋤崎고분(그림15의 ②)[6] 1호관처럼 뚜껑이 없는 상식석관(이하 '판석 두르기')■부터 사용되기 시작했고, 구획석으로 유체를 놓아두는 장소를 나눠놓은 정도의 것이 출현하여 발달했다. 이 경우에 관은 유체를 밀봉하지 않으며 관이 놓이는 내부 공간은 석실의 현실 공간과 하나로 이어진다.

동일한 양상을 중부큐슈 히고肥後형 횡혈식석실의 석장石障과 구획석에서도 볼 수 있다. 고분시대 후기 중엽(6세기 전반)이 되면 이런 전통 위에 석옥형石屋形(뚜껑 돌이 집 모양인 것은 '조합 장벽출입 횡구식 가형석관'이라고도 한다)이 출현하여 발달한다. 대표적인 예가 후쿠오카현 게이센桂川정 오츠카王塚고분(그림16의 ③)[7]인데, 석옥형의 바닥 석에 두 사람 분의 머리가 들어갈 수 있게 패인 곳(원형)과 몸·다리용의 패인 곳(장방형)이 있고, 같은 석실 안에 별도로 두 개의 석침石枕이 놓여 있다. 석침 자체는 일본열도의 가두는 관에 더욱 많이 사용되므로 일반적인 지표라고 볼 수 없지만, 일부 석침이 단독으로 확인되는 경우는 역시 열린 관의 지표가 될 수 있다. 다만 단독으로 확인

■ 필자는 2003년에 발표한 논문에서 스키자키고분 1호관을 상식석관으로 보았으나, 야나기사와柳沢가 2002년에 발간한 보고서에는 "석관 위에 개석이 공반된 흔적이 없다. 유기질 소재의 덮개가 있었을 가능성이 있으나 검출되지 않았다"고 되어 있다. 전자를 정정하고 여기에서는 그것을 '판석 두르기'로 한다(2장 보주3 참조).

되는 사례가 적다. 머리부(두부) 내지는 머리부에서 어깨부(견부)에 걸친 부분을 파낸 것을 석침 a류, 전신 모양으로 파낸 것을 석침 b류라 한다. 그리고 석침 a류는 구마모토현 나고미和水정 쓰카보주塚坊主고분[8]과 야마가山麓시 우스츠카고분曰塚고분[9]처럼 석옥형과 공반하는 경우도 있고, 뒤에서 이야기할 후쿠오카현 구루메久留米시 우라야마고분浦山고분처럼 단벽출입 횡구식가형석관에 공반하는 경우도 있다.

앞에서 말한 횡혈식석실 안의 시설들은 다음과 같이 정리할 수 있다.

A1류 구획석仕切石형(판석 두르기를 포함. 그림16의 ①)
A2류 석장石障형(그림16의 ①)
A3류 석옥형石屋形형(그림16의 ②, ③)
A4류 석침石枕형(a류와 b류가 있음. 그림16의 ③의 석침은 a류)

그리고 A1~A4류처럼, 관의 성격을 가지면서 내부가 밀봉되지 않고 석실 공간으로 열려 있는 것을 열린 관 A류라 부르기로 한다. 관을 사용하지 않고 유체를 직접 안치하는 시설이라는 의미로는 '시상屍床'이라고도 총칭할 수 있으며, 이 안에 다양하게 A1~A4류가 있다고 할 수 있다. 규슈에서 발달한 횡혈도 열린 관을 사용하지만, 그곳에는 구획석이나 석옥형, 석침(a류·b류)에 해당하는 것이 횡혈과 일체적으로 만들어진다(그림17의 ⑤~⑦).

이들의 특징은 관과 실의 일체화, 즉 관의 내부 공간이 석실 또는 횡혈 공간으로 열려 있는 것인데, 그 공간은 유체가 자유롭게 부유할 수 있는 사자의 세계로 기능했고, 연도부만 주로 판석으로 폐쇄되었다(이곳에서 사자가 생전과 마찬가지로 생활한다는 관념이 있었던 것으로 추정되며 이와 관련된 내용은 6장에서 다룬다).

이렇게 이해한다면 규슈계의 초기 횡혈식석실의 원류를 찾을 경우, 원류가 되는 지역의 석실 형태 및 석재의 사용 방법 등과 더불어 (또는 그 이상으로) 그 지역 석실의 열린 관 보유 여부가 중요한 지표가 된다. 왜냐하면 그 이전에는 일본열도에 열린 관이 존재하지 않았기 때문이다. 가두는 관을 채택하는 일부 규슈계 석실은 새로 들어온 매장 시설과 전통적인 관의 절충형으로 평가된다.

② 열린 관 B류

규슈에는 횡혈식석실과 관의 대응 관계가 열린 관 A류와는 다른 경우도 존재한다. 후쿠오카현 히로가와広川정 세키진산石人山고분(그림17의 ①, 5세기 초 고분시대 중기 중엽)[10] 등이 그 예로, 초당鞘堂으로도 불리듯 관에 밀접하게 축조된 석실 안에 조합 단벽출입 횡구식가형석관을 매납한 것이다. 이를 열린 관 B류라 부른다.

여기서는 석실에 관 이외의 것을 매납할 여유가 없어, 단변에 횡구를 가진 관이 그 자체로 석실 역할을 하며, 이는 추가장에 적합하다. 추가장이 확인되는 고분시대 후기 전엽(5세기 후엽)의 구마모토현 나고미和水정 에다후나야마江田船山고분(그림17의 ④)[11]을 보면, 이것이 더욱 발달해 직장直葬된 석관의 횡구부에 직접 연도가 붙는 형태로 변한 것을 알 수 있다. 따라서 같은 열린 관이지만 열린 관 A류와는 성격이 다르며, 열린 관 B는 '실화된 관', 즉 관이 석실 기능을 수행한다는 특징을 보인다.[보주1]

우라야마浦山고분(그림17의 ②, ③)[12]을 보면 석실 안의 석관 횡구는 문(扉)* 한 짝과 보조재로 폐쇄하도록 되어 있는데, 그렇다면 가두는

그림17 일본열도의 열린 관

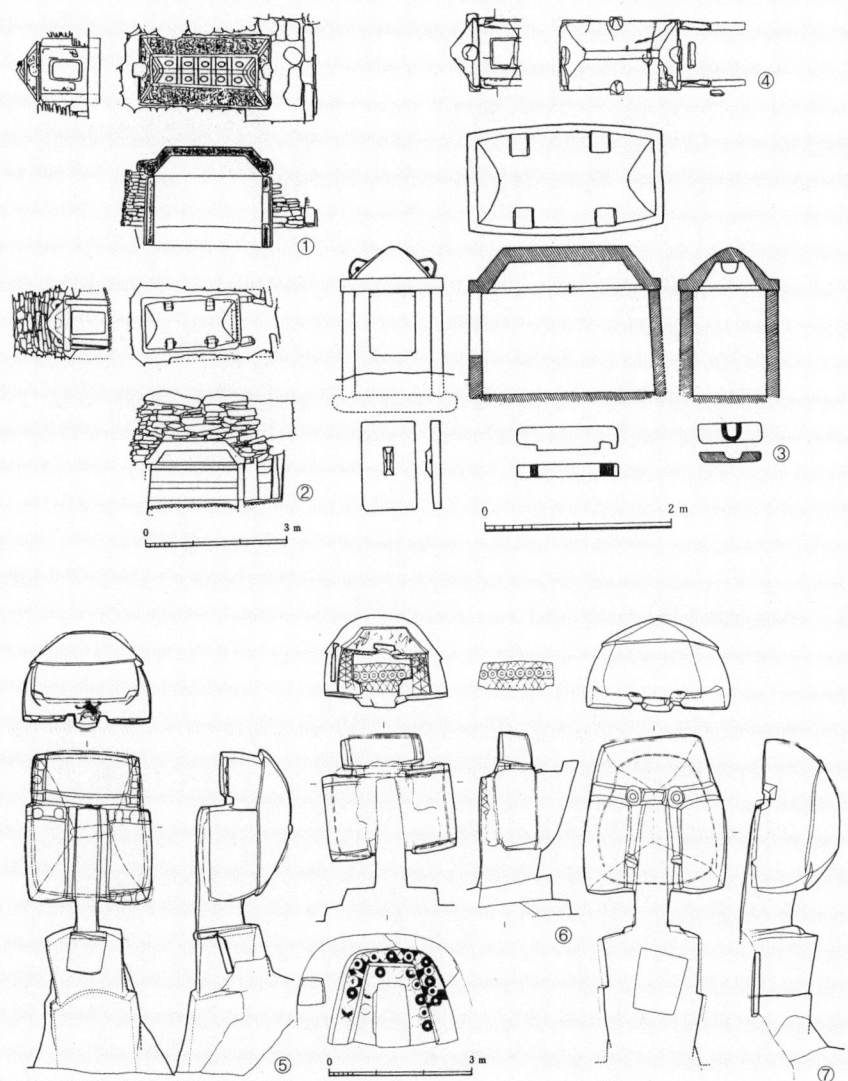

① 후쿠오카현 세키진산고분의 석실과 석관(B류)
②,③ 후쿠오카현 우라야마고분의 석실과 석관(B류)
④ 구마모토현 에다후나야마고분의 석관(B류)
⑤ 구마모토현 이와바라 Ⅳ-3호 횡혈(A3류)
⑥ 구마모토현 이시누키나기노 8호 횡혈(A3류)
⑦ 구마모토현 미야아나 22호 횡혈(A1류)

관이라 할 수 있지만, B류가 A류와 밀접한 관계에 있기 때문에 여기서는 열린 관의 한 부류로 다룬다(이에 대해서는 뒤에서 한 번 더 설명한다).

규슈의 각종 열린 관은 아리아케카이有明海 동쪽 해안을 중심으로, 일정한 지역성을 띠고 전개된다는 점이 특징이다. 이런 지역성이 규슈의 열린 관에 대한 여러 연구들을 개별화시켰지만, 앞에서 말한 것처럼 우리는 이들을 '가두는 관에 대비되는 열린 관'으로 파악할 필요가 있다. 열린 관 A류는 규슈계 횡혈식석실과 횡혈이 확산됨에 따라 일본열도 각지로 퍼지고 시상 형태도 다양해지는 데 비해, B류는 대부분 중부큐슈의 범위를 넘지 않고 끝난다는 것도 덧붙여두고자 한다.[보주2]

2. 한반도의 열린 관

한반도에도 규슈의 것과 유사한 열린 관이 있다는 사실은 이미 제2차 세계대전 이전부터 알려져 있었다. 일찍이 1916년에 간행된 《조선고적도보朝鮮古蹟圖譜》** 제3집에서 볼 수 있는 경주에서 발견된 칠

• 손잡이가 하나 붙어 있는 빗장용 문으로 구멍이 뚫려 있다.
•• 일제강점기에 조선총독부가 간행한 우리나라 고적古蹟의 도판을 모은 책. 총독부 후원으로 일본인 학자 세키노 타다시關野貞·다니이 사이이치谷井濟一·구리야마 이치栗山俊一 등이 1915년부터 약 20여 년에 걸쳐 펴냈으며, 낙랑시대부터 조선시대까지의 고적과 각종 유물을 다룬다.

식침漆喰枕이나 석족좌石足座 등의 해설에 "이것들은 모두 당대에 속하는 유물로, 당시 목관을 사용하지 않고 현실 안에 바로 사체를 매장했다는 것을 증명한다"라는 보고가 있었고,[13] 역시 같은 책의 고구려 토포리 대총고분 보고에서 1917년에 세키노 타다시関野貞는 "현실 안에서 석침을 발견했는데, 이것으로 고구려에는 목관을 사용하지 않고 유해를 바로 석침 위에 눕혀서 매장하는 풍습도 존재했다는 것이 증명된다"라고 지적했다.

그리고 제2차 세계대전 이후 1961년에는 고이즈미 아키오小泉顯夫가 그것들을 "신라 시대의 특수 묘제"라고 총괄하며, 이 종류의 묘제는 한반도에서는 삼국시대 말부터 나타나고 통일신라시대에 들어와 성행하게 되었다고 했다. 그리고 일본열도, 특히 북부큐슈나 아리아케카이에 면한 지역의 복잡한 구조를 가진 횡혈식석실분 내 석상石床과 석침과의 관계를 지적하면서, 이 종류의 묘제 근원을 중국에서 찾았다.* 현 시점에서는 그대로 받아들일 수 없는 설명도 있으나, 이미 이 단계에서 관련 연구가 어느 정도 예측되었던 것이다.

• 다만 중요한 중국 자료가 빠져 있어 "그날이 올 때까지《서경잡기西京雜記》에 제시되어 있는 위魏 차거且渠의 분묘처럼, 석상石床 위에 남녀 유해가 심지어는 살아있는 것과 같은 상태로 안치되어 있는 정경을 전해주는 문헌 등에서 중국의 이 종류의 묘제를 떠올릴 수밖에 없을 것이다"라고 했다. 인용된《서경잡기》제6의 글은 다음과 같다. 후술할 석관상石棺床을 방불케 한다.

"魏王子且渠冢甚浅狭無棺柩但有石牀廣六尺長一丈石屏風牀下悉是雲母牀上兩屍一男一女皆年三十許俱東首裸卧無衣衾肌膚顔色如生人鬢髪齒爪亦如生人王畏懼之不敢侵近."

(1) 경주 주변 : 신라

먼저 경주 주변에서 발견된 열린 관들부터 살펴보자. 가장 대표적인 것이 1931년에 아리미츠 쿄이치^{有光教一}가 조사한 경주시 충효동고분군[14]으로, 7호분(그림18의 ①)에는 거의 정방형의 양수^{兩袖}식 횡혈식석실의 현실 중앙 안쪽 벽에 치우쳐 폭 2.17미터·깊이 1.28미터·높이 0.67미터의 시상대가 있고,■ 주변의 현실 바닥면에서는 머리부에서 어깨부에 걸쳐 파여 있는 장방형의 석침(a류) 1개와 방형으로 파여 있는 장방형의 석족좌^{石足座} 2개 및 수키와 8매가 출토되었다. 또한 2호분(그림18의 ②)에는 가로가 약간 긴 편수^{片袖}식 횡혈식석실의 안쪽 벽 전체에 폭 2.40미터·깊이 1.65미터·높이 0.33미터의 시상대가 있고, 그 위에 다수의 암키와와 수키와가 남겨져 있다. 아리미츠는 "이 기와와 인골편의 출토 상태로 보아, 시체는 대체로 동침으로, 관대 위에 쌓아 깔아놓은 기와열 위에 안치되고, 그 위를 기와로 덮은 것으로 추정된다"라고 말했다. 1, 3호분에는 특별한 시설이 없으나, 4~10호분에는 높이 0.3~0.45미터 정도의 대상시설이 있는데 그것도 시상대였을 가능성이 높다. 모두 7세기대의 것이다.

한편 1953년에 김재원이 조사한 경주시의 쌍상총고분(노서동 137호분, 그림18의 ③)[15]은 7세기 중엽의 것인데, 거의 정방형의 양수식 횡혈식석실 현실 중앙 뒤편으로 안쪽 벽에 나란히 폭 2.30미터·길이 약 2.0미터·높이 약 0.7미터의 시상대가 있다. 안쪽의 가장 처음

■ 보고서에는 관대로 되어 있는데, 관을 사용하지 않고 유체를 직접 안치하는 대상시설이라는 점에서 시상대로 했다. 이하 동일.

그림18 한반도의 열린 관 1

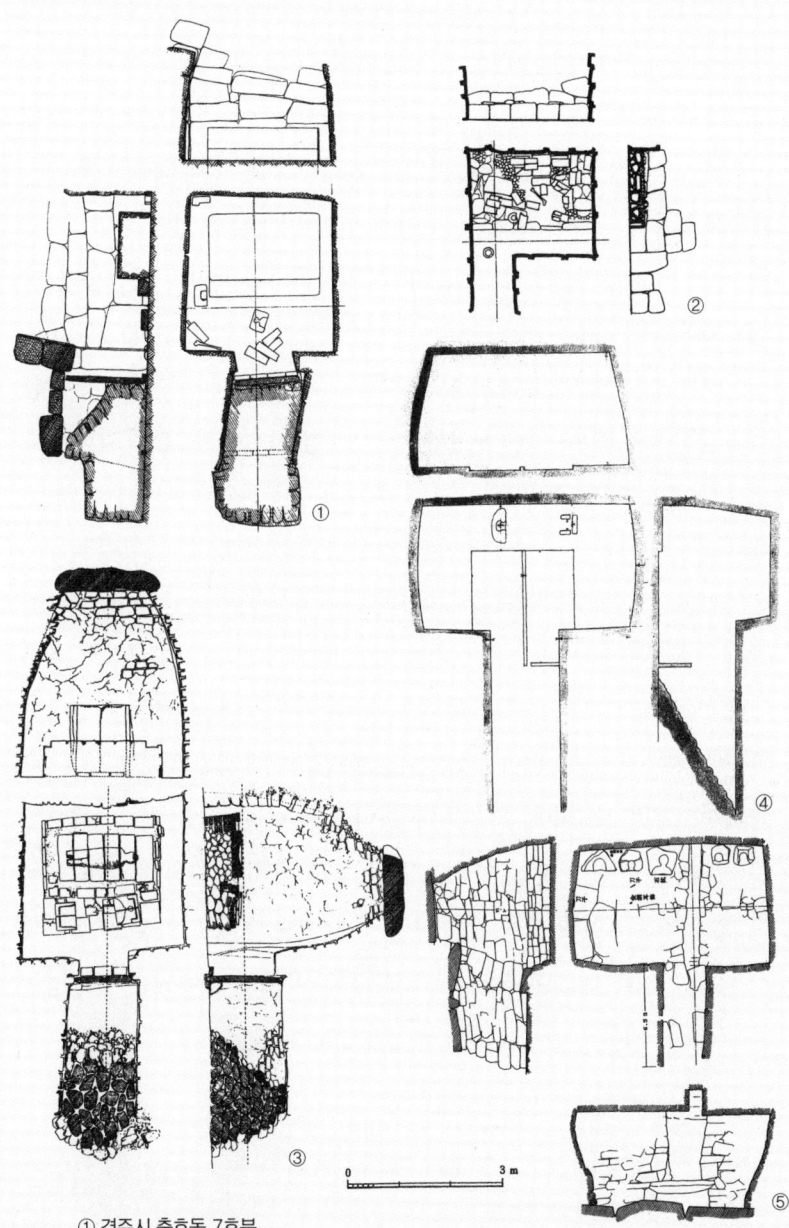

① 경주시 충효동 7호분
② 경주시 충효동 2호분
③ 경주시 쌍상총
④ 경주시 서악동 석침총
⑤ 여주군 매룡리 2호분

만들어진 시상대 위에는 응회암의 판석 6매를 조합한 전신용 석침(b류, 다리부 표현 있음)이 있지만, 나중에 부가된 앞쪽 시상대에는 머리부에서 어깨부에 걸쳐 파여 있는 방형의 석침(a류) 1개와 한 쌍의 네모반듯한 홈이 있는 장방형의 석족좌 1개가 모두 동침으로 놓여 있다.

이를 통해 경주 주변 열린 관의 확실한 지표는 시상대와 석침(a·b류)·석족좌와 기와의 조합이고, 이것이 이 지역의 특징임을 알 수 있다. 이를 정리하면 표2와 같다. 대부분은 석침 a류이며, 쌍상총만 확실한 b류이다.

이 외에 고분에서 떨어져 있는 것으로 보문동 한 고분에서 발견된 칠식침漆喰枕과 기와, 경주에서 발견된 석침과 석족좌 또는 갈색유도침褐色釉陶枕■과 벽돌(塼),[16] 의사이자 문화재 수집가였던 이양선이 기증해 경주국립박물관에 소장된 활석제석침[17] 등이 있다.

그리고 서악동 격장총(그림19의 ①)은 정성들여 가공한 판석 4매를 조합한 장방형의 판석 두르기에 석침과 석족좌가 놓인 것으로 추정된다. 시상대가 있었는지의 여부는 확인할 수 없지만, 경주 주변에도 판석 두르기의 구획석형이 있었음을 보여준다는 점에서 중요하다. 구획석형으로는 그 외에 표2 ②의 서악동 석침총(그림18의 ④)에서도 실측도에 시상대 일부를 이용하고 남은 두 변에 구획석을 배치한 예를 볼 수 있다. 이들 모두 경주시의 사례이며, 경기도 여주군 매룡리 2·8호분의 예(그림18의 5)도 이 장제의 한 부류로 추가할 수 있다.

■ 세키노(関野 외 1916)는 와침瓦枕이라고 했는데, 여기에서는 고이즈미(小泉 1961)를 따랐다.

표2 경주 주변의 열린 관

조합	고분명(수)	참고문헌
① 시상대＋석침·석족좌＋기와	충효동 7(침1·족2)	有光 1937
	서악동 석실분(침2·족1)	尹·朴 1968
② 시상대＋석침·석족좌	보문동의 고분(침5·족5. 불명확)	小泉 1961
	쌍상총(침b류1, 침1·족1)	金 1955
	서악동 석침총 (현실 예, 침1·족1(판석조합))	関野 외 1916
	서악동 장산토우총 (침2 하나는 2인용·족3)	尹 1992, 慶州 1994
	황성동고분(침a류)	尹 1992, 李 외 1993
	매룡리2(침5)	今西 1917, 野守·神田 1935
	매룡리8(침1)	野守·神田 1935
③ 시상대＋기와	동천동 와총	関野 외 1916
	충효동 2	有光 1937
	충효동 도굴분	斉藤 1937
④ 판석 두르기＋석침·석족좌	서악동 격장총 (침1·족1, 시상대. 불명확)	関野 외 1916
⑤ 구획석	있을 것으로 주정됨.	
⑥ 시상대	다수. 있을 것으로 추정됨.	
⑦ 기와(시상대 대신)	방내리 36·40호분	姜 1997

 이상은 석침·석족좌와 기와가 공반되어, 거의 확실히 열린 관 A류로 추측 가능한 것인데, 이외에 고분에 만들어진 대상시설을 시상대로 인정할 수 있다면, 신라의 경주 주변에서 이 장법이 상당히 보편적이었다고 할 수 있다. 또한 경주시 방내리 36·40호분[18]과 같이 자갈 위에 직접 기와를 깔아 시상을 만든 사례(40호분에서는 기와 위에

그림19 한반도의 열린 관 2

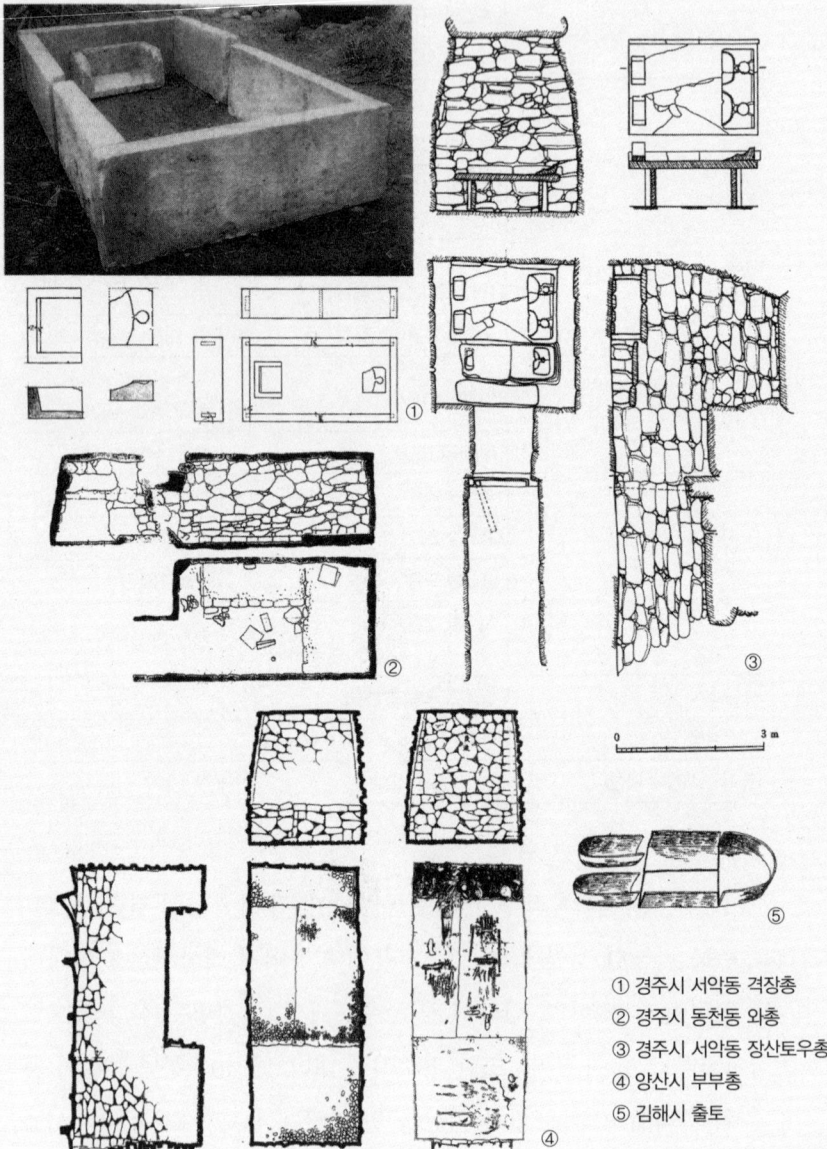

① 경주시 서악동 격장총
② 경주시 동천동 와총
③ 경주시 서악동 장산토우총
④ 양산시 부부총
⑤ 김해시 출토

서 인골이 출토되었다)와 자갈 위에 구획석을 돌린 예도 있다. 역시 A
류에 속한다.

다만 경주 주변 횡혈식석실의 성립 시기는 6세기 후반으로 한국
에서도 비교적 늦으며, 초기 횡혈식석실의 계보에 대해서도 "어느
한 시기에 어느 지역으로부터라는 일원적인 것이 아니라, 몇 번의
파급이 있었다"[19]고 한다. 사실 위 사례에서도 충효동 고분군이나 쌍
상총 횡혈식석실은 궁륭상천장·거의 평면 정방형의 현실인 데 비해,
동천동 와총(그림19의 ②)은 평천정·평면 장방형의 현실이고, 전자는
시상대 높이가 0.3~0.7미터로 비교적 높지만, 후자는 0.15미터 전후
로 매우 낮다. 가능하다면 열린 관 계보를 횡혈식석실 계보와 함께
검토하고 싶으나, 이번 논의는 여기까지만 하기로 한다.

그리고 시상대 대부분은 내부가 토석으로 채워 넣어져 있는데, 서
악동 장산토우총(그림19의 ③)의 시상대는 판석조합이고, 제1 시상대
상면 주위에는 높이 0.16미터 정도의 판석이 둘러져 있다고 한다.[20]
바로 뒤에서 다룰 중국 북조의 석관상을 방불케 한다.

(2) 낙동강 유역: 가야

다음으로 검토할 한반도의 열린 관은 경상남도 양산 부부총(북정리
10호분, 6세기 전반, 그림19의 ④)이다.[21] 매장 시설은 수혈계 횡구식석
실이고, 석실 폭과 동일한 폭을 가진 대상시설(폭 약 2.3·깊이2.8·높이
0.8미터)이 만들어져 있는데, 그 위에 남녀로 추정되는 두 사람이 동
침(대를 증축한 후에 여성을 매장)으로, 아래 입구부에는 세 사람이 남
침으로 매장되어 있다. 보고에 따르면 "유해가 목관에 매납되지 않
고 석상의 굵은 자갈 위에 바로 안치되었는지 목관의 작은 나뭇조

각, 못, 꺾쇠가 잔존하지 않으며 있었던 흔적도 보이지 않는다"고 하며, 유해는 금동제 보요步搖*로 장식된 마포 같은 천으로 덮여 있었을 가능성이 있다고 한다. 이 고분의 대상시설은 열린 관 A류에 속하는 시상대였을 가능성이 높다.

5세기 후반 이후 낙동강 유역에서 발달한 수혈계 횡구식석실에는 내부에 대상시설이 만들어져 있는 경우가 많다. 이들을 시상대라고 할 수 있을지는 문제가 되는데, 관대인지 시상대인지 판별하는 것은 부부총처럼 도굴되지 않아 잔존 상태가 매우 좋은 경우이거나 목관용 못이나 꺾쇠 또는 석침·석족좌 등이 남아 있지 않은 한 어렵다.

여기에서는 다른 각도에서 이 문제에 접근해보고자 한다. 왜냐하면 한반도 남부에서는 횡혈식석실이 도입된 전후 시기에 일부 지역에서 못과 꺾쇠가 출토되어 가두는 관으로서의 목관의 존재를 어느 정도 추측할 수 있기 때문이다.

요시이 히데오吉井秀夫에 따르면, 백제 지역에서는 못으로 고정하는 목관이 보편적이었는데,[22] 강원도 원주군 법천리고분군(4세기 후반~5세기 전반의 횡구식석실 및 횡혈식석실에서의 못과 꺾쇠의 출토[23]) 등을 통해, "못과 꺾쇠를 사용한 목관의 계보가 한성시대의 횡혈식석실에 사용된 목관으로까지 거슬러 올라갈 가능성이 생겼"고, 못과 관고리가 공반하는 목관은 무령왕릉 이후부터로, 그 원류는 "낙랑 전실분이나 그 전통을 잇는 대동강 하류역의 전실분·석실분, 고구려의 횡혈식석실분, 중국 동북 지방의 수혈식석곽분 등에서 찾게 될

---

* 머리장식의 일종.

개연성이 높다"고 한다.[24]

또한 요시이는 낙동강 유역의 가야 지역에 대해 "낙동강 동쪽 지역에서는 2세기대에 목곽묘가 성립되었고 이후 4세기에 부곽이 딸리면서 목곽묘가 대형화되었으며, 나아가 주곽 구조가 목곽에서 석곽으로 변하는 과정을 통해 피장자를 안치하는 공간과 부장품을 안치하는 공간을 구별하는 목제구조물(관이며 가두는 관일 가능성이 크다)이 계속 존재했다고 볼 수 있다"■고 했다. 아울러 "창녕 교동고분군의 동아대 조사 지구 1호분처럼, 낙동강 동쪽 지역의 도입기 수혈계 횡구식석실에서도 관대의 존재와 꺾쇠의 출토 상황으로 보아, 동일한 관의 존재를 상정할 수 있다는 점이 주목된다. 그 후 낙동강 동쪽 지역에서 전개되는 수혈계 횡구식석실묘와 6세기 이후에 출현하는 횡혈식석실묘에서는 기본적으로 관이 확인되지 않고, 피장자를 직접 안치하는 시상이 발달한다"고 정리했다.[25]

또한 낙동강 서쪽에서는 고령 지산동고분군 등 대가야계 묘제에서 수혈식석곽에 못과 꺾쇠를 가진 목관이 사용되었고, 합천 옥전고분군에서도 수혈식석곽에 목제구조물(설치된 관이며, 일부는 꺾쇠가 있다)이 사용되었다고 소개하면서, M10호분(필자의 추정으로는 6세기 전반)의 수혈계 횡구식석실에 꺾쇠가 있는 설치된 관이 사용되고, 다음의 M11호분(6세기 후반)의 횡혈식석실에 못과 관고리로 만들어진 백제계의 들어 나르는 관이 사용되었다고 지적했다. 옥전고분군의

■ 요시이는 고찰 과정에서 그 지역에서 목곽으로 여겨지는 것 일부가 대형의 설치된 관에 해당한다고 지적했는데, 이에 찬성한다.

관으로는 일관되게 가두는 관이 사용되었던 것이다.

　낙동강 유역의 양상은 지역별로 매우 다양하여 가두는 관과 열린 관이 지역 또는 시간에 따라 변하는데, 이는 가두는 관인 정부식목관을 가진 백제계 횡혈식석실과는 다른 계통의 수혈계 횡구식석실과 횡혈식석실의 도입과 깊이 관련되어 있으며, 시상대가 있는 열린 관 A류가 6세기에는 널리 보급되었을 가능성이 높다. 고이즈미[26]는 김해의 한 고분의 횡혈식석실 현실 중앙에 시상대가 있고 그 위에 6개의 부재를 조합해 사람 형태로 만든 연질(土師質)의 시상이 안치되어 있다고 소개했다(그림19의 ⑤).[보주3]

　또한 이 지역에는 석침이나 석족좌가 거의 출토되지 않는데, 낙동강 상류의 경상북도 선산군 낙산동 불로산 28호분[27]에는 석실 내 개석이 있는 상식석관 안에 2개의 석침(a류)이 놓여 있어, 이를 한반도의 가두는 관에 석침이 사용된 소수의 예로 볼 수 있다.

　덧붙이자면, 일본열도에서 북부큐슈를 중심으로 발달한 수혈계 횡구식석실에는 구획석 유무와 관계없이 대부분 관이 사용되지 않았을 가능성이 높은데, 시상대는 없다(한반도 남단에서 최근 사례가 증가하는 규슈계 횡혈식석실에 대해서는 여기에서 다루지 않는다).[보주4]

(3) 대동강·압록강 유역 : 고구려

경주 주변에서 보이는 머리부부터 어깨부를 파낸 석침(a류)의 예는 북한 평양시에 있는 토포리 대총고분(그림20의 ①)에서도 출토되었다.[28] 이 고분의 횡혈식석실에는 삼각조임식천장 아래에 거의 정방형의 평면이 있고 양수(兩袖)식 현실에 긴 연도가 있으며, 현실 서벽에 접해 있는 높이 약 0.2미터의 시상대가 있다. 이것이 아즈마 우시오(東潮)가

그림20 한반도의 열린 관 3

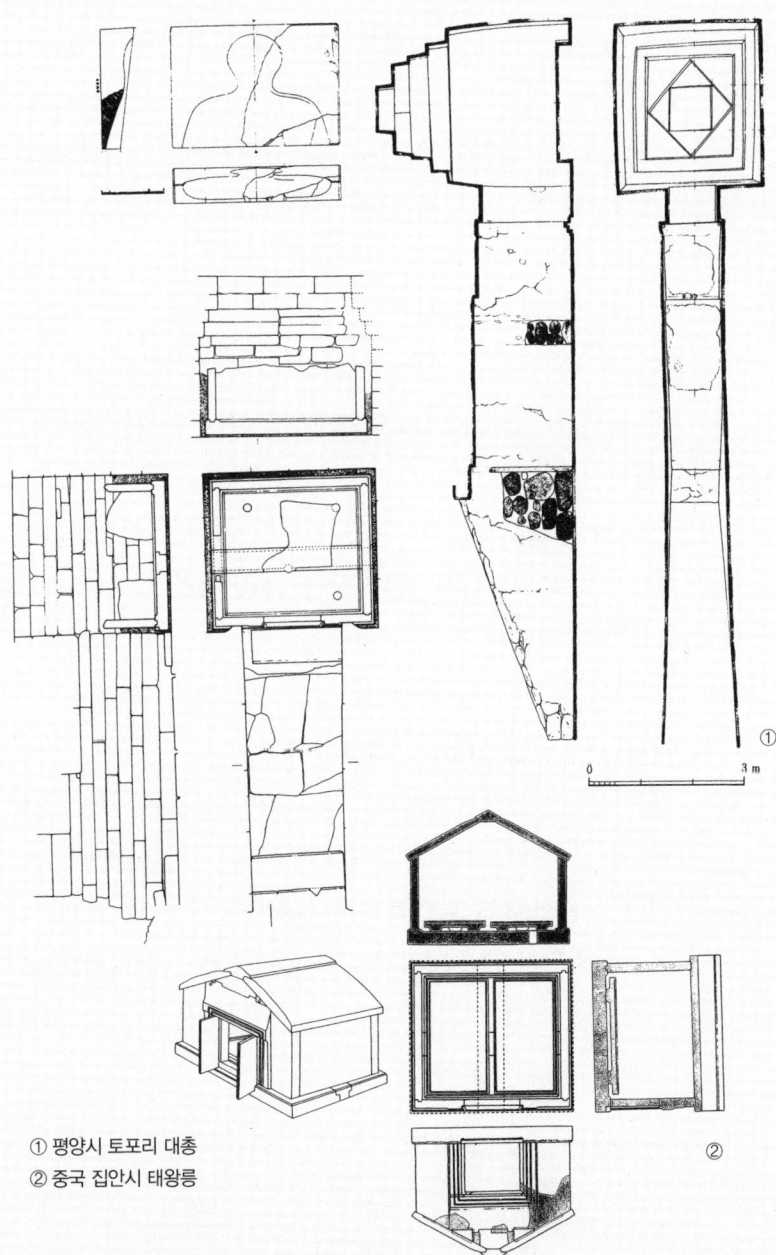

① 평양시 토포리 대총
② 중국 집안시 태왕릉

이야기하는 '평양형 석실'로, 시기는 6세기 전엽경으로 추정된다.[29]

따라서 세키노의 지적처럼, 고구려에서도 열린 관 A류가 채택되었다고 할 수 있다. 그러나 석침이 발견된 사례는 아직 하나뿐이고, 동일한 평양형 석실이라도 호남리 사신총고분에서는 정부식목관용으로 추정되는 금동두철정金銅頭鐵釘이 출토되었으며 시상대는 없다.[30] 요시이의 지적처럼 이 지역에서는 낙랑 이후로 목관이 확인되고, 후에 나오는 정부식목관에는 가끔 관고리가 공반된다.[31] 횡혈식석실의 기원이나 계보를 검토할 때, 간혹 인용되는 동진의 '영화永和* 9년'(353년)이 새겨진 돌銘塼이 출토된 평양의 고분 동리묘佟利墓[32]에서도 못이 출토되어, 두 성격의 관이 어떻게 구분되어 사용되었는지가 이후의 검토 과제로 남았다.

즈마의 성과를 받아들이면서 고구려의 횡혈식석실을 개관해본다면, 대상시설이 있는 석실은 4~7세기 동안 적지 않고, 내부를 토석으로 채워 넣은 것 외에 판석을 지석支石으로 받친 형식도 있어 전체적으로 높이가 비교적 낮았음을 알 수 있다. 이 대상시설이 시상대인지 관대인지 지금은 단정하기 어렵다.

다만 고구려에도 열린 관이 어느 정도 보급되어 있었을 가능성은 있다. 왜냐하면 고구려가 대동강 유역의 평양으로 천도(428년)하기 전 고구려의 수도였던 중국 길림성 압록강 유역의 집안集安 주변에서도 열린 관이 확인되기 때문이다. 확인되는 것은 최근 조사된 집안

---

* 영화永和는 중국 동진東晋 목제穆帝의 첫 번째 연호이다. 345년에서 356년까지 12년 동안 사용하였다.

의 태왕릉(그림20의 ②)³³으로, 횡혈식석실의 현실(폭 3.24미터·깊이 2.96미터·높이 약 3미터)에 거의 꽉 찬 크기로 맞배지붕 집 모양에 단벽에 양개兩開식* 돌문이 붙어 있는 석곽이 합쳐지고, 내부에 2기의 대상시설(높이 약 0.2미터)이 설치되어 있다. 이 석곽은 중국 북조의 전당식殿堂式석곽 등의 가형석곽과의 관계 속에서 생겨났을 가능성이 높은데, 정말로 규슈의 세키진산고분 등 단벽출입 횡구식가형석관(열린 관 B류)과 유사하다.*

현재 태왕릉은 인접한 장군총과 함께, 어느 것이 광개토왕릉(412년 사망)인지를 둘러싼 논의 가운데 있는데 태왕릉보다 선행하는 것으로 추정되는 천추총千秋塚에도 같은 석곽이 있을 것이라 추측된다.³⁴

이 지역에서는 검토할 수 있는 사례가 적지만, 이상으로 보았을 때 고구려에도 열린 관이 어느 정도 보급되어 있었을 것이라고 추측된다.

3. 중국의 열린 관

(1) 석관상

앞에서 제시한 열린 관과 매우 밀접한 관계에 있을 것으로 추정되는

---

* 가키자키 논문(柿崎 2005)에 짧게 언급되어 있는데, 태왕릉의 석곽이 일본열도의 석옥형이나 합장合葬식석실의 원류이고, 북위의 석곽과는 "공통 조형에서 나누어진 것일 것이다"라고 하였다.

것이 중국에도 존재한다. 석관상石棺床으로 통칭되는 '침대형석제장구寢台形石製葬具'로,35 주로 중국 북조의 영역에서 전실묘나 토동묘土洞墓(일종의 지하식횡혈)의 매장 시설로 발달했다. 통상적으로 앞뒤에 산山자를 거꾸로 뒤짚은 모양의 지석을 배치하고 그 위에 판석을 얹고, 주위에 칸막이(야마모토의 '병풍'에 해당한다)를 세운 것으로 각대脚台 위에 병풍을 늘어놓은 형태이다.

그 칸막이나 지석에는 훌륭한 조각이 새겨져 있어 예부터 미술사 자료로 다루어지는 경우가 많았는데, 없어진 자료가 많아 2000년대 초반까지 고고학의 연구 대상은 되지 못했다. 그러나 서서히 발굴 예가 증가해 2006년에는 야마모토 타다츠네山本忠常가 그것들을 집성·분석한 성과를 공표했고,36 여기서는 그 가운데 5장에서 다루는 내용과 관련된 부분만을 간단히 소개하려 한다.

야마모토에 따르면 '병풍석상囲屛石牀'(석관상石棺床을 말함. 이하에서는 지금까지의 호칭에 따라 '석관상'으로 함)이라는 것은 남북조시대 북위 대부터 수隋대 특유의 것으로, 현재까지 알려진 예는 약 30개 정도다 (표3). 그 가운데 대부분이 1920년경에 도굴로 세상에 알려져 유럽과 미국, 일본의 미술관에 소장되어 있거나 해방 후에 출토된 것으로 전해진다. 발굴조사로 발견된 것은 총 여섯 예로, 산서성山西省 대동大同시 교외의 사마금룡묘司馬金龍墓(1965~1966년, 그림21의 ①)를 시작으로, 하남성河南省 심양沁陽시 서향西向(1972년, 그림21의 ③, ④), 감숙성甘肅省 천수天水시 석마평石馬坪(1982년, 그림22의 ②), 대동시 남쪽의 북위묘군北魏墓群(1988년, 그림21의 ②, ⑤), 섬서성陝西省 서안西安시 북쪽의 안가묘安伽墓(2000년, 그림22의 ①), 서안시 북쪽의 강업묘康業墓(2004년, 그림21의 ⑥)이다.

표 3 발굴된 석관상

	고분명(수)	유적명	연대	형식	상황	출전
1	사마금룡묘	484년	전실묘	목관과 인골이 산란	목관과 인골이 산란	山西 1972
2	대동시 남쪽 M112호묘	북위 초기	토동묘	목관 없이 인골 거의 완존	목관 없이 인골 거의 완존	山西大學 1972
3	심양시 서향	북위 만기	전실묘	목관과 인골 없음	목관과 인골 없음	鄧·蔡 외 1983
4	강업묘	571년	토동묘	인골 유존	인골 유존	國家 2005
5	안가묘	579년	전실묘	통도에 인골	통도에 인골	陝西 2003
6	천수 석마평	수~당 초	전실묘	나뭇조각과 인골의 흔적	나뭇조각과 인골의 흔적	天水 1992

2007년 기준으로는 북위 태화太和 8년(484년)의 사마금룡묘가 가장 오래된 것이며 수~당 초기의 감숙성 천수시 사례가 가장 최근 것이다. 대부분이 북위의 수도가 있던 산서성 대동·하남성 낙양, 동위와 북제의 수도가 있던 하남성 안양·하북성 임장과 군사 거점이었던 산서성 태원 주변에서 발견되었다. 북주 내지 수로 내려가는 사례는 서위와 북주의 수도가 있던 섬서성 서안(장안)과 서쪽의 감숙성 천수에서 출토되었는데, 모두 북조의 소산으로 남조 영역에서는 한 예도 발견되지 않았다.

그런데 그 용도에 대해 야마모토는 앉기 위한 시설인 '돌 걸상石榻'설, 관과 곽을 놓은 대인 '관상棺床·관대棺台'설, 혹은 '영좌靈座'설 등을 소개하면서 발굴 사례를 검토했다.

그 결과 "관을 안치했다는 확실한 증거가 없다"고 하며, 강업묘처

그림21 중국의 열린 관 1

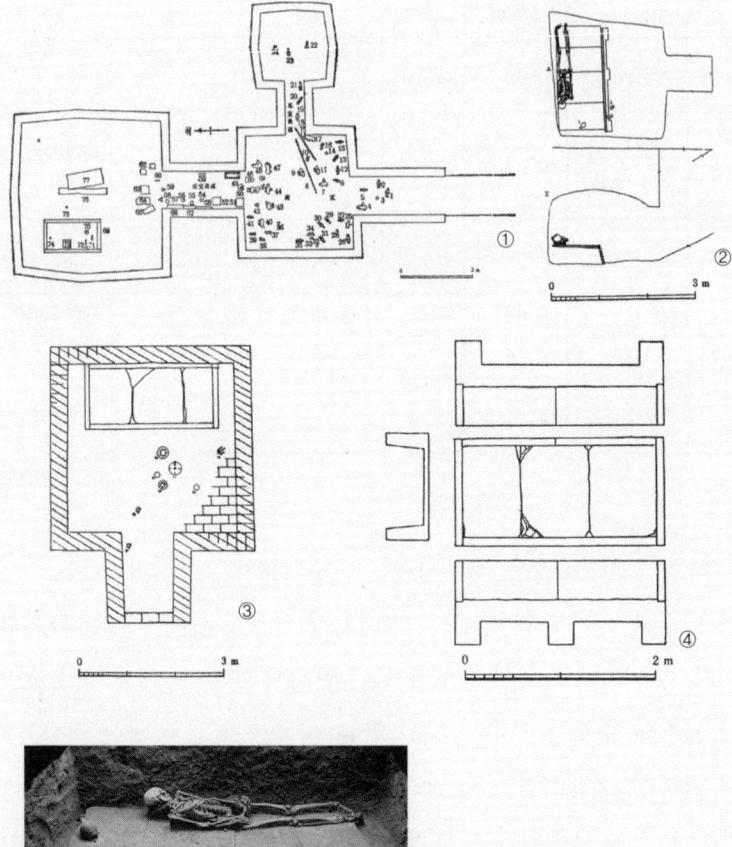

① 중국 대동시 사마금룡묘
②,⑤ 중국 대동시 남쪽 M112호묘
③,④ 중국 심양시 서향
⑥ 중국 서안시 강업묘

그림22 중국의 열린 관 2

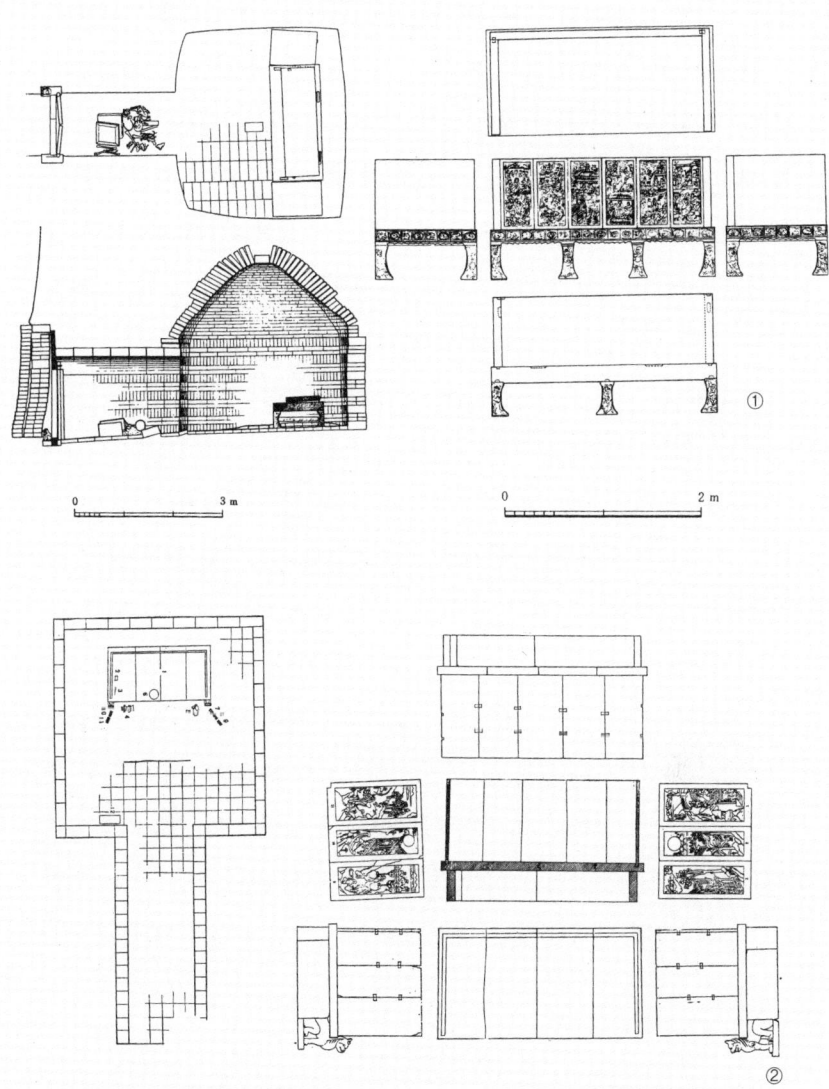

① 중국 서안시 안가묘   ② 중국 천수시 석마평

럼 관을 사용하지 않고 유체를 직접 안치하는 예를 인정하면서도 "북제에 들어와 소그드인*들이 채택했을 때, 관을 안치하기 위한 것뿐만 아니라 영좌에도 사용하게 되었다"고 했다. 이 지방에서는 이 시기 관을 사용하는 장법과 사용하지 않는 장법이 혼재했다. 그러나 전체적으로 관을 사용하지 않는 장법이 적극적으로 평가되지 않고, 계층 차와 민족 차를 고려한 자료 정리가 충분하지 않기 때문에 안이하게 판단하기는 위험하지만, 적어도 대동시 남쪽의 M112호묘나 강업묘를 보면, 석관상의 대부분은 열린 관이었을 가능성이 매우 높다.

(2) 가형석곽

야마모토가 이 논의의 연장으로 대동시 송소조묘宋紹祖墓(수박사향水泊寺鄕 M5호묘, 477년, 전실묘, 그림23의 ①),[37] 서안시 사군묘史君墓(580년, 토동묘, 그림25),[38] 태원시 우홍묘虞弘墓(592년, 전실묘, 그림 23의 ②)[39] 등의 전당식석곽殿堂式石槨을 검토하여, 석곽 내에 목관 흔적이 없는 것을 확인하고 "석곽이 본래 격식을 갖춘 장구로, 쌍궐双闕■을 세운 석상石牀이 이어지는데, 병풍만 있는 것은 약식이라고 생각할 수 있다. 즉 병풍석상囲屛石牀은 지붕이 없는 석곽이었다"라고 한 점이 특히 주목된다. 바꾸어 말하면 이 전당식석곽은 호화로운 횡구식 가형석관이고, 지붕을 제거하면 판석을 두른 형태의 시상이 된다고 할 수 있다. 덧붙이자면, 송소조묘는 맞배지붕 장벽출입, 사군묘와 우홍묘는

---

* 소그드sogd인은 중앙아시아 제라브산Zeravshan 천 유역에 살던 이란계의 오아시스 관개농경민족을 말한다.
■ 칸막이의 정면 쪽이 성벽풍으로 되어 있고, 입구 좌우에 서 있는 망루상의 건물.

그림23 중국의 열린 관 3

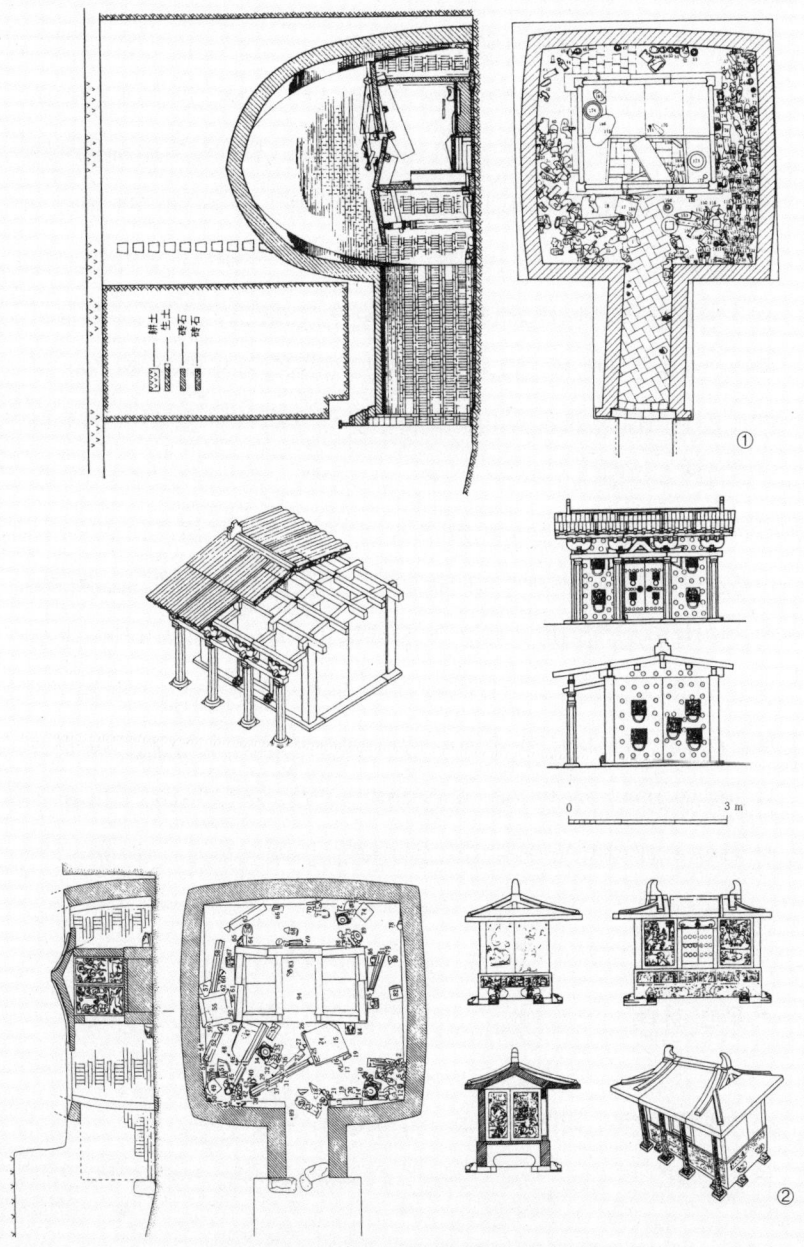

① 중국 대동시 송소조묘   ② 중국 태원시 우홍묘

우진각지붕 장벽출입으로, 입구에는 양개식 돌문이 붙어 있다. 또한 송소조묘 석곽 안에는 칸막이가 없는 석관상(시상대) 위에 석회침石灰枕이 두 예 출토되었다는 점도 명기해둔다.

이들을 규슈의 분류에 따라서 정리하면, 대상시설(脚台)의 존부를 제외한다면 석관상은 칸막이가 판석 두르기나 구획석에 해당하는 열린 관 A1류 또는 칸막이가 석장에 해당하는 A2류, 전당식석곽은 장벽출입 횡구식가형석관(석옥형)에 해당하는 A3류나 단벽출입 횡구식가형석관에 해당하는 B류라고 할 수 있을 것이다. 여기에 석회침(석침 a류=A4류)을 더한다면, 규슈에서 확인되는 요소 전부가 여기에 갖추어져 있는 것이다. 규슈의 것에는 각대와 그 화려함이 없어졌지만, 구마모토熊本시 세곤코千金甲 1호분 등의 석장 부조에 그 분위기가 남아 있을 가능성이 높다.

북조의 전당식석곽에는 대상시설이 있는 것과 대동지가보大同智家堡촌 북위묘의 맞배지붕형 장벽출입 가형석곽처럼[40] 대상시설이 없는 것이 있다. 규슈의 횡구식가형석관은 후자에 더 가깝다. 이들은 기본적으로는 횡구부를 폐쇄하는 가두는 관이 되는데, 유체는 이 문을 자유롭게 열고 닫았을 가능성이 있다. A류와 같이 완전히 개방된 열린 관이 되기 이전의 모습이라고 할 수 있을 것이다.

마무리하며

이상을 종합하면, 다음 표4와 같이 정리할 수 있다.

표4 동아시아의 열린 관

	규슈	경주	낙동강	대동강	압록강	북조(중국)
열린 관 A1류 A2류 A3류	구획석형 석장형 석옥형형	소수 있음				석관상 칸막이 석관상 칸막이 우진각지붕·맞배지붕 장벽출입
A4류 기타	석침형	석침·족좌 기와 석관상 유사		석침		석회침 석관상
열린 관 B류	우진각지붕 단벽출입				맞배지붕 단벽출입	
시상대	없음	있음	있음	있음	있음	있음

4세기 후엽에 출현하는 규슈의 열린 관 A1류(구획석형)는 대상시설이 없으며 구획석과 입구 시설도 없는데, 관을 사용하지 않고 직접 유체를 놓고 주위를 판석으로 둘러싼다는 점에서 북조의 일부 매장 시설인 석관상의 병풍에 대비되는 것으로 평가된다. 현재 가장 오래된 석관상 사례는 5세기 후엽이지만, 선비족이 세운 북조 최초의 왕조인 북위는 386년에 건국되므로, 석관상 자체 혹은 석관상에 이어지는 동일한 장법도 더 이전으로 소급될 가능성이 있다. 한반도에는 사례가 적은데, 7세기 전후의 경주 주변에서 약간의 사례가 확인된다.

5세기 전반 이후의 A2류(석장형)도 대상시설이 없지만, 석장이 석관상의 병풍에 해당하고 입구 시설도 있다는 점에서 같은 부류로 추측된다. 석장이 현실 가득히 넓어지고 측벽에 접해서 설치되었다는 점에서는 B류와 관련되어 있을지도 모른다.

6세기 전엽 이후의 A3류(석옥형형)는 초기의 것이 조합식의 우진각지붕 장벽출입 횡구식가형석관인데, 호화로움을 제외한다면, 적어도 5세기 후엽에는 출현하는 북조의 전당식석곽(가형석곽)에 매우 가깝다.

6세기에 보이는 A4류(석침형)는 규슈 이외 지역에서 단독으로 사용되는 예는 거의 없는데(규슈에서도 드물다), 석침(a류) 자체는 다른 지역에서 시상대 등 열린 관과 관련된 시설에 공반하여 출토된다. 북조와 고구려의 대동강 유역에 약간의 사례가 있으며, 특히 경주 주변에서는 시상대 위에 석족좌와 세트로 성행한다. 북조의 사례가 5세기 후엽,■ 대동강 유역의 사례가 6세기 전엽, 경주 주변 사례의 전성기는 7세기 전후이다. 동시기의 경주 주변에는 암키와나 수키와를 시상 면에 깔거나 유체를 덮는 것도 특징이다. 또한 경주시 장산토우총의 시상대는 판석조합이고 시상면 주위에 칸막이가 둘려져 있다. 석관상에 매우 가까운 형태여서 이 지역 열린 관의 계보를 생각하는 데 중요하다.

또한 낙동강 유역에서 6세기 전후에 보이는 수혈계 횡구식석실의 대상시설도 시상대였을 가능성이 높다(5장 보주3 참조).

다음으로 5세기 전엽 이후에 보이는 열린 관 B류는 초당 모양의

■ 야마니시(山西 2001)는 석회침의 형식을 기술하지 않았다. 교토대학교 소장품 가운데, 북주(557~581)의 것으로 여겨지는 황화석제黃花石製의 석침이 있는데, 안쪽 깊이가 짧은 정방형 상자형이다. 다만 이것은 실제로 사용되었던 것인지 사용흔이 두드러진다(濱田 1931). 같은 석침이라도 여기서 다루는 다른 지역의 것과는 형태차가 있을 가능성이 높다.

석실에 안치된 조합식의 우진각지붕 단벽출입 횡구식가형석관인데, 이것과 유사한 사례는 집안集安의 태왕릉太王陵이다. 다만 태왕릉은 맞배지붕 단벽출입이고, 게다가 정면의 맞배지붕 단벽측이 장측보다 넓다.

또한 북조와 한반도에서 발달한 시상대는 규슈의 열린 관에서 거의 발달하지 않는다. 다른 석실도 포함해 대상台狀 유구 자체만으로는 관대인지 시상대인지 쉽게 판단하기 어렵고, 대부분의 지역에서 그 해명이 과제로 남아 있다.

덧붙이자면, 게이센 오츠카王塚고분의 석옥형 전면에는 한 쌍의 등명대燈明台로 불리는 시설이 있다. 이를 제외하고 규슈에는 이런 사례가 없는데, 산인山陰의 이즈모出雲에서는 횡혈식석실에 두 사례, 횡혈에 네 사례가 확인되었고, 모두 조합식 장벽출입 횡구식가형석관 앞에 부설되어 있다.[41] 중국의 석관상 정면의 칸막이에는 입구부가 있으며 그 양측에 쌍궐로 불리는 문 시설이 다른 것보다 높이 만들어져 있다. 등명대는 이 쌍궐을 모방했을 가능성이 있다.

이상으로 동아시아의 열린 관은 상호 밀접한 관계를 맺으며 전개되고, 이 전체를 한꺼번에 살펴볼 필요가 있다는 것을 밝혀냈다. 이제부터는 이들 간의 계보 관계를 본격적으로 검토할 것이며, 이 가운데는 주로 5세기 전후 북조와 규슈의 관계가 부상되었다는 점이 중요하다. 시간의 정합성을 포함해 검토해야 할 과제가 적지 않다. 그러나 두 지역에서는 유체를 밀봉하는 관을 사용하지 않는다는 공통의 장법에 기반하고, 형태적으로도 일정한 유사성을 보여주는 유구가 세트로 존재하여, 해당 시기 두 지역의 깊은 관계를 보여주고 있다. 지금까지는 열린 관의 여러 요소의 출현을 그 이전의 규슈 내부에서 찾는 경우가 많았으나 앞으로는 더욱 적극적으로 북조를 중심으로 한 동아시아 세계 속 고분(분구묘)의 여러 요소와 비교연구할 필요가 있다. 그리고 열린 관의 계보 관계는 횡혈식석실의 계보와도 불가분의 관계에 있는 만큼, 석실의 계보 자체 역시 재검토할 필요가 있다.

5세기 일본의 대외 관계를 이야기할 때는 문헌이나 고고 자료를 통해 '왜―백제―중국 남조'의 관계를 중시해왔는데, 여기에서는 가두는 관의 '야마토(키나이)―백제―남조'의 관계와는 다른 열린 관이라는 시점에서 '규슈―(고구려)―북조'로 이어지는 관계를 제시할 수 있다고 생각한다.[보주5] 그 역사적 의의에 대해서는 다른 글에서 다시 검토하고자 한다.

[보주1] 열린 관 B류의 세분
B류 가운데, 횡혈식석실에 들어있는 것을 B1류로 하고, 직장된 것을 B2류로 한다.

[보주2] 이즈모의 석관식석실
다만 이즈모 동부를 중심으로 발달한 석관식석실은 B류 후반에 나타나는 '실화된 관'의 전형이다. 보주1에 따르면 B2류의 발전형이 된다.

[보주3] 낙동강 유역의 열린 관
조영현에 따르면, 낙동강 유역에서는 5세기 전반경부터 횡구식석실(입구부는 있으나 천장석을 가진 연도가 없는 횡혈식석실)이 축조되기 시작하는데, "(창녕) 계성 A-1호분 단계(5세기 말~6세기 전반대로 추정―필자)가 되면 바닥면 중간에 관대 내지는 시상대가 설치되고, 그 후 동일한 구조는 창녕·양산 지역에서 부산 덕천동 고

분군에 이르는 지역에서 축조된 횡구식석실의 세부적인 특징이 된다. 이에 비해 경상도 북부의 횡구식석실에는 추가장이 이루어질 때마다 안쪽벽에서 앞쪽으로 시상대가 연접해서 증축되고, 추가장을 할 때마다 시상대가 높아지는 경향이 보인다"고 한다.[42] 한반도 남부의 열린 관은 5장 본문 내용보다는 일찍 전파되었을 것으로 추정된다.

[보주4] 영산강 유역의 석침

한반도 서해안 남부의 영산강 유역에서는 복암리 3호분의 6·7·12호 횡혈식석실에서 직육면체 형태에 중앙 부분을 반원형으로 파낸 석침이 각각 1·2·2점씩 출토된 점이 주목된다(최영주·이은진 교시). 동 보고서에는 모두 6세기 후반으로 기술되어 있는데, 전후 시기에 관정이 출토되어 목관이 존재함이 판명되었음에도 불구하고 세 고분에서는 관정이 출토되지 않았으며 6호분은 시상대로 설명되어 있다.[43] 이 지역에서는 드문 열린 관의 일종이다.

[보주5] 백제·무령왕릉과 남조의 가두는 관

백제의 무령왕릉과 그 부장품에서는 아치형전실묘, 진묘수, 월주요 생산 청자 등 "중국 남조문화로부터의 영향이 짙게 확인되는데",[44] 칠도목관漆塗木棺은 못이 부착된 가두는 관으로, 남조 전실묘 등의 목관이 가두는 관일 가능성이 높음을 시사한다.

6장

황천국과
횡혈식석실

시작하며

고분에서 실제로 이루어진 수장의 장송과 그와 관련된 여러 의례의 의미를 고고학적으로 해명하기 위해서는 우선 그 상황에서 사람들이 행한 일련의 행위를 가능한 구체적으로 복원하고, 때마다 사용한 유물의 용법과 기능을 세밀히 검토할 필요가 있다. 이런 시각으로 필자는 유체를 매납하는 관의 용법과 기능을 검토하고, 용법에 대해서는 설치된 관과 들어 나르는 관, 기능에 대해서는 가두는 관과 열린 관이라는 완전히 다른 성격을 가진 각각 두 종류의 관이 존재했음을 지적했고, 약간의 고찰을 시도했다. 그 가운데 관의 기능 차는 키나이계와 규슈계로 대별되는 횡혈식석실의 형태 및 구조 차이와 불가분의 관계에 있고, 그 차이는 관을 매납하는 횡혈식석실 내부 공간의 성격 차이에도 있다는 것을 보여주었다. 기본적으로 가두는 관을 매납하는 석실은 키나이계, 열린 관을 매납하는 석실은 규슈계이다. 6장에서는 특별히 이들을 유체(사자)에 대해 '가두는 석실', '열린 석실'로 부를 것이다.

그리고 이와 함께, 지금까지 횡혈식석실을 사용한 장제를 반영해 쓰인 것으로 간주되어온 《고사기古事記》와 《일본서기日本書紀》의 황천국 방문담訪問談이 정말로 횡혈식석실을 반영한 것인지, 만약 그렇다면 횡혈식석실이 정말 적합한지(그렇지 않다면 어느 석실이 더욱 적합한지)를 검토하고, 마지막으로 그것에서 파생되는 문제를 다룰 것이다. 즉 6장에서는 《고사기》의 내용을 바탕으로 이야기를 진행한다.

1. 간추린 연구 역사

황천국 방문담이 횡혈식석실을 반영한다고 보는 설(이하 '횡혈식석실 반영설')은 《고사기》와 《일본서기》의 기술을 안이하게 역사적 사실에 가까운 것으로 보았던 메이지明治·다이쇼大正기의 고고학계에서는 매우 상식적인 것으로, 하니와와 더불어 종종 고분 연대론의 근거로 사용되었다.■ 그러나 이 단계를 벗어난 이후에도 횡혈식석실 반영설은 지속되어, 고토 슈이치後藤守一는 "이자나기伊弉諾와 이자나미伊奘冊● 두 신의 교환交歡과 마찬가지로 황천국 방문담은 틀림없이 이 횡혈식석실이 만들어진 시대를 배경으로 생성된 설화이며, 고식분묘시대●● 로는 거슬러 올라갈 수 없다. 더욱이 남신이 여신의 몸에 고름이 흘

■ 이 시기의 고분 연대 논쟁에 관해서는 고바야시의 논문(小林 1971)에 자세하게 서술되어 있다.
● 일본 신화에 등장하는 창조신.
●● 고분시대 전기와 중기.

러내리고 곤충이 기어다니는 것(膿沸蟲流)을 보고 놀라서 도망쳐 돌아오고 요모츠시코메(泉津醜女)* 8인에게 쫓기게 된 이야기도, 또한 요모츠히라사카(泉津平坂)**에서 지비키이와(千人所引磐)***를 끼워 이자나기와 이자나미 두 신이 주고받은 절연의 맹세도 횡혈식석실이기 때문에 비로소 이해할 수 있다"라고 했다.[1] 이 해석은 제2차 세계대전 후에도 이어져, 위의 전제를 바탕으로 황천국 방문담 중에 나오는 '요모츠헤구이(黃泉戶喫)'****[2]나 '고토도와타스(事戶を渡す)'*****[3]라는 의례적 행위에 대한 고고학적 검토가 이루어져왔다.■

한편 이 방문담은 일문학자들에 의해서도 적극적으로 논의되어 왔다. 그리고 그곳에서도 횡혈식석실 반영설은 당초부터 유력한 견해로 이야기되어 왔으나■■ 그것을 횡혈식석실의 영향으로 인정하면서도, 그 밑바탕에 고분시대보다 앞선 시대에 이미 동굴 거주·매장 등에서 유추해볼 수 있는 동굴을 기초로 한 명부관(冥府觀)이 형성되었다는 설[4]과 《고사기》의 황천국 이야기는 모가리를 설화한 것일 뿐으로, 요모츠히라사카는 사체를 유기하는 동굴이라고 하는 설,[5] 횡혈

---

* 요황천국에 있는 추악한 여신.
** 이세상과 저세상의 경계에 있는 언덕.
*** 지비키이와는 말 그대로 '천명이 끌어야 움직이는 바위'라는 뜻이나, 여기서는 이세상과 저세상의 경계에 있는 언덕을 막은 돌을 말한다. '천인석'이라고도 한다.
**** 황천국 음식을 먹는 것. 그 음식을 먹으면 현세로 돌아오지 못한다고 한다.
***** 일본 신화에서 이자나기가 이세상과 저세상의 경계에 있는 요모츠히라사카를 지비키이와로 막아, 저세상에 있는 부인 이자나미와 주고받는 말을 통해 이별하는 과정.
■ 최근의 여러 설에 대해서는 하부타 논문(土生田 1993)을 참조하기 바란다.
■■ 고노시(神野志 1986)에 따르면 쓰지타(辻田 1924)가 최초라고 한다.

식석실 반영설 위에 모가리 반영설을 가미하는 설 등이 제시되어 왔다. 이 설들에는 전체적으로 고고학 연구 성과에 대한 이해가 충분히 반영되어 있지 않고, 기존에 알려져 있었던 오키나와 장송 습관에 관한 지식이 적지 않게 나타나 있다. 그러나 최근에는 이 분야의 황천국관이 크게 변화해 황천국은 지하세계도 아니고 암흑세계도 아닌, 아시하라노나카츠쿠니葦原中國*와 같은 지상세계로, 아시하라노나카츠쿠니와 '구니國' 차원에서 관계된다는 지적[6]이 주목된다.

이와 관련해서 여기서는 각 견해에 대한 사견을 이야기하지는 않을 것이고, 다만 새로운 관점에서 횡혈식석실 반영설을 논하고자 한다.

2. 두 개의 횡혈식석실

논의를 위해서는 우선 앞에서 이야기한 가두는 석실과 열린 석실에 대한 설명이 조금 더 필요하다.

(1) 가두는 석실

고분시대 전기에 일본열도 각지로 확산된 고분 문화에서는 유체를 상하좌우로 빈틈없이 감싸는, 내부를 파내어 만든 할죽형목관과 조합식 상자형목관 등에 매납했는데, 일부의 상위 고분에서는 추가적으로 관을 수혈식석곽이나 점토곽 안에 안치하여 정성스럽게 밀봉

---

* 일본 신화에서 나오는 다카아마하라와 황천국 사이에 있는 세계, 즉 일본을 말한다.

했다. 유체를 매장하는 관과 그것을 보호하는 곽은 유체를 사악한 것으로부터 보호하고 밀봉하기 위한 장치였던 것이다. 그래서 이런 관을 가두는 관이라고 부른다. 무겁고 견고한 석재로 만들어진, 내부를 파내어 만든 할죽형석관과 주형석관 또는 조합식 장지형석관이 좋은 예이다.

그러나 매장 시설로 횡혈식석실이 사용되면서 키나이와 규슈 사이에 큰 차이가 생겨났다. 키나이를 중심으로 한 지역에서는 중기 말 내지는 후기 초두인 5세기 후엽부터 키나이적인 횡혈식석실이 만들어지기 시작했는데, 그곳에서 초기에는 정부식목관이 사용되었고 6세기 전엽 이후에는 내부를 파내어 만든 조합식의 가형석관이 활발히 이용되어 아스카시대까지 계속되었다. 모든 관이 밀봉형으로 출입구(橫口)도 없었고, 추가장을 할 때 석실 안으로 들어간다고 해도 관이 부식되어 있거나 뚜껑을 열지 않는 한 내부를 보는 것이 불가능했다. 이 지역에서는 횡혈식석실이 채택되어도 관은 여전히 가두는 관이 사용된 것이다. 결국 키나이계 석실에서 유체(사자)는 관과 석실 이중으로 밀봉되며, 관의 내부 공간과 석실 내부 공간은 불연속적 공간, 즉 이어져 있지 않은 공간이 되어, 일정한 의례가 끝나고 연도가 괴석과 흙으로 폐쇄된 후 석실 공간은 무기적인 공간이 된 것으로 추측된다. 가두는 석실이란 바로 이런 석실을 가리키며, 그곳에 사자의 세계는 보이지 않는다.

(2) 열린 석실

한편 키나이에 앞서 4세기 후엽인 고분시대 중기 전엽에 축조되기 시작한 규슈계 횡혈식석실에는 초기 일부의 것을 제외한다면, 기본적으로 관이 사용되지 않았다. 대신 현실 내부에 관에 해당하는 각종 시설이 설치되었다. 시설들을 열거하면 다음과 같다(5장 1. 일본열도의 열린 관 참조).

A1류 구획석형 판석을 세워 유체를 놓는 공간을 구획한 것. 뚜껑이 없는 상식석관처럼 사방을 둘러싼 것도 있다('판석 두르기'라고 한다).

A2류 석장형 현실 사방에 석장을 놓고 내부를 구획석으로 구획한 것.

A3류 석옥형형 판석을 조합하여, 장벽출입의 횡구식석관 내지는 석관모양으로 만든 것(뚜껑에는 가형인 것과 판상인 것이 있다).

A4류 석침형 석침 단독인 것. 사례가 매우 적다.

B류 판석을 조합하여 단벽출입의 횡구식가형석관을 만든 것.

이 가운데 A류는 모두 관을 사용하지 않고 직접 유체를 놓는 시설이라는 의미에서 '시상'으로 총칭할 수 있다. A3류처럼 석관이라 불러도 석관에 횡구(출입구)가 붙어 있고 그곳을 판석으로 간단히 막는 정도여서, 내부를 엿볼 수 있다는 점에서 키나이의 석관과 큰 차이가 있다. 그래서 내부(유체)가 밀봉되지 않고 석실 공간으로 열려 있다는 의미에서 이것들을 열린 관 A류라고 부른다.■ 그곳에서 관의 공

■ 규슈에서 발달한 횡혈 역시 열린 관을 사용했는데, 그곳에서는 구획석이나 석침에 해당하는 것이 횡혈과 일체적으로 만들어졌다.

간과 석실의 공간은 일체화되고(이어진 공간이 되고), 그 공간은 사자(유체)가 자유롭게 움직일 수 있는 공간으로 기능한다. 그런 점에서 이런 석실을 열린 석실이라 한다. 그리고 이 사자의 공간은 연도부로 주로 판석으로 폐쇄된다.

또한 B류는 '초당'이라 불리듯이, 관에 밀착되게 축조된 좁은 석실 내에 조합 단벽출입 횡구식가형석관을 매납한 것으로, 5세기 전엽의 고분시대 중기 중엽에 출현한다. 이곳에는 석실 안에 석관 이외의 것을 매납할 공간적 여유가 없고, 단벽에 횡구를 가진 관 자체가 석실 역할을 하여, 추가장에 적합하다(B1류). 그 결과 후기 전엽에는 석관 자체가 직접 매장되고 그 앞에 연도가 붙는 형태가 출현했다(B2류). 따라서 동일한 열린 관이라고 해도 A류와 달리 관이 석실 기능을 수행하며, 내부 공간은 석관의 크기로 규정되어 A류와 비교하면 매우 좁다.[보주1]

열린 석실은 북부큐슈의 현해탄 연안에서 처음으로 축조되었고, 이후 아리아케카이有明海 연안으로 급속도로 확산되어, A2류와 A3류는 아리아케카이 연안에서 만들어졌다. 열린 석실은 열도 각지로 퍼졌는데, 키나이에서는 거의 만들어지지 않았다(키나이나 그 영향을 강하게 받은 지역에서는 가두는 석실이 만들어졌다).

그렇다면 열린 석실의 '사자 공간'이라는 것은 어떤 곳이었을까? 황천국 방문담은 이를 생각하는데 있어 극히 중요한 자료임에 틀림없다. 또한 이 공간을 구성하는 벽면을 캔버스 삼아 규슈 고분 문화의 특징적인 채색 벽화가 발달했기에, 벽화의 의미를 생각하는 데 있어서도 이 문제는 피할 수 없다.

3. 황천국 방문담의 개요와 무대 장치

이상과 같은 두 종류의 횡혈식석실에 대해 황천국 방문담의 무대 설정은 일정한 정합성을 가지고 있지 않을까? 조금 길어지지만 무대 장치에 주목하면서 황천국 방문담의 줄거리를 따라가보자.

황천국설화는 이자나기노미코토伊邪那岐命*와 이자나미노미코토伊邪那美命의 구니 탄생 설화 뒤에 이어진다.

① 이자나미신은 불의 신을 낳고 마침내 죽었다.
② 이에 이자나기노미코토는 "사랑하는 나의 그대여, 당신을 어떻게 한 명의 자식과 바꿀 수 있겠습니까"라며, 머리맡과 발치에 엎드려 울었고
③ 죽은 이자나미신을 이즈모노쿠니出雲国와 호우키노쿠니伯伎国의 경계인 히바比婆의 산에 묻었다.
④ 아내 이자나미노미코토를 만나고자 황천국으로 쫓아갔다. 이에 이자나미노미코토가 도자시도(殿の縢戸)** 앞으로 마중 나왔고 이자나기노미코토는 "돌아가야 합니다"라고 말했다. (…) 이자나미노미코토는 "애석한 일입니다. 당신이 빨리 오지 않아 저는 이미 황천국의 음식을 먹고 말았습니다. (…) 하지만 황천국 신께 돌아가고 싶다고 이야기해보겠습니다. 그동안 저의 모습

• 미코토는 신을 높여 이르는 말이다.
•• 도자시도는 지기리도, 구미도 등으로도 읽히는데, 위로 올려 여는 문을 말한다.

을 보아서는 안 됩니다"라고 답하고 집으로 들어갔다. 그런데 그 사이 시간이 너무 길어 이자나기노미코토는 기다릴 수가 없었고

⑤ 왼쪽 머리에서 빗을 빼 빗 가장자리에 달린 굵은 빗살 하나를 뜯어 횃불을 붙여 안으로 들어갔다. 그 안에서는 구더기가 우글우글 소리를 내며 들끓고 있었다.

⑥ 이에 이자나기노미코토가 놀라 도망을 갔고

⑦ 결국 그의 아내 이자나미노미코토도 그를 뒤쫓았다. 이에 천 명이 끌어야 끌 수 있는 거대한 바위로 요모츠히라사카를 막고 그 바위를 사이에 둔 채, 서로 마주보며 각각 이별의 말을 주고받았다(요모츠히라사카는 오늘날 이즈모노쿠니 이후야사카伊賦夜坂* 라고 한다).

⑧ 이로써 이자나기노미코토가 "불결한 곳에 다녀왔다. 그러니 몸을 깨끗이 해야겠다"고 말하고, 쓰쿠시竺紫 히무카日向의 다치바나橘 오도(小門)의 아하키하라阿波岐原에 가서 목욕재계했다.7

우선 방문담의 줄거리는 ① 이자나미노미코토의 죽음, ② 모가리에서의 행위로 추정되는 이야기, ③ 매장, ④ 이자나기노미코토의 황천국 방문담과 이자나미노미코토와의 대화, ⑤ 이자나미노미코토의 썩은 사체 발견, ⑥ 황천국으로부터 도주, ⑦ 황천국 탈출과 요모츠히라사카의 폐쇄, ⑧ 목욕재계로 이어진다.

• 지금의 시마네현 마츠시 히가시이즈모쵸에 있는 지명.

유체의 머리맡과 발치에 엎드려 큰 소리로 울며 슬퍼하는 장면 (②)은《고사기》의 아메노아카히코千若日子의 죽음에 친족이 울며 슬퍼하는 모습과《위지魏志》왜인전에 "죽고 나서 상을 치를 때까지의 10여 일간 고기를 먹지 않고 상주는 울며 다른 사람은 가무·음주하다"라고 되어 있는 모가리의 정경을 보여주는 것임에 틀림없다.■ 즉 이 설화는 ① 이자나미노미코토의 죽음, ② 모가리, ③ 매장, ④~⑥ 이자나기노미코토의 황천국 방문과 도주, ⑦ 황천국 탈출과 요모츠히라사카의 폐쇄, ⑧ 목욕재계로, 극히 정해진 순서에 따라 내용이 전개된다. 따라서 ④ 와 ⑤ 의 장면은 결코 모가리의 장면이 아니고 어디까지나 황천국에서 일어난 일로 이해해야 한다고 할 수 있다.

황천국의 무대 장치를 보자. 빗이나 검 등의 소도구를 제외하면 무대의 기본적인 장치는 일정한 공간과 이자나미노미코토가 출입하는 도자시도滕戶가 있는 집殿과 요모츠히라사카, 그리고 그곳을 막는 지비키이와로 이루어져 있다. 지금까지의 횡혈식석실 반영설에서는 일정한 공간(지금까지는 어둠의 공간으로 여겨졌다)이 횡혈식석실의 현실이고, 요모츠히라사카가 연도, 지비키이와가 폐쇄석으로 여겨져왔다. 그 점에 대해서 특별히 다른 의견은 없다.[보주2] 문제는 지금까지 별로 다루어지지 않았던 '집殿'에 있다.

일문학자의 석실반영설에서는 "집 또는 집의 도자시도는 집을, 그는 입구로, 고분의 입구가 연상된다"[8]라는 견해와 집을 "능묘의 석곽(석실) 입구에 해당하는 문"[9]으로 보는 견해가 제기되었다. 그러나

■ 하부타(土生田 1993)에도 동일한 지적이 있다.

집은 황천국 안에 있는 것이지 결코 석실 입구가 아니다. 황천국 입구는 지비키이와로 막힌 요모츠히라사카이다. 집의 도자시도를 석실 입구로 본다면 석실반영설은 모순된다.

다시 이 장면을 설화 그대로 이해한다면, 일정한 공간으로 이자나미노미코토가 출입하고, 황천국 신이 있는 도자시도가 있는 집, 즉 건물(집)이 있고 그 안에 부패한 유체가 놓여 있는 것이다.

4. 황천국과 규슈계 횡혈식석실

지금까지의 이야기로 볼 때, 집은 열린 관 A3류의 조합 장벽출입 횡구식가형석관이고, 황천국 방문담의 무대 이미지는 규슈계의 열린 석실 자체라고 말할 수 있다. 키나이계의 가두는 석실일 수는 없다. 덧붙이자면, 키나이계 석실은 주로 괴석과 흙을 쌓아 올려 입구를 폐쇄하는 데 비해, 규슈계 석실은 폐쇄하기 위해 큰 판석을 세운다. 즉 거기에는 황천국 방문담의 무대 장치와 딱 맞아 떨어지는 적합한 유구가 존재하는 것이다.

실례로 구마모토熊本현 야마가山鹿시 지부산チブサン고분의 횡혈식석실을 소개하면(그림24), 고분 길이 약 44미터의 전방후원분 후원부 중앙에 횡혈식석실이 있는데 남남서로 입구가 열려 있다. 석실 전장은 약 6미터 이상이고, 현실은 궁륭상천장으로 폭·깊이·높이가 모두 약 3.6미터이고, 안쪽 벽에 평행하게 폭 약 2.3미터·깊이 약 0.9미터·높이 약 1.45미터의 우진각지붕*의 횡구식가형석관이 안치되어 있다. 주로 석관 안에 장식 문양이 채색되어 있는데 색깔은 적·

그림24 지부산고분의 석실과 장벽출입 횡구식가형석관(석옥형)

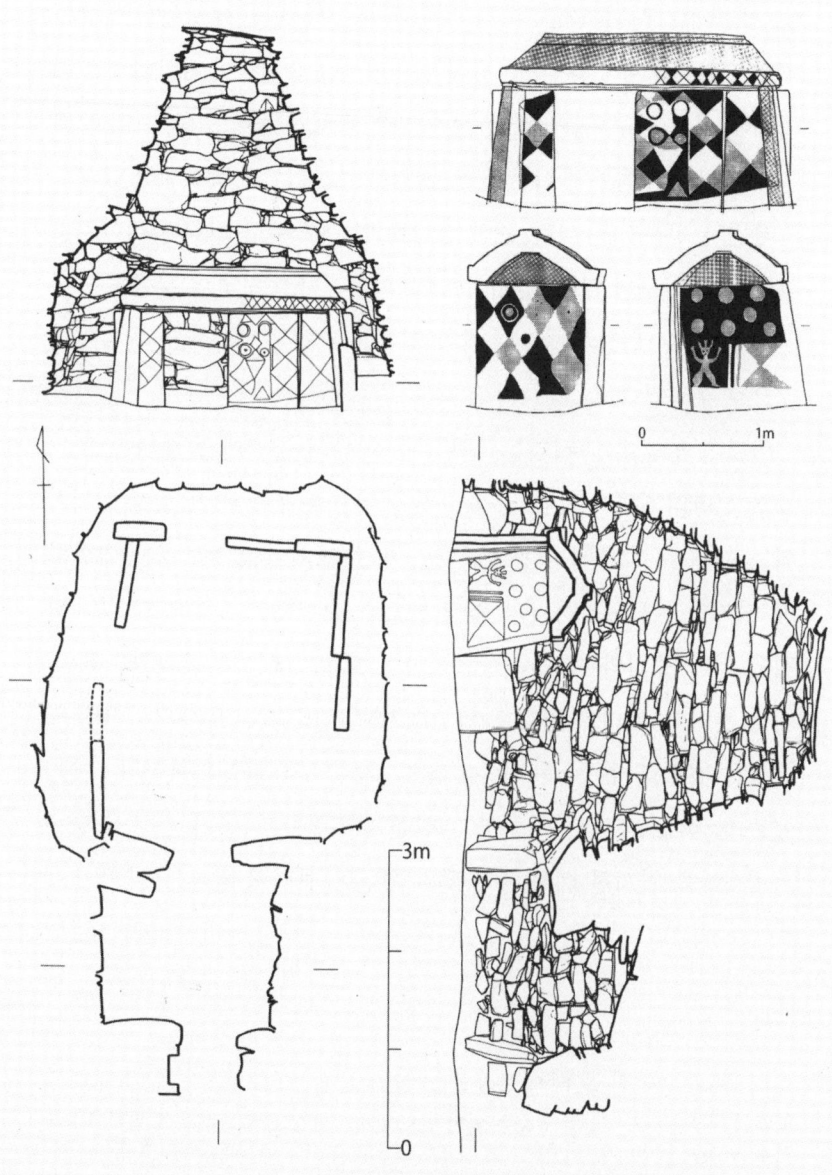

백·청의 삼색으로 능형연속문과 원문, 동심원문 등이 있으며, 마주보는 우측 측석은 "전체를 붉게 칠하고, 상단에 흰 원문 8개를 배치하고, 하단에는 관^冠을 쓰고 손을 펴서 벌리고 두 발로 서 있는 인물상이 백색으로 그려져 있다".¹⁰ 그곳에 현실의 궁륭상천장이 나타내는 천공 아래에 집이 있고, 집의 문(횡구) 안쪽에 유체가 놓여 있다. 그리고 현실에서 밖으로 연도가 이어지고, 그 입구는 판석으로 폐쇄되어 있다.■

황천국 방문담은 이런 무대 장치를 염두에 두고 전개된 이야기가 틀림없다. 바꾸어 말해, 앞서 언급한 횡혈식석실 구조와 시설은 황천국에 이런 무대 장치가 갖추어져 있다는 관념을 바탕으로 만들어진 것으로 추측된다.

이것이 만들어진 시기는, 열린 관 A3류의 출현만을 본다면 후기 중엽 전반의 6세기 전엽을 넘지 않을 것으로 추측된다. 중기에 시작되는 A1류와 A2류에도 동일한 관념이 투영되어 있었는지는 명확하지 않지만, A3류를 하나의 완성형으로 본다면 거기에 도달하는 과정은 이미 중기의 규슈계 횡혈식석실 도입기에는 시작되었다고 봐야 할 것이다. 게다가 열린 관의 성립에는 중국 북조로부터의 영향이 있었을 것으로 추측되는데(5장 참조), 적어도 5세기 후반이나 6세기에는 중국에서도 궁륭상천장의 현실에 양쪽으로 열리는 문이 딸린 가형석관을 안치한 예가 존재했다. 황천국 관념의 원류는 이 방면에

• 네 개의 추녀마루가 동마루에 몰려 붙은 지붕.
■ 다만 지부산고분 석실의 연도는 이미 연도측이 거의 없어져 폐쇄용의 판석이 확인되지 않았다.

까지 이어져 있을 가능성도 생각해보아야 한다.

　그러면 열린 석실은 황천국 그 자체인가? 그렇지는 않다. 석실 공간은 고분과 마찬가지로 어디까지나 관념 속에서 타계에 있을 것이라고 생각되는 사자의 나라를 현실 세계에 실현하기 위해 '구현한 것'이었을 것이다. 석실은 현실 세계에 있는 유체와 관념 속 사자의 나라를 현실 세계에서 융합시키기 위한 장치였다고 생각된다.[보주3]

　황천국 방문담이 열린 관 A3류를 매납하는 석실을 반영한다고 해도, 황천국에 그런 장치가 갖추어져 있다는 관념이 횡혈식석실에만 국한되어 반영되지 않았을 가능성도 있다. 구루마자키 마사히코車崎正彦는 "횡혈식석실에 황천국 이미지가 있는 것은 틀림없을 것이다"라고 하면서 "횡혈식석실을 황천국으로 생각하는 것만으로는 설명되지 않는다"라고 해, 고분 전체를 황천국으로 보는 견해를 발표했다.[11] 매우 매력적인 견해인데, 고분 전체를 포함한 이야기는 다음 7장으로 미루고자 한다.

마무리하며

이전까지 《고사기》와 《일본서기》에 기술된 이자나기노미코토의 황천국 방문담이 횡혈식석실을 반영한다는 설은 주로 키나이 석실을 염두에 두고 이야기되어왔다. 그러나 6장에서 다룬 검토를 통해 키나이계 가두는 석실은 비교 대상으로 적절하지 않고, 규슈계 열린 석실이야말로 이에 상응한다는 점이 밝혀졌다. 따라서 방문담에 나오는 요모츠헤구이와 고토도와시도 다시 새롭게 생각해볼 필요가 있다. 키나이 횡혈식석실에서 출토되는 토기를 검토하여 이전까지의 이해에 의문을 제기한 데라마에 나오토寺前直人와 규슈의 횡혈에서 인골을 취급하는 것과 토기의 관계를 검토하여 이전까지 전혀 알려져 있지 않았던 의례 행위를 밝힌 다나카 요시유키田中良之·무라카미 히사카즈村上久和 등의 성과는[12] 그런 의미에서 매우 흥미롭다. 황천국 방문담 연구는 이제 새로운 단계에 접어들었다고 할 수 있을 것이다.[보주4]

그러나 석실 내부 공간은 고분 자체와 불가분의 관계에 있으므로, 양자를 시기적·지역적 변화를 염두에 두면서 모순되지 않게 이해해야만 한다. 마찬가지로 황천국 자체에 대한 이해도 당시의 세계관 전체 속에 바르게 위치 지운다는 의식 하에 진전시켜나가야만 한다.

또한 왕권이 편찬한《고사기》의 주요 구성 요소인 황천국 방문담이 키나이에서 멀리 떨어진 규슈의 장제와 깊이 관련되어 있는 점도 흥미롭다. 방문담에 관련된 현세 지명으로《고사기》에 나오는 것은 이즈모노쿠니와 쓰쿠시筑紫(규슈)의 것들인데, 고분시대 후기의 이즈모가 규슈의 열린 석실 영향을 가장 강하게 받은 지역이라는 점 역시 이와 무관하지는 않을 것이다. 방문담이《일본서기》에서 제외되고, '일서一書'의 제6·9·10에 실린 이유와도 관련될지 모른다. 어떻든 정합성을 가진다고 해도《고사기》를 구성하는 신화적 이야기가 각각 어떤 배경을 가지는지 음미하는 것도 빠질 수 없는 작업일 것이다.

[보주1] 2013년에 발표한 초출 논문에는 "따라서 열린 관 B류로 들어가는 석실 내지는 관 자체에 열린 석실이라는 호칭을 부여하지는 않는다"라는 문장이 삽입되어 있었는데 삭제했다. 번잡함을 피하기 위해 열린 관을 사용하는 석실 및 석실화한 것 모두를 열린 관으로 통일했다.

[보주2] 본문에서는 "요모츠히라사카가 연도"이고 "특별히 다른 의견은 없다"라고 했으나, 황천국 방문담이 중국(북조)에서 유래한 것이라면, 요모츠히라사카를 연도로 보기보다는 중국의 전실묘나 토동묘 지하에 있는 묘실로 향해 있는 비스듬하게 내려가는 긴 묘도에 대응시키는 것이 좋다고 생각한다. 황천국(실室과 저편의 세계)의 출구 가까이에 있는 사카모토坂本 역시 요모츠히라사카의 사카모토라고 한다면, 묘도의 사카모토가 여기에 해당한다. 그림25는 중국의 예로, 북주 사군묘史君墓(580년·토동묘)¹³ 현실 안에 가형의 석곽이 있다.

그림25 중국 북주·사군묘

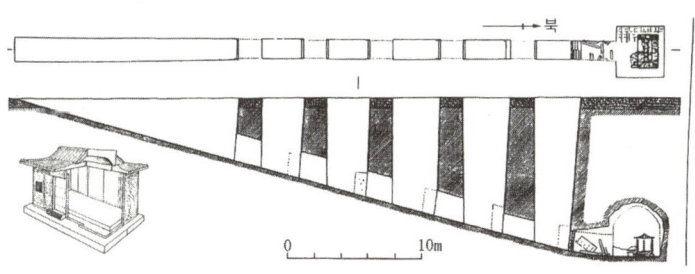

[보주3] 집(殿)안에 황천국 신이 있고 더욱이 요모츠시코메, 여덟 종류의 번개신, 천오백의 황천군사 등이 그곳에서 나온 것이라면, 사람들은 집 내부가 상당히 넓고 다른 공간(타계)으로 이어져 있다고 생각했을 것이다. 따라서 열린 관과 열린 석실은 황천국의 일부임과 동시에 그 안으로 펼쳐지는 황천국의 입구부에 해당

하는 것으로, 이 세계에서 사자는 생전과 마찬가지로 생활하고 있다는 관념이 있었을 거라 추정된다. 분구 위에 표현된 타계와 석실 내부의 타계는 관념상으로 이어져 있었을 것이다.

[보주4] 단체의례(集団儀礼)에 수반되는 음식물 공헌과 요모츠헤구이

다나카 요시유키는[14] "고분시대 후반기의 단체의례는 (…) 매장 후 상당 기간이 경과하고 나서 뼈를 옮긴 점에 특징이 있다. 필자와 무라카미 히사카즈는 사후 수년을 거친 단체의례에 수반되어 실시되는 것이 음식물 공헌이라는 점에서, 요모츠헤구이의 의례는 매장 후 10년 가까이 세월이 흐른 후 다시 입구를 열고 실시되었다고 생각했다. 그리고 신화에서도 요모츠헤구이를 한 이자나미가 이자나기를 쫓아갔듯이 황천국 음식을 먹은 후에도 사자는 다시 살아 있는 사람에게 위해를 가할 수 있는 힘을 가지고 있었다는 점에서, 사자의 운동 기능을 저하시켜 쫓아오지 못하도록 다리뼈를 옮긴 것이라고 생각했다"라고 말했다.

황천국 방문담을 규슈계 횡혈식석실과 횡혈로 검토하는 것은 좋다. 그러나 요모츠헤구이를 이야기하자면, 《고사기》의 문맥을 무시할 수 없다. 거기에서 이자나미의 유체는 "황천국의 음식을 먹은" 후에도 "구더기가 우글우글 소리를 내며 들끓고 있는" 상태였다. 따라서 《고사기》의 문맥에 따라 본다면, 요모츠헤구이는 죽음의 확인(모가리)과 매장 이후 그다지 시간이 지나지 않은 단계에서 실시되었으며, 현세에서 타계로의 통과의례적인 행위였다고 봐도 무방하다. 매장 후 근 10년이 지난 후에 음식물 공헌을 수반하는 단체의례 행위에 대입시킨다는 것은 적절하지 않다. 인골 등의 정밀한 조사를 통해 새로운 의례 행위를 발견한 점은 높이 평가하고 싶지만, 무리하게 요모츠헤구이와 고토도와다시에 연결시킬 필요는 없을 듯하다. 현시점에서 이와 같은 현저한 의례 행위가 주로 규슈의 횡혈계 매장시설에서 확인되는 것 자체를 중요하게 받아들이고자 한다.

황천국 방문담 자체가 규슈에서 생겨났다기보다는 중국에서 만들어져 전해졌을 가능성이 높다는 점도 고려해야 한다. 방문담에 포함되어 있지 않은 의례 행위도 있었을 것이다.

7장
고분의 타계관

시작하며

일본열도가 오랜 국가 형성 과정에 있을 때, 서쪽으로는 가고시마^鹿兒島현부터 동쪽으로는 이와테^{岩手}현 남부에 걸친 넓은 지역에 매우 많은 수의 고분이 축조되었다. 3세기 중엽에서 6세기 후엽까지 약 350년간의 고분시대에 축조된 전방후원분 약 4,200기, 가리비형^{帆立貝形} 고분 약 500기, 전방후방분 약 500기, 원분, 방분을 더하면 그 수가 족히 10만이 넘는다. 그야말로 정신없이 각 계층의 사람들이 각지에서 계속해서 크고 작은 고분을 축조한 것이다.

일본 고고학에서는, 수없이 만들어진 고분 문화에 일정한 일체성과 질서가 확인된다는 점을 확인하고, 모든 현상에 야마토왕권과 지역 권력의 생성·발전·변질을 대입시켜 고분시대 정치사회사적 연구를 진전시키고 많은 성과를 내어왔다.

그러나 고분을 축조한 정치사회적 요인이 어느 정도 밝혀졌다고 해도, 사람들을 그렇게까지 고분 축조로 몰아간 종교적 또는 심리적 요인이 무엇이었는지를 묻지 않는다면, 방대한 수의 고분이 계속해서 만들어진 요인의 일면만을 파악한 것에 지나지 않는다. 이런 인식은 많은 연구자들이 가지고 있는 것으로, 현재까지 많은 연구가 시도되어 상당한 성과를 내고 있으나 아직 충분하지는 못하다.

고고학은 '물건'을 연구 대상으로 하는 만큼, 이런 정신의 문제를 다루는 것에 매우 취약하다. 그러나 길이 닫혀 있는 것은 아니다. 그리고 그 가운데 하나의 방법이 고분이라는 유적의 장점을 최대한으로 살리는 것이다.

말할 필요도 없이 유적은 유물과 유구가 다양한 관계를 가지면서 집중적으로 존재하는 장소다. 이 관계성에 주목한다면, 다행히도 고분에서 이루어진 묘역 선정부터 매장 종료까지의 일련의 행위는 일정의 작업 수순과 의례적 약속에 따라서 행해진 일회성 성격이 짙은 정합성을 가진 행위로, 고분 유적은 이런 행위의 흔적이 누적된 장소이다. 그렇기 때문에 부패되어 소실된 것이 많다고 해도 후세에 교란되지 않았다면 그 관계성은 거의 그대로 전부 지하에 남아 있을 가능성이 높다. 이런 점이, 사람들의 매일매일의 활동이 장기간 계속되어 불규칙적인 행위나 우연으로 인해 유의미한 관계성의 많은 부분이 흐트러져 본래의 관계성을 복원하기 쉽지 않은 취락유적 등과 크게 다르다. 그래서 이전까지의 많은 고분 조사에서 유구와 유물 확인은 물론, 그들 간의 다양한 관계성을 추구하고자 많은 노력이 기울여져왔던 것이다.

따라서 고분이라는 장소에서 행해진 여러 의례의 실태를 해명하기 위해서는 이 장점을 최대한 살려, 이전까지의 발굴 성과를 고려해, 우선적으로 고분에서 사람들이 행한 일련의 행위를 가능한 구체적으로 복원하고, 각각의 장소에서 발견되는 유물과 유구의 내용·기능·사용법 등을 면밀하게 검토하는 것이 무엇보다도 가장 기본적인 전제 작업이 되어야 한다. 이는 마치 인류학자가 미지의 의례를 앞에 두고 그 의미 내용의 이해를 차치하고서, 의례의 진행을 살피면서 각각의 장소에서 이루어지는 사람들의 행위와 준비를 소상히 기록하는 것과 같다. 고고학에서는 행동하는 사람의 모습은 이미 없고, 많은 정보 역시 사라져버렸지만, 남겨진 흔적은 틀림없이 천수백 년 전의 것이다.

이런 관점에서 앞서 1~6장의 근간이 된 소론들을 발표했지만, 그것들은 모두 고분에서 사람들이 행한 행위의 일부와 고분을 구성하는 몇몇 요소에 관한 개별적인 검토로, 그 배경에 있는 당시 사람들의 사생관이나 타계관에 대해서는 거의 다루지 못했다. 7장에서는 앞선 작업 과정에서 생각해왔던 것들과 함께 선행 연구도 참조하면서, 고분의 타계관에 대해 필자 나름의 가설을 세워, 앞으로의 연구 방향을 제시하고자 한다.

장송 의례는 죽은 자를 떠나보내는 사람들의 생각을 바탕으로 유체를 처리한다는 현실과 타계관이라는 관념이 교차한 데서 비롯되었으며, 신체적·언어적·정신적 행위가 일정한 줄거리에 따라서 진행된 의례 행위이다. 일정한 줄거리를 따라 연기演技된 '연극적 행위'라고도 말할 수 있다. 고고학에서 언어적 행위를 다루는 것은 어렵지만, 연극적 행위의 무대 장치와 준비는 유구와 유물을 통해 상당 부분 이해할 수 있고, 앞에서 이야기한 방법으로 어느 정도는 사람들의 신체적 행위를 복원하는 것도 가능하다. 7장에서는 이런 인식 하에 그들을 연결시키는 줄거리와 그 배경에 있는 타계관에 대해 고찰해보고자 한다. 고분은 최종적으로 '타계를 구현한 것(모조품)'으로 정비된 것이라는 점이 여기에서의 결론이다. 결코 새로운 견해라고 할 수 없지만, 이전까지 제기되어왔던 고분타계설과는 조금 다른 방법으로 이야기하고자 한다. 부분 부분에 대한 해석이 아닌, 고분의 요소 전체를 시기 차와 지역 차도 고려하면서 더욱 종합적으로 파악하고 싶기 때문이다.

1. 고분 축조와 매장 절차

(1) 절차의 개요

먼저 고분시대 전·중기의 키나이에서 가장 전형적이었던 수혈식석곽에 할죽형목관이 매납되는 전방후원분을 중심으로, 이제까지 밝혀진 고분 축조와 매장 절차의 개요를 설명하는 것에서부터 시작하고자 한다.

가장 앞선 절차는 고분 이외의 장소에서 행해진 것으로 추정되며, 수장 사후에 일정 기간 상가에서 모가리의례가 행해지고 유체는 고분으로 운반되는 것이다.■ 또 한 절차는 고분에서 행해진 것으로, 묘역을 설정하고, 분구를 축조하며, 묘광을 굴착한 후, 석곽을 만들면서 관을 안치하고 유체와 부장품을 매납하는 것이다. 그 후 묘광을

■ 여기에서 모가리에 관해 논의하지 않지만, 다나카 요시유키田中良之가 "모가리는 분묘역이 아니고, 거주역 혹은 또 다른《가무歌舞》가 가능한 열린 장소에서 행해지고, 빈소殯屋를 세워 통상적으로 일주일 이상, 십 수일간 매장되었을 가능성이 높은데, 피장자의 계층이나 사회적 역할에 따라 분묘와 의례 규모 및 기간이 달랐던 것으로 추정된다"(田中 2004)고 지적한 것은 타당하다.

다시 메우고, 즙석과 하니와를 정비함으로써 고분 축조가 종료된다(8장 1절 참조). 이 사이 여러 장소에서 숯이나 재(불의 사용), 또는 토기나 석제품, 토제품 등의 유물이 출토되므로, 모종의 의례가 행해졌다고 추측할 수 있다. 여기에서는 분구 축조에 앞선 것을 지진의례, 묘광 굴착에서 되메우기까지의 일련의 행위를 납관·매납의례, 묘광을 다시 메운 후 분구 정상부에서 이루어진 것을 묘상의례, 분구 자락 및 조출에서 이루어진 것을 묘전의례라고 한다.

(2) 절차의 각 단계

다음으로 앞의 절차의 각 단계 중에서 주로 고분에서 검토 가능한 것들, 그 가운데 7장 내용과 관련된 정보를 조금 자세히 정리해보고자 한다.

① 선지

고분 축조는 묘역 선정에서부터 시작되며, 이 과정이 수장의 생전에 행해지는지 사후에 행해지는지(수릉寿陵인지 아닌지)는 7장에서 다루지 않는다(8장 1. 수릉과 시장자 참조). 고분을 어디에 축조할 것인가는 종교적으로도 정치적으로도 매우 중요한 선택이었을 텐데,* 그에 대한 논의는 아직 충분하지 않다. 키나이 수장분의 경우, 전기에는 분구 위에, 중기에는 낮은 단구 평탄면에, 후기에는 다시 구릉 위나 말단에 축조되는 경우가 많았지만, 후쿠이福井현 마츠오카松岡고분군의 전방후원분은 전·중기 동안에도 대부분 구릉 위에 축조되었듯이, 반드시 동일한 움직임을 보이는 것은 아니다. 그럼에도 전기 고분 대부분이 구릉 위에 입지한다는 점에서, 모母 취락과 교통의 요충

지를 내려다보는 위치에 축조되었다고 이해하는 것이 일반적이며, 예전에는 산상타계山上他界와 연결시키는 의견도 제기된 바 있다.¹

② 분구 축조

분형은 전방후원분·전방후방분·원분·방분의 네 가지가 기본이고, 모두 분구 정상부에 넓은 평탄면이 있다. 분구는 계단상으로 축조되었고, 사면에 즙석, 평탄면에 하니와열이 배치되고 주호가 둘러져 있다. 이런 조합은 일본열도 고분의 독특한 특성이다.

단축段築(계단상으로 축조하는 것)은 대왕분급의 거대 전방후원분에서는 나라현 사쿠라이桜井시 하시하카箸墓고분(전기 전반)에서 시작되었고, 이 고분의 단축은 후원부 5단·전방부 4단이다. 후원부 단수가 전방부보다 많으며, 최상단이 원구圓丘를 이루는 점은 나라현 오오야마토オオヤマト고분군의 거대 전방후원분과 같다. 후원부와 전방부가 모두 3단을 이루고, 최상단이 전방후원형인 것은 전기 후반의 나라시사키佐紀고분군 서군에서부터 시작되며, 오사카大阪부 후루이치古市고분군의 후지이데라藤井寺시 쓰도시로야마津堂城山고분 이후의 중기 고

■ 정치적인 선지選地의 예를 찾아보면 《일본서기》의 닌토쿠仁德 67년에 대왕 자신이 "가와치河内의 이시츠노하라石津原에 행차하시여 능지를 정하셨다"라는 구절이 있으며, 유우랴쿠雄略 9년에는 기노오유미紀小弓의 부인 우네메노오시아마采女大海가 "장사지낸 곳을 알지 못한다. 원컨대 좋은 땅을 정하라"고, 오토모노무로야노무라지大伴室屋大連를 통해서 유우랴쿠의 의향을 묻고, 그 결과로 시장자視葬者인 "하지노무라지오토리土師連小鳥로 하여금 무덤을 다무와노무라田身輪邑에 만들고 장사지내게 했다"라고 되어 있는 점이 흥미롭다. 이를 통해 대왕 자신이 생전에 묘역을 선정한 경우와 지역 수장의 묘역 선정에 대왕이 관여한 경우가 있었음을 알 수 있다. 또한 지역 수장의 고분 축조에 시장자가 파견되었던 점도 간과할 수 없다.

분은 그 연장선상에 있다.

주호는 하시하카고분에서 보이는데, 덴리^{天理}시 니시도노츠카^{西殿塚}고분(전기 전반)에서는 일부에 주호 내부가 비어 있었던 흔적이 확인되지만, 확실하지는 않다. 뒤이어 출현한 덴리시 안돈야마^{行燈山}고분과 시부타니무코우야마^{渋谷向山}고분(전기 후반)에는 능교^{陵橋}(무덤으로 이어지는 육교)로 구획된 계단상의 주호가 붙어 있으며, 이후 나라시 사키미사사기야마^{佐紀陵山}고분(전기 후반)에는 앞뒤 2단의 주호, 쓰도시로야마고분에서는 단일수면의 방패형 주호가 발견되었다. 덧붙이자면, 후술할 조출이 부설되는 것도 이 고분부터였다. 주호에 물이 차 있었는지의 여부는 명확하지 않다. 나라현 사쿠라이시 마키무쿠이시즈카^{纒向石塚}분구묘(야요이시대 종말기~고분시대 초)의 전방부 선단의 주호로 작은 구^溝가 흘러들어왔던 것 같은 유구가 확인된 점을[2] 제외하면, 적극적인 급수가 이루어진 예는 알려져 있지 않다. 전기 후엽 경부터는 물이 차 있는 것이 전제가 되었다고 생각하는데, 급수는 천수에 의존했을 가능성이 높다.

분구는 흙을 쌓거나 구릉의 생토를 깎아 만든다. 다만 분구 축조와 묘광 굴착 이후의 절차는 고분에 따라 다르며, 정리하면 1장의 그림2와 같이 나타낼 수 있다.

고분시대 전·중기 키나이 고분의 전형적인 유형은 굴착묘광 a류로, 분구 성토가 완료된 후에 다시 묘광이 굴착된다. 분구 축조가 매장 시설 구축에 앞선다는 의미로 이들을 분구선행형이라 부른다. 분구를 성토하여 쌓고, 묘광을 파고, 관을 설치하고 유체를 매납하는 절차 역시 일본열도 고분의 특색인데, 이는 뒤에서 이야기할 설치된 관과 더불어 야요이시대에 키나이를 중심으로 발달한 방형주구묘의 전통을 잇는 것으로 추정된다. 역시 일본열도 고분의 특징인 분구 위의 평탄면도 이런 절차에 반드시 필요한 것이었다.

이는 지하나 지표에 매장 시설을 지은 후 분구를 쌓는, 중국과 한반도 여러 지역에서 많이 발견된 분구후행형 분구묘와는 두드러진 차이를 보여준다.■ 여기에 곽을 이용한 경우, 유체 매납이 분구의 축조에 앞서 종료된다. 또한 연도가 있는 것이 기본이다. 따라서 분구후행형의 경우, 사람들은 분구에 오르지 않고 일련의 매장의례를 완수하게 되므로, 이때 분구는 올라가지 않는 분구라고 할 수 있다.

그러나 일본열도의 고분은 분구선행형의 올라가는 분구로, 의례의 대부분이 분구 위에서 실시되었다. 올라가는 분구는 장송 의례 가운데서도 가장 중요한 납관·매장의례가 거행되던 무대였다.

일본열도의 고분이 올라가는 분구라면, 전방후원분에는 분구로 올라가는 출입구가 있어야 하며, 이는 분구 측면의 잘록 들어간 부분 주변에 만들어진다(3장 2. 분구의 출입구 및 3장의 보주7 참조).■■ 주호가 없는 것으로는 나라현 가와이河合정 나가레야마ナガレ山고분(중기

■ 분구 축조와 매장 시설 구축의 선후관계를 분구선행형·분구후행형으로 보는 개념은 요시이(吉井 2001)를 따른 것이다. 이 경우, 횡혈식석실 구축과 분구 축조가 거의 동시에 일어나는 일본열도의 후기 고분은 동시진행형이 된다. 일본열도의 고분에 분구후행형은 극히 적다. 1장에서는 분구 구축과 매장 시설 구축 및 매장의 선후관계를 중심으로 분구선행형·동시진행형·매장후행형으로 나누었는데, 3자 선후관계로 이해하려면 이야기가 복잡해지기 때문에 여기에서는 알기 쉬운 개념을 사용했다. 분구선행형 분구묘는 한반도에도 있으며 요시이(吉井 2003)는 한반도에서 4세기부터 7세기에 걸쳐, 선행형과 후행형의 지역 차를 3시기로 구분하여 논했다.

■■ 곤도(近藤 2002)는 전방부의 모서리 부분이 출입구이며, 이곳을 통해 능선으로 올라갔다고 본다.

전엽)³이 좋은 예이다(그림9의 ⑤, ⑥, 그림43). 한편 주호가 있는 전방후원분의 경우, 분구 축조 시에는 곳곳에 작업용 육교를 놓아 작업자는 그곳으로 출입하고 최종적으로는 철거되었다. 그 가운데 매장 시에 유체를 반입하거나 의례 참여자가 출입한 의례용 통로는 전방후원분의 잘록한 부분 주변에 설치된 육교로, 사람들은 여기를 통해 전방부로 올라가 후원부 정상의 평탄면까지 간 것으로 추측된다. 중기에 출현하는 조출은 이 출입구 부근에 있는 의례 장소가 분구 쪽으로 포함되어 고정화된 것으로 추정되는 시설로, 전방후원분의 출입구이다.

③ 매장 시설 구축과 매장

굴착묘광 a류에서 묘광은 분구의 성토가 끝난 후, 후원부 정상 평탄면 중앙에 파내진다. 굴착할 때에는 상부에서 파내려가는 것뿐만 아니라, 후원부의 전방부측 사면에서 묘광을 향해 작업용 길이 만들어져, 토사 반출이나 석곽석재·점토·관 등의 반입에 이용되었다(3장 1. 묘광의 출입구).■ 이후의 절차는 다음과 같다(그림3 참조).

- **a** 분구 정상부에서 묘광을 파 들어간다. 본격적인 것은 2단 묘광으로 아랫부분에 석곽이 조성된다.
- **b** 묘광 아래에 자갈을 채우고, 판석을 깐 뒤 점토관상粘土棺床을 만든다. 자갈은 사방의 구溝와 더불어 배수구 역할을 한다(이 기초

■ 이 묘광 작업용의 길이 언제 되묻히는지는 정확하게 알 수 없지만, 묘광 내 작업의 비교적 이른 단계에 되묻혀졌다.

구조는 고분에 따라 다소 다르다).

c 할죽형목관의 본체를 설치하고, 주변에 판석으로 석곽 하부를 만든다. 관이나 석곽 내부에는 적색 안료(주로 벵갈라)가 도포되며, 이것으로 '최종적인 납관의 장'이 갖추어진다(이 시점에서 묘광 위부터 유체가 내려지고, 친족인 의례 참여자가 내려온다).

d 유체를 안치하고 부장품을 배치하고 관을 덮는다. 유체에는 주朱가 뿌려지고, 부장품은 일정한 약속에 따라 관 안팎에 배치된다.

e 석곽 상부를 쌓고 천장석을 걸쳐놓는다. 공을 좀 더 들인다면 여기에 점토를 덮고 자갈을 깐다.■

f 묘광을 다시 묻는다. 점토관상의 안이나 석곽 벽, 천장석 위 등에 철제 이기를 배치하는 경우도 있다.

여기에서는 석곽 구축과 관 설치, 유체 납관, 부장품 배치가 일체화되어(연속으로) 진행되었다. 이 과정에 사용된 관이 관에 유체를 넣어서 들어 나르는 관이 아니라, 관을 묘광 안에 설치해두고 그곳에 별도로 운반해 온 유체를 매납하는 설치된 관이었기 때문이다. 그 결과 분구 위에서의 행위에는 단순히 유체가 들어 있는 관을 묘광에 넣는 것뿐만이 아니라 친족이나 주변인이 사자와 최후의 이별을 고하는 납관과 부장품 배치, 주의 산포 등이 포함되고, 묘광 안 또는 분

■ 나라현 덴리시 시모이케야마下池山고분에는 석곽을 덮은 점토 안에 '적, 흑 등으로 염색된 마포'가 깔려 있다(岡林 1997). 그리고 이 고분에서는 묘광 북서 모서리의 석곽 뒤채움 안에서 대형 내행화문경內行花文鏡을 넣은 소석곽이 발견되었다.

구는 장송 의례 전체의 클라이맥스를 이루는 중요한 행위의 무대가 되었다. 이것이 후술하는 몇몇 '고분=의례의 무대설'을 만들어낸 요인이 되었는데, 이상의 묘광 안에서의 의례에는 납관·매납의례 이외에 다른 흔적이 확인되지 않는다.

이와 같은 관의 사용 방법이 장엄한 관을 만들기 위해 관을 장대화시키고, 썩지 않는 관을 만들기 위해 견고하고 무거운 돌을 관 재료로 만들었다. 그리고 이에 따라 내수성이 우수하고 잘 썩지 않는 금송(고우야마키高野槇)을 이용한 길이 8미터의 할죽형목관이 만들어졌고, 전기 후반에는 지금으로선 생각조차 할 수 없을 것 같은 무게 6~7톤이나 되는 응회암 석관이 만들어졌다(부론1 참조).

이 시기의 관과 그것을 보호하는 석곽에는 관과 곽 자체의 성격과 더불어, 정성들여 만든 석곽의 구축 방법, 적색 안료의 도포와 산포, 이기의 매납, 후술할 거울의 배치 등에서 알 수 있듯이, 유체를 보호하고 사악한 것의 침입을 막고 유체에 사악한 것이 달라붙어 날뛰는 것을 방지하는 역할을 할 것이라는 기대가 담겨 있었다. 우리는 이런 기능을 가진 관을 가두는 관이라고 부르고 있다(2장 참조).■

이런 관과 곽의 최대의 목적은 유체를 보호·밀봉하는 것이고, 내부 공간에도 여유가 없다. 즉 내부 공간에서 사자가 생전과 동일한 생활을 한다는 관념은 거의 확인되지 않으며, 기대하지도 않았다고 추측된다. 그리고 그런 성격은 부장품에도 나타난다.

■ 사방을 닫은 관 모두를 '가두는 관'이라고 생각하지 않는다. 지역과 시대의 문화적 맥락에 따라 그렇지 않은 관도 있을 수 있다.[보주5]

④ 부장품 배치와 구성

부장품은 유체 안치 후에 관 안 또는 관 밖의 관과 곽 벽 사이 또는 관 뚜껑 위에 놓인다. 전형적인 예로 나라현 덴리시 구로츠카黑塚고분(전기 전반)[4]을 보면(그림26의 ①), 유체는 구획판으로 구분된 관 중앙의 수은주水銀朱가 분포하는 범위에 북침으로 안치되어 있고, 유체 북측(머리쪽)에는 화문대신수경画文帶神獸鏡 1기가 거울 면을 북측으로 향하게 해 구획판에 걸쳐 세워지듯이 놓여 있으며, 유체 동측에는 철검 1점, 서측에는 철도와 도자 각 1점이 모두 유체와 평행하게 칼끝이 남측(발쪽)을 향하도록 놓여 있다. 관 안의 부장품이 적어 이 외에는 북측 구획에 광범위하게 칠피막漆皮膜이 확인될 뿐이다. 관 밖 관과 곽 벽 사이에는 더 많은 수의 부장품이 놓여 있다. 관 북측을 '고ㄱ' 자형으로 감싸듯이 삼각연신수경 33면이 거울 면을 유체 측으로 향하도록 걸쳐 세워져 있고, 그것과 겹치듯이 혹은 일부는 발끝과 서측으로 떨어져 철도, 철검, 철창, 철촉, Y자형철제품 등이 있고, 북측 소구부小口部에는 방패로 추정되는 주가 발린 목제품과 U자형철제품, 봉상철제품(모두 성격 불명)이 놓여 있다. 또한 남측 소구부에는 철촉, 소찰혁철주小札革綴冑, 철부, 철사鐵鉇, 수은주 용기로 추정되는 하지키土師器의 옹이나 고배가 놓여 있다.

고분시대 전기 전반의 전형적인 고분 부장품은 관 안에는 적고 관 밖(곽내)에 많이 놓여 있는 것이 특징이며, 구로츠카고분도 마찬가지이다. 관 밖에는 거울이나 무기류가 유체의 머리 부분을 둘러싸듯이 놓이는데, 모든 거울 면이 유체 쪽을 향해 있는 점이 주목된다. 거울을 관 밖에 늘어놓는 사례는 교토부 기즈가와木津川시 쓰바이오츠카椿井大塚山고분(전기 전반)에서는 보이는데, 이 경우는 거울 면이 유체 바

그림26 수혈식석곽의 부장품 출토상황 모식도와 점토곽

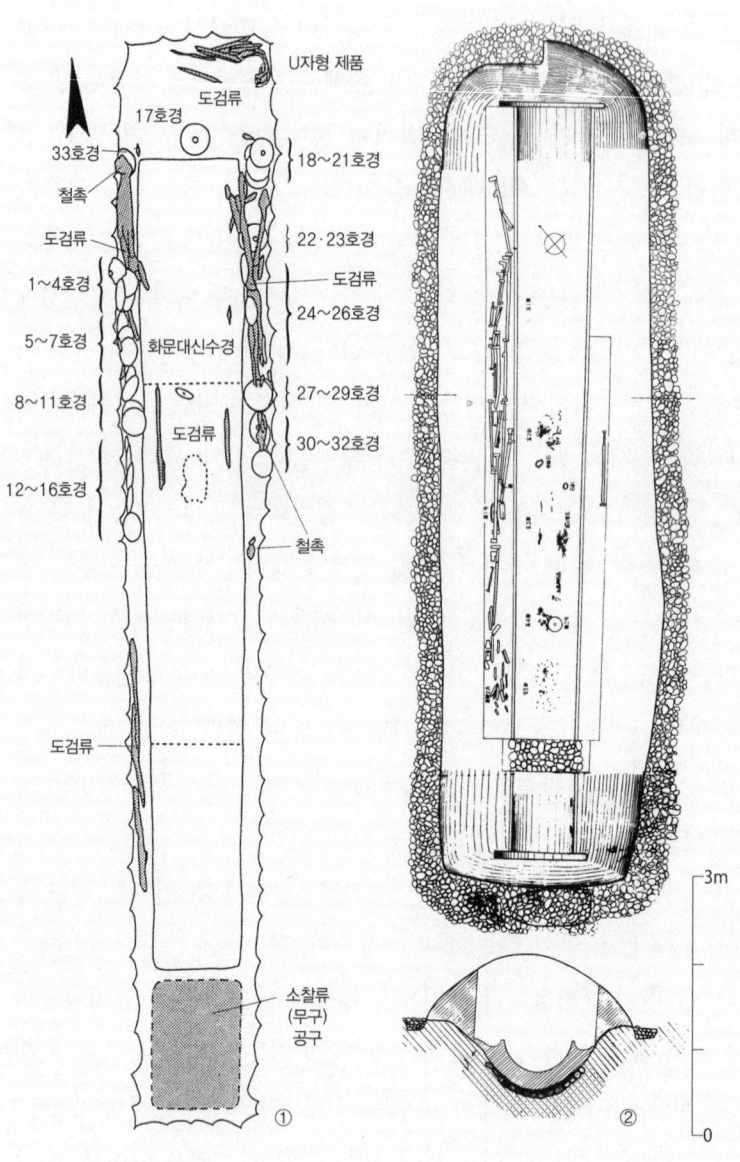

① 구로츠카고분(수혈식석곽)　② 이즈미코가네즈카고분(중앙점토곽과 할죽형목관)

깥쪽으로 향해 있다고 보고되어 있다.[5] 거울에 사악한 것을 비추어 내는 힘이 있다고 한다면, 이런 배치 상태에는 사악한 것이 유체에 가까이 오지 못하도록(쓰바이오츠카야마고분), 혹은 사악한 것이 달라붙어 유체가 날뛰지 못하도록 하는(구로츠카고분) 의도가 담겨 있었던 것으로 이해된다. 무기를 포함한 온갖 도구들을 부장한 것에 역시 아래의 성격과 별도로 이런 의도가 포함되어 있을 가능성이 있다.

전기 전반의 고분 부장품은 기본적으로 거울, 무기류, 농공어구류農工漁具類로 구성되며 가끔 옥류와 무구류가 추가된다. 이들은 종교·정치(거울·옥류)·전쟁(무기·무구류)·생산(농공어구류) 도구로 피장자인 수장이 생전에 담당했던 여러 사회적 기능과 권익을 상징하는 것, 즉 수장의 지위를 보증하는 상징적인 물건들이다. 따라서 수장의 유체와 함께 이들을 부장하는 의미는 수장이 수장으로 죽고 사후 세계에 들어간다 해도, 현세와 마찬가지로 계속 수장이라는 개념이 있었던 것으로 추정된다.■ 따라서 수장(이라는 지위)의 성격 변화와 더불어 수장의 지위를 보증하는 물품이 바뀐다면 자연히 부장품의 내용도 변할 것이다.

그러나 전·중기의 고분 부장품에는 사자가 사후의 세계에서 현세와 동일한 일상을 보내는데 필요한 물건은 하나도 포함되지 않는다.

■ 후술하듯이 타계에서 수장의 영은 수장 거관을 나타내는 가형하니와군에 머무른다고 여겨져왔던 것을 보면, 수장은 죽어서도 계속 수장으로 있었다는 생각이 있었던 것으로 보인다. 그리고 수장의 장송 의례 중에 부장품류는 수장의 힘을 보여주는 것으로 사람들에게 전시되었을 가능성이 높다.

이 점에 대해서는 많은 연구자가 지적한 바 있고, 앞서 지적한 관과 곽의 성격과도 공통된다. 중국의 곽에서 실로 변하는 타계관의 변천에 비추어 본다면, 이 시점의 사후 세계관에는 사자의 혼이 타계로 들어간다는 관념은 있었지만, 그것이 사자가 사후에도 무덤의 매장시설 안에서 현세와 동일한 생활을 한다는 관념으로 발달하지는 못한 것으로 추정된다.

⑤ 즙석과 하니와 정비

분구에 즙석이 깔리고 하니와가 세워진 시기는 유체 매납이 종료된 이후로 추정되지만, 이들의 선후관계는 아직은 명확하지 않다. 하니와의 중핵을 이루는 후원부 평탄면 중앙의 가형하니와를 포함한 일군의 하니와가 수립되는 것이 확실하게 매장 종료 후에 일어나는 일이라는 점에서 보면, 즙석과 하니와 정비가 완료되는 것은 유체 매납이 끝나고 난 후로 보는 것이 더욱 정확할 것이다(8장 참조).■ 고분에서의 절차는 매장 종료 후에 즙석을 깔고 하니와를 세우고 나서 끝나는 것이다.

즙석은 분구의 경사면에 깔린다. 그렇기 때문에 완성 후 고분의 측면 모습은 마치 돌산과 같다.

하니와는 하나의 양식으로 완성되는 고분시대 전기 후엽부터 중기 전엽 시기의 예를 본다면, 분구의 각 평탄면이나 간혹 분구 자락부에 원통형하니와나 나팔꽃형朝顔形하니와가 열을 지어 나란히 세

■ 돗토리鳥取현 구라요시倉吉시의 작은 고분 사례로, 평탄면 전체에 패인 묘광의 매립토 위에 즙석의 일부가 덮여 있는 것도 있다(야네 요시마사의 교시).

워지고, 후원부 정상 중앙의 매장 시설 위에는 방형단을 중심으로 방형하니와열이 세워지며, 주변에는 뚜껑·방패·화살통·대도형하니와 등의 기재형하니와가 배치된다. 전체 하니와군의 중심은 가형하니와군으로, 그림27은 복수의 다른 형식의 가형하니와로 구성된 수장의 거관을 표현한 것이고,■ 그 외는 가형하니와군을 사악한 것으로부터 보호하기 위해 배치되는 무기·무구류 및 권력자나 귀인의 신변이나 그 건물을 보호해 권위를 부여하는 도구류로 구성되어 있었을 것으로 추정된다. 또한 분구를 몇 겹으로 둘러싼 하니와열은 기대를 나타내는 원통형하니와와 호를 올려놓은 기대를 나타내는 나팔꽃형하니와인데, 이는 다른 세계와의 경계를

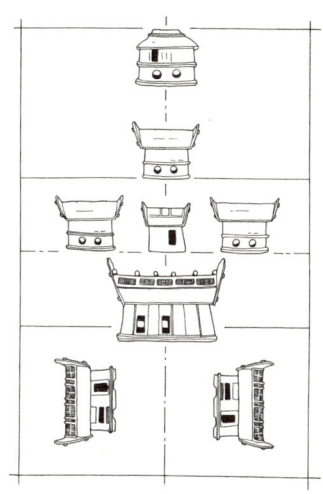

그림27 아카보리챠우스야마고분 출토의 가형하니와 배치복원도

■ 고토 슈이치後藤守一는 군마群馬현 이세사키伊勢崎시 아카보리챠우스야마赤堀茶臼山고분의 가형하니와군을 당시 한 호족의 저택을 표현한 것이라고 생각했으며, 사자의 내세의 집으로서 묘 위에 세워진 것으로 보았다(後藤 1933a). 그리고 중국의 "석인·석마에서 기원을 찾을 것이 아니라 오히려 명기明器와 많은 유사점을 가졌다"고 보았는데, 후지사와 카즈오藤澤一夫는 아카보리챠우스야마고분의 가형하니와 배열 복원안을 작성하고 (그림27), 중국 산서성山西省 당묘唐墓에서 출토된 가형명기와 비교하여 그 원류를 중국에서 찾았다(野上 1976). 후술하듯이 고분이 타계를 구현한 것이라면 그곳에 놓여진 하니와류는 충분히 명기에 비견될 수 있다.

짓고, 접근해오는 사악한 것들을 대접하여 물리치는 결계로서의 기능을 한 것으로 추정되며,[6] 아울러 분구 위의 세계는 음식물로 충만하다는 것을 나타낸다고 이해할 수 있다.

흔히 '하니와 제사'라는 말을 하곤 하는데, 이는 오해를 불러일으킬 소지가 많은 단어로, 하니와 자체는 결코 의례나 제사에 직접 사용되지 않았다. 이전까지 제시된 의견을 참고한다면 하니와는 분구를 무대로 하여 거행된 의례를 재현하고 고정화시키기 위해 배치된 모조품이거나 분구에 있어야만 하는 것들을 본떠 만든 다음 나란히 세워놓은 모조품일 것이다. 어느 쪽을 선택할지는 고분을 어떻게 해석하는가와 관련되므로 뒤에서 다시 검토한다.

고분 위에는 하니와 이외에도 목제 하니와로 불리는 삿갓 모양이나 새 모양을 장식한 나무기둥과 옥장玉杖풍처럼 보이는 장식판(소위 이와미형石見型)이 나란히 세워져 지팡이 모양이나 일산형 등의 목제품이 배치되는데, 기본적으로 하니와와 동일한 기능을 했을 것으로 파악해둔다(3장 보주3, 그림11 참조).

⑥ 묘상의례와 묘전의례

묘광을 되묻고 즙석과 하니와를 정비한 후에도, 다시 말해 고분이 완성된 후에도 사람들은 분구에 올라 의례를 수행했다. 이를 묘상의례라고 한다.

교토부 무코시 데라도오츠카고분(전기 전반)[7]과 미에三重현 이가伊賀시 이시야마石山고분(중기 전엽)[8]이 이에 해당하는데, 모두 후원부 정상 방형하니와열의 바깥쪽에서 하지키 호와 고배 등이 출토되어 어떤 의례가 거행되었음을 보여준다. 또한 후원부 정상 평탄면의 주위를 둘러싼 하니와열과의 선후관계가 명확하지 않지만, 교토부 요사노与謝野정 쓰구리야마作山 1호분(전기 후반·원분)[9]이나 기후岐阜현 오가키大垣시 히루이오츠카昼飯大塚고분(중기 전엽)[10] 등에서도 하지키와 음식 모양 토제품 또는 조리笊형토기나 옥류 등이 추가로 출토되었다. 대형 전방후원분 분정부 평탄면이 정밀하게 조사된 사례가 적고, 조사가 되더라도 도굴 등으로 훼손된 경우가 많기 때문에 출토 상황을 다 알 수는 없지만, 대형 고분에서는 이런 의례가 보편적이었던 것으로 추측된다.

한편 분구 끝자락에서 이루어진 묘전의례는 나라현 덴리시 히가시토노즈카東殿塚고분(전기 전반)[11]의 조출 모양 시설에서 그 흔적이 이미 확인되었고(약간 특수한 원통·나팔꽃형하니와 하지키가 출토), 중기 이후에도 분구 출입구(나가레야먀ナガレ山고분-석제모조품 등이 출토)나 조출에서 이루어진 것으로 확인된다. 효고兵庫현 가코가와加古川시 교우쟈즈카行者塚고분(중기 전엽)[12]이 좋은 사례로(그림28), 전방부에서 보았을 때, 좌측 조출에 사방이 원통형하니와로 둘러싸여 있고

그림28 교우쟈즈카고분 서쪽 조출의 복원도와 출토 토기·토제품

7장 고분의 타계관 211

그 안에 가형하니와군이 놓여 있으며, 그 앞에 하지키 소형호과 고배, 조리형토기와 각종 음식 모양 토제품이 늘어서 있는 것이 확인되었다. 원분 등의 분구 끝자락에서 확인되는 토기류도 여기에 추가할 수 있을 것이다.

고분 완성 후의 묘상의례와 묘전의례는 이상과 같이 음식물 공헌을 중심으로 한 의례로 참가자가 그다지 많지 않았을 것으로 추정된다. 두 의례의 관계는 불분명한데, 출토유물로 보면 의례 내용은 유사하고, 한 고분에서 둘 다 또는 한 고분에서는 한 의례만이 거행되었을 것으로 추측된다.■

그런데 여기에서 주목되는 것은 전기 전반부터 중기 전엽에 걸친 사례는 모두 일회성이고 의례 후에는 한쪽 구석에 정리되어 있었던 것에 비해, 전기 후반에서 중기에 걸친 것은 의례가 일어난 원래의 장소에 다른 토기류와 함께 음식물형 토제품이나 조리형토기가 의례의 정경 그대로 남겨져 있다는 것이다. 즉 전기 후반에서 중기 전반의 사이에, 일회성의 음식물 공헌을 중심으로 한 의례가 썩지 않는 토제품을 사용함으로써 영속적으로 계속되는 의례로 고정화된 것이다. 그 시기가 정확히 하니와에 기재형하니와가 나타나는 시기에 해당하는 것 역시 흥미롭다.

결론을 말하자면 '타계를 구현한 것'으로서 고분이 정비되는 과정에서 수장령에게 바치는 하는 음식물 공헌을 중심으로 한 의례가 영

■ 1997년에 발표한 논문에서는 "조출에서의 의례는 아마도 후원부 정상의 평탄면에 하니와를 세운 후에 거행된 묘상의례가 분구 출입구로 장소를 바꾸어 행해진 것으로 추측된다"고 했으나, 양자의 관계는 아직 명확하지 않다.

속성을 유지하도록 고정화되었다고 생각된다. 그리고 이는 사자와 의례 참여자의 공음共飲·공식共食의례를 보여주기보다는 수장인 사자의 혼에게 산해진미를 봉납하는 의례가 영속적으로 거행되었을 보여주는 것이라고 할 수 있다.

⑦ 매장의례 종료 후

고분에서의 의례 행위는 이 단계로 종료된다. 중국처럼 일회성이 아닌 계속적으로 제사를 지내는 데 필요한 시설이나 사람들이 정기적으로 고분을 방문해 제사를 지낸 흔적은 발견되지 않는다. 이 점 역시 고분의 의미를 생각하는 데 있어 매우 중요하다.

현 시점에서는 분구 위에서의 의례 흔적을 찾을 수 있어도 전방부가 중요한 역할을 했다는 증거를 확인하는 것이 거의 불가능하다. 초기 고분인 하시하카고분 전방부 선단의 가장 높은 곳에 이중구연호형토기편,[13] 교토부 무코시 모토이나리야마元稲荷山고분[14]의 전방부 중앙에 호형토기를 올려놓은 6~7기의 특수기대형하니와가 발견되는 정도이다.

야요이 분구묘가 발전하는 과정에서 분구로 가는 입구부(통로)가 의례 장소로서 돌출부가 되고, 그것이 대형화되어 전방부로 발달했다고 볼 수 있는데,[15] 전방후원분으로 정형화된 이후에는 출입구가 분구의 잘록한 부분 주변으로 바뀌게 된 것이 전방부의 성격을 바꾼 것으로 추측된다. 후원부 정상의 묘광 안에서 이루어진 납관·매납의례 때에 근친자는 위에서 묘광 내부로 내려가고, 다른 의례 참여자들은 전방부 위에 나란히 앉아 있었다고 보는 것도 불가능하지 않지만, 상상에 지나지 않는다. 그렇기 때문인지 전방부는 서서히 추가장의 장소가 된다.

2. 종교적 측면에서 본 고분의 두 가지 성격

이상으로 전·중기 고분에서 가장 전형적인 수혈식석곽에 할죽형목관을 매납하는 전방후원분의 매장 절차를 중심으로, 도구의 종류와 기능, 사용 방법을 포함해 고분을 구성하는 여러 요소를 검토했다. 전체 모습은 전기 전반에는 그리 명료하지 않았으나, 전기 후반에서 중기 전반이 되면서 상당히 분명해졌다. 이제부터는 고분을 종교적 측면에서 보고 그 성격을 두 가지로 정리하고자 한다. 현실에 존재하는 실체로 고분을 보면, 그 성격은 유체를 다루는 '무덤'이 된다. 반면 모조 세계로 보면, 그것은 '타계를 구현한 것'으로 파악된다.

(1) 무덤으로서의 고분

1. 고분시대 전·중기의 전형적인 고분에서는 분구 축조 후에 다시 후원부 정상의 평탄면에 묘광을 파고 유체를 안치했다. 이 분구선행형 절차가 일본열도 고분의 큰 특징인데, 석곽이 추가된다는 점을 제외한다면, 이 특징은 관의 사용 방법과 더불어 야요이시대 방형주구묘 전통을 잇는 것으로 추정된다.
2. 묘광 내부에서 점토관상粘土棺床 설치—관 설치—수혈식석곽 하부 구축—유체 납관과 부장품 배치—관 덮개 설치—석곽 상부 구축과 석곽 구축 및 납관·매납의례는 일체화되어(연속으로) 진행된다. 이것이 가능했던 것은 이때 사용된 관이 설치된 관이었기 때문이다. 그 결과 매장의례의 중심을 이루는 납관·매납의례가 분구 정상의 묘광을 중심으로 이루어졌다.
3. 관과는 별개로 고분으로 옮겨지는 유체와 근친의 의례 참여자는

잘록한 부분 가까이에 설치된 출입구에서 분구로 들어가 전방부를 거쳐 후원부 정상으로 올라가고, 묘광 상부에서 내부로 내려갔다. 즉 일본열도의 고분 분구는 매장의례 시에 '올라가는 분구'였고, 분구는 의례의 주요한 무대였다.

4. 관의 기능은 유체를 밀봉하는 가두는 관으로, 거울이나 철제 이기류, 적색 안료 등으로 봉인되고, 다시 한 번 수혈식석곽으로 보호되었다. 그곳에는 유체를 보호하며 사악한 것의 침입을 막고, 사악한 것이 달라붙어 유체가 날뛰는 것을 막는 목적이 있었던 것으로 추측된다. 고분의 제1의미는 '무덤'인데, 이상의 결과 유체는 분구 정상 바로 아래에 밀봉된다.

5. 유체와 함께 묻힌 물건들은 죽은 수장이 생전에 담당했던 여러 사회적 기능과 권익을 상징하는 것으로, 종교·정치적 의미를 나타내는 거울과 옥류, 전쟁을 나타내는 무기·무구류, 생산(능력)을 보여주는 농공어구류 등으로 구성되어 있다. 이들은 사후 세계에서도 수장을 수장으로서 있을 수 있게 하는 물건들이라고 할 수 있으며, 유체와 함께 밀봉된다. 하지만 그곳에 사자가 관·곽 안에서 생전과 동일한 생활을 하는 데 필요한 공간과 도구는 확인되지 않는다.

(2) 타계를 구현한 것으로서의 관

1. 계단형으로 만들어진 분구는 즙석을 깔고 하니와를 세우고, 주호를 둘러 하나의 모조 세계로 만들어진다. 고분을 타계로 보는 생각은 고분시대 당초부터 있었을 것으로 추정되는데, 그것이 하나의 의식으로 완성된 것은 전기 후반부터 중기 전엽의 일이다.[보주1]

2. 그곳에는 후원부 정상의 방형단을 둘러싼 방형하니와열 안에 배치된 일군의 가형하니와를 중심으로, 주위에 그것을 지키며 권위를 부여하는 뚜껑·방패·화살통·대도형하니와 등이 배치되고, 분구의 각 평탄면에는 분구를 둘러싸듯이 원통형하니와와 나팔꽃형하니와로 구성된 하니와열이 결계結界의 의미로 세워지며, 간혹 목제 하니와를 중심으로 하는 목제품류가 추가된다.

원통형하니와가 음식물을 넣는 식기 받침이며, 그 위에 술 종류나 음식물이 든 호를 올려놓은 것이 나팔꽃형하니와이다. 호형하니와만으로 하니와열이 구성되는 경우도 있으며, 분구 정상의 방형하니와열에는 원통형하니와 위에 고배를 올려놓은 예도 있다. 분구 아래에 밀봉된 관과 곽 안에서는 음식물 혹은 그것을 넣는 식기류가 확인되지 않지만, 분구 위에 표현된 세계에는 음식물이 가득하다.

3. 즙석을 깔고 하니와를 세운 후에도 사람들이 찾아와 분구 정상이나 분구 말단의 출입구 부근에서 토기 등을 사용한 의례를 행했다. 전기 전반에는 토기류를 사용한 일회적인 의례였지만, 전기 후반에는 음식물형 토제품과 조리형 토기가 추가되었다. 음식물형 토제품은 실제 산해진미를 본 뜬 것, 조리형 토기는 대나무 등의 바구니를 본 뜬 것으로, 여기에는 음식물 공헌을 중심으로 한 의례를 영속적으로 계속되도록 고정화시키고자 하는 의도가 담겨 있다.

4. 잘록한 부분의 출입구에서 분구로 들어가 경사면을 따라 올라가면 바위산 정상에 방어적이고 견고한 위엄을 갖춘 사자가 사는 거관居館이 있는데, 그곳은 음식물로 가득 차 있고, 매일 새로운 산

해진미가 바쳐진다. 고분에 표현된 타계의 이미지는 이런 영원한 행복으로 가득 찬 세계였던 것이 아닐까? 이 세계는 '목이 마르면 맑은 샘물을 마시고, 배고프면 대추를 먹는다'는 신선이 사는 세계와 이미지가 겹치지만, 완전히 같지는 않다.

일부 유력 고분에서 분구 정상에 있는 가형하니와군과 별도로 분구 말단 출입구(조출 등)에도 가형하니와가 배치되어 있는 양상에 대하여, 산정상부의 집과 산자락의 집이 쌍을 이루었을 가능성을 생각해볼 수 있다.

5. 고분은 어디까지나 타계를 구현한 것으로, 가형하니와군 역시 사자의 혼이 타계에서 항시적으로 사는 거관을 모조한 것이다. 따라서 어느 시점에 수장의 영이 타계에서 가형하니와로 들어온다고 보는 관념이 없었을 것이다. 고분이 완성된 이후에 계속적으로 제사가 이루어진 흔적이 확인되지 않는 것은 그 때문이다. 지속적으로 수장령의 제사가 거행되었다면 그 장소는 고분이 아닌 다른 곳이었을 것이다.[보주2]

이제까지 다룬 고분 가운데 전방후원분은 각종 분형기원설과 더불어, 단순한 무덤만은 아니었을 것으로 여겨지며 여러 가지로 설명되어왔다.[16] 분구를 수장령 계승 의식 장소로 보는 설(광의의 분구무대설)[17]이 중심이었고, 그 외에는 중국의 신선 사상 속에서 중요한 위치를 점하는 봉래산蓬萊山(호형壺形의 우주)[18]이나 곤륜산崑崙山[19] 등에 비견하는 타계설이 있다.▪

수장령 계승 의례의 장으로 보는 설은 매력적이지만, 묘광 안의 의례는 물론 분구 위에서 행해진 의례에도 수장령 계승 의례의 존재를 보여주는 것은 거의 확인되지 않아 논지를 세우기에 무리가 있다고 생각한다. 미즈노 마사요시^{水野正好}의 논리에서 중요한 역할을 하는 인물형하니와와 동물형하니와도 고분시대 중기 중·후엽에, 타계에서 수장의 혼이 수장으로 계속 있을 수 있도록 하기 위해 필요한 요소로 새롭게 추가된 것이라고 봐야할 것이며, 굳이 특별한 수장권 계승 의례의 장을 표현했다고 볼 필요는 없다고 생각한다. 인물·동물형하니와는 수장에 봉사하는 사람들과 동물이 모여드는 연중행사 같은 향연이 펼쳐지는 모종의 의례, 예를 들어 매년 열리는 조하^{朝賀} 의식*처럼, 타계에서도 여러 사람들이 끊임없이 수장에 봉사하는 모습을 중심으로 구성되어 있다고 보는 편이 타당하다. 또한 이상의 입장에서 장렬설^{葬列說}이나 모가리설 혹은 사자를 현창하는 송덕상설^{頌德像說} 등은 언급하지 않는다. 수렵이 수장에게 불가결의 것이었기 때문이다.

한편 타계설에 대해서는 학자들에 따라 조금씩 내용에 차이가 있는데, 여기에서는 앞서 살펴본 것과 마찬가지로 고분을 '타계를

■ 구루마사키(車崎 2000)는 봉래산이라고 명기하지는 않았지만, 전방후원분을 호형으로 생각하여 사자의 나라, 저택^{大宅·大家}, 방^室의 심볼리즘으로 파악했다. 흥미로운 설이지만, 전·중기 매장 시설을 방으로 보는 데에는 찬성할 수 없다. 다카하시(高橋 1996·1999)가 제기한 바도 고분 무대설의 일종인데, 분구에서의 의례를 기도로 파악하고 '이는 혼이 타계로 무사히 옮겨지도록 하는 기도 표현으로, 고분 자체 혹은 하니와 자체 역시 타계로 가기 위한 장치라는 측면이 강하지 않을까'(高橋 1999) 혹은 '사자가 신선계로 인도되기 위한 통과행위로 인식되었을 가능성이 높다'(高橋 1996)고 보았다. 분구 정상에서 음식물형 토제품을 공반하는 의례와 조출에서의 의례, 거기에 출현하는 인물형하니와를 연결시키는 것에서 발상된 것이다. 필자 역시 유사한 관점이기는 하지만 인물형하니와를 '수장에 대한 영원한 봉사'로 파악한 적이 있다(国立歷博編 1999).

• 경축일에 신하들이 조정에 나아가 임금에게 하례하는 의식.

구현한 것'으로 생각한다는 점에서 분구 위의 여러 요소를 정합적으로 이해할 수 있다고 생각한다.

중국 곽의 시대에 "혼기는 하늘로 돌아가고, 형백은 땅으로 돌아간다"(《예기禮記》교특생편郊特牲篇)라고 여겨졌던 혼백 사상이 무언가의 형태로 수혈계 곽의 시대인 고분시대 전·중기에 일본열도로 전해졌다고 추측되는데, 육체적 요소인 형백은 분구 정상부의 지하에 밀봉되고 정신적 요소인 혼기는 하늘(타계)로 넘어가 그곳에서 영원한 생을 살게 된다.■ 고분의 분구에 형상화된 것이 이 타계로, 형백이 봉해진 매장 시설 안에서는 생활의 기척이 없고, 형백은 그 안에서 영원한 잠을 자게 된다(육체가 썩어 백골이 대지로 돌아가면 형백은 소멸된다고 한다[20]). 매장 시설 안을 사자의 공간이나 집으로 보고, 그곳에서 사자가 일상생활을 한다는 관념은■■ 뒤에서 설명하겠지만 다음 단계, 그것도 규슈계 횡혈식석실에서 나타난다.

모방된 타계가 곤륜산인지 봉래산인지는 단정 짓지 않는 편이 좋겠다. 다만 현재까지의 검토를 통해 전방후원분은 천상으로 올라가는 입구로 여겨지는 내륙부의 곤륜산보다는 사자의 혼이 사는 곳으로 여겨지는 해상의 봉래산 쪽이 더욱 적합하다고 생각된다. 그러나 광범위한 고대 중국에서 사자의 혼이 내려오는 산은 각지

■ 고분시대 전·중기에는 영육분리를 인정하지 않고, 영의 존재와 타계 관념이 횡혈식석실의 전래와 더불어 형성된 것이라고 보는 설도 있다(広瀬 2006).

■■ 중국의 영혼관에도 시기적인 변천이 있으며, 그 변화가 매장 시설 양상에도 반영되어 있다(伊藤 1998, 黃 1998·1999).

에 있었고, 그 중에 곤륜산이나 봉래산이 현재화顯在化되고 의미가 정리되는 데에도 각각의 역사적 과정이 개입되어 있으므로,21 비교에 신중할 필요가 있다. 또한 고분에는 전방후원분뿐만이 아니라, 전방후방분, 원분, 방분이 있고, 모두 야요이 분구묘에 기원을 두고 있다는 점에서도 섣불리 호형壺形의 우주만이라고 말할 수는 없을 것이다.

그것보다 여기서 주목해야 할 것은 수장의 혼이 가야만 하는 타계를 표현하는 데 있어 형태와 규모 상에 차이가 있다는 점이다. 고분 질서는 이 차이를 기본으로 성립하며, 야마토왕권 안에서 수장의 정치적 신분질서를 반영한 것으로 추정되는데,22 이 질서는 타계에서 수장령의 질서도 반영했을 가능성이 있다. 이 점에서 고분의 종교적 성격이 고분의 정치사회적 성격과 연결된다. 왕권에 의한 정치적 통합 과정은 수장령 세계의 통합과 불가분의 관계에 있는 것이다.

3. 고분과 배

(1) 유체를 옮기는 배

2006년에 출토된 나라현 고료廣陵정 스야마巢山고분(전방후원분·약 220미터)은 고분과 타계의 관계를 생각하는데 있어 매우 중요한 발견이었다. 주호의 북동쪽 구석(전방부측에서 보아 전방부 왼쪽 바깥측)에 해당하는 외제外堤의 즙석 자락부 부근에서 목제품이 집중적으로 출토되었는데, 그 가운데 중요한 실물 크기로 수판竪板을 세운 형식의 준구조선이 복원된 것이다(그림29).²³ 그 보고 내용을 다음과 같이 소개한다.

수판(녹나무)은 길이 약 2.1미터·폭 약 78센티미터·하부 두께 약 25센티미터·상부 두께 약 5센티미터로, 측면에 돌기가 부착되어 있고 표면에는 원 문양을 중심으로 직호문이 그려져 있다. 기부基部는 선저船底의 환목선九木船를 걸쳐놓듯이 하ハ자 형태로 가공되었으며 밑이 두껍고 만곡한 것에 비해 선단이 얇고 평평하게 만들어져 있다. 뒷면 양 가장자리에 구溝가 있고, 중간 정도에 마찰 흔적이 있는 점으로 보아 현측판舷側板이 2단으로 맞닿아 있었던 것으로 추정된다.

현측판(삼나무)은 길이 약 3.7미터·폭 45센티미터·두께 약 5센티미터로 단부端部가 반전되어 올라간다. 상단에는 세 군데에 홈이 있고, 하단에도 장방형의 소공이 나란히 있으며 한 구멍에는 벚나무 껍질과 목편이 남아 있는데, 배면 흔적으로 보아 5센티미터 정도의 각재와 연결되어 있었던 것으로 추정된다. 표면에는 원 문양과 띠 문양이 조각되어 있는데, 원 문양은 방형구획 안에 표현되어 있다. 중앙의 원 문양 이외에 띠 문양이 위에 그려져 중복 문양을 이루며 적색 안료가 발려 있던 흔적이 확인된다.

삼각형재(녹나무)는 길이 1.8미터·폭 38센티미터·두께 5센티미터로, 한쪽 끝이 얇아져 장부㭉를 이룬다. 표면에 원 문양과

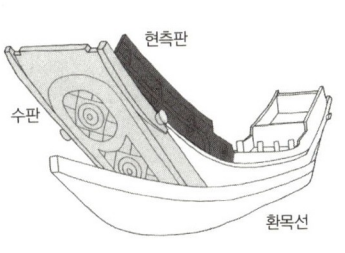

그림29 스야마고분 출토의 선형목제품 복원도

띠 문양이 있어 현측판과 관계있다는 것을 알 수 있다. 그 외에 통나무나 가공된 기둥, 판자 등 다수의 부재가 출토되었다.

오카바야시 코사쿠^{岡林孝作}에 따르면 제5차 조사에서 출토된 목제품은 야오^{八尾}시 규호우지^{久宝寺}유적 출토 준구조선의 수판과 기본적 구조가 동일하고, 직호문을 구획하는 띠 표현은 오사카^{大阪}시 나가하라다카마와리^{長原高廻り} 2호분 출토 선형하니와의 수판 표현과 매우 닮았다고 한다. 원문양과 직호문으로 장식된 목제품은 준구조선을 구성하는 수판일 가능성이 높아졌다. 이는 《고사기》 쥬아이기^{仲哀記}, 오시쿠마노미코^{忍熊王}의 반역기사 중에 나오는 '상선^{喪船}'(관을 실은 배)으로 보이며, 장송의례에 사용된 것으로 추정된다. 선형하니와는 이런 영구선^{靈柩船}을 모방한 것으로 추정된다.²⁴

부재에 원 문양이나 직호문이 새겨져 있고 적색 안료가 발려져 있다는 점에서 이 배가 일반적인 배가 아니라는 이해를 할 수 있다. 그리고 고분의 주호 바닥에서 출토되었다는 점에서 역시 고분과 관련된 배일 것이라는 추측도 타당하다. 그런 의미에서 상선설은 충분히 설득력 있다. 다만 '관을 실은 배'라는 괄호 안의 해설은** 적절하지 않다. 앞에서 이야기했듯이 당시는 들어 나르는 관이 아니라 설치된 관이 이용되었을 것으로 추정되기에 이 배는 (관이 아니라) 유체 그

■ '관을 실은 배'라는 해설은 구라노(倉野 1958)의 해설을 그대로 인용했기 때문이라고 생각된다. 글 중에는 '상선을 하나의 수단으로 미코^{御子}를 그 상선에 싣고서'라고 되어 있어 관에 대한 기술이 아니다.

● 미코^{御子}는 천황의 자녀 또는 친왕이나 내친왕을 일컫는다.

자체를 실어 옮기는 데 사용되었을 것이다.

《수서隋書》 왜국전 속에는 "사자를 염할 때 관곽을 사용하고, 친빈親賓•은 시신 곁에서 가무하고, 처자형제는 백포를 가지고 상복을 만든다. 귀인은 3년간 밖에서 모가리殯하고, 서인은 날을 점쳐서 매장한다. 장葬에 이르러 주검을 배 위에 태우고 육지에서 그것을 당기거나 혹은 작은 수레(小輿)를 이용한다"라는 기사25가 있는데, 그런 배가 처음으로 출토된 것이다.

물론 출토된 예는 겨우 이것 하나다. 그러나 선형하니와와 비교되면서, 이것은 큰 보편성을 가지게 되었다. 왜냐하면 이전까지 많은 연구자들이 선형하니와를 사자의 혼이 타는 것이라고 지적해왔기 때문이다.26

(2) 혼을 옮기는 배

선형하니와는 고분시대 중기에 축조된 40여 기의 고분에서 출토되었고, 수는 적지만 오사카부를 중심으로 분포하며 서쪽으로 미야자키宮崎· 오이타大分현에서 동쪽으로 이바라키茨城· 도치키栃木현에서까지 출토되고 있다. 여기서 주목할 것은 선형하니와의 출토 위치이다.

전방후원분 가운데서는 미에三重현 마츠사카松阪시 다카라즈카宝塚 1호분27에서 출토된 사례가 있으며, 그것은 잘록한 부분의 전방부에 치우쳐 만들어진 부채꼴 모양**의 조출造出과 전방부와의 사이 기

• 친빈親賓이란, 상을 당하면 상주들은 경황이 없어서 사리 분별도 제대로 못하는 경우가 있는데 이를 대비해서 구제복具祭服을 입혀 빈소에 서게 하는 사람을 말한다.

저면에 놓여 있었다(그림30).•• 이바라키현 오미타마小美玉시 후나즈카舟塚고분 출토품28은 조출에서 떨어진 곳에서 출토되었는데, 본래는 조출 위에 인물형하니와, 가형하니와와 함께 놓여 있었던 것으로 추측된다. 또한 후쿠오카현 아사쿠라朝倉시 쓰츠미토쇼지堤当正寺고분 출토품은 후원부 정상에 놓여 있었을 것이며, 오이타大分시 가메즈카亀塚고분 출토품과 미야자키宮崎시 시모키타가타下北方 13호분 출토품도 후원부 분구사면과 평탄면에서 떨어져 있었는데 본래는 후원부 정상부에 놓여 있었을 것으로 추정된다. 한편 조출이 있는 원분인 오카야마岡山현 미사키三咲정 쓰기노와月の輪고분 출토품29은 조출 위에서 출토되었고, 오사카부 가난河南정 간코지寬弘寺 5호분 출토품30은 잘록한 부분 가까이의 하니와열 안에서 출토되었다. 그 외 원분과 방분(대부분 방형주구묘)에서는 분구 정상부나 주호(주구) 안에서 출토되었는데, 역시 상당수는 분구 정상부에 놓여 있었을 것이며, 오사카시 다카마와리高廻り 2호분(원분)31 출토품은 당초부터 주호 바닥에 놓여 있었을 가능성이 높다고 한다.

이렇게 본다면 전방후원분과 조출이 있는 원분에서는(규슈의 전방후원분을 제외하고) 모두 조출 주변에서 선형하니와가 출토되었다고 할 수 있다.[보주3] 달리 말하면 선형하니와가 놓여야만 하는 위치는

•• 원문에는 데지마出島모양이라고 되어 있는데, 데지마는 나가사키의 나카시마가와中島川 하류에 조성된 부채꼴모양의 인공섬이다. 이해하기 쉽도록 부채꼴 모양이라고 번역했다.

■ 다카라즈카 1호분에서는 그 외 한 점의 선형하니와가 출토되었다. 같은 조출 동측의 원통형하니와 안에서 2차적으로 들어간 상태로 발견된 것과 그 주변부의 것이다.

그림30 다카라즈카 1호분의 출도상 조출 복원도와 선형하니와

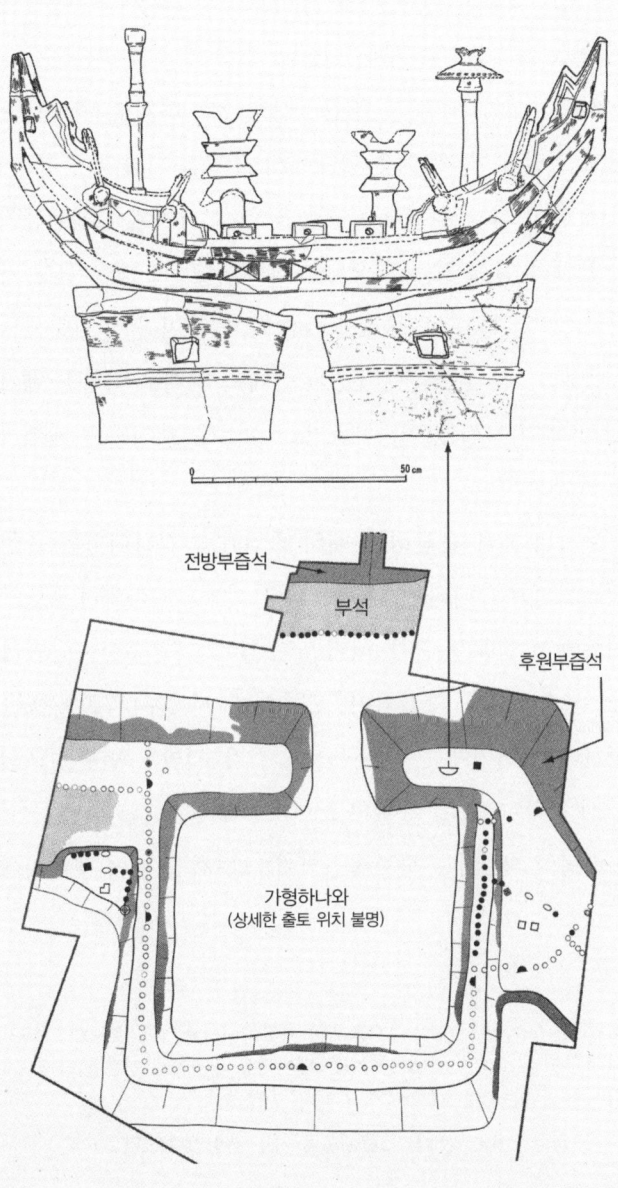

고분의 출입구인 것이다. 다카마와리 2호분 출토품에 대해서도 역시 동일한 해석이 가능하다.

그렇다면 유체를 옮기는 배와 타계를 구현한 것인 고분의 출입구에 있는 혼을 옮기는 배로부터 다음과 같은 추측을 해낼 수 있다. 고분시대에 수장이 죽으면 그 혼은 배를 타고 타계로 넘어간다는 관념이 퍼져 있었고, 실제 장송 의례에서도 일정 기간의 모가리의례를 행한 후에 혼이 타계로 떠나는 모습을 현실 세계에서 재현해야 했기 때문에, 유체를 실물 크기로 장식한 배에 싣고 그 배를 끌고 가 타계를 구현한 것인 고분으로 보냈을 것이다. 덧붙이자면, 고분 출입구에 정박한 배를 본 딴 선형하니와는 고분에서 타계로 떠나는 배가 아니고, 수장의 혼이 틀림없이 타계로 도착했음을 보여주는 배였다고 이해할 수 있다.■

이런 사자의 혼을 운반하는 배의 관념은 선형하니와의 출현을 기다릴 필요도 없이, 나라현 덴리시 히가시토노즈카東殿塚고분의 조출모양 시설에서 출토된, 지느러미가 부착된 타원통형하니와에 그려진 배(그림31)에서도 확인되며, 고분시대 시작부터 존재했던 것으로 추정된다.■■ 거기에는 배 위에 집, 뚜껑, 깃발과 번幡 형태의 세우는 것이 배치되어 있고, 키(舵)나 노(櫂)로 조타하는 곤돌라형(1·3호선)이나 수판형(2호선)의 준구조선 3척이 그려져 있는데 뱃머리에는 새

■ 다츠미(辰巳 1999)는 다카마와리 2호분의 선형하니와를 두고 "차계此界와 타계를 결계하는 의미를 가진 주호 바다에 놓여있는 배야말로 피장자의 영혼을 타계(고분)로 인도하는 탈 것이었다는 것을 잘 말해주고 있다"고 했다.

■■ 배 모양의 모조품에는 목제품도 존재했을 가능성이 있다(辰巳 2001).

그림31 히가시토노즈카고분에서 출토된 하니와에 그려진 배

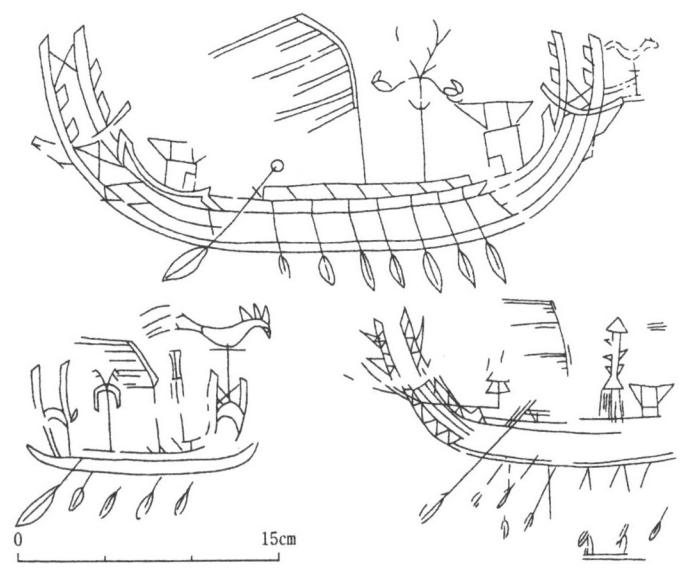

(닭)가 앉아 있다.

  수장의 유체를 옮기는 배는 타계로 혼을 옮기는 배에 상응하도록 장엄하게 만들어지고, 많은 사람들이 지켜보는 가운데 많은 사람들에 의해 장엄하게 견인되었을 것이다. 수장의 장송 의례에 관계된 여러 행위 중, 모가리의례와 묘광 안에서 이루어진 납관·매장의례의 참가자가 소수의 사람으로 한정되었다는 점을 제외한다면, 나머지는 공동체(혹은 일족)의 중요한 의례이며 행사로서 많은 사람이 참가하고 또 많은 사람이 그것을 지켜보았을 것이다. 그리고 수장의 죽음을 처리하는 과정에서 수장, 나아가 공동체 지위의 사회적 승인을

7장 고분의 타계관   227

얻었을 것으로 추정된다. 덧붙이자면, 그러기 위해서라도 모가리 장소는 고분에서 어느 정도 떨어져 있을 필요가 있다. 장송 의례(葬列)는 사자의 혼을 확실히 타계로 바래다주기 위한 의례였던 것이다.

(3) 주장에 관하여

고분과 배의 이야기가 여기까지 진행되었다면, 주장(舟葬)에 관해서도 이야기할 필요가 있다. 왜냐하면 주장에 대해서는 그 존재 여부를 중심으로 여태껏 긴 논의가 이어져왔기 때문이다.■ 논의가 복잡해진 원인은 과거에는 고분시대에 사용된 관과 곽의 실태에 관한 이해가 충분하지 못했고, 최근에는 사람의 죽음에 관련된 배가 복수의 성격을 가졌을 것이라는 이해가 충분하지 않았기 때문이라고 생각한다. 앞에서 다룬 내용들을 바탕으로 고분시대의 사람의 죽음에 관련된 배의 성격을 정리하면 다음과 같다.

① 사자의 혼을 태우고 타계로 운반하는 배
② 사자의 유체를 넣어서 매장하는 관으로서의 배

①의 배는 관념적인 배로, 스야마(巢山)고분의 선형목제품과 선형하니와, 선각된 배는 이 관념에 바탕을 둔 것이다. 한편 ②의 배는 지바(千

■ 주장(舟葬)의 존부에 관해서 과거에는 고토 슈이치(後藤 1935)와 고바야시 유키오(小林 1944)가 논의를 했고, 최근에는 이소베 다케오(磯辺 1983·1989), 오카모토 토조(岡本 2000), 다츠미 카즈히로(辰巳 1996·1999) 등이 주장의 존재를 긍정적으로 보는 견해를 제시했다.

葉현 다테야마館山시 오데라야마大寺山동굴(고분시대 중기~아스카시대)[32] 등에서 발견된 관으로 실물의 배를 사용한 것이다. 시즈오카静岡현 후지에다藤枝시 냐쿠오지若王寺고분군[33](고분시대 전엽 후반~중기) 등에서 확인된 것은 한 쪽이 날카롭고 다른 쪽이 직선적인 형상을 이루고 있어 배로 인정한 경우 이에 해당한다. 다만 ②의 배도 ①의 배 관념에서 유래한다.

사자가 배를 타고 타계로 넘어간다는 의미에서 양자 모두 광의의 주장이라고 할 수 있다. 그러나 유사한 관념이 배경에 있더라도 양자에는 의례 계획과 표현 방법에 큰 차이가 있다. ①의 배처럼 유체를 배에 태워 타계를 구현한 고분으로 옮긴다면, 매장용 관은 배가 아니어도 되며, ②의 배처럼 배 모양 관에 유체를 넣어 매장하고 타계로 보낸다면, 고분은 타계를 모방하지 않아도 된다.

광의의 주장이 실제로 이루어지는 경우에는 그 계획이나 표현 방법에 습속習俗 차이라고도 할 만한 몇 가지 다양성이 있는데, 이제는 양자를 엄밀히 구분하여 세밀하게 시기적·지역적으로 식별할 필요가 있다. 사실 키나이를 중심으로 한 주요 고분에서는 배 모양의 관이 거의 확인되지 않고, ②의 배는 간토関東나 도카이東海 등의 일부 지역에서 발견될 뿐이다.

과거 고토 슈이치後藤守一[34] 등에 대한 고바야시 유키오小林行雄의 비판[35]은 관과 곽의 실태가 충분히 밝혀지지 않았던 시기의 ②의 배에 유체를 넣어 매장하여 타계로 배웅한다는 협의의 주장의 존부, 달리 말하면 관의 이해와 관련된 것이었다."

4. 타계와 횡혈식석실

타계관과 고분관은 횡혈식석실을 매장 시설로 사용하게 되면서 어떻게 변했을까?

(1) 가두는 석실

키나이를 중심으로 한 지역에서 횡혈식석실은 중기 후엽의 몇몇 사례를 제외한다면, 후기 전엽(스에키 TK 23-47형식)에 정착하기 시작해 후기 중엽에 보급되었다. 유력한 대형 고분에는 내부를 파낸 석관이나 조합식 가형석관이 채택되었으며, 석실과 분구 축조, 석관 배치와 유체 납관의 절차는 관을 들고 연도를 통과할 수 있는가 없는가에 따라 크게 달라졌다.

조합식석관 및 조합식목관과 같이 연도를 통과할 수 있는 경우는 석실 구축의 각 단계에 맞추어 순차적으로 분구를 축조하고(주3의 동시진행형에 해당), 석실과 분구가 완성된 후 관이 들어왔으며 그 후에 유체를 가지고 들어와 납관했다고 추정된다. 고분시대 후기의 관도 기본적으로는 설치된 관이었기 때문이다.

그러나 대형의 내부를 파낸 석관처럼 연도를 통해 옮기는 것이 불가능한 경우는 석실과 분구 완성 이전에 석관을 옮겨 놓을 필요가

■ 이 시기의 논의에서는 가장家葬도 주장舟葬과 마찬가지로 협의의 의미로 '가형의 관에 매장하는 것'을 가리킨다(後藤 1935). 그 경우에도 동일한 주의가 필요한데, 사자의 혼이 사는 집이라고 해도 분구 위의 가형하니와 횡혈식석실 안의 횡구식가형석관 또는 가형석실이나 횡혈과는 구별할 필요가 있다.

있었다. 이때 생각할 수 있는 방법은 두 가지이다. 하나는 석실 완성 후에 유체를 옮겨 넣는 방법으로, 작업은 묘광 굴착―석실 기초 공작―석관 본체 배치―석실 구축·분구 축조―유체의 반입·납관―석관 덮개 설치로 이어진다. 다만 이 경우는 좁은 석실 안에 무게 2~3톤의 덮개를 잘 올릴 수 있을지가 과제로 남는다. 또 하나의 방법은 석관 본체를 배치하는 단계에 유체 반입과 납관을 마치는 방법으로 언뜻 보기에 불가능한 방법처럼 보이지만, 작업 절차는 전·중기 수혈식석곽의 경우와 기본적으로 동일하다(2장 2. 설치된 관: 횡혈계 내부 시설의 경우 참조).

어느 쪽이든 횡혈식석실 채택으로 크게 변한 것은 매장의례를 진행하며 사람들이 분구 정상으로 올라가는 일이 기본적으로 없어지고, 고분 분구가 '올라가지 않는 분구'가 된 것이다. 이로써 타계를 구현한 분구의 형해화形骸化가 진전되었을 가능성이 높다.

또한 분구 내부에 현실이라는 이제까지 없던 공간이 출현한다. 그 내부의 이용 방법을 검토할 때 중요한 것은 다음과 같다.

① 관을 놓는 장소
② 부장품을 놓는 장소(거울, 옥류, 무기·무구류, 마구류, 농공구류 등)
③ 음식물 공헌의 장소(스에키·하지키)
④ 추가장의 장소

그 중 ①과 ②는 기본적으로 전·중기 수혈식석곽 내부와 마찬가지인데, 실용적이고 새로 들어온 부장품이 늘어났다고 해도 장소의 성격은 그다지 변하지 않았다고 생각한다. 한편 ③의 음식물 공헌에 대해서는 이전 시대에 분구 정상에서 실시된 음식물 공헌과 동일한 성격의 의례가 석실 안에서도 이루어지게 된 것이라고 이해하고자 한다. 다만 때로는 배杯류 일부에 물고기 뼈나 패각이 남아 있어 음식물을 바쳤음을 알 수 있는데, 이는 토제품화된 이전 시기의 분구 정상에서의 의례와 다르다. 그리고 ④는 전·중기에 보이던 분구 위에서의 추가장이 석실 안으로 장소를 바꾼 것이라고 추측할 수 있다. 어느 쪽이든 횡혈식석실 채택으로 '올라가지 않는 분구'가 된 점과 추가장이 가능해 진 점이 현실 공간에 음식물 공헌과 추가장의 새로운 장소를 만들어냈을 것이다.

즉 횡혈식석실 채택으로 새로운 묘제가 생겨났다고 해도 이용 방법은 전기 이후의 관습 범위 안에서 이루어졌을 것으로 추정된다. 그것을 가장 단적으로 말해주는 것이 관의 기능인데, 가형석관이 발달한 것에서 알 수 있듯이 후기가 되어도 관은 여전히 가두는 관이었던 것이다. 그곳에서 사자는 석관 안에 밀봉된 상태 그대로이고, 사자에게 현실 공간은 개방되지 않았다(그림14). 바꾸어 말한다면 키나이계 횡혈식석실에서는, 후술하는 규슈계 석실처럼 사자가 사는 공간이라는 의식이 거의 확인되지 않는다. 여기에서는 이런 석실을 '사자를 가두는 관'으로 부른다.

즉 키나이와 그 주변에서는 고분시대 후기에 들어와 새로운 매장시설로서 횡혈식석실이 채택되어도 타계관에 큰 변화가 없었다. 석실은 관과 더불어 유체(혼백)를 밀봉하는 장치로 기능하고(그런 의미로는 곽적이라고 말할 수 있다), 타계는 계속해서 형해화되었다고 해도 여전히 분구 위에 표현되었다.

(2) 열린 석실

한편 고분시대 중기 초두에 횡혈식석실이 전파된 규슈 중·북부에서는 키나이와 그 주변과 다른 현상이 생긴다. 일부를 제외한다면 초기 단계부터 석실 안에 가두는 관이 사용되지 않고, 그것을 대신해 다음과 같은 시설이 발달했다.

> **A1류 구획석형** 현실 바닥면을 구획석으로 구획한 것(네 주위를 감싼 것도 있다)
> **A2류 석장형** 현실 사방에 석장을 세워서 내부를 구획석으로 구획한 것
> **A3류 석옥형형** 현실 안쪽 벽을 따라 석옥형을 놓아둔 것(뚜껑은 때로는 지붕형을 이룸)
> **A4류 석침형** 현실 바닥면에 석침을 놓아둔 것(예는 적음)

각각 출현 시기와 성행했던 지역의 차이가 있지만, 여기에서는 이것들을 아울러 열린 관 A류라고 부른다. 모두 유체를 직접 안치하는 시상으로 총칭할 수 있는 것으로, 여기에는 유체를 밀봉한다는 의식이 없고, 관내 공간은 현실 공간과 하나로 연속되어 일체화되어 있다. 이와 같은 횡혈식석실을 유체에 대해 열린 석실이라고 부르는데,■ 그 공간은 사자 또는 사자의 혼이 자유롭게 유동할 수 있는 공간이었다(그림24). 바꾸어 말하면, 규슈계 횡혈식석실이 있는 고분에서는

■ 규슈를 중심으로 확산된 횡혈의 다수도 동일하게 이해할 수 있다.

사자의 혼이 가야만 하는 타계인 분구와 별개로 석실 내부에 사자의 공간이 형성되어 있었던 것이다. 그리고 그 공간의 내부에서도 분구 위 타계의 가형하니와와 마찬가지로 사자가 사는 시설로서의 집이 중요한 역할을 했다.

이 경우 집을 표현하는 방법에는 두 가지가 있다. 하나는 석실에 많이 보이는 것으로 현실 천장이 천공을 표현하고 아래에 집 형태의 구조물(石屋形)이 놓인 경우(Ⅰ형)이며, 또 하나는 횡혈에 많은데 현실 그 자체가 집 형태인 경우(Ⅱ형)■이다. 즉 여기에서는 새롭게 채택된 횡혈계 매장 시설의 현실 공간 자체가 사자가 사는 공간 또는 사자가 사는 집으로 여겨진 것으로 추측된다. 한편으로는 아직 하니와 석인·석마를 배치한 분구 위의 타계가 존재하는 점을 고려해, 이들을 이중의 타계 혹은 중첩된 타계라고 할 수 있을 것이다. 뒤에서 이야기할 황천국 방문담 등을 고려한다면 분구 위가 타계를 구현한 것으로서 형해화되고 있던 데 비해, 열린 석실 내부의 타계는 타계 그 자체로 관념화되어 있었을 가능성이 높다(6장 보주3 참조). 그리고 석실 내부 공간은 더 넓은 세계로 이어지는 입구로 생각되었을 것이다.

일찍이 고바야시 유키오는 키나이와 규슈계 가형석관을 비교해, 집이라는 의식은 줄어들고 단순한 상자로 변하는 키나이계 가형석

■ 열린 관에는 본문에서 설명한 A류와 별개로 후쿠오카현 세키진산고분(중기 중엽)으로 대표되는 좁은 횡혈식석실에 단벽출입 횡구식가형석관을 두는 B류(B1류)가 있고, 이후에는 구마모토熊本현 에다후나야마江田船山고분(후기 전엽)과 같이 단벽출입 횡구식 가형석관이 직장되고, 그 앞에 연도가 붙게(B2류) 된다(5장 보주1 참조). 열린 관 B류는 Ⅱ형 석실이나 횡혈과 밀접한 관계에 있다(5장 참조).

관에 비해, 규슈계 가형석관은 집이라는 의식이 강하게 지속된다고 해석했는데,[36] 그 이유가 여기에 있었던 것이다.

중국의 매장 시설이 곽에서도 실로 변하는 과정에서도 매장 시설 관이, 단순히 유체를 집어넣어 귀혼鬼魂이 머무르기만 하는 것에서 실이 중시되고 사자가 사는 집 또는 공간으로 변한다고 지적된 바 있다.[37] 분구 위의 것을 별개로 본다면, 키나이계 석실이 전·중기 곽의 전통을 강하게 받아들인 것에 비해, 규슈의 석실은 당시 중국에서 석실이 수행한 역할의 영향을 강하게 받았다고 할 수 있다.[보주4] 규슈계 열린 석실의 계보를 거슬러 올라가면, 동아시아에서 중국 북조계 석관상石棺床이나 횡구식가형석곽(석관)을 가진 전실묘, 토동묘에 다다른다(5장, 그림25 참조).

또한 횡혈식석실의 세계에 대해서는 《고사기》에 있는 이자나기노미코토의 황천국 방문담의 무대가 석실인지가 논의되는데, 무대 장치에 가장 적합한 석실은 결코 키나이계 석실이 아니고, 규슈계 열린 관 A3류의 조합 장벽출입 횡구식가형석관(이것이 이자나미노미코토가 살며 출입하는 '집殿'에 해당된다)을 배치한 I형 횡혈식석실이라고 볼 수 있는 점도 이상의 이야기와 합치된다.■ 타계를 '황천국'이라 이름 붙인다면 규슈계 열린 석실과 그 안의 세계야말로 어울리는 것이다(6장 보주3 참조).

규슈계 횡혈식석실의 타계관을 생각하는 데 있어서는 규슈를 중

■《일본서기》에서 황천국 방문담은 본문에서 따로 떼어 다루고 있는데, 해설적 요소가 강하다.《고사기》이야기 쪽이 더 본래에 가까우며, 내용 검토는《고사기》를 기본으로 해야 할 것이다.

심으로 발달한 장식벽화의 검토도 불가결하다. 장식벽화는 여기에서 이야기한 열린 석실 벽면에 그려진 것임이 틀림없다. 이에 대해서는 이상의 작업을 전제로 별도로 검토를 진행할 예정이다.

마무리하며

여기에서는 고분이라는 유적의 장점을 살려 고분이라는 장소에서 행해진 사람들의 행위를 가능한 구체적으로 복원하고, 각각의 장場에서 유구와 유물의 내용·기능·사용 방법을 신중히 검토하여, 고분시대 전·중기 고분을 ①유체를 밀봉하는 '무덤'으로서의 성격과 ② 유체 매납이 끝난 후부터 즙석을 깔고 하니와를 세워 완성하는 '타계를 구현한 것'으로서의 성격이라는 두 가지 측면에서 파악했다. 고분을 구성하는 여러 요소는 이를 파악하기에 적합하다.

　이 단계에서 사람이 죽으면 혼기는 배를 타고 타계로 넘어간다고 여겨졌고, 유체(形魄)는 관과 곽 안에 밀봉되는데 그곳에서 생전과 같은 생활을 보낸다고 생각되지는 않았다.

　나라현 스야마고분 주호에서 발견된 실물 크기의 장엄한 배는 실제 장송 때 혼이 타계로 떠나는 모습을 현실 세계에서 재현하기 위해 만들어진 것으로, 유체를 태운 배는 타계를 구현한 것인 고분으로 견인되었을 것으로 추정된다. 즉 고분 장송 의례의 목적은 사자의 혼을 안전하고 확실하게 타계에 보내는 것에 있었던 것이다.

　고분에 표현된 타계는 서서히 그 내용이 정비되어 전기 후반에서 중기 전엽에 하나의 양식으로 완성된다. 그 내용은 '배를 타고 타계에 도달한 사자의 혼이 잘록한 부분의 출입구(조출 부근)에서 배에서 내려(선형하니와), 목욕재계를 하고(도수시설이 있는 가형하니와를 감싼 위형圍形하니와), 바위산의 사면을 올라 정상에 다다른다. 정상에는 견고하게 위의威儀를 갖춘 거관이 있고 사자는 그곳에 살게 되는데, 그곳은 음식물로 가득 차 있고, 매일 새로운 산해진미가 바쳐진다' 정도로 정리할 수 있다. 이는 당시 사람들이 가장 행복을 느끼는 세계였을 것이다. 즙석과 하니와(목제 하니와를 포함), 음식물형 토제품은 그것을 연출하기 위한 무대 장치와 도구였다. 중기 중·후엽에는 인물·동물형하니와도 추가되는데, 모두 수장이 타계에서도 수장으로 계속 있기 위해 필요한 것들이었다.

주목할 것은 이 수장의 혼이 가야만 하는 타계를 표현하는 데에 형태나 규모에서 차이가 있었다는 점이다. 고분질서는 이 차이를 기본으로 성립되고, 그곳에는 야마토왕권 내 수장의 정치적 신분질서가 반영되었을 것이다. 이 질서는 타계에서 수장의 질서도 반영했을 가능성이 있다. 왕권에 의한 정치적 통합 과정은 수장령 세계의 통합과도 불가분의 관계에 있는 것이다.

한편 횡혈식석실이 매장 시설로 채택되면서는 횡혈식석실의 성격에 지역 차가 반영되어 겉으로 드러나게 되었다. 후기에 횡혈식석실이 정착되고 보급된 키나이와 그 주변에서 횡혈식석실은 '가두는 관을 넣는 가두는 석실'이며 유체는 이전 시대와 변함없이 관내에 밀봉되어 현실 안이 사자의 공간이 되는 일은 일어나지 않았다. 분구에 사람이 올라가지 않게 되고 무대 장치와 도구가 형해화되었다 해도 고분은 하나의 타계를 구현한 것으로 존속했고, 석실 안에는 이전 시대 분구 위에서 열린 음식물 공헌과 추가장이 더해졌는데도,

밀봉을 기본으로 하는 곽적인 성격은 그대로 이어졌다.

반면 중기 초두에 횡혈식석실이 채택되기 시작한 규슈 북·중부에서 횡혈식석실은 열린 관을 갖춘 열린 석실로, 그곳은 사자가 사후에도 생전과 마찬가지로 일상생활을 계속하는 공간이 되었다. 이 경우에는 분구 정상의 가형하니와와는 별개로 사자가 사는 집이 필요하다. 이에 횡혈식석실에 많이 보이는 현실 천장이 천공을 표현하고, 그 안에 가형 시설(石屋形)을 배치하는 경우(Ⅰ형)와 횡혈에 많이 보이는 현실 공간 그 자체를 사자가 머무르는 집으로 만든 경우(Ⅱ형)가 생겨났다. 횡혈식석실과의 관계에서 논의된 《고사기》의 이자나기노미코토의 황천국 방문담에 나오는 무대는 키나이계 횡혈식석실이 아니라, 전자(Ⅰ형)와 같은 석실 공간이었다고 추정된다.

따라서 이곳에는 하니와나 석인·석마가 세워진 분구 위의 타계와 횡혈식석실 내부의 타계, 두 개의 타계가 중첩된 상태로 공존하며, 전자가 형해화되어가는 데 비해 후자는 타계 그 자체로 관념화되었을 가능성이 높다.

열린 관과 열린 석실의 계보를 쫓아보면, 그 뿌리를 동아시아에서 중국의 북조나 고구려의 일부 매장 시설에서 찾을 수 있다.

이상으로 개별적인 검토가 아직 충분하지 않지만, 필자의 기본적인 고분관을 개략적으로 설명했다. 일본열도에서 고분을 구성하는 여러 요소와 그 배경에 있는 타계관의 내용 및 변천에는 강약·농담의 차이가 있기는 하지만 어찌됐든 중국의 영향이 있다. 고분의 발굴 방법을 더욱 철저히 하여 고분에 대한 이해를 심화시키면서 동아시아 여러 지역의 분구묘와 비교 연구도 계속하여 관련 논의를 더욱 진전시켜야 할 것이다.

[보주1] 장식된 분구·가시화된 타계
분구 표면을 장식하는 것이 일본 고분의 커다란 특징이다. 이로써 일본에서 처음으로 타계가 가시화되었다.

[보주2] 이것으로 고분의 기념물적 의의가 부정되는 것은 아니다.

[보주3] 효고兵庫현 아사고朝来시 이케다池田고분의 좌측(동측) 조출 주변에서도 선형하니와가 출토되었다.³⁸ 그리고 쓰키노와月の輪고분 출토품은 하니와라기보다는 토제품으로 보아야 할 것이다.

[보주4] 사자를 밀봉하는 곽에서 사자가 사는 실(집)로
곽에서 실로의 변화를 최초로 지적한 것은 마치다 아키라町田章이다.³⁹ 마치다는 전한시대에 나타나는 새로운 '실'로서 만성한묘滿城漢墓 등의 애묘崖墓를 소개한 후, "이런 입체적인 묘실 구조는 묘실이 사자의 가옥이고 우주임을 나타낸다. 그곳에서는 사자를 땅 속에 밀봉한다는, 상대 이후의 중국을 지배한 장송관이 점차 옅어지고 있다"라고 서술했다.
또한 이 논고에서는 실 안에서 발달한 벽화 모티브가 전한 전기의 신선적·승선적昇仙的인 것에서 수당대로 가면서 현실적인 것으로 변화하는 양상을 묘실구조 변화와 더불어 세밀하게 검토했다. 이는 사후 생활 관념의 변화가 틀림없으며, 후한을 거쳐 남북조기에는 이미 현실적인 것이 중심이 되었다.

[보주5] 사방이 가두어진 열린 관
사방을 닫은 관이라도 채색과 선각으로 문을 표현한 것이 있는데, 그때는 열린 관으로 봐야 할 경우가 많다.

8장

고분 축조에 관한 약간의 고찰

시작하며

8장에서는 이제까지 살펴본 고분시대 장제와의 관계에서 다루어야 할 고분 축조의 여러 문제에 대해 살펴보고자 한다. 먼저《일본서기》에 기록된 고분 축조에 관련된 기사를 검토하는 것에서부터 시작할 것이다.

1. 수릉과 시장자 視葬者

1 수릉과 전방후원분

(1) 인토쿠기

우선 최초로 다룰 것은 잘 알려져 있는《일본서기》인토쿠기 仁德紀 67·87년의 모즈노노미사사기 百舌鳥野陵에 관한 기사이다.

67년 동 冬 10월 경진삭 庚辰朔 갑신 甲申(5일)에 가와치 河內 이시츠하라 石津原

로 행행하시어 능지를 정하셨다. 정유^{丁酉}(18일)에 처음으로 능을 쌓았다. 이날 사슴이 있었는데 홀연히 들판에서 일어나 달려가 인부 가운데로 들어가 넘어져 죽었다. 이때 갑자기 죽은 것을 이상히 여기어 그 상처를 찾았다. 그랬더니 때까치^{百舌鳥}가 귀에서 나와 날아갔다. 그래서 귓속을 들여다보니 모두 먹히고 할퀴어져 벗겨져 있었다. 그래서 그곳을 이름하여 모즈노미미하라^{百舌鳥耳原}라고 하는 것은 이에 연유한 것이다. (…) 87년 춘정월 무자삭^{戊子朔} 계유^{癸酉}(16일)에 천황이 붕어하시다. 동^{冬} 10월 기미삭^{癸未朔} 기축^{己丑}(7일)에 모즈노노미사사기^{百舌鳥野陵}에 장사했다.

8세기에 기록된 내용이지만, 고분 축조와 관련된 이야기로 다음과 같은 점이 주목된다.

① 즉위 후 상당한 시간이 지난 다음에 ② 무덤을 만들 장소를 결정하고, ③ 십수 일 후 서둘러 공사를 시작해, ④ 약 20년 후 돌아가시면 9개월 정도 시간을 둔 다음 매장한다.

①과 ③은 고분 축조 시작 시기와 관련있으며, 여기에서는 즉위 후 바로는 아니고 상당한 세월이 지난 후에 묘역을 선정하고, 서둘러 생전묘$^{生前墓, 壽陵}$로서 무덤 만들기를 시작한다고 기록되어 있다. ②에서는 묘역 선정(선지^{選地})을 대왕 자신이 현지에 가서 했다는 점이 드러난다. ④는 모가리나 고분 완성 등의 기간, 장의^{葬儀} 시기와 관련된 내용이다. 이처럼 여기에서는 즉위 후 상당한 시간이 지난 후에 생전묘로 축조되기 시작한 수릉 문제를 다루고자 한다.

당시 동아시아의 중심지였던 중국에서는, 서기전 3세기 진의 시황제릉(서기전 247년 착수, 서기전 210년 사망)이나 5세기 북위의 문명태

후빙씨文明皇太后馮氏의 영고릉永固陵(481년 착수, 490년 사망), 효문제孝文帝의 '허궁虛宮' 만년당万年堂(공묘空墓·491년 착수, 499년 사망. 실재 효문제릉은 낙양의 장릉長陵) 등이 잘 알려져 있듯이, 역대 황제릉이 기본적으로 수릉으로 축조되고 있었다. 권력자가 생전에 자신의 권세를 과시하고, 사후에도 그러기를 기원하는 의미였을 것이다. 6세기의 백제 무령왕릉과 관련해서도 "폐쇄용 무문 전塼 측면에 '土 임진년 作(土壬辰年作)'이라는 각명이 있는데, 이는 서기 512년(무령왕 12년)에 해당하므로 무령왕릉에 사용된 전塼은 이때부터 만들기 시작했다"라는 기록이 있고, "무령왕이 사망■하기 10년 전에 능묘축조 계획이 진행되었음을 엿볼 수 있다"고도 알려져 있다.[1]

인토쿠기의 기사는 권력자가 생전부터 자신의 묘를 만드는 것이 일본 고대에도 있었을 가능성을 보여주는 사례 가운데 하나이다. 그 외에 고교쿠기皇極紀 원년(642년)에도 소가노에미시蘇我蝦夷가 "미리 나라비하카双墓를 이마키今来에 만들었다"[2]라는 기사가 있으며(645년 사망), 《지쿠시노구니후도키筑後國風土記》일문逸文에 역시 쓰쿠시노키미이와이筑後君磐井가 "살아있을 때 미리 이 무덤을 만들었다"[3](528년 사망, 후쿠오카福岡현 야메八女시 이와토야마岩戸山고분설이 유력[4])라는 기록이 있다. 여기서는 에미시의 무덤 축조가 비난받을 만한 행위로 기록되어 있는데, 그 점은 주의해 볼 필요가 있다.■■■

■ 523년에 사망, 525년에 매장.

(2) 전·중기 고분의 검토

'고분은 수릉으로 축조되었는가'의 문제는 에도시대 이후부터 계속해서 논의되고 있으며, 자세한 내용은 전방후원분 수릉설을 주장한 모기 마사히로茂木雅博의 《수릉연구사壽陵研究史》[5]에 나와 있다. 논의 과정에서는 문제를 해결하기 위한 고고학적 방법의 하나로 분구 축조와 유체 매납의 선후 관계가 검토되어왔다.

앞서 1장에서 분구와 묘광, 매장 시설, 유체 매납의 절차를 논하며, 키나이의 전·중기 고분의 전형적인 수혈계 매장 시설(수혈식석곽이나 점토곽 등)에는 굴착묘광 a류의 절차가 채택되었음을 확인했다. 즉 우선 분구가 축조된 후에 묘광이 굴착되고, 그 내부에서 유체의 매납 매장 시설이 연속·일체적으로 구축된 것이다. 따라서 고분이 수릉으로 조영되었다면, 전·중기 수혈계 매장 시설을 가진 고분에서는 적어도 분구까지는 미리 만들어두는 것이 충분히 가능하다. 이것

■■ 요시노(吉野 2010)가 우마코馬子의 무덤이 소가蘇我 일족에 의해 만들어진 것에 대해, "나라비하카(雙墓)조영의 역민징발役民徵發법은 전황(대왕)릉 조영과 동일했을 것이다. 즉, 나라비하카 조영은 부역(エダチ)의 실례이다"라고 지적했듯, 비난의 대상이 된 가장 큰 이유는 횡폭함 때문이었으나, 후술하듯이 이미 대왕분이 수릉이 아닌 단계에 무덤을 수릉으로 만든 것도 하나의 이유로 추가될 수 있을 것이다.
이때 에미시는 "자기의 조묘祖廟를 가츠라기다카미야葛城高宮에 세우고, 팔일무八佾舞를 추었고"(…) "온 나라에서 모두 180부곡部曲을 징발하여 미리 나라비하카를 이마키에 만들었다"고 한다. 이 책에서는 고분시대 동안 사자를 묻는 무덤과 사자의 영(조령)을 제사지내는 장소(廟)가 별개로 생각되었다고 보는데, 이는 8세기에 쓰인 7세기대 기사이기는 하지만, 여기에서도 마찬가지로 양자를 별개의 장소에 있는 별개의 시설로 취급하고 있는 것에 주목하고자 한다. 이런 시점은 양 묘제 성립을 생각하는 데 있어서도 중요하다.

• 나라비하카雙墓는 원분이 연결되어 쌍을 이루는 것을 말한다.

이 모기가 말하는 '분구생전축조설'에 해당한다.

다만 고분에 비해서 분구가 작고 취약한 야요이시대 방형주구묘 중에서도 분구가 명료한 것(오사카부^{大阪부} 히가시오사카^{東大阪}시 우류도 ^{瓜生堂} 2호분 등)은 굴착묘광 a류처럼 분구가 먼저 축조되므로, 이는 어디까지나 순서의 문제일 뿐이다. 즉 분구 축조와 매장 시설 구축·유체 매납 사이에 어느 정도의 시간을 두는가, 다시 말해 피장자 생전에 수릉으로 분구를 조영하기 시작하는지 못하는지는 쉽게 정할 수 있는 문제가 아닌 것이다. 덧붙이자면, 생전에 고분 축조가 시작되는지 되지 못하는지의 여부는 물리적 절차만의 문제가 아니고, 많은 부분이 정치적 판단에 의해 좌우되었을 것으로 추측된다.

그러니 이에 관한 것은 고분 축조 실태를 더욱 깊게 검토한 뒤에 종합적으로 판단해야 하는데, 뒤에서 다시 한 번 언급하겠지만 결론적으로는 고분 축조를 포함한 장송 의례 전체에 많은 노력과 자재, 지식, 기술을 사용한다는 점을 고려하면, 대왕과 유력 수장의 장송 의례는 당시의 일대 정치적·종교적 행사였던 것으로 판단되며, 그런 상황 하에서는 대왕과 유력 수장이 자신의 권세를 과시하고 사후에도 그렇게 있기를 바라면서 생전에 무덤을 만들기 시작했다는 생각을 충분히 할 수 있다. 그리고 그런 편이 오히려 자연스럽고 타당한 것으로 판단된다.

이 책에서 주장하듯이, 고분이 타계를 구현한 것이라면, 권력자는 사후에도 생전과 마찬가지 혹은 그 이상의 권력을 보유하고 안녕한 생활을 확실히 보증하기 위해 자신의 고분을 생전부터 만들기 시작했을 것으로 추정된다.

(3) 오츠카모리고분의 발굴 성과

이 경우 고분을 어디까지 완성시켰는지가 문제가 되는데, 이 책에서는 근거가 취약함에도 불구하고 앞선 논지들을 바꾸지 않기 위해 일관되게 분구 축조―묘광굴착―(…)―묘광 되메움―즙석·하니와 정비라는 절차를 설명했다.

그러나 도호쿠가쿠인대학교(쓰지 히데토辻秀人)가 1995~1999년에 걸쳐 실시한 미야기宮城현 가미加美정 오츠카모리大塚森고분 발굴조사에서 약간 다른 절차가 판명되었다. 오츠카모리고분은 3단축성(하단―생토 파내기, 중·상단―성토)된 원분으로, 직경 약 47미터·높이 약 8미터에, 주호가 있고 즙석이 깔려 있으며 분정 상부 평탄면에는 이중구연호가 세워져 있는 대형원분이다.

발굴 결과 즙석은 강돌(川原石)로 중단 사면의 아래 절반과 상단 사면의 아래 절반에 깔려 있었는데, 묘광의 묘도 등과의 선후관계로 보면, 분구 축조 직후에 묘도 부분을 제외하고 즙석이 깔리고 그 후에 묘광이 굴착된 것이다. 그리고 매장이 끝나고 묘광이 되묻혀진 후부터 묘도 부분에도 즙석이 깔리고 분정 상부에 호류가 세워져 고분 축조가 종료된 것으로 그 순서가 밝혀졌다(그림32).[6] 최초의 분정상의 굴착의 의의는 명확히 밝혀지지 않았다.

묘도가 있어도 무방한 후원부의 전방부측사면(후원부 전면)의 즙석이 다른 부분의 즙석과 다르다는 의미에서는 교토부 요사노与謝野정 에비스야마蛭子山고분의 즙석도 주목된다. 에비스야마고분은 3단축성의 전방후원분으로 길이 약 145미터(후원부를 정원형으로 복원하면 약 170미터)·높이 약 16미터인데, 사토 코이치佐藤晃一에 따르면 발굴 결과 "(후원부에서) 전방부를 향해 올라가는 두 하나와열 사이에

그림32 오츠카모리고분의 축조 절차

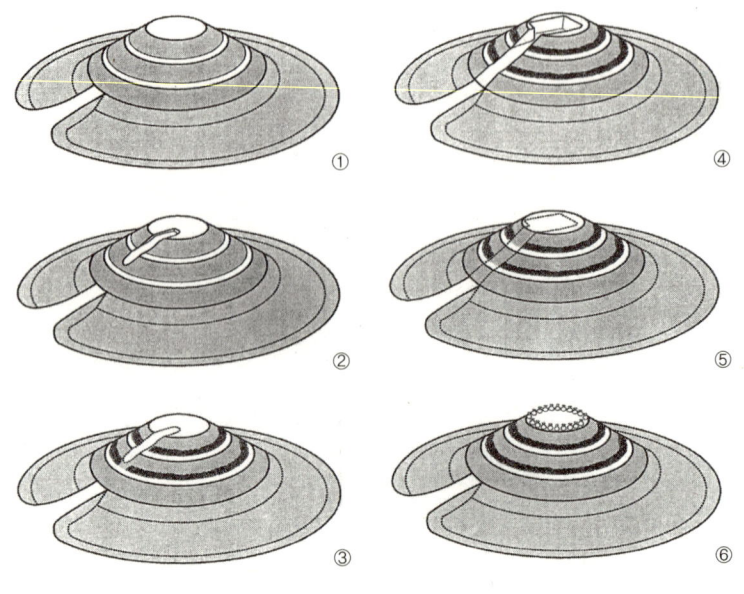

는 폭 약 5미터에 걸쳐 한 면에 강돌이 깔려 있다. 그러나 돌쌓기는 즙석의 돌쌓기 방법과는 달라, 구획석열도 근석根石도 보이지 않는다. 다만 어수선하게 돌이 하니와열 사이를 메우고 있다. 분구 즙석과는 설치 방식이 다르다는 점에서 분구 즙석과 설치 단계가 다르고 돌을 까는 의미가 즙석과 다르지 않을까 생각할 수 있다"고 보고되었다.[7] 오츠카모리고분을 참고한다면, 에비스야마고분도 분구 축조와 함께 즙석을 깔았는데 묘광 굴착과 유체 매납 단계 혹은 그 후의 단계에서 후원부 전면의 즙석만 손길이 더해졌을 가능성이 있다. 다만 원래 이 부분에만이 즙석이 깔려 있지 않았었는지 혹은 이 부분에는 즙석이 깔려 있었는데 일시적으로 벗겨내고 다시 깐 것인지 등 상세한 것은 분명하지 않다.

기후岐阜현 오가키大垣시 히루이오츠카晝飯大塚고분의 분구 사면에 깔린 즙석은 후원부 전면에만 깔리지 않고, 완성 후 그곳에서 약 3미터 간격을 두고 2개의 원형하니와열이 늘어져 있을 뿐이다.[8] 한편 나라현 덴리시 나카야마오츠카中山大塚고분(전방부 정상 평탄면에도 즙석 있음[9])과 효고현 고베시 고시키즈카五色塚고분(전방부 분정 평탄면에는 즙석 없음)[10] 등에서는 이 부분에도 즙석이 깔려 있다. 오사카부 다카츠키高槻시 군게구루마즈카郡家車塚고분에서는 발굴 결과 이 부분의 즙석은 2열의 하니와열 수립 후에 깔린 것으로 추정되고 있다.[11]

어느 쪽이든 고분이 수릉으로 만들어졌는지 아닌지, 어느 정도까지 완성되었는지 등은 이후에도 적극적으로 검토할 필요가 있다.■ 그러나 적어도 전·중기 굴착묘광 a류의 고분 가운데, 대왕과 유력 수장 고분이 수릉으로 즙석을 깐 단계까지는 생전에 만들어졌을 가능성이 한층 높아졌다고 말할 수 있을 것이다.

(4) 후·종말기 고분의 검토

한편, 후기나 아스카시대 고분의 상황은 더욱 알기 어렵다. 키나이의 유력한 고분에는 횡혈식석실 내부에 무게가 있는 내부를 파낸 대형 가형석관을 안치한 경우가 많은데, 석관 설치 시기와 유체 납관 시

■ 앞으로의 전방후원분 발굴조사에서는 지금까지 별로 의식적으로 발굴되지 않았던 후원부 전면에 대해 후원부로 올라가는 길이나 묘광·묘도, 여기서 지적한 즙석의 시공 절차 등을 고려하면서 신중히 발굴할 필요가 있다.

표5 대왕·천황의 죽음과 무덤 축조

단계	대왕·천황	사망연월과 매장 상황	비고
1	게이타이繼體 안칸安閑 센카宣化 긴메이欽明	531년 2월 사망. 동년 12월(10개월 후)에 매장 535년 12월 사망. 동월 매장 539년 2월 사망. 동년 11월(9개월 후)매장 571년 4월 사망. 동년 9월(5개월 후)매장. 612년 2월 긴메이欽明황후 기타시히메堅塩媛을 개장·합장. 620년 10월 공사중	
2	비다츠敏達 요우메이用明 (스슌崇峻) 스이코推古 조메이舒明	558년 8월 사망. 591년 4월(5년 8개월 후) 모친인 긴메이欽明황후 이시히메石姬의 시나가노미사사기磯長陵에 매장(합장) 587년 4월 사망. 동년 7월(3개월 후)에 이와레노이케노우에노미사기磐余池上陵에 매장. 593년 9월(6년 2개월 후)에 시나가노미사사기磯長陵에 개장. 592년 11월 암살, 즉일 매장. 628년 3월 사망. 동년 9월 다케다노미코竹田皇子의 묘에 매장(합장). 후에 가와치쿠니河内國 시나가노야마다노미사사기磯長山田陵에 개장 641년 10월 사망, 642년 12월(1년 2개월 후)에 나메하자마노오카滑谷岡에 매장. 643년 9월(9개월 후)에 오시사카押坂陵에 개장.	개장(추정) 개장 개장 개장
3	(고우토쿠孝德) 사이메이齊明 (고교쿠皇極) 덴치天智 덴무天武	654년 10월 사망. 동년 12월(2개월 후)에 시나가노미사사기磯長陵에 매장 671년 7월 규슈의 아사쿠라노미야朝倉宮에서 사망. 667년 2월(5년 7개월 후)에 하시히토노히메미코間人皇女(딸)과 오치노오카노헤노미사사기小市岡上陵에 합장. 671년 사망. 672년 5월 '산릉山陵을 만들기 위해 미리 인부를 차정差定하여라'의 기사. 686년 9월 사망. 687년 10월(13개월 후)에 조묘의 개시. 688년 11월에 히노쿠마노오우치노미사기檜隈大内陵에 매장. 692년 6월에 묘를 만든 공적으로 관위를 받음.	사후에 조묘(추정) 사후에 조묘 사후에 조묘

기 또는 그 방법 등이 충분히 밝혀져 있지 않기 때문이다(2장 2. 설치된 관: 횡혈계 내부 시설의 경우 참조). 여기에서는 문헌자료를 통해 이 문제를 검토하고, 향후의 연구를 전망해보고자 한다.

《일본서기》에서 6세기 전엽 게이타이繼體천황부터 7세기 후엽 덴무天武천황까지의 무덤에 관한 기사를 검토하면, 표5와 같이 세 단계가 있음을 알 수 있다. 591년 암살된 날 매장된 스슌崇峻천황과 정보가 적은 고우토쿠孝德천황의 예는 제외했다.

제1단계 게이타이繼體~긴메이欽明: 사후, 1~10개월 후에 매장
제2단계 요우메이用明~조메이舒明: 사후, 가매장 후 사후 축조로 추정되는 별도의 무덤에 개장改葬
제3단계 덴치天智~덴무天武: 사후, 묘의 축조개시(조묘기간 중 유체를 어떻게 했는지 불명)

제3단계에 이르러서는 대왕(천황) 사후에 무덤이 축조되기 시작한다. 바꾸어 말하면 대왕(천황)묘가 더 이상 수릉으로 만들어지지 않게 되었다. 서쪽 정벌西征 도중에 규슈의 아사쿠라노미야朝倉宮에서 사망한(661년) 사이메이齊明 역시, 6년 후(667년)에 딸인 하시히토노히메미코間人皇女와 합장되었다는 점을 고려하면, 무덤 축조가 사후에 시작되었을 가능성은 매우 높다. 다만 어느 경우이든 개장은 되지 않고, 고분이 만들어지기까지 유체가 어떻게 다루어졌는지는 명확하지 않다.

제2단계에는 3대에 걸쳐 일시적으로 가매장한 후, 사후에 별도의 장소에 축조된 것으로 추정되는 무덤에 개장(본 매장)된다. 비다츠敏

達도 사망(585년)한 지 6년 후(591년)에 모친(긴메이欽明천황황후 이시히메石姬)이 매장된 시나가노미사사기磯長陵에 합장되어 개장 가능성이 높다(모친의 무덤이 다시 만들어졌을 가능성도 있다). 어느 쪽이든 제2단계 역시 수릉이 아니고, 본 매장용 무덤이 사후에 만들어진 것으로 추정된다. 개장 후의 무덤이 가매장용 무덤보다 컸을 가능성이 높으므로, 개장에는 대규모 토목공사가 동원되었을 것으로 추정된다. 제1단계의 긴메이히노쿠마노미사사기欽明檜隈陵도 제2단계에 이루어진 기타시히메堅塩媛(긴메이비欽明妃)를 합장하는 개장 행위(612년)에 8년 이상(620년까지)이라는 장기간에 걸친 토목공사가 진행되었다고 추정된다.[12]

또한 제2단계의 대왕 이외의 유력자 중에서 소가노 우마코蘇我馬子의 모모하라노하카桃原墓는 우마코 사후(626년)에 만들어진 듯한데, 628년에 아직 일족이 공사를 하고 있으며, 쇼토쿠타이시聖德太子는 621년 사망 후, 같은 달에 시나가노미사사기에 합장되었다. 양자 모두 수릉이 아니다.

앞에서 지적한 소가노 에미시蘇我蝦夷가 수릉으로 나라비하카를 만든 것은 제2단계의 끝 무렵(642년)에 해당된다. 수릉이 만들어지지 않게 된 단계에, 에미시가 대왕이 된 듯 시대를 역행한 수릉을 만든 것은 사람들의 반감을 사는 하나의 요인이 되었을 가능성이 있다(245쪽 각주 참조).

한편 제1단계는 모두 1~10개월 후에는 매장되었다. 무덤 대부분이 방분과 팔각분인 제2, 3단계와는 달리, 제1단계의 대왕분은 오사카부 다카츠키시 이마시로즈카今城塚고분(분장 약 190미터, 게이타이릉설 유력)·아스카무라히라다明日香村平田 우메야마梅山고분(약 140미터)등

거대·대형 전방후원분인데, 사망에서 매장까지의 기간이 비교적 짧은 것을 고려할 때, 적어도 분구는 이전 전통을 이어서 수릉으로 만들어졌을 가능성이 높다.

그렇다면 제1~3의 단계는 ①수릉으로 생전부터 만들기 시작한 단차장의 고분이, ②가매장—본매장용의 고분 축조—개장(본매장)이라는 복차장의 단계를 거쳐, ③사후에 고분을 만들게 되는 과정을 보여준다고 할 수 있다. 개장이라는 고분시대 후기 후엽부터 아스카 시대 전엽에 걸쳐 기록된 특수한 장법은 생전에 만드는 고분에서 사후에 만드는 고분으로의 과도기에 행해진 장법이었을 가능성이 강하다. 빈궁殯宮에 뇌誄■가 출현하는 비다츠부터 다이카大化의 박장령薄葬令 직전의 조메이舒明 무렵까지가 제2단계 개장의 시기에 해당된다.

더욱 주목할 것은 대왕분이 수릉으로 만들어지지 않게 되는 시기가 거의 대왕분으로서의 전방후원분이 축조되지 않게 되는 시기에 해당하고, 이후에는 방(원)분, 팔각분으로 변한다는 것이다. 바꾸어 말해, 수릉과 전방후원분은 밀접하게 관련되어 있을 가능성이 높다. 이제까지 전방후원의 소멸 의미에 대해서는 많은 정치적 평가가 이루어져왔는데, 그 배경에는 우리가 아직 충분히 해명하지 못한 큰 장제상의 변화가 있었던 것이다. 그리고 이 획기를 거쳐 고분은 급속하게 단순한 무덤으로 변질되어 갔다(3장 참조). 일본열도에서 처음으로 타계를 가시화하여 표현한, 타계를 구현한 것으로서의 고분

■ 뇌(誄, 시노비고토)란 죽은 사람의 생전의 공덕을 칭송하고 그 죽음을 애도하는 것을 말한다.

은 이 획기에 소멸된다. 타계를 표현하는 것 혹은 타계관 그 자체가 크게 변화했을 가능성이 높다.

그리고 이 시기의 개장이라고 하는 복차장은 토장土葬이라고 하는 단차장을 기본으로 한 고분시대적인 장법에서 불교와 관련된 화장이라는 복차장의 장법으로 원활하게 변천했을 가능성도 있다.

2 시장자

다음은 유우랴쿠雄略기 9년 기노오미야紀小宮의 무덤에 관한 기사이다. 대장군 기노오미야가 신라와의 싸움 중에 병사했을 때를 다룬다.

> 이때 우네메오우시아마采女大海는 우유미노스쿠네小宮宿禰의 장사에 따라 일본으로 돌아왔다. 오토모노무로야노오무라지大伴室屋大連에게 걱정을 하며, "첩은 시신을 묻을 곳을 모릅니다. 부디 좋은 땅을 점쳐 주십시오"라고 말했다. 오무라지大連는 즉시 아뢰었다. 천황은 오무라지에게 칙서를 내려 말하기를 "대장군 기노오미야 (…) 배반한 자를 토벌하여 사해를 평정했다. (…) 삼한三韓에서 운명했다. 애도하여 시장자視葬者를 보내리라. 또 너 오토모경은 기경紀卿(기노오미야)들과 같은 구니國의 가까운 이웃으로 사귀어온 지는 오래되었다"라고 했다. 이에 오무라지大連는 칙을 받들고 하지노무라지오토리土師連小鳥로 하여금 무덤을 다무와노무라田身輪邑에 만들어 장사지내게 했다. 이 때문에 오우시아마大海는 기뻐하여 혼자 가만히 있을 수가 없어서 가라노미얏코무로韓奴室·에마로兄麻呂·오토마로弟麻呂·미쿠라御倉·오쿠라小倉·하리針 등 6인을 오무라지大連에게 보냈다. 기비노카미미치吉備上道의 가시마다노무라蚊嶋田邑의 가인부家人部가 이것이다.[13]

여기서 주목되는 것은 ①유력한 공신인 수장의 묘역 선정에 대왕이 관여하고, 더욱이 ②시장자를 보내 무덤을 만들게 한 것이다. 이에 대해 ③우네메采女의 오우시아마大海(오미야의 처)는 답례로 6명을 보내고, 이들이 (오오무라지의) 가인부家人部가 된 것 등이다.

③의 내용도 흥미롭지만, 여기서는 ①·②에서 대왕(혹은 왕권)이 유력한 수장의 묘역 선정과 무덤 조영에 깊게 관여했음을 중점적으로 살펴보고자 한다. 그 가운데서도 고분 축조에 파견된 시장자■의 존재가 중요하다.

일본열도 각지에서 공통된 양식의 크고 작은 고분이 많이 축조되고, 그 와중에 대왕분인 거대 전방후원분을 정점으로 하는 일정의 계층적 질서가 형성된 배경에는 왕권 안에서 대왕(내지는 왕권)의 의지를 기반으로 하여 고분 축조를 총괄하는 직무와 그에 종사하는 사람이 있어야 한다. 말하자면 고분 의례의 지도·관리·집행 조직과 같은 부문의 사람들이다.

수장연합체의 성숙기[14]로 평가되는 고분시대 중기에는 왕권의 여러 직무를 키나이를 중심으로 뿌리를 내린 유력 수장들이 각각 나누어 수행하며 왕권에 봉사한 것으로 추측되는데, 여기에서는 석어도 5세기 후엽에 그런 직무 가운데 하나로 고분 의례와 관련된 직무가 있었다는 점과 그 직무에 '시장자'라는 명칭이 부여되었을 가능성이 있다는 점을 중시하고자 한다.

덧붙이자면, 5세기 후엽(후기 전엽)은 중기적인 왕권 내 통치조직

■ 시카모토 타로 등은 '하부리노츠카사'라고 읽도록 하고 있다(坂本 외 1965·67).

이 재편되고 정비되어 가는 단계로,[15] 시장자는 동시기의 사이타마埼玉현 교다行田시 이나리야마稲荷山 고분 출토의 금상감철검명에 보이는 '장도인杖刀人'이나 구마모토熊本현 나고미和水정 에다후나야마江田船山 고분 출토 은상감철도명에 보이는 '전조인典曹人'과 마찬가지로 '부제部制'이전의 야마토왕권 내에서 초기적인 통치조직의 직무 가운데 하나였을 가능성이 높다. 이들은 고분 축조를 포함한 장송葬送(상장喪葬) 의례 전반을 지도·관리·집행하는 것으로 왕권에 봉사했을 것이다. 고분 축조 노하우의 전국적인 전개와 통제에 시장자는 빠질 수 없는 존재였다고 추측된다.

시장자의 관여가 어느 단계의 고분에까지 미쳤는지는 확실하지 않은데, 적어도 대왕과 그 일족, 유력한 수장의 고분이 대상이 되었음은 거의 틀림없을 것이다. 지역의 내부 조직에도 이와 동일한 역할이 조직되어 있었다면 더 아래 단계, 즉 지역의 유력한 수장의 고분 축조에까지 관여했을 가능성도 있다. 왕권 중추에서 만들어진 새로운 고분 의례의 양식은 이렇게 해서 지역적으로도 계층적으로도 계속 확산되었다.

문헌에서는 천황, 황족 및 조정의 고관들 상장을 관리하는 씨족으로 '하지씨土師氏'가 잘 알려져 있다.[16] 위 기사에도 시장자로 파견된 이가 하지노무라지오토리土師連小鳥로 되어 있다. 하지씨의 이런 직무는 고분시대부터 있었다고 할 수 있는데, 여기서는 씨족으로서의 하지씨보다는 왕권의 집행기관으로서 시장자의 존재를 중시하고, 《일본서기》 편찬 시에 삽입되었을 가능성도 포함하여 시장자를 재검토할 필요성을 제기하고자 한다. 충분히 그럴 가치가 있는 일이다.

2. 고분 축조와 군사행동

(1) 소박한 도구와 인해전술

고분의 분구는 지면 굴착과 성토로 만들어지고, 때로는 주호도 파인다. 분구 표면에는 즙석이 깔리고, 최후에 하니와가 세워진다. 그 가운데서도 가장 큰 노력을 필요로 하는 분구 축조 작업은 목제 호미(鋤)·가래(鍬)(때로는 철제의 날이 끼워진다)·천칭봉天秤棒 등의 단순한 도구를 사용한 인해전술(집단행동)로 해냈다. 그 노동의 실태는 고고학적 정보로는 아직 충분히 밝혀지지 않았지만, 이를 추측할 수 있는 자료가 나라현 사쿠라이桜井시 시키시마城島유적 도비外山지구에서 출토되었다.

긴 자루가 달린 호미(長柄鋤) 약 40본, 칠을 바른 자루가 달린 가래(膝柄鍬) 약 20본, 넓은 가래(広鍬) 2본, 사다리(梯子) 1본, 천칭봉 9본 등 끝이 마모된 낡은 토목구 다수와 구경이 25~30센티미터인 대형옹을 포함한 다량의 고분시대 전기 토기류(후루布留식 고단계)가 공반된 것이다(그림33). 조사자인 시미즈 신이치清水真一는 유적을 "토목 현장의 합숙소(飯場)같은 양상"이라고 평가하고, 토기 계통에서 "여기에 종사한 사람들의 반수 이상이 도카이東海계 사람들이고, 그 외는 야마토大和·오우미近江·산인山陰 사람들이지 않았을까"라고 추정했다.[17]

이들 도구가 고분 축조에 사용되었는지 여부는 곧바로 판단할 수 없지만 고분시대 토목공사 현장에 사용된 토목구와 취사구를 방불케한다는 점에는 틀림없다. 시미즈가 지적했듯이 노동자가 일본열도 각지에서 동원되었다고 하면, 그들은 무슨 일이 있을 때마다 공동체의 구성원 중에서 선발되어 수장이나 그 대행자와 함께 현장으

그림33 시키시마유적 출토의 토목구와 하지키

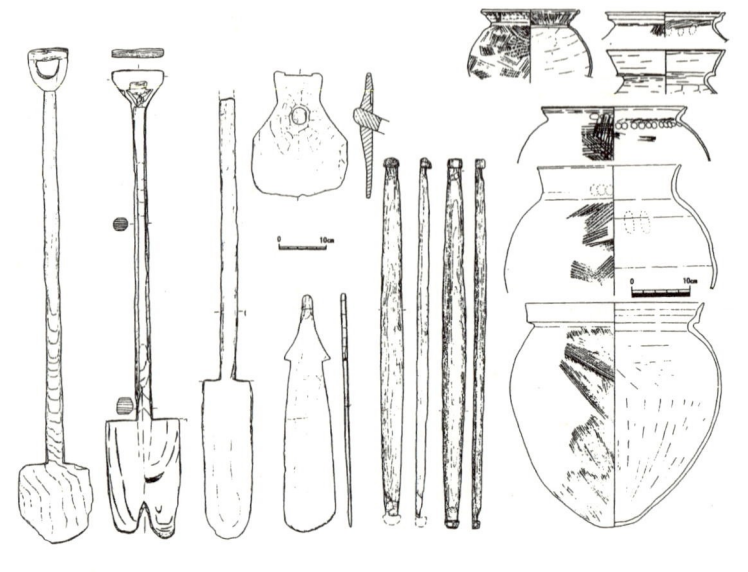

로 갔을 가능성이 높다.

고분 축조를 위해 얼마나 오랜 기간을 일했는지에 대해서는 일본 최대의 전방후원분인 오사카부 사카이堺시 다이센大山고분을 대상으로 산정한 연구가 있다.[18] 프로젝트팀은 우메하라 스에지梅原末治와 다카하시 이츠오高橋逸夫의 자료[19]를 바탕으로 다이센고분의 규모를 전장 475미터(현재는 약 486미터로 보고 있다)·후원부 직경 245미터·높이 약 30미터·분구토 양 약 140만 세제곱미터로 한 경우, 분구 축조와 이중 주호 굴착, 즙석 시공, 하니와 제작 수립을 완수하기 위해서 우마를 사용하지 않는 고대공법으로는, 한창 때에는 2,000명이 일해서(하루 8시간, 월 25일) 15년 8개월(188개월)이 필요하다고 산출했다.

다른 고분의 체적에 대해서는 이시카와 노보루石川昇가 계산한 바 있는데, 오사카부 후루이치古市고분군에서는 하비키노羽曳野시 곤다고뵤야마誉田御廟山고분(약 415미터) 약 143만 세제곱미터, 하카야마墓山고분(약 225미터) 약 25만 세제곱미터, 오토리즈카大鳥塚고분(약 110미터) 2만 세제곱미터, 반죠야마蕃上山고분(약 53미터) 4,000세제곱미터 등으로 보았다.[20] 이들을 참고한다면 극히 대략적인 계산이지만, 동일한 양식의 고분이라면 전장 약 100미터의 고분으로 분구 퇴적이 약 2만 세제곱미터인 고분의 경우, 약 100명 일한다면 약 4년 정도, 1,000명이라면 5개월 정도에 완성시킬 수 있게 된다.

(2) 고도의 측량기술·관리능력·강고한 조묘 조직

그러나 실제 고분 축조 시에는 작업에 직접 관여하는 노동자 외에 노동자의 의식주를 담당하는 사람들(스스로 했을 가능성도 있음), 도구류를 조달·보수하는 사람들, 측량하는 사람들, 그들을 관리·통괄하는 사람들 등 다양한 역할을 수행하는 사람들 역시 틀림없이 있었을 것이다. 또한 매장 시설(수혈식석곽이나 횡혈식석실 등)과 관(특히 대형의 목관·석관)의 재료 조달·가공·운반·구축(설치) 등에도 많은 노동력이 필요하다. 따라서 장기간에 걸친 고분 축조를 하기 위해서는 그것을 책임질 수 있을 만한 강고한 조묘造墓조직이 편성될 필요가 있다.

더욱이 완성된 분구에서는 단순한 도구와 인해전술(집단행동)로 작업했다고 하기에는 아주 단정하고 정미한 형태를 볼 수 있고, 마무리 단계에 이용되었을 설계나 측량기술 등 토목기술의 수준과 함께 동원된 많은 사람들을 효율적으로 작업할 수 있게 하는 시공·관리 능력의 수준도 확실히 엿볼 수 있다.

고분 축조 현장에는 이후의 조궁造宮·조사造寺 조직만큼은 복잡하지 않다고 해도 대규모 분업과 협력을 장기간에 걸쳐 실천할 수 있는 우수한 조묘조직이 있었던 것이다. 앞에서 다루었던 시장자는 대왕(왕권) 아래에서 이 조묘 조직을 통괄함과 동시에 조묘를 포함한 장송(상장)의례 전체를 책임졌던 것으로 추측된다.■■

(3) 집단행동과 군사

고분 축조라는 대규모 토목공사는 하나의 목적을 위해 집단을 효율적으로 움직인다는 점에서 군사행동과 극히 유사하다. 고분 축조를 위해 각지의 수장 또는 그 대리인이 사람들을 인솔해 결집시키고, 결집된 사람들이 더 큰 조직으로 움직이는 점을 생각해보자. 여기서 가래·호미와 같은 도구를 칼·창·활 등의 무기로 바꾸면 훌륭한 군대가 성립된다. 관개시설을 동반한 수전 농경을 영위하고 일상적으로 집단행동을 하는 사회에서는 그 연장선상에 있는 고분 축조와 군

■ 다이센고분 조영에 대해 토목공학적으로 검토한 최근 성과로는 다카츠의 논고(高津 2010)가 있다. 지금까지의 연구사를 포함해 상세하게 작업 공정을 검토하고 동원 범위까지 추측한 흥미로운 역작으로, "필자는 이 조사로 다시 하지씨의 기술력과 통솔력의 우수함, 위대함을 같은 토목기술자로서 통감했다"고 한다. 또한 율령시대의 토목공사에 대해서는 하치가가 평성궁 조성공사를 중심으로 한 검토(八賀 1974)가 있다.

■■ 1969년에 발표한 논문에서는 "하지씨가 천황 및 황실의 상장에 종사했다고 하는 구체적 내용이 이하에 제시하는 사료에서 알 수 있듯이 빈궁공봉殯宮供奉이 중심이었을 것이다"라고 이야기했다.

사행동 역시 존재했다고 말해도 과언은 아닌 것이다.

이미 앞에서 인용한 〈하지씨의 연구〉에서 나오키 코지로直木孝次郎는 하지씨의 직무로 장의葬儀·하지土師(토기) 제조·외교 외에 군사를 추가했다. 그리고 그 이유에 대해서는 다음과 같이 설명했다. "다이카大化 이전 대에는 수리 사업과 두서넛의 사원 건축을 제외하면, 다수의 인부를 움직이는 사업으로 산릉山陵 조영이 가장 주요했다고 이야기해도 좋지 않을까? 하지씨는 산릉 조영에 종사한다는 것의 당연한 결과로 군사적 부분에서도 중심 씨족이었을 거라고 생각한다."[21] 이후의 일이지만 임신壬申의 난 직전의 덴무기天武紀 원년(672년)에, 오우미近江 쪽에서 덴치天智천황이 "'산릉을 만들기 위해 미리 인부를 차정差定하라'고 명령했다. 즉 사람마다 무기를 쥐게 했다"라고 하는 것은 그간의 사정을 단적으로 이야기해주고 있다. 고분 크기는 피장자가 구사할 수 있는 병력의 크기를 암시하고 있는 것이다.

(4) 고분 조영 캠프

고분 축조에 참가한 사람들의 캠프 장소는 어디였을까? 오바야시大林덤의 계산내로 한창 때 2,000명 이상의 사람들이 작업했다면, 캠프 장소는 당시에 가장 많은 사람이 모여 있던 장소 가운데 하나일 텐데 확실한 것은 아직 상세히 밝혀지지 않았다.

호리타 케이이치堀田啓一는 오사카부 모즈고분군 주변의 취락을 분석하여, 5세기에는 ①천황(대왕)릉 가까이에 취락이 증가하여 조묘 취락화, 전업화가 진행되는 경향이 있었다. ②반입토기에는 비율은 그리 높지 않지만 5세기 중엽까지 세토우치瀨戶內 동부에서 도카이東海 지방에 이르는 지역에서 토기가 출토되고, 5세기 후엽에는 세토우치에서 동쪽 간토^{関東}지방까지로 토기의 지역이 확대된다. ③조묘 취락 가운데서도 수공업생산(단야·하니와·목제품·토기 등)에 종사하는 공인 집단의 취락(오사카부 사카이시 모즈료난^{百舌鳥陵南}유적·다카다시타^{高田下} 유적 등)과 상장의례와 조묘기술을 지도하는 통괄자 집단의 취락(하지유적 등)이 5세기 중엽 경부터 출현한다고 지적했다.²²

하니와 가마 등 그 외에는 조영 캠프라고 할 수 있을 정도의 유구와 유물이 발견되는 것이 아니므로, 약간 과한 감은 있지만 흥미로운 지적이다. 확실한 조영 캠프가 아직 발견되지 않은 상태라는 것은 이미 1999년에 한 번 지적된 바 있다.²³ 반입토기의 범위가 노동자로 징발된 사람들의 범위를 어느 정도 반영한다고 보면, ②의 지적 등은 흥미롭다. 시대는 다르지만 이마시로즈카고분의 하니와를 만들어 소성^{小成}한 오사카부 다카츠키시 신이케^{新池}유적(하니와 공방과 그 취락)에서도 6세기 전엽의 18호 가마의 회원^{灰原}에서 남간토^{南関東}계의 오니다카^{鬼高}식토기(하지키)가 출토되었다고 보고되어 있다.²⁴

각지에서 고분 조영 캠프를 확인하는 것이 앞으로의 큰 과제인데, 고분군 주변의 조사가 진행되는 후루이치^{古市}와 모즈고분군 등에서는 새로운 발견을 기대할 뿐만 아니라, 현상을 바탕으로 더욱 폭넓고 유연하게 검토할 필요가 있을지도 모른다. 규모가 큰 고분을 계속 조영하기 위해 대지의 상부를 상당하게 깎아 내었다고도 생각할 수 있다.■

■ 모리야 나오키^{森屋直樹}·시라카미 노리유키^{白神典之} 등의 교시로는 현재도 상황에 큰 변화가 없다고 한다.

3. 고분 축조의 이벤트적 성격

(1) 하시하카 전설

고분 축조와 관련해 또 하나 잘 알려진 '하시하카箸墓'의 이야기가 있다. 스진기崇神紀 10년의 일이다.

> 이 무덤은 낮에는 사람이 만들고, 밤에는 신이 만들었다. 오사카야마大坂山의 돌을 운반하여 만들었다. 산에서 무덤까지 사람이 연이어 손에서 손으로 운반했다.[25]

이 무덤이 현재 우리가 나라현 사쿠라이시 하시하카고분으로 부르는 것이라면, 오사카야마의 돌은 즙석이라기보다 오오야마토オオヤマト고분군에서 많이 사용된 수혈식석곽의 측벽을 쌓기 위한 오사카부 시바야마芝山의 안산암이나 현무암 판석일 가능성이 높다. 그리고 인용된 문장의 뒷부분은 이 판석을 옮기는 정경을 표현한 것으로 보인다. 하시하카고분의 분구와 그 주변에서도 동일한 종류의 판석이 출토되기 때문이다.[26]

그 진위는 차치하더라도 전방후원분을 만들기 시작했던 무렵의 고분 축조에는 많은 사람들이 참가했고, 사람들이 공감은 물론 외경의 마음을 가지고 그 일을 완수했을 것이라 짐작할 수 있다.

고분 한 기를 축조하는 데 어느 범위까지의 사람들이 동원되었는지는 확실하지 않지만, 원칙적으로는 피장자인 수장이 소속된 집단(일족)의 전원이 직간접적으로 고분 축조에 참가하고, 주변의 많은 사람들이 그 행위를 지켜보았을 것으로 추정된다. 그 가운데서도 최초의 대왕분인 하시하카고분이라면 동원된 사람도 보는 사람도 대단히 많았을 것이고,《일본서기》에 묘사되어 있는 나라분지를 횡단해 손에서 손으로 석재를 옮기는 방식도 많은 사람들을 참가시키기 위한 방책이었을 가능성이 있다.

어느 쪽이든 하시하카고분의 축조는 왕권을 대상으로 한 신들린 일대 종교적·정치적 행사였을 것이고, 그 행사에 많은 사람이 참가하고 사람들이 그 행사를 정당한 사회적 행위로 간주했다는 점에 의의가 있다. 그렇기에 다소 우여곡절이 있었다고 해도 300년 넘도록 고분이 계속 만들어졌던 것이다. 그리고 거기에 사람들을 통합하는 힘의 원천이 있었을 것이다. 따라서 하시하카 전설은 고분 축조에 많은 사람들이 참가한 것과 그 과정에서 오간 여러 생각들의 한 부분을 보여주는 설화로 받아들일 수 있을 것이다.

(2) 관 운반하기

대왕(혹은 수장)의 죽음에 관련된 의례적 행위는 모가리의 장이나 고분이라는 여기저기 흩어져 존재하는 거점에서만 이루어진 것이 아니다. 거점과 거점을 연결하는 길에서도, 예를 들어 자재를 산지에서 고분으로 운반하는 과정이나 상야喪屋(빈궁)에서 고분으로 유체를 옮기는 과정(소위 장례 행렬)에서도 이루어졌다. 이것으로 장송 의례는 더 확대되고 성대해졌고 행사 효과 역시 더욱 커졌다.

많은 사람이 참가하고 또 보았을 석관 운반을 예로 들어 보자. 무게가 5~6톤이나 되는 장지형석관과 주형석관을 운반하려면, 부재별로 나른다고 해도 육상에서는 대형 수라修羅에 올려서 끌고 가야 하고(때로는 굴림대와 지렛대를 사용했을지도 모른다), 그 과정에서 수백

명이 동원될 것이다.

실제로 2005년에 다카츠키시에서 수라에 올린 총 중량 9톤 가량의 가형석관(덮개몸체)을 굴림대와 지렛대를 사용하지 않고 직접 끌어 옮기는 실험을 했는데, 그물을 적절하게 설치한 후에(중량물 운반 전문인 아지시야구미阿知波組 협력) 약 450명이 참여해서야 그 석관을 비교적 부드럽게 견인할 수 있었다.[27] 그러나 석관 운반은 결코 단거리로 끝나지 않으며, 장시간에 걸쳐 인력이 확보되어야 하고 장거리에 걸쳐 도로와 같은 일정한 폭에 일정한 단단함을 가진 평탄면이 확보되어야 가능하다. 하천을 건넌다면 견고한 다리도 필요하다.

따라서 석관 운반에는 우선 수라가 지날 수 있는 길 만들기에 많은 사람이 동원되었을 것이고, 모모야마桃山 시대의 〈축성도병풍築城図屛風〉[28]에 그려져 있듯이 수라와 석관 위에 올라탄 기야리木遣·의 선창과 북소리에 맞추어 많은 사람이 수라를 끌고 많은 사람이 구경했을 것이라 추측된다. 더 자세한 내용을 다루지는 않을 예정이지만, 바다나 강을 이용한 경우에도 항로의 자연적·정치적 안정과 더불어 많은 사람의 다양한 형태의 협력이 필요했을 것이다.■

석관은 묻어버리면 아무도 볼 수 없지만, 고분 주변에서 석재를 잘라 완성된 제품에 가까운 형태로 운반할 때는 누구라도 그것을 볼 수 있다. 그것을 보는 사람들은 석관의 석재나 크기, 형식에서 그것

· 일본민요의 일종으로 노동요에 해당한다.

■ 2005년에 구마모토현 우사宇佐시에서 오사카시 남항까지 아소阿蘇핑크석제의 내부를 파낸 가형석관을 배로 운반한 실험 항해 때의 기록과 검토는 다카키(高木 2007)를 비롯하여 석관문화연구회(石棺文化研究會 2007) 논고에 자세하게 나와 있다.

그림34 〈축성도병풍〉의 수라와 기야리

을 이용하는 피장자의 동족관계와 정치적 지위를 알 수 있고, 그런 의미에서 그것을 승인한 것이다.[29] 관 운반에는 고분 모양과 규모로는 다 표현할 수 없는 피장자의 사회적 입장을 나타내는 의미가 있다. 그리고 이런 추측은 석관 정도의 무게가 아닌 목관의 운반에 대해서도 동일하게 적용할 수 있다.

4. 고분시대의 장례 행렬과 타계를 구현한 것으로서의 고분: 가시화된 타계

거점과 거점을 연결하는 과정에서 이루어진 장송 의례 가운데 최대의 의례적 행위는 모가리 장소인 상야(빈궁)에서 고분으로 죽은 수장의 유체를 운반하는 장례 행렬이었다. 앞서 7장에서 밝혔듯이 고분시대 사람들은 사람이 죽으면 정신적인 요소인 혼(혼기)은 배를 타고 타계로 향하고, 그곳에서 영원한 생을 산다고 생각했다. 그래서 현실의 장례 행렬에서 혼이 배를 타고 타계로 향하는 모습을 연출하고, 실물 크기로 장식한 배에 유체를 태워서 상상의 타계를 눈에 보이는 것으로 표현한 고분(타계를 구현한 것, 가시화된 타계)으로 견인했던 것이다. 이것이 고분시대 대왕과 수장의 장례 행렬이었다. 이를 통해 혼은 방황하지 않고 확실하게 타계로 도착하고, 타계 입구에서 배에서 내려 청결히 하고, 바위산 정상에 있는 권위를 갖춘 견고한 저택으로 들어가 산해진미와 술이 가득 차 있는 그곳에서 영원한 생을 살았다.

즉 고분 의례는 죽은 대왕과 수장(일족의 장)의 혼을 무사히 타계로 배웅하는 데에 목적이 있으며, 거기에 사자의 명복을 기원하는 마음이 응축되어 있다. 혈연관계와 혼인관계라는 피의 원리가 사회의 유대를 이루었다고 추정되는 동족사회에서는 조상을 숭배하는 것이나 죽은 대왕과 수장의 혼의 명복을 기원하는 것은 극히 보편적인 종교적 관념이었다고 생각되는데, 일본열도의 극히 고분시대적인 표현이 고분 축조를 중심으로 하는 장송 의례였던 것이다.

고분은 표면에 즙석을 깔고, 흙과 나무 등으로 만든 물건들을 배치하여 무언가를 표현한 '장식된 분구'라는 점이 최대의 특징이다. 그 양식은 출현 이래 서서히 체제를 갖추고, 전기 후엽부터 중기 전엽에 걸친 단계에 곽(수혈식석곽이나 점토곽 등)을 매장 시설로 하는 단계의 고분양식을 완성시킨다. 이때 전방후방분은 쇠퇴하고 더욱 중심적인 분형이 된 전방후원분은 3단 축성으로 조출이 만들어지며 즙석과 하니와 등으로 장식되고, 물이 차 있는 방패형 주호에 둘러진다. 이것이 가시화된 타계의 표현이라고 한다면, 키나이를 중심으로 한 대형의 주요 고분뿐이기는 해도 그 모습은 호형을 이룬다고 이야기되는 '봉래산'의 이미지에 가깝다.

마무리하며: 고분 축조와 사회 통합

고분시대 전·중기의 수장연합사회에서 열도 각지의 지역 집단(혹은 동족집단)은 수장을 중심으로 야마토왕권에 복종하고 따름으로써 정치적·경제적 안정과 군사적 안전을 확보했다. 그리고 그 보답으로 왕권에 봉사할 것을 강요받았는데, 아직 교환경제가 발달하지 않은 단계에서는 쌀이나 옷감, 특산품의 공납에는 한계가 있었기 때문에 집단적인 노동이 왕권에 대한 봉사의 중심을 이루었다.

그 당시 노동의 중심은 경지 개발과 생산 확대에 있었다기보다는 병역과 고분 축조라는 대규모 토목공사를 수반하는 장송 의례의 실행에 있었다. 이는 왕권과 지역 집단 차원에서도 마찬가지였다. 피의 원리를 유대로 하는 동족사회에서는 조상령에 제사를 지내고 대왕과 수장의 혼의 명복을 비는 것이 사람들이 가장 받아들이기 쉬운,

보편적으로 가치 있는 행위로 여겨졌기 때문일 것이다.

따라서 규모 차이와 질적 차이는 있지만 동일한 의례가 일본열도의 규슈지방에서 동북지방 남부까지, 각 지역 각 단계에서 반복적으로 이루어졌다.

왕권은 그것을 조정하고 질서를 만들어 국가적인 규모로 사회를 통합하는 원리로 삼았다. 더욱이 가짜 타계인 고분이 그 형태와 규모 질서를 세웠다고 판단한다면, 이 질서는 또한 타계의 조상령들의 질서도 세웠을 것이다.

부론1
석관 출현과 그 의의
2003년 2월 니죠잔박물관 강의

시작하며

나는 일본의 나라에서 나고 자랐다. 도중에 십수 년 정도 고향을 벗어나 살기도 했지만, 이내 다시 돌아와 고향에 둥지를 틀었다. 나라 분지는 예부터 '신이 사는 곳'이라 불렸던 여러 산들로 둘러싸여 있는데, 그 산들 가운데서도 니죠잔과 분지 동쪽 반대편의 미와야마는 조금 특별하다.

  미와야마는 어릴 적부터 내게 매우 친숙했다. 분지 북쪽의 사호사키 구릉, 그러니까 나라야마 등지에 있었던 고향집에서 이따금 조부를 따라 미와야마로 참배를 가곤 했고, 매년 정월에는 그곳에 있는 적당한 나무를 골라 나무 주위로 시메나와^{注連縄}•를 돌리고 떡과 귤과 달걀 등을 공양하고 왔다. 그때는 산 정상부에도 자유롭게 오를 수

• 일본 고유의 민족신앙인 신도에서 제사 의식에 사용하는 도구로 실 사^糸자 모양으로 만든 종이를 붙인 새끼줄을 말한다.

있었다. 그곳에 이와쿠라磐座* 같은 큰 바위가 널려 있었던 것이 지금도 어렴풋이 기억난다. 나의 부모님은 요즘도 1~2개월에 한 번씩은 미와야마로 참배를 하러 가시고 돌아오는 길에 타코야키를 사 오신다. 그래서인지 미와야마를 숭배했다는 옛 나라 분지 사람들의 마음이 내게도 조금 남아 있는 듯하다.

반면 니죠잔은 그다지 친숙하지 않은 산이었다. 초등학교에 다닐 때쯤 북쪽의 돈즈루보우屯鶴峯로 소풍을 갔던 미미한 기억이 있었을 뿐이다. 그러다 대학교에 입학한 이후 어느 날부터 니죠잔이 신경 쓰이기 시작했다. 그 무렵 나는 오리쿠치 시노부折口信夫의 《사자의 서死者の書》를 읽고 큰 감명을 받았다. 니죠잔 자락의 다이마데라当麻寺**에 전해지는 만다라에 얽힌 조죠히메中将姫*** 전설을 소재로 한 이야기였으며, 실로 아름다운 문체가 돋보이는 작품이었다. 그렇게 니죠잔은 내게 신경 쓰이는 산이 되었고, 정월이면 가끔 산에 올라갔다 (바로 이어서 석재를 가공하는 기술에 대해 이야기할 텐데, 그 기술 복원에 《사자의 서死者の書》의 소재인 만다라와 관련된 〈다이마만다라엔기에마키当麻曼荼羅縁起絵巻〉가 사용되었다. 내게는 재미있는 인연이다).

교내 고고학연구회에 들어간 후부터는 니죠잔 주변에서 사누카이트를 주워 배낭에 한가득 넣어 돌아와 석기를 제작하는 일을 했다. 익숙하지 않은 일이었기 때문에 석기를 제작했다기보다는 위험한

---

* 신도에서 신앙의 대상이 되는 바위. 이 바위를 통해 신이 강림한다고 믿는다.
** 나라현 가츠라기시에 있는 7세기에 창건된 사원.
*** 다이마데라만다라를 짰다고 전해지는 전설상의 인물.

파편을 어질러 놓기만 할 뿐이었다. 한 번 사회적 전통이 끊긴 기술은 쉽게 부활하지 않는다.

니죠잔박물관에서도 가장 자랑하는 전시 품목인 니죠잔의 사누카이트는 매우 단단하고 조개껍데기 모양으로 쪼개져 예리한 날을 형성해, 후기 구석기시대부터 야요이시대까지 창이나 화살촉을 만드는 재료로 활발하게 이용되었다. 고분시대 공부를 본격적으로 시작하고 돌로 만든 '석관'이라는 관을 연구하기 시작하면서는 몇 번이고 더 니죠잔을 찾아갔다. 니죠잔과 그 주변에서 얻을 수 있는 백색의 응회암이 6~7세기 가형석관 제작에 많이 이용되었기 때문이다. 또한 '송향석松香石'*이라고 불리는 응회암은 나라·헤이안平安시대에도 석조물 재료와 건축용 자재로 활발하게 이용되었다. 그래서 니죠잔 주변에는 꽤 오래된 채석장 흔적이 아직까지도 몇 군데 남아 있다.

석관의 재료인 사누카이트로 유명한 니죠잔에 왔으니, 지금부터는 석관에 대한 이야기를 해보려한다. 사람들은 왜 굳이 돌이라는 재료를 써서 관을 만들었을까? 관에 안치할 주검은 처음부터 관에 넣고 옮겼을까 아니면 관을 옮긴 후에 따로 옮겼을까? 무게가 수 톤에 이르는 관을 왜 그 먼 곳에서부터 운반해온 걸까? 석관을 연구하면 어떤 것을 알 수 있을까?

• 송향석松香石이란 이름은 문지르면 솔내음이 난다고 하여 붙여졌다.

1. 석관의 종류와 출현 시기

석관을 분류할 때는 먼저 관을 하나의 돌을 파서 만들었는지 아니면 두 개 이상의 돌을 조합해 만들었는지를 따져, 전자를 파낸석관(고발刳拔식석관),* 후자를 조합식석관으로 구분한다. 그리고 석관의 생김새, 즉 형태에 따라 이름을 붙인다. 큰 나무의 위아래를 잘라내고 중간 부분을 세로로 갈라 내부를 파내고 각각을 관과 뚜껑으로 만든 것을 할죽형割竹形목관이라고 하고, 그것을 흉내 내어 석관으로 만든 것을 할죽형석관이라고 한다. 할죽형목관과 석관은 횡단면이 정원형正圓形에 가깝고 양끝이 싹둑 잘려 있는 것처럼 되어 있는 것이 특징이다. 단면이 타원형이거나 양끝이 둥글게 다듬어져 있는 것은 배와 닮았다는 의미로 주형舟形석관이라 부른다(배와 닮았지만 배를 본떠 만든 것이라고 단정할 수는 없다). 한편 조합식석관 가운데는 관은 상자형이고 뚜껑은 널빤지 모양板狀인 상자형箱形석관이 있다. 그 가운데 뚜껑이 가마보코蒲鉾**모양으로 되어 있어 단면부의 윗부분이 활등처럼 둥근 것은, 뚜껑 아래 관과 함께 보면 옛날에 가재도구와 의복을 수납하는 데 썼던 장지長持를 닮았다고 해서 장지형석관이라 부른다. 가형家形석관은 말 그대로 뚜껑이 지붕형, 관이 상자형인 것으로, 관이 파낸석관인 것도 있고 조합식석관인 것도 있다.

오늘날 일본에는 할죽형석관과 주형석관은 200기가 넘게 있고,

• 고발刳拔식이란 돌의 내부를 파내어 만든다는 뜻이다.

•• 가마보코蒲鉾는 어묵을 뜻하며, 따라서 가마보코 모양이란 뚜껑 한쪽이 반원형으로 볼록 솟아 있는 것을 말한다.

장지형석관은 추정치를 더해 약 40기, 가형석관은 약 650기정도 있다고 알려져 있다. 여기에 상자형석관과 아직 발견되지 않은 것을 추가하면 약 1,000기가 넘는 석관이 있을 것으로 추정된다.

석관은 고분시대 전기 후반에 출현했다. 돌 내부를 파낸 것으로는 우선 할죽형석관이 출현했고, 큰 시간 차 없이 주형석관이 제작되었다. 할죽형석관은 주로 가가와香川현에서 고분시대 전기까지 제작되었고, 주형석관은 중기부터(일부는 후기 전반에 걸쳐) 규슈의 구마모토熊本·사가佐賀·미야자키宮崎, 또는 시마네島根·후쿠이福井·군마群馬·이바라기茨城 등에서 제작되었다. 조합식 중에는 장지형석관의 조형이라고도 할 수 있는 상자형석관이 할죽형석관과 거의 같은 시기에 제작되었고, 중기에는 키나이를 중심으로 장지형석관이 발달했다. 가형석관은 크게 키나이계·규슈계·이즈모出雲계로 구분할 수 있는데, 키나이계는 고분시대 후기부터 아스카시대에 발달했고, 주요 고분의 횡혈식석실 안에 안치되었다.

석관 가운데는 상식석관이라는, 주로 자연의 판석을 조합시켰을 뿐인, 대부분은 바닥석도 없는 간단한 것도 있다. 상식석관은 조몬시대 후·만기의 동일본에서도 이용되었지만 야요이시대 이후의 것은 본격적인 수도농경문화와 함께 전해져 고분시대를 거쳐 아스카시대까지 이용되었다. 그러나 여기에서는 이들은 제외하고, 대형의 전형적인 석관만을 중심으로 다룰 것이다. 대형 석관 가운데는 길이는 2~3미터, 무게는 수 톤에 이르는 것도 있다.

대형의 전형적인 석관은 일본만이 아니라 세계 각지, 가령 이집트와 그리스, 로마에서도 활발하게 이용되었다. 중국에도 많지는 않지만 있었고, 남쪽의 미크로네시아에도 있었다. 그러나 고분시대 석관은 열도 독자적으로 발달한 것으로 추정된다. 이는 전 일본사 속에서도 특이한 것이다. 석관은 고분과 성쇠를 같이한, 그야말로 고분시대를 대표하는 것이라고 할 수 있다. 따라서 석관 출현과 그 의미를 살펴보는 것은 고분의 본질 또는 고분시대 사회와 문화의 특징을 생각하는 데 매우 중요한 과제라 할 수 있다.

2. 석관 출현의 배경

사람들은 왜 무덤의 재료로 돌을 선택했을까? 왜 군이 돌을 가공해 무거운 석관을 만들었을까?

(1) 장엄한 관

가장 먼저 생각해야 할 것은 사람들이 크고 장엄한 관을 만들고자 했다는 것이다. 전방후원분을 비롯한 고분은 야요이시대 각지의 분구묘가 갖추고 있던 여러 가지 것들에 새로운 요소가 가미되면서 각각이 한층 더 상징화·장엄화·거대화·차별화(隔絶化)되어 창출된 것이라고 할 수 있다. 그 경향은 고분 성립 후에도 계속되어, 고분시대 중기에는 오사카부 사카이(堺)시 다이센(大山)고분이라는 거대한 전방후원분이 제작되기에 이르렀다. 그 시기에 관으로는 우선 길이가 4~6미터나 되는 장대한 할죽형목관이 만들어졌고, 계속해서 전기 후반에도 새로운 석관들이 출현했다. 거대하고 장엄한 관을 만들겠다는 목표가 계속되고 있었던 것이다.

(2) 유체를 지키는 관

그러나 관의 재료로 돌을 선택한 진짜 이유는 다른 데 있는 것 같다.

고분이 출현한 것은 일본열도에 본격적인 수도농경사회가 출현하고, 그 사회가 어느 정도 정치적으로 성숙해져, 키나이를 중심으로 초기적 국가가 형성되던 시기였다. 국가 형성이 완료됐을 쯤에는 일본 사회 내부에서 자율적인 발전이 이루어지고 있었을 뿐만 아니라, 중국과 한반도로부터 강한 정치적·문화적 영향이 유입되고 있었던 것으로 추정된다.

장송과 관련해서는, 전기 고분에서 많이 출토되는 신수경神獸鏡(신선과 동물 무늬 거울) 속 그림을 통해 볼 수 있는 신선 사상과, 그와 관련이 깊은 벽사 사상이 이 시기에 일본열도로 유입되어 사생관에 영향을 끼쳤을 것이다. 이때 같이 흘러들어가 고분시대 전·중기에 발전한 곽은 당시의 사생관을 가장 상징적으로 표현하는 유구라고 할 수 있다.

매장에 관한 시설류를 관·곽·실로 분류해 정리하면, 관은 유체를 넣는 용기 또는 그에 준하는 것을 가리키며, 곽은 관을 보호하는 시설 또는 그에 준하는 것을 뜻한다. 실은 독자적 공간인 방(현실)과 그에 도달하기 위한 통로(연도)를 갖춘 시설로 방의 공간은 관을 매납하거나 의례를 행하는 등에 다양하게 이용된다. 이 세 개념을 이용하여 야요이시대부터 고분시대까지의 매장 시설류를 개관하면, 야요이시대는 '관의 시대', 고분시대 전·중기는 '(수혈계) 곽의 시대', 후기는 '실의 시대'라고 할 수 있다. 즉 곽은 야요이시대 후기에 들어온 후 고분시대 전·중기에 발전한 시설로 이 때 유입된 장송 사상과 사생관은 곽과 깊게 관련되어 있다고 볼 수 있다.

전·중기 고분의 곽이란 수혈식석곽과 점토곽을 말하고, 그곳에 들어가는 유체를 매납한 관은 돌과 점토로 세밀하게 밀봉되어 있었다. 곽을 축조하는 단계에서 곽 내 곳곳에는 철촉과 도검류 등 철제 이기利器가 매납되었고, 곽 안쪽과 바깥 면에는 쇠에 녹이 슬지 않게 벵갈라 등의 붉은 안료가 도포되었다. 이런 행위는 모두 유체에 사악한 것이 깃드는 것을 방지하기 위한 장치이다. 즉 곽은 벽사를 위한 장치였던 것이다. 시점을 조금 바꾸어 달리 말하면, 유체에 사악한 것이 깃들어 날뛰는 것을 방지하기 위한 장치라고도 할 수 있겠다. 거울을 많이 부장했던 것도 같은 이유에서였다. 당시 거울은 수장의 정치적·종교적 권위를 상징하는 물품이었을 뿐만 아니라, 사악한 것의 정체를 비추어 그것이 깃드는 것을 막고 날뛰는 것을 방지하는 힘 있는 소품으로 여겨졌다. 혼을 진정시키기 위한 목적으로 부장품을 매납한 것으로도 볼 수 있는 것이다.

일본과 한반도의 곽과 실의 연원은 중국에 있다. 중국에서 곽은 이미 신석기시대 후반에 출현해, 상·서주·동주(춘추·전국)를 거쳐 널리 전파되어 한漢대까지 남이 있었다. 실은 진秦대(서기전 221년~206년)부터 전한대(서기전 202년~서기후 8년)에 출현해 후한대(서기후 25년~220년)에는 제국의 주변 지역으로까지 확대되었다. 이들은 곧바로 일본열도로 전래되지는 못했고, 수혈식석곽은 1세기경의 야요이 후기에, 횡혈식석실은 북부큐슈로는 4세기 후엽의 고분시대 중기 전엽에, 키나이로는 5세기 후반의 중기 후엽부터 후기 전엽 경에 전해졌다.

그러니 '곽의 시대' 일본열도의 사생관을 살펴보려면 중국 전국시대(서기전 403년~서기전 221년)의 사생관을 살펴보아야 하는데, 다행히 중국에는 당시의 문헌이 남아 있다. 그 문헌에 따르면 사람의 죽음이란 "혼魂과 백魄의 결합이 해체되는 것"으로, "육체적 요소인 백은 땅으로 돌아가 귀혼鬼魂하는 반면, 정신적 요소인 혼은 하늘로 승천하여 조상령(祖靈)이 된다"고 한다.[1]

이런 사생관에, 앞서 언급한 수혈식석곽과 점토곽의 특징을 더해 생각해보면, 곽은 '백'을 밀봉하는 장치이고, 곽 속의 부장품은 유체인 '백'에 사악한 것이 가까이 가지 못하게 막는, 다시 말해 귀혼이 날뛰지 못하도록 진혼鎭魂하여 밀봉하기 위한 도구라고 할 수 있다. 중국의 전국시대에 발달한 곽의 사상이 그대로 일본열도에 들어왔다고는 할 수 없을 것이며, 둘 사이에는 시기 차와 지역 차도 있다. 중국에서 곽은 전국시대와 한대에 걸쳐 복잡하게 발달했지만, 일본열도의 수혈식석곽과 점토곽은 주로 관을 덮는 용도로만 이용되었던 아주 간단한 것이었다. 따라서 열도의 '곽의 시대'에는 소박한 혼백 사상을 배경으로 하여 승천하는 혼과 매장 시설 안에 밀봉되는 백(유체)을 상정하는 것이 가장 타당하지 않을까 생각한다. 그리고 곽만으로는 부족해 영원히 썩지 않는 돌을 이용하여 백, 즉 유체를 밀봉하는 용기로 만들어진 것이 석관이었을 것이다. 석관은 바로 묻힌 경우도 적지 않지만, 본래 수혈식석곽 안에 안치되는 것이 원칙이다. 이런 관을 나는 '가두는 관'이라고 부른다.

참고로 고분 분구에 세워져 있는 하니와열은 주호와 더불어 고분이라는 성역을 구획하고 사악한 것의 침입을 막는 데 쓰였을 것으로 추정된다. 기대器台와 호에 기원을 둔 원통형·나팔꽃형·호형하니와는 밖에서 들어오는 신과 영靈을 안과 밖의 경계 지점에서 정성스레 대접하고, 아무쪼록 별일 없이 물러가주기를 바라는 마음에서 세워진 것으로 추정된다. 1974년 나라奈良대학교의 미즈노 마사요시水野

正好는 원통형·나팔꽃형·호형하니와를 설명하며《하리마노쿠니후도키播磨国風土記》의 설화 등을 인용하면서, "몇 중으로 둘러진 원통형하니와열에는 다가오는 것과 몰래 숨어 들어오는 것을 3단, 4단을 이루며 대접하고, 안으로 들어오는 일 없이 돌려보내려 하는 논리가 관철되어 있다"고 설명한 바 있다.[2] 약간 늦게 출현한 뚜껑(蓋)·방패(楯)·화살통(靫)·도검刀劍·갑주甲冑 등의 기재형器材形하니와 역시 방어 기재로 볼 수 있으며, 나아가 예법(威儀)을 갖추는 데 사용되기도 했다. 정리하면, 곽의 시대에 고분의 외부 시설은 벽사, 내부 시설은 벽사·진혼·밀봉의 역할을 기본적으로 담당했다.

"하늘로 승천하여 조상령이 된다"는 혼에 대해서는 확실한 실마리를 찾기가 힘들다. 그것을 알기 위해서는 일단, 하니와군의 중심에 놓인 가형家形하니와군과 천상세계로 혼을 운반한다고 알려진 조형鳥形하니와와 주형舟形하니와 등에 대한 적절한 평가가 선행되어야 하고, 조상령에 대한 제사가 이루어졌는지, 이루어졌다면 고분이라는 장소에서만 이루어지고 말았는지 아니면 이후에도 계속 이어졌는지도 알아보아야 한다. 고분에서는 하니와를 세운 후에도 의례가 이루어진 흔적을 찾아볼 수 있다. 많지는 않지만 분구의 정상부와 능선부에서 간혹 발견되는 의례에 사용된 토기군이 그것이다. 고분 정상부의 토기군은 방형하니와열 밖에서 발견되는 경우가 많아, 그 의례의 대상이 방형구획 안의 가형하니와군인 것처럼 보이기도 한다. 실제로 효고兵庫현 교자즈카行者塚고분 조출부에서 행해진 의례의 대상은 가형하니와였다. 토기를 사용한 가형하니와군 앞에서의 의례가 아마도 고분에서의 마지막 의례였을 것으로 추정된다. 그것이 승천하는 죽은 수장의 혼을 보내는 의례인지, 아니면 죽은 수장의 영을 새로운 수장이 계승하는 의례인지는 판단하기 어렵다. 하지만 어느 쪽이 됐든, 하니와를 세운 후에 행해진 그 최후의 의례가 충분히 중요한 의미를 지니고 있었다는 것은 틀림없다. 그 의례 이후에 사람들이 고분에 와서 정기적으로 혹은 비정기적으로 제사를 지낸 흔적은 거의 확인되지 않는다. 아마도 이후의 수장령 또는 조상령에 대한 제사는 다른 장소, 예를 들면 수장의 거관居館 등에서 이루어졌을지도 모르겠다.

(3) 석공 기술의 전래

고분이 만들어지던 시기에 일본열도에는 큰 석재를 자유롭게 가공하여 목적에 맞는 석관을 만드는 기술이 과연 있었을까? 크기를 따지지 않는다면 석기를 제작하는 기술은 구석기시대 이후에 창안되어 그때까지 쭉 이어져 내려오고 있었지만, 길이 2~3미터 이상의 대형 석재를 가공하는 기술은 야요이시대 이전에는 없었다.

석관을 만드는 데 어떤 석공 기술이 쓰였는지는 석관에 이용된 석재와 석관 표면에 남아 있는 공구의 흔적을 통해 어느 정도 복원해 낼 수 있다. 석공 기술에는 석재를 채취하는 채석(山取り)부터 대략적 형태 만들기(粗造), 형태 완성시키기(仕上げ), 마연에 이르기까지, 각 단계에서 쓸 수 있는 여러 가지 기법이 있는데, 석관의 표면에서 볼 수 있는 것은 주로 형태 완성시키기 단계의 공구흔이다(그림35). 주로 앞이 뾰족한 공구로 두드린 흔적, 날이 있는 공구로 두드린 흔적, 날이 있는 공구로 깎은 흔적 등이 보이고, 거칠게 다듬은 것에서부터 조밀하고 정성스럽게 다듬은 것까지 다양한 흔적들을 찾아볼 수 있다. 각 단계에서 어떤 공구가 어떻게 사용되었는지를 지금의 민속적

그림35 석관 표면의 공구흔

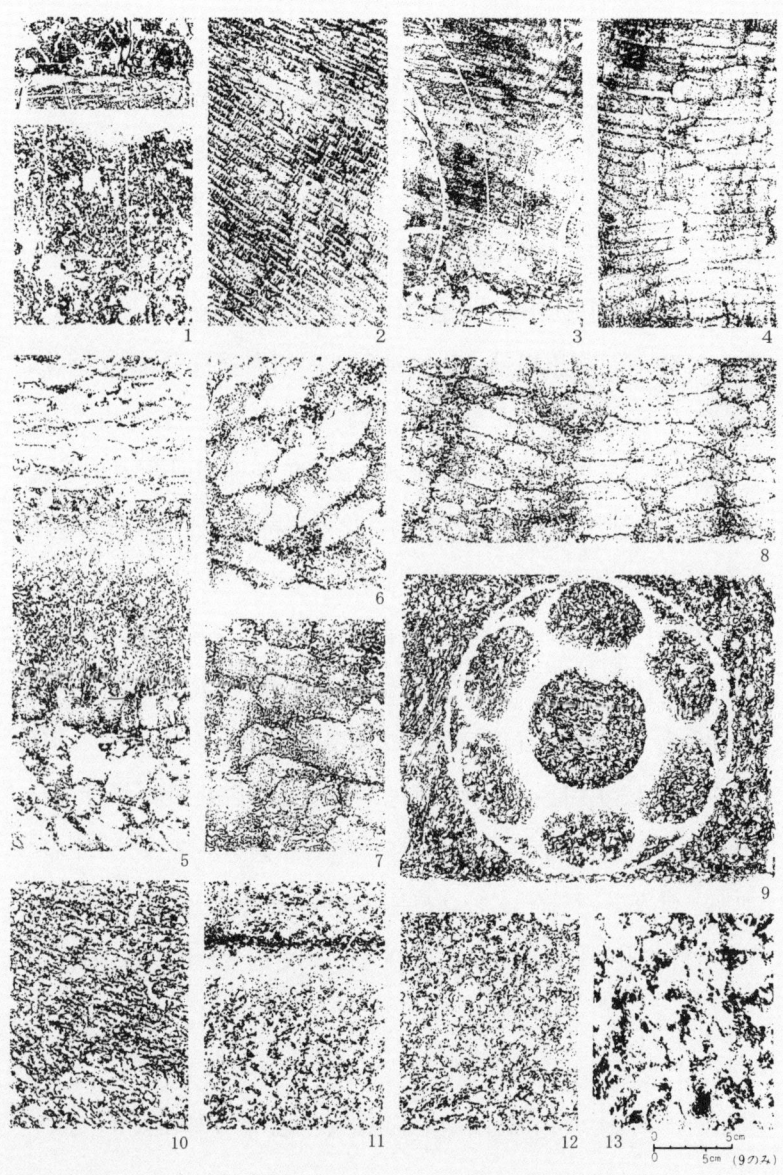

방법, 에도시대의 《닛폰산카이메이부츠에日本山海名山圖會》에 나와 있는 사례, 앞서 이야기한 가마쿠라시대의 〈다이마만다라엔기에마키〉에 나와 있는 사례 등과 비교해가며 살펴볼 수 있게 나타낸 것이 그림36이다.³

당시의 기술을 조사해 보면, 석공 기술은 총 두 번에 걸쳐 열도로 유입되었음을 알 수 있다. 먼저 한반도로부터 대형 석재를 가공할 수 있는 기술이 처음으로 전해진 것은 고분시대 초반으로 추정된다. 나라현 사쿠라이시 하시하카箸墓고분을 떠올려보면 알 수 있는데, 일본인들은 거대한 전방후원분을 좌우대칭의 아름다운 입체로 만들기 위해 이전까지 없던 뛰어나고 새로운 토목기술을 중국 혹은 한반도로부터 들여왔을 것이다. 그리고 이때 들어온 여러 가지 기술 가운데 대형 석재를 다루는 석공 기술도 포함되었을 것이다. 이 기술은 처음에는 수혈식석곽의 천장석 일부를 가공하는 정도로밖에 이용되지 않았지만, 고분시대 전기 후반부터는 석관을 만드는 데 활발하게 이용되었다. 소박하지만 명확한 체계를 가진 기술은 무른 응회암은 물론 단단한 화강암을 다루기에도 부족함이 없었다. 그러나 이 기술을 사용해 만들어낸 것은 대부분 석관뿐이었기에, 석관 제작에 적합한 유연한 돌이 이용되면서부터는 기술이 급속도로 쇠퇴했다. 니죠잔의 흰 응회암이 개발된 6세기부터는 다츠야마이시竜山石• 등의 일부 단단한 석재를 제외하고는, 대부분 유연한 돌만이 석관의 재료로 이용되었다. 게다가 고분시대에는 새로운 기술이 들어온다고 해도 석

• 효고현 다카사고시에서 산출되는 석재로, 녹색 혹은 옅은 황갈색의 유문암질 응회암.

그림36 석공의 제작 공정과 공구

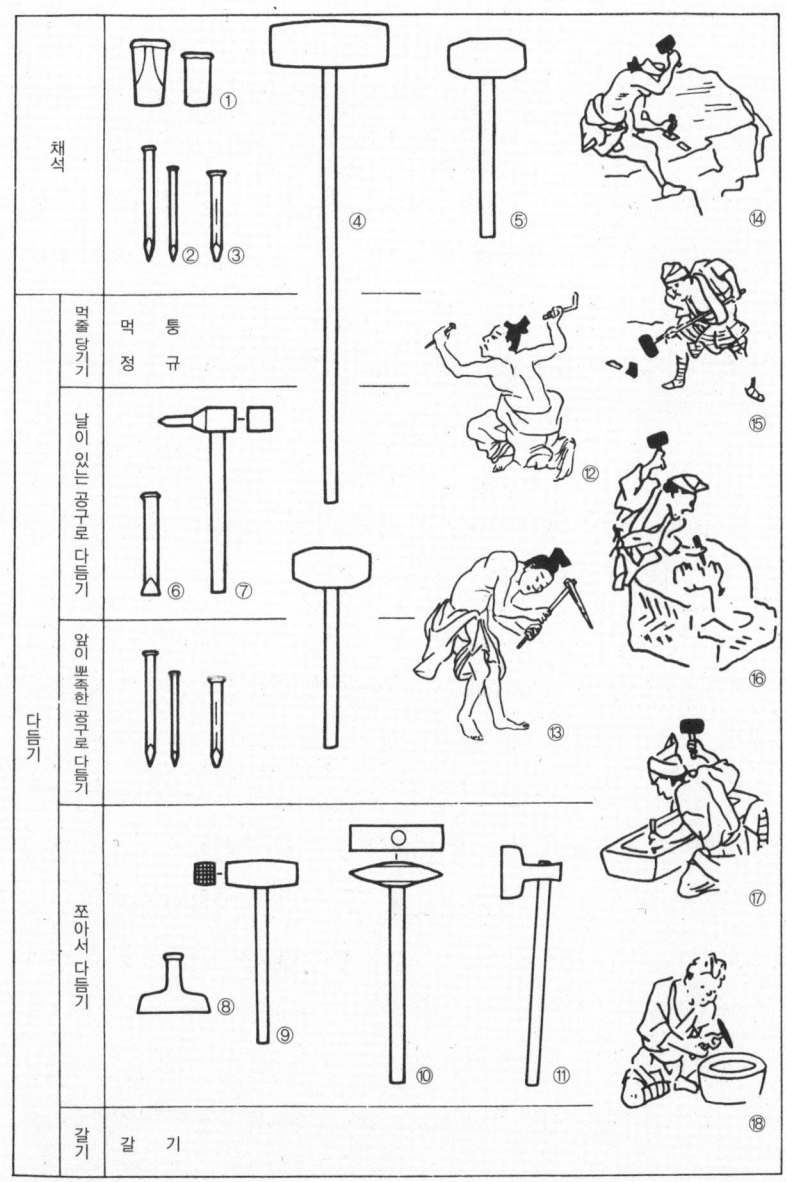

공의 생각대로 무엇이든 자유롭게 만들 수 있었던 것이 아니라, 석공을 지배하는 수장의 의지에 따라 특정한 것을 가공하는 데에만 기술이 사용되었다. 바로 이 점이 기술 퇴화의 큰 이유였다.

두 번째 기술은 6세기 말부터 7세기 초, 아스카시대 초에 불교를 비롯한 새로운 문화와 더불어 유입되었다. 이때는 사원·궁전·정원 등을 만드는 최신 토목건축 기술이 전래되었는데 그 가운데 새로운 석공 기술도 포함되어 있었다. 지금도 아스카에 가면 당시에 새롭게 들여온 기술로 만든 화강암 석조물을 볼 수 있으며, 그 기술이 그대로 고분시대 횡혈식석실과 석관 제작에도 이용되었다. 따라서 고분시대 전기에는 석관을 제작하기 위한 기반이 사상적으로도 기술적으로도 갖추어져 있었다고 할 수 있다.

그렇다면 석관의 재료인, 중량이 수 톤에 이르는 돌은 어떻게 운반해왔을까? 이와 관련해서는 '수라修羅'라는 운반구가 발견된 바 있다. 오사카부 후지이시의 나카츠야마仲津山고분(전 나카츠히메仲津姬황후릉)의 남쪽에는 미츠즈카三ツ塚라는 3기의 방분이 있는데, 그 동단의 야시마즈카八島塚와 정중앙의 나카야마즈카中山塚 사이에서 두 개의 수라가 발견되었다(그림37). 둘 가운데 큰 것은 길이가 약 8.8미터였고, 작은 것은 약 2.8미터정도였으며, 두 수라는 현재 오사카부 지카츠아스카近つ飛鳥박물관에 전시되어 있다. 교토시 금각사金閣寺의 연못에서도 그와 동일한 것이 발견되었다. 그것은 무로마치시대의 것으로, 육지에서 끌어당겨온 것이라 표면이 많이 마모되었다. 또한 오사카부 히가시오사카東大阪시 우류도瓜生堂유적에서 출토된 스에키須惠器의 호 파편에는 말이 수라를 끄는 그림이 선각으로 묘사되어 있다(그림 38). 그 스에키는 6세기 전반의 것으로, 당시 육지에서 물건을 운반

그림37 미츠즈카고분에서 출토된 수라

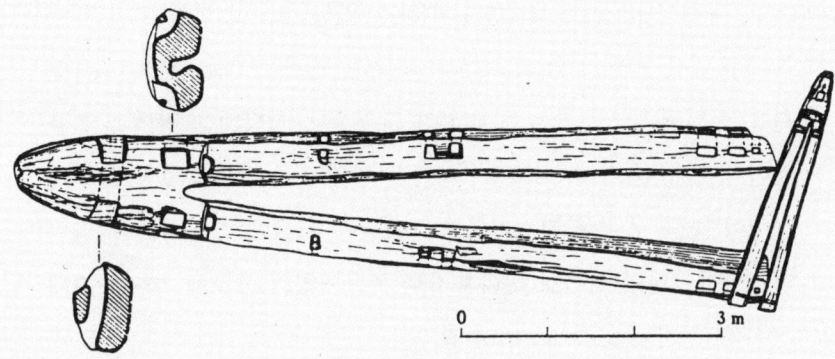

그림38 우류도유적에서 출토된 스에키에 새겨진 수라를 끄는 말

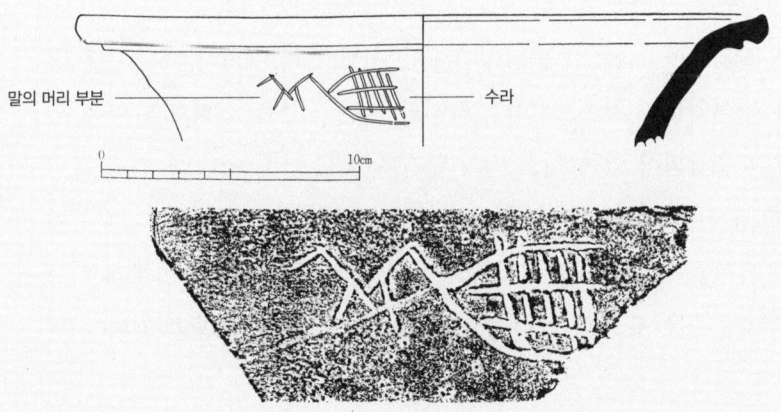

하는 데 수라가 이용되었음을 보여주는 증거 역할을 한다.

　니죠잔의 석재가 석관 재료로 개발되기 시작한 것은 6세기 전엽으로, 당시 사람들은 석재를 운반하기 위해 도로를 만들고 그 위에 통나무 열을 만들어 깔고, 그 위에 석재를 쌓은 수라를 올려 많은 인원을 동원해(때로는 말도 동원하여) 그것을 끌어당기는 방법을 썼을 것이다. 유명한 다케우치竹內가도 등은 원래 이런 석재 운반로였을 가능성이 높다. 효고현 가코가와加古川 오른쪽 기슭에서 채취할 수 있는 다츠야마이시의 석관도 나라분지로 운반되었기 때문에, 야마토가와大和川*의 정비도 동시에 이루어졌다.

(4) 설치된 관

오늘날 관이라고 하면, 사람들은 보통 유체를 안치하여 장의葬儀 제단에 두고 장의가 끝나면 묘지나 화장장으로 운반하는 상자를 떠올린다. 그런데 석관도 그렇게 이용되었을까? 아마 무게가 수 톤에 달하는 석관을 그렇게 옮겨 다니기는 불가능했을 것이다.

　그래서 사람들은 고분시대 석관은 진짜 관이 아니라 다른 관을 넣는 곽이었다고 보기도 한다. 하지만 석관 내부를 살펴보면 안에 베개가 조각되어 있는 것도 적지 않고 인골도 남아 있지만, 다른 관이 출토되거나 목관이 있었던 흔적이 남아 있는 예는 없다. 따라서 이런 사례들과 함께 고분에서의 매장 수순을 검토해보면, 아무래도 고분시대 관은 유체를 안치한 후에 고분으로 들고 운반한 것이 아니

---

* 가코가와와 나라분지 사이에 있는 하천.

라, 먼저 묘혈(묘광) 안에 설치해두고 유체는 나중에 다른 판 따위에 올려 가져와 안치하는 식으로 이용된 것이 아닐까 추측된다. 이런 방식으로 사용되는 관을 '설치된 관'이라고 부른다.

고분시대 전기 키나이에서 가장 전형적인 시설이었던 수혈식석곽의 축조 과정을 살펴보면, 우선 전방후원형 분구를 만들고, 그 후원부의 정상에 묘광을 판다. 본격적인 석곽의 묘광은 2단으로 굴착되어 있고, 깊이는 3~4미터나 된다. 그리고 묘광 바닥에 자갈을 깔고 관을 두는 점토대를 만든다. 이것을 점토관상粘土棺床이라 부른다. 계속해서 점토관상 위에 관을 올리고 그 주변에 판석을 거의 석관 높이만큼 쌓아 올린다. 이것이 수혈식석곽의 하부가 된다. 이것으로 납관의례의 무대가 갖추어진 것이다. 유체를 묘광 안으로 운반하여 관 안에 넣으면서는 각종 부장품을 관 안 또는 관과 석곽 사이의 틈에 부장한다. 이 단계가 고분에서 이루어지는 매장의례의 절정으로, 거기서는 큰 묘광과 장대한 목관이 필요했을 것이다. 그리고 관 뚜껑을 덮고 석곽의 상부를 만들어 천장석을 만들고, 마지막으로 점토로 전체를 덮고 묘광 전체를 메운다. 이런 일련의 수순은 야요이시대 이후의 설치된 관이라는 관의 성격에 맞춘 것이라고 할 수 있다.

그러면 오늘날 가장 보편적으로 이용하는 '들어 나르는 관', 그러니까 유체를 안치한 후에 들고 운반하는 관은 언제부터 사용되었을까? 아스카시대부터였다. 아스카시대는 불교를 비롯한 새로운 문화가 유입되어 일본열도의 문화가 혁신되는 시기로, 장법상에도 큰 변화가 있었다. 좀 더 뒤의 일이지만, 다카마츠즈카高松塚고분에서 출토된 것과 같은 옻칠한 목관도 이 시기에 들어왔다. 또한 석곽의 단벽측에 입구를 열어두고 그곳으로 유체를 넣은 관을 삽입하는 횡구식석곽도 이 관과 함께 들어와 7세기 고분에 이용되었다. 못을 박아 붙인 조합식목관에서 이전까지는 10~20센티미터나 되던 대형 못이 10센티미터 이하의 소형품으로 바뀌는 것도 관이 들어 나르는 관이 되면서 관의 판재를 얇게 하는 등 경량화를 도모해 나온 결과다.

이렇게 석관은 장엄한 관의 요구, 유체(魄)를 밀봉하는 사상, 대형 석재를 가공하는 기술의 출현, 설치된 관이라는 관의 사용 방법 등이 합쳐져 비로소 출현했다.

3. 가두는 관과 열린 관

긴키近畿지방의 횡혈식석실은 상당수가 도굴되어, 야마노베길山辺の道*이나 아스카 주변을 걷다보면 안으로 들어갈 수 있는 석실을 몇 군데 볼 수 있다. 예를 들어 야마노베길에는 덴리天理시의 히가시노리쿠라東乗鞍고분이 있다. 그곳에서는 석실 안으로 들어가 그 안에 놓여 있는 가형석관을 볼 수 있다. 이 석관 안팎 면에는 붉은 안료가 도포되어 있고, 도포된 면은 이전에는 천장에서 떨어지는 물방울로 표면이 씻겨 선명한 적색을 띠고 있었다. 전등으로 비춰보면 어둠 속에서 빛나는 붉은 색이 보였다. 정말 고대의 색이었다. 아스카明日香촌 주변에서는 미야코즈카都塚고분, 가시하라橿原시에서는 고타니小谷고분 등이 그것과 유사하다. 이처럼 키나이의 대표적인 고분에서는 대

---

* 야마토의 고대 도로 가운데 하나로, 나라분지의 동남에 있는 미와야마三輪山 산기슭에서 동북부의 가스가야마春日山 산기슭까지 이어진 길이다.

부분의 경우 횡혈식석실 안에 큰 가형석관이 들어 있다. 이카루가㼛鳩정의 후지노키藤ノ木고분도 그러한데, 이런 횡혈식석실 안의 가형석관은 뚜껑이 딱 들어맞게 얹혀 철저하게 밀봉되어 있다. 즉 고분시대 후기에 이르러 횡혈식석실 안에 가형석관이 안치되는 방식이 도입된 이후에도 키나이에서 관은 전·중기의 관과 마찬가지로 가두는 관으로 유지되고 있었다. 따라서 횡혈식석실의 현실 내부는 '관을 두는 곳'이라는 성격을 강하게 갖고 있었다고 할 수 있다. 석실 역시 연도 부분까지 전부 돌과 흙으로 폐쇄되어 있었으므로, 유체는 관과 실의 이중으로 밀봉되어 있었다.

이런 이야기를 하는 이유는 조합식 가형석관이 횡혈식석실 안으로 들어가는 경우에는 석관을 구성하는 부재가 적어져서, 석실 안에 들어가면 안치되어 있는 유체가 바로 보이는 지역도 있기 때문이다. 예를 들면 규슈, 그 중에서도 특히 아리아케카이有明海 연안과 구마모토熊本현을 중심으로 한 지역이 그런데, 이 부근에서는 6세기경부터 횡혈식석실의 안쪽 벽이 조합식 가형석관에 덧대어지듯이 배치되고, 가형석관의 석실 내부를 향한 쪽 장長측석石에 횡구가 설치되었다. 바로 그 석관 안에 유체가 가로놓였기 때문에, 석실로 들어가면 자연히 유체가 보이기도 했다. 이를 장벽출입 횡구식가형석관이라고 한다. 이런 시설을 석옥형石屋型이라고 부르는데, 후에는 지붕 모양의 뚜껑이 널쩍한 판 모양으로 바뀌고 유체를 두는 자리에는 시상屍床이 만들어졌다. 그 중에는 유체 형태에 맞추어 오목하게 판 시상도 있었다. 이들을 '열린 관'이라고 부른다.

요약하면 고분시대 후기, 횡혈실석실이 만들어진 이후에도 키나이에서는 전기 이후부터 이어져내려온 '가두는 관'이 그대로 유지되었지만, 규슈에서는 횡혈식석실 안에 석옥형과 시상 시설이 들어가는 '열린 관'이 발달했다. 따라서 두 지역의 횡혈식석실 내부 공간의 의미에는 큰 차이가 있다. 키나이 횡혈식석실의 현실 공간은 관을 두는 곳이라는 성격이 강한데 반해, 규슈의 횡혈식석실 내 공간은 사자의 혼이 자유롭게 부유할 수 있는 공간이었다고 할 수 있다. 키나이에서는 육체를 석관에 밀봉하고, 나아가 석실의 입구도 봉했다. 그런 의미에서 키나이의 석실은 곽과 같은 것이라 할 수 있다. 이에 비해 규슈의 가형석관은 '백魄의 집'과 같은 것으로, 백은 가형석관을 벗어나 현실 공간을 자유롭게 다닐 수 있었다. 그리고 여기에서 백은 석실 단계에서 봉인된다.

여기서 한 가지 더 짚고 넘어가야 할 것은 규슈에서는 장식고분이 발달했다는 것이다. 여러 가지 장식고분 가운데 규슈에서 나타난 것은 횡혈식석실 내벽과 석옥형에 적·황·녹·청 등의 안료가 채색된 양식이다. 초반에는 원과 삼각형 등으로 이루어진 기하학 무늬가 발견되었고, 이는 방패 등과 함께 백을 석실내부에 봉인하기 위한 것으로 생각되었다. 이후에는 혼의 행방과 관련 있는 것으로 보이는 사람과 말, 배 등이 나타났다. 이렇게 석실 내부의 벽면이 장식된 사례는 키나이의 횡혈식석실에서는 보이지 않는다. 아마도 가두는 관과 열린 관이라는 석관의 성격 차이에서 유래하는 석실 내부 공간의 의미 차이가 여기도 반영되어 있는 듯하다.

일본열도에서 넓은 범위에 걸쳐 발달한 횡혈식석실은 규슈계와 키나이계, 나아가 그 절충계와 변용계로 크게 구분할 수 있다. 이제까지는 주로 석실의 형태와 석재의 사용 방법으로 그들을 구별해왔는데, 관련된 이야기들을 좀 더 깊게 연구하면 더욱 본질적인 차이가 드러날 것이라 생각한다.

마무리하며

석관의 최대 장점은 썩지 않는다는 것이다. 한 번 만들어진 석관은 가루가 되지 않는 한 그 모습을 유지한다. 그런 석관을 '의례의 도구'로 보고 다양한 관점으로 검토하면 앞서 살펴본 것들과 같은 여러 가지 것들을 알 수 있을 것이다.

석관의 두 번째 특징은 각지에서 그 지역 석재를 이용해 만들어진다는 것, 그리고 그 석재가 석관의 형태와 분포에 반영된다는 점이다. 따라서 석관을 보면 그것이 언제 어디에서 만들어진 것인지를 알 수 있다. 특정 채석장 주변에는 그 석재를 이용한 특정 형태의 석관이 분포한다. 그 범위는 대체로 율령국의 2분의 1에서 4분의 1 범위로, 말하자면 한 석관은 그 범위 안에서 몇 개의 고분군, 바꾸어 말하면 몇 명의 수장층에 공통적으로 이용되었다.

석관은 수장 전용의 관이다. 고분시대는 동족사회였다. 혈연관계와 그 연장선상에 있는 혼인관계라는 동족적 관계가 사회를 지배하는 하나의 유력한 원리였던 시대라 보면 된다. 그런 사회에서 관은, 나아가 관의 소재와 형태는 곧 계층을 드러내는 지표였을 것이라 추정된다. 따라서 관을 곧 정치의 도구로 보는 관점에서도, 석관 연구는 고분시대 집단과 집단 관계를 분석하는 데 매우 중요하다.

이번 강의에서 이런 점까지 두루 다루지 못한 것을 아쉽게 생각하며, 머지않아 더 많은 이야기를 나눌 수 있는 기회가 생기기를 바란다.

부론2

일본 고분의 특징과 가야 분구묘

2010년 9월 한·중·일 국제학술대회 발표

시작하며

고분을 연구하는 한국과 일본과 중국의 연구자들은 고대 동아시아 각지의 지역사회가 어떤 과정을 통해 발전했으며 지역 간 교류를 통해 어떤 의의를 추구했는지 밝히고자 하는 공통의 목적을 가지고 있다.• 이를 위해서 우리는 각 지역의 연구를 진척시키는 데서 나아가 연구 내용을 상호 비교하고, 무엇보다도 효과적인 비교연구를 위한 새로운 관점을 개발할 필요가 있다. 그래서 이번에는 일본 이외 지역에서 발견되는 분구묘(이 장에서는 분구가 있는 모든 무덤을 분구묘로 총칭한다)를 의식하면서 고대 일본열도에 조성된 '고분'이라고 불리는 일종의 분구묘를 조금 새로운 관점에서 소개해보고자 한다.

• 부론2는 2010년 9월 경남발전연구원 역사문화센터가 주관한 제2회 한·중·일 국제학술대회 '가야고분과 동아시아'에서 발표한 자료를 정리한 것이다. 고분을 연구하는 한국, 중국, 일본 연구자들이 모인 자리였으며, 강의 장소는 경상남도 창원이었다.

1. 고분시대의 정의

일본에서는 대부분의 연구자가 분구를 가진 무덤을 분구묘라고 부른다. 분구묘는 야요이시대·고분시대·아스카시대에 걸쳐 축조되었다. 그 가운데 전방후원분이라는 독특한 분형을 가진 분구묘가 축조되는 시대를 고분시대라고 하니, 고분은 말하자면 고분시대 분구묘인 것이다. 곤도 요시로近藤義郎는 이 시대를 '전방후원분 시대'[1] 쓰데히로시都出比呂志는 '전방후원분 체제'[2]라고 부르며, 당시의 정치사회적 상황을 검토했다. 나는 이를 '분구 길이 200미터가 넘는 거대한 전방후원분(대왕분)을 정점으로 전방후원분, 전방후방분前方後方墳, 원분, 방분이 그 형태와 규모 면에서 일정한 질서(조합)를 이루면서 축조되는 시대'라고 정리하며, 고분은 왕권 아래에서 피장자의 정치적 신분을 표현한 것이고, 고분 질서를 성립시켰던 정치 세력은 야마토왕권이라 추정한다.

따라서 야요이시대의 분구묘는 야요이 분구묘로 구별해 부른다. 아스카시대의 분구묘도 습관적으로는 고분이라 부르고 있지만, 이 시대에는 이미 전방후원분 축조가 중단되고, 고분 질서로 대표되는 동족同族적 원리를 바탕으로 하는 질서가 사회 표면에서 후퇴하고 대신 이후 율령으로 이어지는 법의 원리를 바탕으로 하는 질서가 사회 전면에 등장해 있었다.

고분시대는 3세기 중엽부터 6세기 후엽 경까지 지속되었다. 고분은 현재의 가고시마鹿兒島현에서 이와테岩手현 남부에 걸쳐 나타났으며, 이는 거의 수도농경지역의 분포 범위(그림39), 이후 율령국가의 영역과 거의 일치한다. 고분의 수는 전방후원분 4,700기(가리비형고

그림39 전방후원분·전방후방분의 분포도

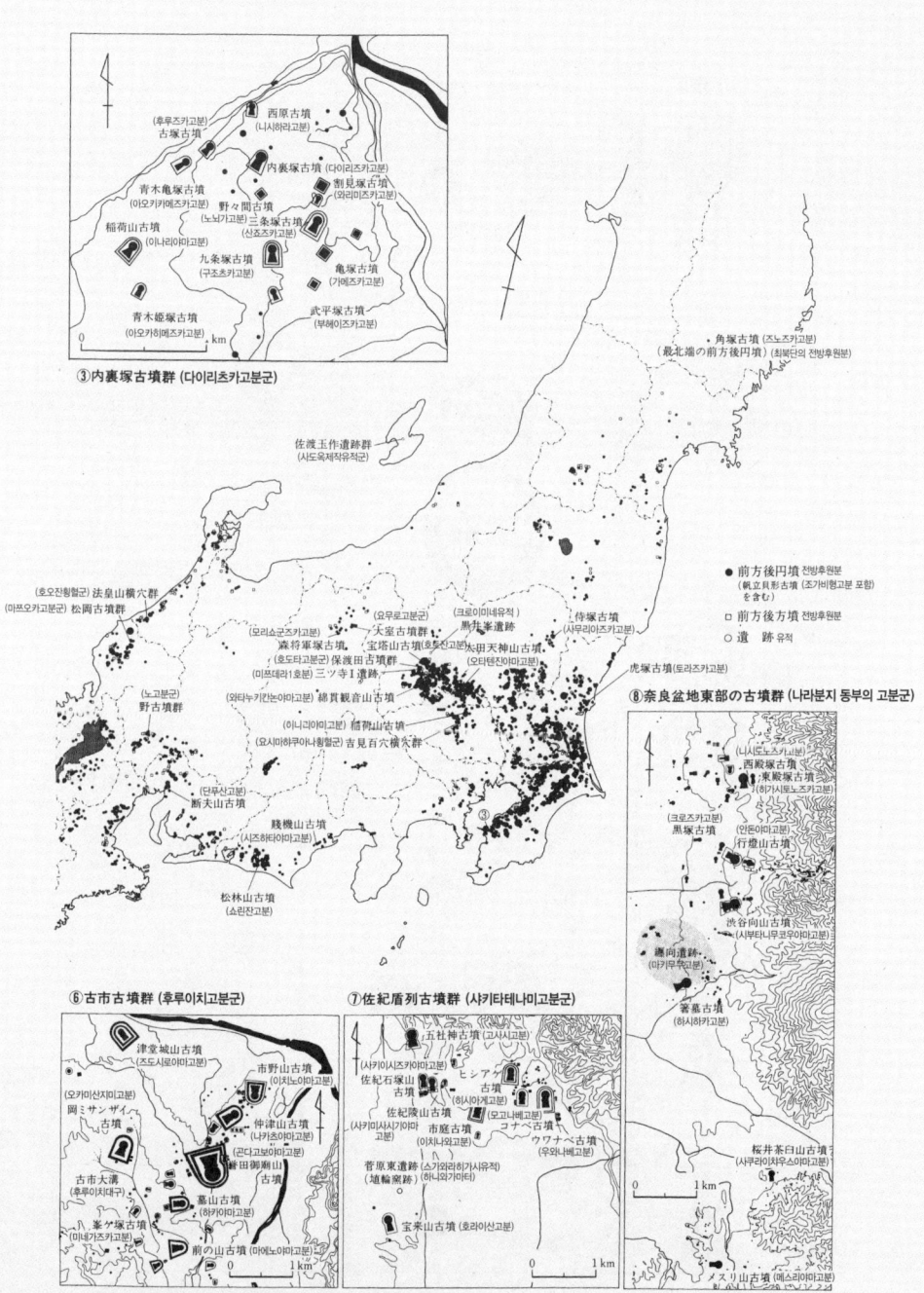

그림40 고분시대의 편년도

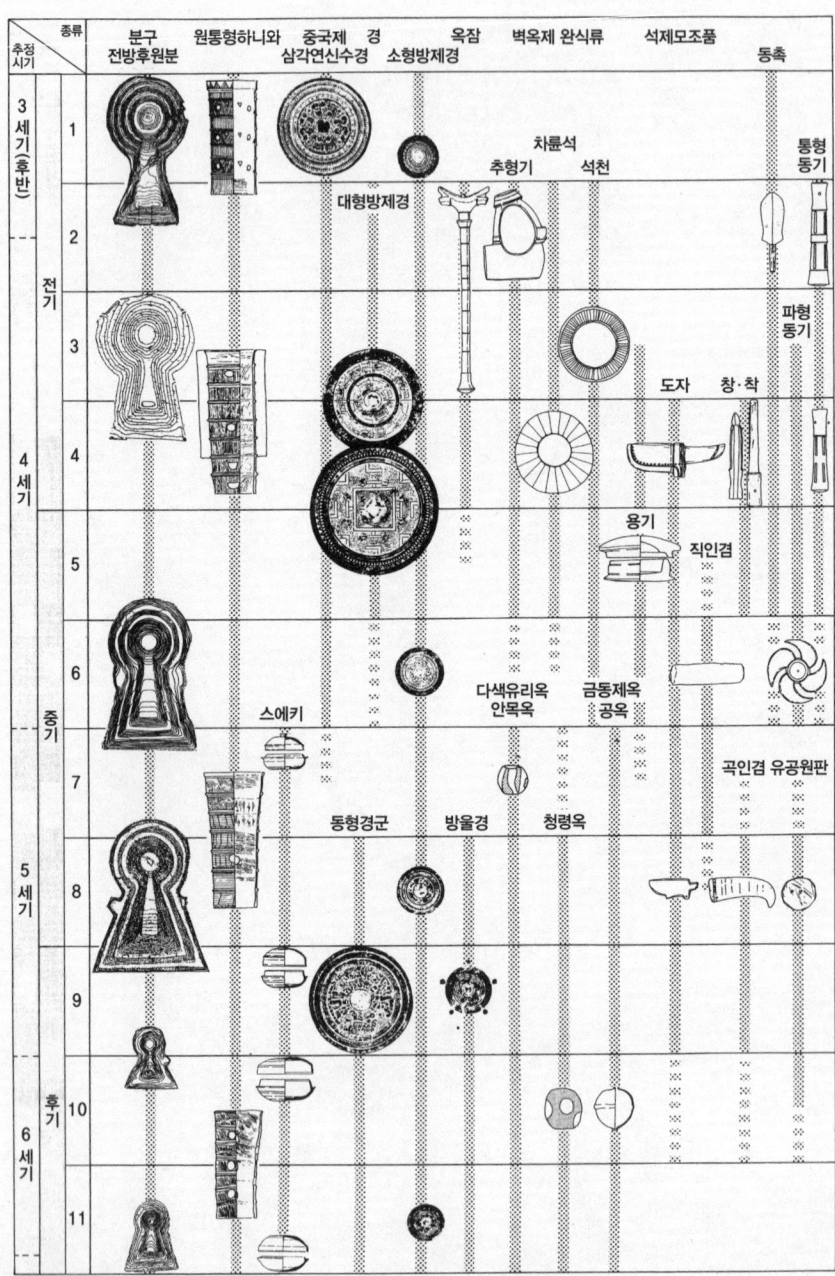

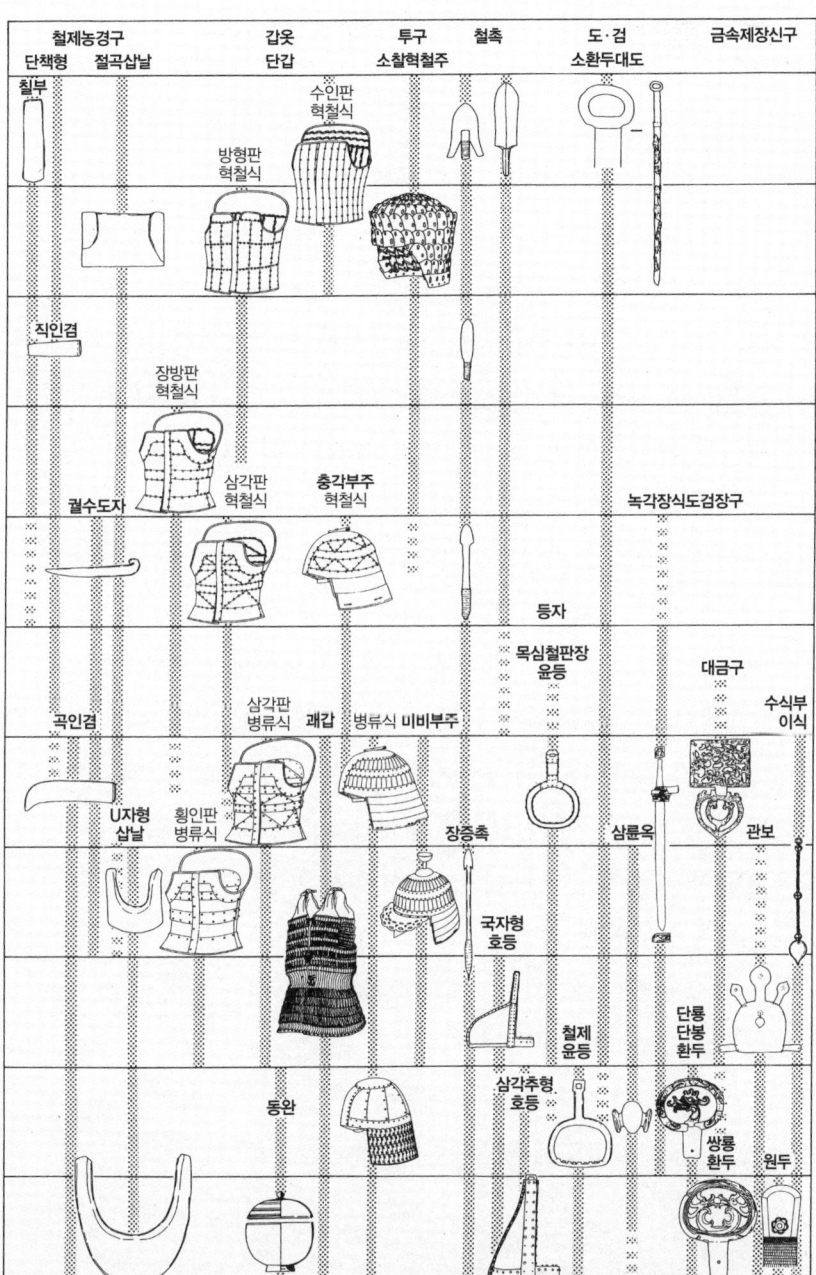

분 약 500기 포함), 전방후방분 약 500기, 크고 작은 원분과 방분을 더해 총 10만기가 넘는다.

각 고분에서 출토된 부장품들을 기준으로 시대를 조금 더 세분화해보면, 고분시대는 총 5단계, 6개의 획기, 전기·중기·후기의 세 시기로 나눌 수 있고(표6), 더 작게는 11개의 소기로도 볼 수 있다. 그림40은 11개의 소기를 시간축으로 분형 및 고분군의 성쇠, 고분의 질서 변화 등을 포함한 각 시기별 고분의 축조 상황을 정리한 것이다. 이를 참고해 야마토왕권의 전개 과정도 수장연합체제를 기본으로 하는 초기적 국가체제의 생성기(전기 전반·제1단계), 발전기(전기 후반·제2단계), 성숙기(중기·제3단계) 및 본격적인 국가체제로 한걸음을 내딛는 전환기(후기·제4·5단계)로 정리할 수 있다.[3] 시기에 따라 규슈·이즈모 동부·간토 등 지역색이 강하게 드러나는 경우도 있었지만, 기본적으로는 키나이畿內 지역(나라·오사카 등의 일부)을 핵으로 중심과 주변이 나뉘는 구조가 확인된다. 그러나 중기에서 후기로 이행해 가는 시기에는 변화가 매우 컸고, 그 과정에서 일시적으로 야마토정권이 동요하고 약해져 규슈 세력이 확대되는 현상도 나타났다. 그 시기가 바로 5세기 말에서 6세기 초(제4단계)로, 이 시기의 한반도 남부 전방후원분과 규슈계 횡혈식석실 등과의 관계는 특히 주목해 보아야 할 것이다. 야마토왕권이 항시 안정되고 일정한 세력을 유지하지는 못했던 것이다.

이처럼 고분에서 관찰되는 모든 현상과 그에 대한 정치·사회적 해석은 한일 관계 연구에서 매우 중요한 요소가 된다. 그러나 당시 사람들이 왜 그토록 엄청난 수의 고분을 축조했는지는 이렇게 나타나는 현상만으로는 유추해내기 어렵다.

표6 고분시대 5개의 단계·6개의 획기

시대	시기	소기	단계	획기	주요한 고분 동향
고분시대	야요이시대			제1	전방후원(방)분의 출현
	전기	1·2	제1	제2	전방후원(방)분의 급증
		3·4	제2	제3	전방후원분의 축조규제개시·전방후원분의 소멸
	중기	5~8	제3	제4	대형 고분군의 쇠퇴·중소 전방후원분의 증가·방분의 소멸·고식군집분의 출현
	후기	9·10	제4	제5	전반후원분의 단계적 소멸개시·신식군집분의 급증
		11	제5	제6	전방후원분의 소멸·신식군집분의 쇠퇴·조말식군집분의 출현
	아스카시대				

　고분시대 사람들은 어떤 혼령관과 타계관을 가지고, 어떤 생각으로 고분을 만들었을까? 아마 그 사람들의 심성에 아주 가까이 다가가지 않으면 이해할 수 없을 것이다. 그리고 이렇게 고분을 의례적·종교적 측면에서 검토하는 데는 동아시아 분구묘를 비교분석하는 과정에서 요구되는 여러 가지 관점들이 전제되어야 할 것이라고 생각한다.

2. 고분시대 전·중기의 관점

(1) 무덤으로서의 고분

　흔히 고고학에서 '마음'이라는 문제를 다루기는 매우 어렵다고들 한다. 하지만 다른 방법이 아예 없는 것은 아니다. 정밀한 발굴조사를 통해 얻은 정보에서 사람들이 고분이라는 장소에서 행한 여러 가지 구체적인 행위들을 가능한 많이 추출·복원하고, 그런 행위 전체에 담겨 있는 일종의 '시나리오'나 기본 이념을 유추해보면 조금이나마 이해해볼 수 있다. 다행히 고분이라는 한정된 공간에서 이루어진 행위는 일정한 약속에 따라 진행되는 장식葬式에 관련된 의례적인 행위이므로, 언어를 비롯한 여러 정보들은 많이 사라졌지만, 그럼에도 '무대'의 기본적인 구조나 의례 제반에 걸친 사람들의 행위를 복원하는 데 필요한 정보는 어느 정도 남아 있다. 바로 이 점에 발굴의 중요성이 있다.

① 고분 축조와 매장 순서

이 책의 2장 앞부분에는 고분시대 전·중기 키나이에서 가장 전형적이었던 수혈식석곽에 할죽형목관을 매납하는 경우의 고분 축조 과정과 매장 순서가 정리되어 있다. 그 과정을 살펴보면, 가장 먼저는 어디에 고분을 만들 것인지 정하고 공사에 앞서 지진제地鎭祭에 해당하는 의례를 거행한다. 이는 분구 아래에서 토기, 숯, 재 등 불을 사용한 흔적이 확인되는 점을 통해 알 수 있다. 그 후에는 계속해서 분구를 만든다. 그리고 후원부 정상의 평탄면에 다시 묘광을 판다. 그림2와 같이, 분구 축조와 묘광 굴착 순서는 다양하지만 키나이의 전기 고분에서 전형적이었던 것은 가장 위에 있는 굴착묘광 a류다.

다음으로 묘광 안에 수혈식석곽을 만들고 관을 안치하여 유체를 매납하는데, 이 과정들은 불가분의 관계로 일체화되어(연속으로) 행해지는 것이 특징이다. 그림3의 ③에 보이는 관 바닥 위에 할죽형목관을 설치하고 석곽 하부를 관 높이까지 쌓는 곳이, 매장의례의 중심인 유체 납관과 부장품 배치 등의 무대가 된다. 그 후 관 뚜껑을 덮고(그림3의 ④), 석곽 상부를 만들고 천장석을 설치한 다음 점토로 덮고 묘광을 다시 메운다(그림3의 ⑤). 이 과정에서 석곽 내면 벽에 적색 안료(주로 벵갈라)를 바르거나 유체에 주^朱를 뿌리거나 석곽 벽의 빈틈이나 점토 속에 철제 이기를 매납하기도 한다. 그 후에 즙석을 깔고 하니와를 세움으로써 고분 형태를 완성시킨다. 그리고 마지막으로 분구 정상부와 분구 아래쪽 옆에서 토기를 사용해 음식물 공헌 등의 의례 행위를 집중적으로 치르고 나면 일련의 행위가 종료된다. 이후의 고분에서는 인기척이 사라지고, 이후 정기적으로 고분에 제사지내는 풍경은 없었을 것으로 추정된다.

② **무덤으로서 고분의 특징**

이상이 고분이라는 장소에서 이루어졌던 사람들의 행위의 흐름이다. 고분은 무덤임과 동시에 분구 위, 특히 묘광 내부는 납관을 비롯한 매장의례의 주요 무대였다.

a 분구선행형의 오르는 분구 이 순서의 특징 가운데 하나는 분구를 만든 후, 분구 정상부의 평탄면에 다시 묘광을 파는 것이다. 중국이나 한국의 고분(분구묘)에서는 매장 시설을 만든 후에 분구를 만드는 경우가 많으며, 따라서 이것은 일본 전·중기 고분의 큰 특징이라고 할 수 있다. 분구 정상부에 넓은 평탄면이 있는 것도 이 때문이다. 이는 '분구선행형 고분 축조'라고도 할 수 있으며, 사람들은 분구 정상부에서 묘광을 파고 유체를 매납하기 위해 분구로 올라가 의식을 진행한다. 그런 까닭으로 이것을 '오르는 분구'라 하기도 한다. 한국 경주에 있는 신라 적석목곽분에서는 지상 또는 지상에서 파 만든 묘광 안에 목곽을 만들고 이를 덮는 원형의 분구가 만들어지기 때문에 사

람들이 의식을 거행하기 위해 분구에 오를 필요가 없다. '오르지 않는 분구'인 것이다. 그렇기 때문에 분구 위는 평탄면이 없는 토만두형土饅頭形*이다. 가야 고분도 대부분이 이 형태다. 열도에도 극소수이지만 분구후행형墳丘後行型 고분이 있다(고분시대 후기 전엽의 오카야마岡山현 쇼부자코勝負砂고분). 참고로 이런 사실을 알아서인지 경주에서는 분구에 올라가지 못하도록 주의 간판이 세워져 있지만, 일본의 전·중기 고분에는 오르기 위한 계단이 일부러 설치되어 있다.

일본에서는 왜 이런 순서로 정착되었을까? 야요이시대 긴키지방에서는 방형주구묘로 불리는 분구묘가 성행했다. 높이는 2미터 정도의 낮은 분구지만, 역시나 성토한 후에 묘광을 판다. 고분에는 야요이 분구묘 전통이 농후하게 남아 있는데, 분구와 매장 시설의 관계도 이 전통을 잇는 것으로 생각된다. 한국의 압록강이나 영산강 유역 등 일부 지역의 분구묘 중에는 분구선행형인 오르는 분구가 있는데, 그것들이 재지 전통에 의한 것인지 궁금하고 관심이 간다.[4] 최근 조사된 경상남도 고성 율대리 2호분도 동일한 예로 볼 수 있다.

그러면 고분 안으로는 어떤 경로를 통해 들어갔을? 이제까지 고분 출입구에 대해서는 충분한 검토가 이루어지지 않았다. 그래서 여기서 아주 자세한 설명은 하지 않을 예정이지만, 아마도 전방후원분의 경우 후원부와 전방부의 접점인 잘록한 부분 부근을 통해 고분으로 들어갔을 것으로 추정된다. 잘록한 부분—전방부—후원부 순으로 경로가 나 있었을 것이다. 중기 고분에는 조출造出이 있는데, 이는 고

---

* 흙을 이용해 만두모양처럼 약간 솟아 올린 모습

분 출입구 또는 근처에서의 의례 공간을 분구 안으로 끌어들인 것으로 추정된다.

b 설치된 관 묘광 내부가 납관의례의 장이 된 이유는 관의 사용 방법에서 찾을 수 있다. 왜냐하면 야요이시대와 고분시대의 관은 우리가 알고 있듯이 유체를 넣어 들어 나르는 관이 아니라, 별도로 운반해온 유체를 넣는, 매장하는 현지에 설치된 관이기 때문이다(일본에서 들어 나르는 관은 7세기 아스카시대의 칠관漆棺으로 이어졌다). 고분시대에 무게가 6~7톤이나 되는 석관이 발달한 것도 관의 사용 방법이 '설치된 관'이었기 때문이다.

고분은 단순한 무덤이 아니라 의례를 위한 중요한 무대라고들 자주 이야기한다. 게다가 그 의례란 수장의 영靈을 계승하는 의례라고 보는 의견이 유력하다. 그러나 이를 뒷받침할만한 증거는 없다. 고분이 '무대'였음은 틀림없지만, 이는 '오르는 분구'나 '설치된 관'이라는 고분 축조 순서와 관 이용 방법에서 성립되는 것으로, 매장의례의 중요한 무대였다는 것이지, 그 이상을 말할 수 있는 근거는 없다.

c 가두는 관 여기에 사용된 관은 주로 할죽형목관으로 직경 1미터 정도의 금송을 반으로 쪼개어 각각의 속을 파낸 것이다. 그림26의 ②의 오사카大阪부 이즈미 고가네즈카고분의 중앙곽처럼 점토로 할죽형목관을 상하로 밀봉한 점토곽이라는 매장 시설도 있다. 유체를 완전히 봉하기 위해 나아가 수혈식석곽이나 점토곽으로 밀봉하는 관을 가두는 관이라 부르는데, 이런 관이나 곽은 유체를 밀봉하고 유체에 사악한 것이 접근하지 못하게, 혹은 사악한 것이 깃들어 유체가 날 뛰지 못하게 하기 위한 장치였다.

그림26의 ①에서는 나라현 덴리시 구로츠카고분의 부장품 출토

상황을 볼 수 있다. 관내부는 세 개의 공간으로 구획되어 있고 유체는 중앙 공간에서 북침으로 매납되었다. 머리쪽의 구획판에는 거울〔画文帯神獣鏡〕하나가 세워져 있고 유체 양 옆에는 도검이 놓여 있다. 머리 위 공간에는 칠漆제품이 있었다고 하는데, 그랬든 어쨌든 관내 부장품이 매우 적다. 그러나 관 바깥쪽 석곽과의 사이 공간에는 거울〔三角縁神獣鏡〕33면과 도검류, 철촉 등이 많이 놓여 있다. 그 중에서 특히 주목해야 할 것은 거울인데, 거울은 모두 비추는 면이 안쪽을 향하고 있다. 또한 교토부 기즈가와木津川시 쓰바이오츠카야마椿井大塚山고분에서는 32면 이상의 거울이 모두 밖을 향하고 있다. 거울은 사악한 것을 비추어 쫓아내는 파사破邪의 힘이 있기 때문에 이런 거울 배치에는 사악한 것이 근접하지 못하도록(쓰바이오츠카야마고분 예), 혹은 사악한 것이 깃들어 날 뛰지 못하도록(구로즈카고분 예) 하는 바람이 담겨져 있다고 볼 수 있다. 석곽 내면에 붉은 안료를 바르고 곳곳에 철제 이기를 넣는 것도 동일한 벽사 사상을 바탕으로 한 행위였을 것이다.

d 혼백 사상 이런 행위의 배경인 당시의 영혼관은 어땠을까? 고분시대 전·중기를 특징짓는 매장 시설인 곽은 야요이시대 말부터 키나이와 그 주변에서 사용되기 시작했지만 기원은 중국에 있다. 그러니 중국에서 곽이 이용되는 시대에 어떤 영혼관이 있었는지를 살펴보고자 한다. 예를 들면 주周 말기부터 진秦·한漢 시대 유가의 고례古禮를 모은 서책인 《예기禮記》〈교특성편郊特性篇〉에는 "혼기魂気는 하늘로 돌아가고 형백形魄은 땅으로 돌아간다"라는 글귀가 있다. 혼백 사상이다. 사람이 살아있는 동안은 혼기와 형백이 유기적으로 결합되어 있지만, 죽으면 분리되어 정신적인 요소인 혼기는 하늘로 올라가고

육체적인 요소인 형백은 땅으로 돌아가 영면에 든다는 것이다. 혹자는 유골이 소멸하여 없어질 때 형백이 같이 소멸한다고 설명하기도 한다. 이런 혼 관념은 춘추전국시대를 중심으로 한 곽의 시대에 발달했다. 그러니 어쩌면 사상의 형태는 다소 바뀌었을지는 몰라도, 이것이 이 시기에 고분시대 일본열도에 전해진 것이 아닐까?

결국 형백인 유체는 땅으로 돌아가 관이나 곽 안에 봉인되는 것이다. 그리고 나중에 이야기하겠지만, 사자가 매장 시설 내부에서 생전과 같은 생활을 한다는 관념은 전혀 없었던 것으로 추정된다. 부장품은 정치·종교(거울·옥), 전쟁(무기·무구), 생산(농공어구)이라는 수장의 사회적 기능과 권익을 상징한다고 판단되는 것으로 구성되고, 토기 등 일상 생활에 필요한 것은 거의 포함되지 않는다. 수장은 사후에도 수장으로 존재한 것이다.

(2) 타계를 구현한 것으로서의 고분
① 하니와와 즙석으로 완성되는 고분

유체 매상이 끝나면 고분에 즙석을 깔고 하니와를 세운다. 추가로 목제 하니와를 세우는 경우도 있다. 이는 아마도 유체 매납 후에 고분을 특정한 형태로 완성하는 과정인 듯하다. 어떤 형태로 완성되는 걸까? 살펴보면, 분구 경사면에 즙석이 깔려 있어 측면에서 보면 분구가 꼭 돌산처럼 보인다. 이것이 고분의 첫 번째 특징이다.

다음으로 하니와를 보면, 후원부 매장 시설 위에는 방형단이 있고 그 위에 가형하니와군(그림27)이 설치된다. 그리고 방형단을 둘러싸듯이 방형으로 하니와 열을 세우는데, 그 내외에 뚜껑·부채·방패·갑옷·화살통·대도 등의 기재형器材形하니와가 배치된다. 또한 그 전체를 둘러싸듯이 분구의 각 평탄면에 원통형하니와와 나팔꽃형하니와가 열을 지어 배치된다. 이런 하니와 양식은 전기 후엽부터 중기 전엽에 걸쳐 완성되었다. 동물형하니와와 인물형하니와는 이후에 생겨난 요소다.

즉 모든 하니와군의 중심에는 가형하니와군이 있다. 그러면 이 건물군은 무엇을 나타내는 것일까? 그것은 예전부터 이야기되어온 것처럼 사자의 저택, 즉 타계의 집으로 추정된다. 무기나 무구로 그 집을 보호하고 뚜껑이나 부채로 권위나 존경을 표현한다. 또한 하니와 열의 나팔꽃형하니와는 술이나 음식물이 들어 있다고 생각되는 호와 그것을 얹은 기대가 일체화되어 만들어진 것으로, 원통형하니와는 기대뿐이지만 그 위에 호가 올려져 있다고 상정한 것이다. 이것은 외계와의 경계에 설치된 결계를 나타내는 것으로, 밖에서 들어오는 사악한 것을 접대하여 물러나기를 바라는 장치로 여겨졌다. 단순하게 생각하면, 이 세계가 음식물로 가득 차 있음을 나타낸다고도 할 수 있다.

그럼 이렇게 표현된 세계는 무엇일까? 나는 그것이 사자의 혼(혼기)이 향하는 타계가 아닐까 생각한다. 바꾸어 말하면 고분은 사자의 혼이 가는 타계를 구현한 것, 즉 타계의 모조품으로 완성되었다고 생각한다. 이것이 일본 고분 최대의 특징이다.

사자의 혼이 타계에 도착하면, 잘록한 부분에 있는 출입구(조출)에서 분구로 들어가고 사면을 올라 산정상의 견고한 방어로 위엄을 갖춘 거관에 살게 되는데, 그곳은 음식물로 가득하고 날마다 새로운 산해진미가 준비되어 있다. 고분에 표현된 타계 이미지는 이런 영원한 행복에 가득 찬 세계 아니었을까? 그것은 일본열도에서 최초로 가시화된 타계였다. 한편으로는 신선이 머무는 세계와 중복되는 것 같기도 하지만, '목이 마르면 맑은 물을 마시고 굶주리면 대추를 먹는다'는 선인 세계와는 조금은 다르다.

전방후원분은 역시나 사자가 향하는 타계로 중국 북서부에 있는 곤륜산崑崙山이나 동해에 떠 있는 봉래산蓬萊山(호형)을 모방한 것이라는 의견도 있다. 그러나 고분에는 전방후원분 외에 전방후방분, 원분, 방분도 있기 때문에 하나로 한정시키지 않는 편이 좋다. 그것보다는 오히려 사자가 머무는 세계에 (형태와 규모면에서) 격차가 존재한다는 것이 중요한 문제를 내포한다.

② **사자를 운반하는 배**

고분을 타계를 구현한 것으로 볼 경우, 이를 지지하는 중요한 발견이 있다. 나라현 고료広陵정 스야마巢山고분(전방후원분·약 204미터)의 주구에서 실물 크기의 배가 출토된 것이다(그 복원도를 그림29에 제시했다). 안을 파낸 둥근 통나무배 위에 측판을 덧대어 전후로 수판竪板을 세운 순구조신으로, 원과 띠 모양의 문양(직호문)이 조각되어 있고 붉은 안료가 도포되어 있다. 장식이 더해진 특수한 배인 것이다. 조사자는 이를 유체를 운반하는데 쓴 배로 추정하고 《일본서기》에 기재된 '상주喪舟'라고 판단했다.■

《수서》왜국전에는 "사자를 관곽에 거두고, (…) 장葬에 이르러 주검을 배 위에 태우고 육지에서 그것을 당기거나 혹은 작은 수레(小轝)

■ 이 의견에 찬성한다.

를 이용한다"는 구절이 있다. 유체를 배에 태우고 끌어당긴다는 말이다. 고분시대에 수장이 죽으면 그 혼(혼기)이 배(혼을 운반하는 배)를 타고 타계로 향한다는 관념이 있었기 때문에, 실제 장송 의례 속에서 그 모습을 재현하기 위해 유체를 실물 크기로 장식된 배(유체를 운반하는 배)에 태워 타계를 구현한 고분으로 끌고 갔을 것이라 추정된다.

그렇다면 고분의 조출부에 선형(船形)하니와가 많이 배치되어 있는 것도 이해된다. 미에현 마츠자카시 다카라즈카 1호분(그림30)에는 특수한 조출부의 안쪽에 선형하니와 두 개가 놓여 있었다. 앞서 말했던 것처럼, 조출부는 고분 출입구 부근에 해당하므로 여기에 있는 배는 사자의 혼을 태운 배가 확실히 타계에 도착한 증거로 볼 수 있지 않을까? 사자의 혼은 이곳에서 배에서 내려 울타리형(囲形)하니와가 나타내는 도수 시설에서 몸을 씻고 바위산에 올라 타계의 집에 이르렀을 것이다.

바꾸어 말하면, 고분의 장송 의례는 수장의 혼(혼기)이 배를 타고 안전하고 확실하게 타계로 향하여, 영원히 안녕한 생명을 산다는 시나리오를 현실 세계에서 재현한 것이다. 다시 말해 당시의 장송 의례는 사자의 혼을 안전하고 확실하게 타계로 보내는 것에 가장 큰 의의가 있었던 것이다. 사람들은 아마 수장의 혼이 그렇게 머무름으로써 현세에 남겨진 공동체(또는 수장 일족) 사람들이 안정되고 행복한 생활을 보장받는다고 믿었을 것이다.

3. 고분시대 후기의 관점

(1) 두 종류의 횡혈식석실

열도에 횡혈식석실이 도입된 이후에는, 특별한 근거도 없이 시설의 구조 차이를 통해 타계관도 크게 변화했다고 추측되어 왔다. 그러나 열도의 횡혈식석실에는 두 종류가 있고 타계관에서도 큰 차이가 확인된다.

하나는 중기 후엽부터 후기 전엽의 5세기 후반 경에 전해진 키나이계 석실이다. 관으로는 초기의 정부식목관에 더하여 후기 중엽(6세기 전엽)부터는 키나이계 가형석관이 주로 이용되었다(그림14). 모두 전·중기와 같은 가두는 관인데, 유체(형백)는 관 안에 밀봉되고, 석실 공간은 사자가 생전처럼 자유롭게 돌아다니지는 못하는 공간이라는 점이 특징이다. 석실은 관을 보호하는 곽적인 성격이 강하기 때문에 가두는 석실이라고 말할 수 있다. 따라서 석실 구조상 사람들이 매장 시에 분구 위에 올라가지 않게 되면서 분구상의 타계도 형해화되지만, 타계관에는 큰 변회가 없었던 것 같다. 이 석실에서 관고리가 붙는 목관이 확인된다는 점에서 백제 계통의 석실 계보를 이어받은 것이라고 생각된다.

한편 규슈계 석실은 키나이보다 100년 정도 빨리 도입되었다. 초기에는 가두는 관을 매납하는 예도 있었지만, 기본적으로는 관을 사용하지 않기 때문에 시상屍床이라는 유체를 올려두는 대臺나 그런 종류의 시설이 확인된다(5장 1. 일본열도의 열린 관 참고).

여기에서는 시상류가 있는 것을 A류로 했다. A3류 석옥형은 시상 위를 덮는 시설이 있는 것이다. 덮개가 가형인 것은 장벽출입 횡구식석관이라고도 한다. 한편 B류는 좁은 횡혈식석실 안에 놓인 단벽 출입 횡구식가형석관이 석실 기능을 담당하게 되고 석관만 바로 매납(直葬)되는 것이다.

나는 이 관들을 열린 관이라 부른다. 유체(형백)는 관 안에 밀봉되지 않고 석실 공간은 사자가 자유롭게 움직이고 생전과 같은 생활을 할 수 있는 공간이 된 것이다.

(2) 횡혈식석실과 황천국 방문담

한편 8세기에 집필된 《고사기》에는 사자가 사후 세계에서도 생전과 같은 생활을 영위한다는 관념이 반영된 설화가 남아 있다. 유명한 이자나기노미코토(남신)의 황천국 방문담이다.

이에 따르면, 구니國를 낳는 마지막에 이자나미노미코토(여신)는 불의 신을 낳다가 죽어버려 이즈모와 호우키伯耆의 경계에 있는 히바노야마比婆山에 묻힌다. 얼마 지나지 않아 이자나기노미코토는 이자나미노미코토가 그리워져 황천국으로 그녀를 만나러 가고, 그녀는 '도노노카라토殿の縢戶'*에 나와 그를 마중한다. 집이 있어서 이자나미노미코토는 입구 출입문까지 나왔던 것이다. 이자나기노미코토가 돌아가자고 권유하지만, 그녀는 이미 죽은 자들 나라의 음식을 먹어 버려서 돌아가지 못한다고 대답한다. 그러나 이자나기노미코토가 강하게 원해, 황천국 신과 상담을 한다고 집 안으로 들어가는데 좀처럼 나오지 않자 더 이상 참을 수가 없어서 이자나기노미코토가 집 안을

• 입구의 출입문을 뜻한다.

엿보니 시체에 구더기가 득실거리고 있었다(다음 내용은 생략한다).

결국 이 이야기의 황천국 관념은 일정한 공간이 있고 그곳에 집이 있으며 사자는 그 집에 살면서 생전과 같이 생활한다는 것이다. 그러므로 키나이계의 출입구가 없는 밀봉형 가형석관이 놓여 있는 석실에서는 생각할 수 없는 이야기다. 이것보다는 규슈계 석실에 이 이야기의 무대와 적합한 매우 좋은 예가 있다. 예를 들면 구마모토현 야마가山鹿시 지부산チブサン고분에는 석실 안쪽 벽을 따라 석옥형이라 불리는 시설이 있고, 장벽 쪽에 출입구가 있다(그림24). 하늘을 나타내는 궁륭상천장이 있고, 그 아래에 출입구가 있는 집이 준비되어 있다. 황천국은 이 공간 및 집 안으로 이어지는 넓은 공간을 가리키는 것이다.

즉 열린 관을 가진 열린 석실 단계의 영혼관은 가두는 관 단계와 달리, 사자가 그 안에서 생전과 같이 생활한다는 생각이 반영되어 있었을 것으로 추측된다.

열린 관을 이용하는 열린 석실과 같은 종류는 한국의 가야와 신라 등의 횡구식석실과 횡혈식석실이 있고(그림18, 그림19), 최근에는 꽤 오래된 시기의 것도 발견되었는데, 원류는 중국 북조(전실묘·토동묘土洞墓와 석관상石棺床·전당식殿堂式 석곽(석관))에 있는 것 같으나(그림21·그림22 등), 일부는 고구려(태왕릉은 B류에 유사, 그림20)에서도 발견되었다(5장 참조). 고분시대 동아시아에서는 중국남조—백제·가야—왜(야마토정권·키나이)라인이 정치적·문화적으로 중요한 위치를 점한다고 여겨지는데, 중국 북조—(고구려)—(   )—규슈의 관계도 배제해서는 안 된다고 생각한다.

마무리하며

가야 분구묘는 지역색이 다양하고 매우 복잡하지만, 그만큼 고고학적으로 흥미진진하다. 이 책에서는 한 발 더 내디뎌 이야기할 여유가 없지만, 고분을 구성하는 여러 요소(분구, 매장 시설, 관, 유체 취급 방법, 부장품 등)를 조합해 그 의미를 고려함과 동시에 각각의 요소가 조합된 양상을 비교하는 것이 좋을 거라 생각한다. 그리고 우선 동아시아에서 각 지역 묘제의 문화사적 위치를 밝히고 이를 바탕으로 혹은 그것과 병행하여 각 지역 분구묘의 정치사회사적 의미를 추구해야 할 것이라 생각한다. 그 한 예로 여기서는 의례적 측면을 중심으로 일본 키나이와 규슈 고분을 비교하여 논의를 진행했지만, 이 내용은 한국과 중국 분구묘를 가장 잘 알 필요가 있다는 결론에 도달하게 된다. 광대한 범위인 관계로 갈 길이 먼 이야기이기도 하다. 여러 연구자들과 함께 연구를 확대시키고 깊이를 더해가기를 바란다.

[보주1] 주호에 대하여

일본 고분에는 특징적으로 주호가 둘러져 있다. 주호는 야요이시대 주구묘의 구溝에서 기원하며, 대형 전방후원분에서 확인되는, 육교로 구획된 수면 높이가 다른 계단 모양을 거쳐 고분시대 중기 전반의 오사카부 후지이데라藤井寺시 쓰도시로야마津堂城山고분이 조성될 무렵에 동일한 수면의 방패형 주호로 완성되었다. 조출 역시 같은 시기에 출현했으며, 이 즈음에 전기 이후의 고분양식이 완성되었다. 주호에는 물이 고여 있었을 거라 생각하기 쉽겠지만, 발굴 등에서 명확한 급배수로가 드러난 경우는 거의 없고, 주로 천수와 용천수로 물을 확보한 것으로 추정된다.

대형 전방후원분이 평지에 입지하는 것은 광대한 범위에 걸쳐 동일한 수면의 방패형 주호를 만들 필요가 있었기 때문일 것으로 추정된다.

한반도 남서부와 남부에서 주호의 분포는 전방후원분과 규슈계 횡혈식석실 분포와 겹쳐서 나타나지만, 북한 지역과 중국에서는 거의 확인되지 않는다. 다만 중국 소흥紹興시에 있는 춘추 후기~전국 초기의 인산印山분구묘(월越왕릉)에는 대규모의 장방형 주호가 둘러싸여 있고 각 변의 중앙에 육교가 설치되어 있다.[5]

부론3
고분의 이해와 보존정비

시작하며

유적의 보존과 정비, 활용에 대해서는 이미 어느 정도 역사적인 사례가 축적되어 있으며, 최근에는 일본 문화청의 방침도 더해져 사적 정비와 활용까지 활성화되고 있다. 지역사회에서도 유적은 역사교육과 평생학습의 장임과 동시에 생활 환경의 쾌적함을 높이고 지역 정체성의 형성을 촉진시켜 지역을 활성화시키는 데 유용한 것으로 받아들여지고 있다. 고분은 그런 움직임의 중심을 이루는 유적 가운데 하나이다.

유적을 정비하다보면, 분구의 잔존 상태가 양호하고 현상이 잘 보존되어 있는 것도 있지만(교토부 요사노与謝野정 에비스야마고분 등), 분구임을 분명하게 나타내기 위해 잔디를 심어 정비해야 하는 경우도 있다(효고현 아사고시 자스리야마茶すり山고분 등). 또한 발굴 성과를 바탕으로 분구 사면 전체에 즙석을 깔고 하니와를 세워 축조 당시의 상태로 복원해야 하는 경우도 있는데(효고현 고베시 고시키즈카고분 등), 그때는 본래의 즙석을 그대로 이용하는 경우도 있고(이시카와현 나카

노토中能登정 아메노미야雨の宮1호분 등) 새롭게 복원하는 경우도 있다(오사카부 야오八尾시 시온지야마心合寺山고분 등). 그 외의 경우도 대체로 이 범위 내에서 정비되며, 조금 특이하게 반은 복원하고 반은 잔디를 심는 경우도 있다(나라현 가와이河合정 나가레야마ナガレ山고분 등).

고분을 어떻게 정비할 것인가를 결정할 때는 여러 가지 조건이 제약이 되며, 이것이 좋고 저것이 나쁘다고 단정해 말할 수 없다. 각각의 방법에 나름대로의 정비 이념이 들어 있기 때문이다. 사실 발굴조사 성과가 정비에 충분히 이용된다면, 그것만으로도 충분하다.

그러나 고분을 연구하는 사람이자 몇몇 고분 정비에 관여한 사람인 나는 '그것이 정말 좋은 방법인가?'라는 의문을 끊임없이 할 수밖에 없다. 왜냐하면 '고분이란 무엇인가'라는 질문에 대해 고고학계는 아직 명확한 의견을 내놓지 않기 때문이다.

이제까지 쌓아온 고분 연구에서는, 이 시대가 일본 고대국가 형성의 도상에 있는 흥미로운 시대인 만큼, 아무래도 정치사회적인 연구가 중심을 이루었고, 그 분야에서는 큰 성과를 이루었다. 그러나 고고학계가 사람의 심성을 추구하는 데는 서투른 면이 있기도 해, 고분이 무덤임에 틀림없다고 해도 그곳에서 진행된 의례의 내용과 종교적인 의미를 찾는 것에서는 아직 충분한 성과를 내지 못했다.

고분이란 무엇인가? 고분시대 사람들은 어디를 통해 고분으로 들어갔고, 어디를 통해 이동했으며, 각각의 장소에서 무엇을 했을까? 그것에는 어떤 의미가 있었을까? 그리고 최종적으로 고분을 무엇이라 생각하며 완성시켰을까? 무덤인 고분에서 이루어진 하나하나의 행위에는 그것에 관철되어 있는 일정한 타계관을 바탕으로 한 의례의 시나리오가 담겨져 있었을 것이다. 그것을 알고 나서야 비로소 고분 정비에 임할 수 있지 않을까? 적어도 고분 발굴에서는 끊임없이 이런 의문에 대한 답을 찾으며 작업에 임해야 하고, 그 성과를 어떤 형태로든 정비에 활용해야 할 것이다.

여기서는 이런 내용을 고려하여 고분의 의례적·종교적 의미에 대해 필자의 생각을 이야기하고, 덧붙여 정비와 그 해설에 대한 생각을 약간 언급하고자 한다.

1. 고분의 일반적인 특징

먼저 고분이 일정하게 완성된 모습을 갖추게 되는 전기 후엽부터 중기 전엽의 대형 전방후원분, 수혈식석곽에 할죽형목관을 안치한 고분을 예로 들어 그 개요를 설명하고자 한다.

우선 분구는 단을 이루며 축조된다. 분구 정상부에 넓은 평탄면이 형성되고, 사면에는 단의 수만큼 평탄면이 형성된다. 분구 주위에 주호가 굴착된 곳도 있다. 그런 경우 축조 당시에는 여러 개의 작업용 육교(건너기 위한 둑)가 지어졌을 것이라 추정되지만, 최종적으로는 모두 혹은 일부를 남기고 제거된다. 주호에 물이 차 있었는지 아닌지는 분명하지 않지만, 도수 시설이 거의 발견되지 않은 점에 비추어 판단하자면, 물은 빗물에 의존하는 정도였을 것으로 추정된다. 주호의 바깥 둑(外堤)이 축조된 예도 있다(그림41).

매장 시설은 후원부 정상의 평탄면 중앙에 마련되는 것이 원칙으로, 그 주위와 전방부 등에 종속적인 것이 마련된 예도 있다. 묘광은 분정상부에서부터 굴착되지만, 크고 깊은 곳에서는 묘광 바닥에서

그림41 전방후원분과 부분 명칭(오사카부 하비키노시 하카야마고분, 단 이 육교는 후세의 것으로 추정)

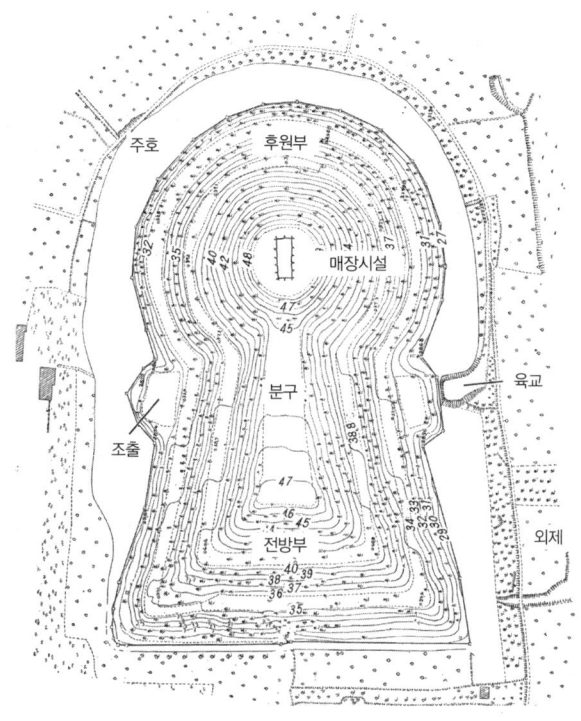

전방부측으로 빠져나가는 작업용 길이 만들어졌다.

장송 의례 가운데 중요한 위치를 점하는 유체의 납관·매납의례는 이 묘광 안에서 이루어졌다. 전형적인 예의 수순은 그림3과 같다. 관의 설치, 수혈식석곽의 구축, 유체 납관, 부장품 배치 등이 일련의 행위로 일체화되어(연속으로) 이루어진 것이 특징이며, 이는 관이 들어 나르는 관이 아니라 설치된 관으로, 별도로 운반되어온 유체를 그 안에 안치하는 것이었다는 데서 비롯된 것이라 생각한다. 무게가 6~7톤이나 되는 석관이 관으로 이용될 수 있었던 것도 관의 용법이 설치된 관이었기 때문일 것이다.

매장 시설의 또 하나의 특징은 유체를 관·곽(관을 보호하는 시설 또는 그에 준하는 것)에 봉함과 더불어 관·곽에 적색 안료를 바르고 거울과 철제 이기를 배치하고 사악한 것이 접근하지 못하도록, 혹은 사악한 것이 깃들어 유체가 날뛰지 못하도록 다양한 궁리를 했다는 점에 있다. 벽사·밀봉에 대한 생각이 강하게 담긴 가두는 관·가두는 곽이었던 것이다.

묘광이 다시 채워진 후에 분구 사면에 즙석을 깔고, 평탄면에 하니와가 세워지면, 고분의 형태가 완성되었다(그림42). 즙석을 깔고 아래에서 분구를 보면 고분이 돌산처럼 보인다. 즙석은 분구를 보호하면서 동시에 다른 공간과의 구분을 명확히 하여 분구를 장엄하게 보이도록 하기 위한 것으로, 즙석의 제1의 근본적인 의의는 돌산을 축조하는 데에 있었다. 다음으로 하니와가 배치되었다. 전형적인 형태는 후원부의 매장 시설 위에 낮은 방형단이 설치되고 그 위에 가형하니와군이 배치되며, 방형단을 둘러싸듯 원통형하니와열(나팔꽃형하니와도 포함)이 배치되는 것이다. 또한 방형하니와열 안팎에는 뚜껑(蓋), 일산(翳), 방패, 화살통(靫), 갑주, 대도大刀 등의 기재형하니와가 배치된다. 게다가 이들을 감싸듯, 분정부의 가장자리와 분구 사면의 평탄면, 때로는 분구측면에 원통형하니와열이 세워졌다. 나팔꽃형하니와는 음식물이 담겨 있었던 것으로 추정되는 호와 그것을 올리는 기대를 일체화시켜 만든 것으로, 기대만으로 이루어진 보통의 원통형하니와에도 호가 올려져 있었을 것으로 추정된다. 단적으로

그림42 이시야마고분 하니와 배열의 모식도

말하자면, 하니와군의 중심은 가형하니와군이고, 그 주변에 그것의 위엄을 세우는 위의구威儀具 및 그것을 지키는 무기·무구류가 배치되며, 그것들을 둘러싸듯이 음식물이 담겨진 용기류가 세워져 있었던 것이다. 바꾸어 말하면, 고분은 돌산 정상부에 강고하게 방어된 위엄 있는 저택을 배치하고, 음식물이 든 용기류로 그것을 몇 중으로 둘러싼 형태로 완성되었다.

이와 같이 매장 수순을 복원하면, 묘광을 굴착할 때나 유체를 운반할 때, 그리고 납관·매납의례 때도 사람들이 분구에 올랐음을 알 수 있다. 이런 '오르는 분구'는 매장 시설 구축에 앞서 분구를 축조하는 데서 오는 결과이지만(분구선행형), 후원부 정상에 넓은 평탄면이 있는 점과 그 중앙에 묘광을 파고 납관과 일체화되어 매장 시설이 조영되는 점은 일본 고분의 큰 특징이다.

다만 어디서라도 자유롭게 들어갈 수 있었던 것은 아니다. 고분에는 분명한 출입구가 있고, 후원부 정상으로 오르는 길이 있었다.

전방후원분의 경우, 출입구는 전방부와 후원부가 접하는 잘록한 부분 부근에 설치되었다. 중기에는 여기에 조출(造出)이 부설되는데, 이는 출입구 부근에서 이루어진 의례의 장이 분구 안에 형태를 갖추어 둘러싸여진 것으로 생각된다.

그림43은 중기 전엽의 나가레야마고분의 출입구 사진이다. 이 고분에서는 분구 측면을 둘러싸는 하니와열이 전방부의 잘록한 부분 쪽에서 폭 3미터 정도 끊어져 있고, 그것과 직각을 이루듯이 2열의 하니와열이 분구 안팎을 향해 배치되어 있다. 또한 중단의 평탄면 하니와열도 그것에 대응하는 부분이 끊어져 있으며, 실제로 사람 혹은 사자의 혼이 그곳을 통해 분구 안으로 들어가 올랐음을 나타낸다(분정부 하니와열 없음). 게다가 2열의 하니와열 가운데 우측 하니와열에도 끊어진 부분이 있고, 그 앞 잘록한 부분 앞의 평탄면에서는 활석제 모조품이 발견되는데 이는 그곳에서 의례가 이루어졌음을 말해준다. 이런 출입구에서의 의례의 장이 조출로 변화한 것으로 생각된다.

또한 다른 고분의 조출에는 가형하니와군이 놓여 있고, 그 앞에서 소형의 호·고배, 조리형(祭形) 토제품, 음식 모양 토제품 등을 사용한

그림43 나가레야마고분의 복원 정비와 전시의 일부

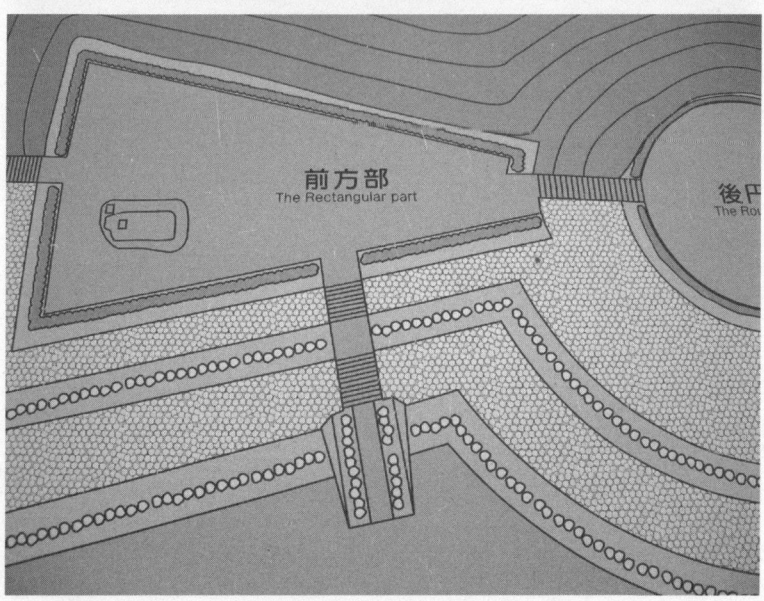

의례가 이루어졌지만(그림28), 동일한 음식물 공헌의례는 분구 위의 가형하니와군 앞에서도 이루어졌다. 중기에는 분구 출입구에서 의례가 성행하고, 가형하니와군은 후원부 정상만이 아니라 출입구 부근에도 배치된다.

2. 고분은 타계를 구현한 것

이렇게 완성된 고분은 무엇일까? 필자는 이것을 사자의 혼이 향하는 타계를 구현한 것, 즉 타계의 모조품이라고 생각한다.

 중국에서 매장 시설로서 곽이 발생한 춘추전국시대에는 혼백 사상이 널리 퍼져 사람이 죽으면 정신적인 요소인 혼기와 육체적인 요소인 형백이 분리되어 '혼기는 하늘로 돌아가고, 형백은 땅으로 돌아간다'*고 여겨졌다. 이 사상은 적어도 일본열도에서 곽을 이용하는 시대에 전해져, 형백은 매장 시설 안에 엄중하게 밀봉되는 한편 혼기는 타계로 향하여 그곳에서 영원한 삶을 살아간다고 여겨졌다. 이 타계를 현세에 구현한 것이 고분이라고 생각한다. 아마도 당시 사람들은 그들 수장의 혼이 무사히 타계로 향하여 그곳에서 안녕히 영원한 삶을 살 것을 기원하고, 또 그렇게 있는 것이 자신들의 안녕한 생활을 보장해 줄 것이라고 믿고 고분을 축조했을 것이다.

 2006년에는 이런 생각을 뒷받침하는 발견이 나왔다. 나라현 고료

- 《예기禮記》교특성편郊特性篇

広陵정 스야마巢山고분의 주호 바닥에서 직호문이 새겨지고 붉게 칠해진 실물 크기의 준구조선 일부가 출토된 것이다(그림29). 이것은 《수서》 왜국전에 "장례 시에 주검을 배위에 태우고 육지에서 그것을 당기거나 혹은 작은 수레(小轝)를 이용한다"라고 나와 있는 배임에 틀림없다. 실물 예는 이 한 가지가 전부지만, 고분에서는 그것과 관련되는 것으로 추정되는 선형하니와가 조출을 중심으로 종종 출토된다(그림30), 원통형하니와 등에서도 선각으로 새긴 배의 그림이 확인된다(그림31).

아마도 당시 사람들은 사자의 혼(혼기)이 배를 타고 타계로 향한다고 생각하여 그 모습을 현실의 장송 의례 속에서 재현하고, 수장의 유해를 배에 태워 타계를 구현한 고분으로 운반했을 것이다.

그리고 타계에 도착한 수장은 타계의 입구에서 배를 내려, 더러움을 씻고(도수시설을 갖추고 있는 울타리형(圍形)하니와), 돌산을 올라 타계의 저택으로 들어간 것이다. 선형하니와는 사자의 혼이 틀림없이 무사히 타계에 도착했음을 보여주는 증거이다. 또한 가형하니와군의 배치 상황으로 보면, 중기의 타세에는 입구 부근의 집과 분구 정상부의 산의 집이 있었던 것으로 추정된다. 그 세계는 음식물로 가득하고, 집 앞에는 나날이 산해진미가 마련되었을 것이다. 중기 중엽에 출현하는 동물과 인물 하니와군은 이런 타계에 필요한 요소가 추가된 것으로 타계에서 죽은 수장을 보살필 것으로 여겨진 듯하다.

이와 같이 고분은 무덤임과 동시에 죽은 수장이 향한 영원한 행복이 계속되는 세계인 타계를 구현한 것이었다고 생각된다. 그리고 고분시대에는 그 구현된 타계인 고분에 거대 전방후원분을 정점으로 한 형태와 규모에 따른 일정한 질서가 형성되고, 이 질서야말로 야마토왕권의 정치적 질서를 표현한 것이라고 생각되는데, 그 질서가 타계에까지 영향을 미친 것일 것이다.

3. 고분 정비

현재의 고분 정비는 부론3의 첫 부분에서 이야기한 것처럼, 몇 개의 다양한 형태로 이루어져 있는데, 대상이 무엇이든 발굴조사 성과를 표현할 수 있는 경우에는 가능한 정확하게 그것을 표현하고, 부설된 안내 시설과 해설판 등을 이용하여 견학자에게 가능한 정확한 정보를 전달할 수 있게 되었다. 이것은 그 자체로도 바람직하므로, 특별히 다른 생각은 없다.

그러나 분구는 거대하긴 하지만 말을 하지 않으므로 해설에는 축조 시기·분형·규모·즙석·하니와·매장 시설·관·부장품·약간의 피장자상 등 정확하지만 사전적이고 단편적인 지식이 나열되어 있다. 즉 정비된 고분은 너무 고립적이고 조용하며 따분한 곳이 되어버리는 경우가 많다.

그래서 나는 여기서, 정비된 고분을 더욱 인기척이 많고 북적거리는 곳으로 만들자는 제언을 하고 싶다. 정비된 고분 부위에 잔디를 깔고, 계절마다 꽃이 필 수 있도록 하여 편의 공간을 조성하고, 고분축제 등의 행사를 조성해 사람들을 부르는 것이다. 이것도 하나의 고분 정비 방법이 될 수 있다. 그러나 정말 하고 싶은 이야기는 정비된 고분을 더욱 매력적이고 감정이입하기 쉬운 것으로 만들기 위해, 사람들을 상상의 세계 속에서 더 활동하게 하고, 그러기 위한 구체적인 수단을 생각해보자는 것이다.

고분이라는 장소는 많은 사람들이 분주하게 움직여 고분을 만들었던 역동적인 장소이면서, 동시에 수장의 유체를 매장하고 그 혼이 타계에서 안녕하도록 기원한 엄숙한 장소이다. 본래 고분과 그 주변에서는 많은 사람들이 돌아다녔고, 이벤트라고 할 만한 활동들이 많이 전개되었다. 고분 견학자의 생각이 그 이벤트에까지 도달해, 비록 관찰자일지라도 상상 속에서 고분과 관련된 여러 가지 일들에 참여할 수 있다면 고분이 좀 더 견학자들에게 가깝고 친숙하게 여겨지지 않을까 생각한다.

말할 필요도 없이 가장 어려운 것은 그것을 어떻게 실현시키는가이다. 그리고 그 실현을 위해서는 고분 정비를 궁리하는 것만이 아니라, 안내 시설과 해설판의 역할이 매우 중요하다는 것을 알아야 한다. 알기 쉬운 해설이 바람직하며, 간단한 해설이 다 알기 쉬운 해설인 것은 아니다. 해설의 내용이 적확하고 사람이 등장하여 구체적인 움직임을 보여주는 것이 무엇보다도 알기 쉬운 해설일 거라고 생각한다. 일러스트와 애니메이션을 많이 활용하는 것도 필요할 것이다. 그 속에서 고분 조영 캠프와 하니와가마, 주변 고분과 취락, 수전과의 관계 혹은 타지역과의 교류양상도 보일 것이다.

고분은 결코 고립적인 것이 아니고, 인기척이 없는 곳도 아니다.

종장

가시화된 타계

1. 고분이란 무엇인가

이제까지의 검토 결과, 고분시대 전·중기의 고분은 분구 내부의 관·곽에 유체(형백)를 벽사·밀봉하는 무덤으로 만들어짐과 동시에 분구 표면에 즙석과 하니와, 목제품 등을 설치하여 사자의 혼(혼기)이 향하는 타계를 표현한 모조품으로 완성되었다는 결론에 이르렀다.

그런 의미로 고분은 사자의 혼이 가는 타계(저세상·내세)를 눈에 보이는 형태로 표현한 일본열도 최초의 조형물이라고 할 수 있다. 바꾸어 말하면 타계를 가시화시켰다는 것이야말로 고분이 가지는 최고의 문화사적·정신사적 의의인 것이다.

그리고 구현된 타계, 즉 가시화된 타계는 당시에 최대의 정치적·종교적 이벤트였던 '고분 의례'를 거행하는 대규모적이고 중심적인 무대 장치로 사용되었다.

사람들은 대왕과 수장(일족의 장)의 장의 과정에서 사자의 혼이 배를 타고 타계로 향하는 모습을 모의적으로 시행하기 위해 사자의 유체를 실물 크기로 장식된 배에 태워 지상으로 끌어 올려 구현된 타계로 이끌었다. 바꾸어 말하면, 대규모 고분 의례의 최대 목적은 죽은 대왕과 수장의 혼의 명복을 빌고, 혼을 무사히 타계로 보내는 것에 있었다.

고분 의례에는 공동체 또는 일족 사람들을 중심으로 많은 사람들이 참가하고, 많은 사람들이 그것을 지켜보았다. 고분 의례는 그 자체에 커다란 의의가 있고, 이를 통해 대왕과 수장의 죽음은 사회적으로 받아들여져 타계에서도 그렇기를 기대한 것이다.

타계에 도착한 사자의 혼은 고분 출입구에서 배를 내려(선형하니와), 몸을 청결히 하고(청정한 물이 있는 울타리형하니와), 바위산을 올라(즙석), 정상에 있는 방어적이고 견고한(무기·무구형하니와) 위의를 갖춘(뚜껑·일산형하니와) 훌륭한 저택에 살게 되는데(각종 가형하니와 군), 그 세계는 음식물로 가득차 있고(나팔꽃형하니와·원통형하니와), 저택에는 매일매일 산해진미(음식형 토제품)가 공급되었다(하지키 호·고배, 조리형 토제품). 그 세계는 당시 사람들이 생각하는 가장 행복한 시간이 영원히 계속되는 이상 세계였을 것이다.

이런 타계를 표현하는 의식은 고분시대 전기 후엽부터 중기 전엽에 걸쳐 완성된다. 그리고 중기 후엽에는 기존 하니와에 인물형하니와와 동물형하니와가 추가되는데, 이는 대왕과 수장(의 혼)이 타계에서도 계속 대왕과 수장으로 있을 수 있도록 봉사하는 의미로 더해진 것이라고 생각된다.

고분시대 후기에는 매장 시설로서 횡혈식석실이 도입되었는데, 앞서 설명한대로 그 석실의 내부 공간 성격은 키나이계와 규슈계가 달랐다. 그러나 전방후원분을 비롯해 고분 그 자체의 성격은 크게 변하는 일 없이 후기 후엽(6세기 후엽)까지 고분 의례가 계속되었다.

고분시대란 무덤 표면에 타계가 표현된 시대였다고 할 수 있다.

고분 의례의 본질이 크게 바뀌는 것은 타계를 구현한 고분이 소멸하는 때로, 전방후원분이 만들어지지 않게 되고, 하니와류도 세워지지 않게 되는 때가 여기에 해당한다.

2. 고분 축조의 조건

고분은 어떤 조건에서 만들어질까? 여러 가지 조건을 항목별로 열거하면 다음과 같다.

① 사회의 가치

고분 의례를 거행하는 것이 당시로는 최고 최대의 사람(노동력)·물자(자원)·정보(기술과 지식)·시간을 사용한 것이었다고 하면, 죽은 대왕과 수장의 혼의 명복을 빌고 혼을 무사히 타계로 보내어 도달하게끔 하는 것이야말로 당시 사회에서 가장 가치 있는 행위 또는 의무로 여겨졌다는 것이다. 그리고 그렇게 하는 것이 남겨진 사람들에게 있어서는 안녕한 생활과 자손 번영을 위해 필수불가결한 행위라고 받아들여졌을 것이다. 그런 관념은 혼백 사상을 바탕으로 한 선조(조령) 숭배가 탁월한 사회이기에 생겨났다고 추측된다.

② 사회 원리

그런 관념을 낳은 사회로는 혈연 원리를 유대로 하는 동족적 관계(혈연관계, 혼인관계, 의제적擬制的인 것도 포함)가 중시된 사회가 어울린다. 일찍이 고분 의례 속에서 중요한 역할을 담당하는 관의 소재와 형태에 시기 차, 지역 차가 현저한 것은 특정 집단마다 특정 관이 정해져 있어 유사한 관마다 동족적 관계에 있는 사람들의 집단 존재를 상정한 적이 있는데,[1] 이와 일맥상통한다.

③ 정치 체제

동족적 관계를 중심으로 한 집단을 일정한 계층적 질서로 통합한 사회의 정치체제로는 수장연합체제가 어울린다. 고분시대 전·중기 야마토왕권은 키나이 연합을 중심으로 한 수장연합체제의 생성기(전기 전반), 발전기(전기 후반), 성숙기(중기)로 파악할 수 있는데,[2] 왕권의 발전에 따라 고분 의례가 정비되고 중기 전엽에는 완성되었으며, 중기 중엽에는 상상을 불허하는 거대한 대왕분이 축조되고, 고분 의례가 장대하게 시행되었다.

④ 경제 단계

척대이 노동력·자원·지식·시간을 고분 의례를 거행하는 데 사용했다는 것을 다른 측면에서 보면, 그만큼의 노동력·자원·지식·시간을 생산과 경제의 확대 재생산에 사용하지 않았다는 뜻이 되는데, 그 이유는 경제 발전이 충분하지 않았기 때문일 것이다. 왜냐하면 부장품 등으로 보는 한, 당시 물류의 중심은 왕권이 종속된 수장에게 반대 급부로써 재지의 지배를 인정하고 정치적 지위를 보증하며, 각종 문물을 하사했던 것에 비해, 수장은 정치적 종속과 더불어 노동봉사(병역을 포함)와 물품 공납에 응하는 형태였다고 생각되기 때문이다. 이 관계는 수장과 공동체 또는 수장과 일족과의 관계에서도 거의 마찬가지였다고 생각된다.

고분 의례는 이런 여러 조건에 가장 적합한 행위였다. 그렇기 때문에 다소의 변용이 있더라도 전국 각지, 각 계층에서 지지받으며 약 350년이라는 긴 기간 동안 반복해서 거행되었던 것이다.

3. 고분(전방후원분)의 사회적 기능

고분 의례에는 어떤 사회적 기능이 있었을까?

① 유체를 매납하는 무덤으로서의 기능

첫 번째 기능은 단연 사자의 유체를 수납하는 무덤으로서의 기능이다.

② 사자 혼의 명복을 비는 기능

두 번째는 앞에서 이야기한 것처럼, 고분 의례를 거행하여 사자의 혼을 무사히 타계로 보내고 그 명복을 비는 기능이다. 다만 장송 의례가 종료된 후에 계속적으로 사자의 혼과 조령에게 제사지내는 '사당(廟)'과 같은 시설에도 이런 기능이 있는지는 확실하지 않다.

③ 사회를 통합하는 기능

세 번째는 사회를 통합하는 기능이다. 왜냐하면 별고를 통해 논한 바와 같이, 고분에서는 분형과 규모에 따른 계층적 질서가 현저하게 확인되고, 그것이 야마토왕권 안에서 피장자의 정치적 신분을 반영한다고 평가할 수 있기 때문이다.[3] 따라서 타계를 구현한 고분에 일정한 계층적 질서가 있다는 점은 곧 사자가 향하는 타계에서도 현재와 동일한 정지적 질서가 관철되어 있음을 보여주는 것임에 틀림없다. 즉 고분 의례는 대왕을 정점으로 하는 현세의 질서를 내세(타계)에도 관철시키기 위한 '장치', 바꾸어 말하면 양계兩界를 통일적으로 지배하는 장치인 것이다.

대규모 고분에서 의례가 거행되기 위해서는 많은 사람·물자·정보의 결집이 필요했는데, 왕권은 그 전체를 직간접으로 통제해 현세와 내세, 양 세계를 통합하려했다.

이것이 타계로부터의 시점이라고 하면, 타계 질서의 정점에 서는 대왕의 조령이 양계를 지배하고 있다고도 할 수 있다. 고분시대 사람들의 관념으로는 양계의 정점에 대왕의 조령이 위치했던 것이다. 그리고 왕권은 그 조령을 조상신으로 모시고 절대화시킴으로써 스스로의 지배 정통성을 보증하려 했다고 생각된다.

4. 고분(전방후원분) 의례에서 불교 의례로

고분이 위와 같은 사회적 기능을 담당했다면, 타계를 구현한 고분 즉 전방후원분이 소멸한 후에는 무엇이 그 기능을 담당했을까?

분구묘(고분)는 전방후원분 축조가 중단된 아스카시대에도 계속 축조되었다. 따라서 ①유체를 매납하는 무덤으로서의 기능은 확실하게 계속된다. 게다가 이 시기의 고분은 분구가 있더라도 지극히 무덤 자체에 가까운 성격으로 변해간다. 사자의 혼을 타계로 무사히 보낸다는 본래의 고분 의례가 없어지고, ②의 사자의 명복을 비는 기능이 쇠퇴하는 등 타계관 자체가 크게 변화했다고 생각된다. 또한 전국적으로 관철되던 고분 질서도 위약해져 ③의 사회를 통합하는 기능도 충분히 발휘되지 못했다고 생각된다.

따라서 ②와 ③의 기능은 다른 것이 담당하게 되었을 가능성이 크다.

여기서 생각할 수 있는 것이 고분시대 후기인 6세기에 일본열도로 전래되어 서서히 정착한 불교이다.

하야미 타스쿠速水侑에 따르면 "일본 불교의 직접적 원류인 중국문화권에 전해진 불교란 석가 재세시釋迦在世時의 불교와 달리, 대승불교가 성립하고 예배 대상으로 불탑에 추가적으로 불상, 그리고 신격화된 석가전, 사후 왕생세계로서의 정토 등이 있는 단계까지 변화 발전한 불교"이고, 여기에 왕권에 봉사하는 진호국가적 성격이 더해진 것이라고 한다.[4] 《일본서기》에 기록된 스이코推古 2년(594)의 '삼보三寶와 융조隆詔'를 들어, "사원의 건립 목적이 당초부터 왕권(천황·대왕) 호지護持와 조령祖靈 신앙에 있었음이 엿보이므로 흥미롭다"는 해석도 있다.[5] 또한 고고학에서는 히시다 테츠오菱田哲郎가 초기 불교 확산기에 "수도에 건립한 사천왕에 의한 국가호지라고 하는 사상이 보급되었다"고 서술함과 동시에 문헌, 가람배치, 불상의 방위성 등을 통해 7세기 중엽에는 아미타여래의 서방정토신앙이 이미 존재했음을 지적한 점도 놓칠 수 없다.[6]

불상에게 근친자의 명복을 비는 마음을 기탁한 예는 스이코 31년 (623년)에 도리붓시止利佛師에 의해 제작된 나라현 이카루가斑鳩정 호류지法隆寺 금당 석가삼존상 외에 도쿄국립박물관 소장의 '갑인년甲寅年'(스이코 2년)명 광배光背(594년. 654년설과 한반도 제작설이 있음)와

'신해년辛亥年'(하쿠치白雉 2년)명 관음보살입상(651년), 혹은 네즈根津미술관 소장의 '술오년戌午年'(사이메이齊明 4년)명 광배(658년), 시마네島根현 이즈모出雲시 가쿠엔지鰐淵寺 소장의 '임진년壬辰年'(지토우持統 6년)명 관음보살입상(692년) 등의 명문에도 남아 있다.7

이런 상황에서 보면 전방후원분을 비롯한 고분 의례가 담당해 오던 ②의 사자 혼의 명복을 비는 기능과 ③의 사회와 나라를 통합하는 기능의 대부분을 불교가 대신했다고 추측할 수 있다. 후에 우지데라氏寺*가 출현하는 점을 고려하면, 장의에서 사자의 명복을 비는 기능과 더불어 그 혼과 조령에게 계속적으로 제사지내는 기능도 사원이 그 일익을 담당한 것이라고 생각된다. 신사에 대해서는 현재 상세한 것을 알 수 없지만, 고분에서 사원으로 전환된다는 점에서 이야기 하자면 그렇다는 이야기이다.

일본열도를 통틀어 전방후원분의 축조가 거의 동시기에 끝나자마자 키나이에서 사원 건립이 시작되어 거의 전국으로 전개되는 것은 사정은 아직 불분명하지만 양자의 사회적 기능 이행이 비교적 자연스러웠다는 것을 엿볼 수 있게 한다.

---

* 우지데라氏寺는 아스카시대에 고분을 대신하여 유력씨족들에 의해 창건된 불교 사원을 일컫는다.

나가는 말

내가 고고학을 시작한 후 처음으로 참가한 발굴은 교토부 무코시의 데라도오츠카고분이었다. 이후 '고분이란 무엇인가'는 내 고고학 인생 최대의 의문 가운데 하나가 되었다. 그리고 1980년대 후반에 오사카대학교에 계시던 쓰데 히로시都出比呂志 선생님께 고분시대 묘제 변천에 관한 글을 써보라는 권유를 받았고, 이를 계기로 나는 이 의문에 더 본격적으로 뛰어들었다. 그때 묘제뿐만 아니라, 당시 사람들의 죽음에 얽힌 행위 전체를 시야에 넣고 고고학적으로 검토할 수 있는 여러 과제에 대해 가설을 세워 풀어나간 것을 개괄적으로 작성한 것이 1장 장제의 변천(1989년)이다. 그 논문이 이 책에서는 문제 제기로 자리매김했다.

얼마 후 가설적으로 제기한 개념을 순차적으로 검증한 것이 2장 설치된 관과 들어 나르는 관(1995년), 4장 가두는 관과 열린 관(2003년)이 되었고, 그 사이에 고분에서의 모든 의례를 고찰하는 기반이 되는 인간의 동선을 검토한 것이 3장 묘광과 분구의 출입구(1997년)

로 발표되었다.

　5장 동아시아의 열린 관(2007년)은 4장의 연장선상에서 풀어나가야 했던 과제인 고분의 동아시아적 확산에 대해 당시의 연구 전망을 서술한 것이다. 이와 관련해서는 대학원 때부터 일본과 한국의 석침, 사람 형태로 조각한 시상屍床 자료를 모아온 것이 도움이 되었지만, 덴리天理대학교에 있던 야마모토 타다나오山本忠尚가 북조의 석관상石棺床과 전당殿堂식석곽에 대해 정리한 것이 집필의 직접적 계기가 되었다.

　6장 황천국과 횡혈식석실(2008년)은 '가두는 관'과 '열린 관'을 매납한 횡혈식석실과 《고사기》의 황천국 방문담과의 관계를 검토한 것이지만, 실 개념에 대한 이미지를 업그레이드시키고, 곽과의 차이를 명확하게 밝힌 것이다. 열린 관을 넣은 규슈계 횡혈식석실이야말로 중국 고대 본래의 실의 개념에 가까운 것이고, 실은 그곳에서 사자가 생활하는 황천국 그 자체 또는 그 입구임을 밝혔다(생활 모습은 신선적인 것에서 현실적인 것으로 변화한다). 열도의 벽화계 장식고분은 그 계통의 횡혈식식실과 횡혈에 출현한다. 중국 문명의 주변에 위치하는 일본에 현존하는 최고의 역사서인 《고사기》에 이 실을 무대로 한 신화적 설화가 양호하게 남아 있는 점은 실로 흥미롭다. 나라문화재연구소에 계셨던 마치다 아키라町田章[1]와 동아대학의 코 교훼黃曉芬[2] 등이 계속 밝히고 있는 고대 중국 장제와의 비교도 계속 이루어지고 있는데, 앞으로는 이 방면에서의 연구를 더욱 진전시켜 나가고 싶다.

　7장 고분의 타계관(2009년)은 이전까지 다룬 부분적인 분석을 바탕으로 이 시점에서 내린 총괄적인 고찰이다. 고분 의례 전체를 연극에 빗대어 대도구·소도구 등을 통해 이야기의 골자를 추찰하고, 기본 개념을 이끌어내는 방법은 6~7장을 집필할 때 자각한 것이다.

마지막으로 8장 고분 축조에 관한 약간의 고찰(2013년)은 지금까지 논의하지 못하고 남겨뒀던 문제 가운데서 약간의 요점을 검토함과 동시에 당시 사회를 종합하는 데 고분 축조를 중심으로 하는 장송 의례가 담당한 역할을 고찰한 것이다. 이 뒤에 보조적인 부론 세 편을 첨부했고, 최종적으로 고분 의례의 역사적 위치를 검토해 종장을 붙였다.

몇 년 전, 필자에게 처음으로 고고학 지도를 해주신 은사인 고바야시 유키오小林行雄선생님(교토대학교)의 《소림행웅고고학선집小林行雄考古学選集》 제2권(眞陽社 2010년)의 '해설 – 수록 논문에 대하여'를 준비하며, 선생님의 논고를 다시 읽어보았다. 그리고 1957년의 〈고분에 대하여古墳について〉[3]에서 "사실 내가 염두에 두고 있는 것은 고분 연구에서 어떻게 해서든 고대인의 사고 실체를 밝히고 싶다는 것이다"라는 구절과 "내가 주목하고 있는 것은 새로운 연구를 개척하기 위해서는 새로운 방법이 필요하다는 것이며, 고분에서 고대인의 사고를 밝혀내기 위한 새로운 방법이란 고분이 사자를 묻기 위한 장소일 뿐이라는 태도를 버리고, 사자의 장의가 이루어진 유적이라는 관점에서 모든 것을 재검토해가는 것이다"라는 부분을 보고, 내가 선생님과 동일한 생각에서 연구를 시작했다는 느낌을 받아 매우 기뻤다. 축조한 사람(만든 사람)과 사용한 사람의 입장에 서서 유물과 유구를 생각한다는 것은 선생님께 배운 가장 중요한 시각 가운데 하나다. 이때 이 구절을 처음 읽고, 선생님이 살아계셨더라면 내게 어떤 코

멘트를 해주셨을지 궁금했다. 고바야시 선생님의 최종 결론은 나와 약간 다르지만, 선생님의 논고를 검토하는 과정에서 논고에 담긴 그 넓고 깊은 통찰력에 놀랐다. 특히 4장 가두는 관과 열린 관은 선생님께서 1951년에 발표하신《고대학연구古代学研究》내 '가형석관·상하家形石棺·上下'와 불가분의 내용이 되었다.

또한 교토대학교에 있던 야마나카 이치로山中一郎로부터 들은 프랑스의 앙드레 르루아 구랑André Leroi-Gourhan의 반스 반PINCE VIN유적의 발굴 방법 이야기도 취락유적보다는 고분 조사에 활용할 수 있겠다고 생각하여 방법론을 찾아내는 데 참고했다.

이런 연구 결과들을 책으로 출판하면서는 먼저 이야기한 분들 외에도 히구치 타카야스樋口隆康, 쓰보이 키요타리坪井清足, 곤도 요시로近藤義郎, 가나세키 히로시金関恕, 하라구치 쇼조原口正三, 오노 야마세츠小野山節, 아키야마 신고秋山進午, 사하라 마코토佐原真, 다나카 미가쿠田中琢, 다나베 쇼조田辺昭三, 미즈노 마사요시水野正好, 곤도 코이치近藤喬一, 야마오 유키히사山尾幸久를 비롯한 모든 선생님들과 정말 많은 분들로부터 지도와 지원, 협력을 받았다. 이름을 일일이 다 나열할 수 없지만 내가 거쳐 왔던 교토대학교, 도야마대학교, 리츠메이칸대학교의 선생님, 학생, 직원과 전국 각지의 연구자, 친구, 매장문화재 관계자 분들, 그리고 한국과 중국의 연구자와 친구들에게도 깊은 감사의 마음을 전한다. 오랫동안 고생시킨 가족들에게도 마음으로 감사의 뜻을 전한다.

문장 교정, 자료 수정 등은 리츠메이칸대학교의 시모가키 히토시下垣仁志와 같은 학교 대학원의 하라다 마사히로原田昌浩·장성張成에게 지원을 받았고, 일본어판 책의 표지 사진은 오사카부교육위원회와 고베시교육위원회에서 사용 허가를 내주었다. 또한 요시카와코분칸吉川弘文館의 이시즈 테루마사石津輝真씨에게도 장기간 격려와 지원을 받았다. 위의 모든 분들과 각 관계 기관에 마음을 담아 감사의 말씀을 전한다.

2013년 12월
와다 세이고

옮긴이의 말

이 책을 쓴 와다 세이고^{和田晴吾} 선생은 1948년 나라현^{奈良県}에서 태어나, 교토대학교 고고학연구실에서 수학하고 토야마대학교^{富山大学}, 리츠메이칸대학교^{立命館大学} 교수를 거쳐, 정년퇴임 후 현재는 효고현립고고학박물관장으로 재임 중이다.

학부 졸업 논문은 〈야요이 고분시대의 어구^{生·古墳時代 漁具}〉, 석사 논문은 〈가형석관의 연구^{家形石棺の研究}〉로, 석사 논문의 일부를 〈키나이의 가형석관^{畿内の家形石棺}〉이라는 제목으로 《사림^{史林}》에 발표하면서 학계의 주목을 받기 시작했다. 이후 위의 두 가지 주제, 특히 석관의 출현 의미와 제작 기법 등에 중점을 두어 지속적으로 연구에 몰두하였다. 1980년대 후반부터는 고분의 시대 구분에 관심을 가지면서, 미나미야마시로^{南山城} 지역 고분의 변천 양상을 통해 고분시대를 수장연합체제로 정의하고 각 단계별 문화상을 정리하였다. 이 연구 결과는 지금까지도 고분시대 분기 설정의 기준이 되고 있다. 정년퇴임 후에는 그간의 연구 성과를 집성하여 《古墳時代の葬制と他界観》(2014),

《古墳時代の生産と流通》(2015),《古墳時代の王権と集団関係》(2018) 등 여러 권의 단행본을 발간하였는데, 그 중《古墳時代の葬制と他界観》(2014)을 번역한 것이 이 책이다.

이 책은 고분 축조 과정에서 보이는 고분시대인들의 타계관을 검토한 것으로, 본문 8장과 부록 3장, 종장 등 총 12장으로 구성되어 있다.

1장에서는 장송과 관련된 사람들의 행위에 초점을 맞추어 **장제**라는 소위 고분 의례의 방식과 절차에 대해서 검토하며, 2장에서는 매장 시설인 관을 '설치된 관'과 '들어 나르는 관'으로 구분하여 정리한다. 3장에서는 고분 축조에서 사람의 동선에 주목하여 묘광과 분구로 통하는 출입구와 그곳에서 행해진 의례를 중심으로 살펴본다. 4장에서는 '가두는 관'과 '열린 관'이라는 측면에서 관과 관련된 기능의 문제와 그 의미를 검토하며, 5장에서는 '열린 관'의 계보와 지역적 편재성을 동아시아 범위에서 찾는다. 6장에서는《고사기古事記》와《일본서기日本書紀》에 기술된 **황천국 방문담**이 규슈계 열린 석실에 대응된다는 점을 이야기하며, 7장에서는 고분의 타계관을 정리하고, 고분 축조 과정에서 행해진 사람들의 행위를 구체적으로 복원한다. 8장에서는 일본 열도 전역에서 확인되는 고분 축조의 이벤트적인 성격과 장제 의례가 국가적 규모의 사회 통합 원리였다는 점을 말한다.

이외에도 부록1에서는 석관의 종류와 시기에 대해서 검토하고, 석관을 출현 배경과 특징에 따라 '가두는 관'과 '열린 관'의 두 가지 성격으로 구분하여 정리하였으며, 부록2에서는 일본 고분의 특징을 검토하고 가야 분구묘와 비교한다. 부록3에서는 고분의 보존과 정비, 활용에 관해 이야기하며, 마지막 종장에서는 고분의 의미, 축조의 조건, 사회적 기능 등 고분 의례의 역사적 위치에 대해 언급한다.

와다 세이고 선생의 이러한 연구는, 고분이 단순히 죽은 사람을 묻기 위한 장소라는 선입견을 버리고, 장례가 행해진 장소라는 관점에서 고분을 재검토해야 하며, 이를 통해 당시 사람들의 죽음에 대한 세계관을 살펴보아야 한다는 점을 일러준다. 이러한 관점은 고분이 아닌 유적과 유물에 대해서도 마찬가지로, 만든 사람 그리고 그것을 사용한 사람의 입장에 서서 생각해야 할 것이다. 와다 선생의 고분에 대한 열정과 부단한 노력은 고고학 연구자가 가져야만 하는 유적과 유물에 대한 접근과 진지한 연구 태도를 다시금 생각하게 한다.

책의 번역은 1~4장은 최영주가, 5~8장은 이기성이, 부론과 종장은 천선행이 나누어 담당했다. 옮긴이 세 사람은 모두 2000년대 초반에서 중반까지 비슷한 시기에 리츠메이칸대학교에서 유학하였으며, 서로 전공은 조금씩 다르지만 모두 와다 선생님을 지도교수로 모시고 박사학위를 취득했다.

이 책은 내용이 한국 고고학계에 도움이 될 것이고 전문 연구자뿐 아니라 고고학과 역사학에 관심 있는 일반인에게도 흥미로운 주제일 것 같아 번역을 결정했다. 물론 와다 세이고 선생님께 받은 학은을 조금이나마 보답하고자 하는 마음도 있었다. 그러나 부족한 번역을 보니 오히려 와다 선생님의 연구 성과에 누를 끼친 것은 아닌가 하는 걱정이 앞설 뿐이다.

번역 출간 작업을 하며 많은 분들의 도움을 받았다. 도움을 주신 모든 분들께 감사의 인사를 전한다.

2019년 1월

이기성, 천선행, 최영주

주

1장 장제의 변천

1. 小田和利 외, 1987,《鬼ノ枕古墳》, 甘木市文化財調査報告 第19集.
2. 小島俊次, 1969,《マエ塚古墳》, 奈良県史蹟名勝天然記念物調査報告 第24冊.
3. 京都大学文学部考古学研究室向日丘陵古墳群調査団, 1971,〈京都向日丘陵の前期古墳の調査〉,《史林》第54巻 第6号, 史学研究会.
4. 和田晴吾 외, 1992,《鳴谷東古墳群第3·4次発掘調査概報》, 立命館大学文学部学芸員課程研究報告 第4冊.
5. 伊達宗泰 외, 1977,《メスリ山古墳》, 奈良県史跡名勝天然記念物調査報告 第35冊.
6. 梅原末治, 1960,《大和の古文化》, 近畿日本叢書(梅原末治, 1973,《佐味田及新山古墳研究》復刻版, 名著出版에 수록되어 있음).
7. 和田晴吾, 1984,〈石川県国分尼塚1·2号墳〉,《月刊文化財》第254号.
8. 대한민국문화재관리국편(永島暉臣慎訳), 1974,《무령왕릉》, 학생사.
9. 増田精一編, 1986,《武者塚古墳》, 新治村教育委月会.
10. 梅原末治, 1936,〈摂津阿武山古墓調査報告〉,《大阪府史蹟名勝天然紀念物調査報告》第7輯.
11. 泉森皎, 1977,《竜田御坊山古墳》, 奈良県史跡名勝天然記念物調査報告 第

32冊.

12. 辻 秀人編, 2008,〈大塚森古墳の研究〉,《歴史と文化》, 東北学院大学論叢 第43号.

13. 梅原末治, 1914,〈近時調査せる河内の古墳(上)〉,《考古学雑誌》第5巻 第3号. 日本考古学会.

14. 和田晴吾, 1989a,〈古墳の築造過程を考える〉,《古市古墳群をめぐる諸問題》(《藤井寺市の遺跡ガイドブック》4), 藤井寺市教育委員会.

15. 池田次郎, 1981,〈石鎚山第1号・第2号古墳及び吹越8号古墳出土の人骨について〉,《石鎚山古墳群》, 広島県教育委員会・広島県埋蔵文化財調査センター 참조.

2장   '설치된 관'과 '들어 나르는 관'

1. 鈴木保彦, 1980,〈関東・中部地方を中心とする配石墓の研究〉,《神奈川考古》第9号, 神奈川考古同人会.

2. 橋口達也, 1980,〈甕棺内人骨等に附着せる布・蓆〉,《古文化論攷》, 鏡山猛先生古稀記念論文集刊行会.

3. 福永伸哉, 1985,〈弥生生時代の木木棺墓と社会〉,《考古学研究》第32巻 第1号; 森 毅, 1985,〈棺の構造〉《古墳の起源と天皇陵》, 帝塚山考古学研究所.

4. 梅原末治, 1953,〈肥前玉島村谷口の古墳〉,《佐賀県文化財調査報告書》第2輯; 亀井明徳・永井昌文, 1982,〈谷口古墳〉,《末慮国》, 六興出版.

5. 松尾禎作, 1951,〈横田下古墳〉,《佐賀県史蹟名勝天然記念物調査報告書》第10輯; 小田富士雄, 1982,〈横田下古墳〉,《末慮国》, 六興出版.

6. 柳沢一男・杉山富雄, 1984,《鋤崎古墳ー1981~1983年度調査概報》, 福岡市埋蔵文化財調査報告書 第112集.

7. 三島 格・小田富士雄, 1970,《丸隈山古墳》, 福岡市埋蔵文化財調査報告書 第10集; 柳沢一男, 1986,《丸隈山古墳Ⅱ》, 福岡市埋蔵文化財調査報告書 第146集.

8. 乙益重隆, 1984,〈小鼠蔵一号墳〉,《熊本県文化財調査報告書》第68集.

9. 限 昭志, 1984,〈大鼠蔵尾帳幌宮古墳〉,《熊本県文化財調査報告》第68集.

10. 梅原末治, 1925,〈上益城郡小坂の大塚古墳〉,《熊本県史蹟名勝天然記念物調査報告》第2冊.
11. 福岡市教育委員会, 1989,《老司古墳》, 福岡市埋蔵文化財調査報告書 第209集.
12. 西谷 正, 1965,《藤の森・蕃上山二古墳の調査》, 大阪府教育委員会.
13. 安村俊史・桑野一幸, 1992,《高井田山古墳》, 柏原市文化財概報 1991~1993.
14. 吉村幾温・千賀 久, 1988,《寺口忍海古墳》, 新庄町文化財調査報告書 第1冊.
15. 花田勝広, 1991,〈近江における最古の横穴式石室〉,《滋賀文化財だより》第158号, 滋賀県文化財協会.
16. 吉村幾温・千賀 久, 1988,《寺口忍海古墳》, 新庄町文化財調査報告書 第1冊.
17. 小島俊次, 1959,〈桜井市児童公園の古墳〉,《奈良県史蹟名勝天然記念物調査抄報》第11輯.
18. 久野邦雄編, 1974,《大和巨勢山古墳群(境谷支群)昭和48年発掘調査概報》, 奈良県教育委員会.
19. 田中一広, 1984,〈御所市巨勢山古墳群(タケノクチ支群)発掘調査概報〉,《奈良県遺跡調査概報》1983年度・第2分冊.
20. 堤 圭三郎, 1967,〈靑山古墳発掘調査概報〉,《(京都府)埋蔵文化財発掘調査概報》.
21. 岩崎二郎 외, 1993,《一須賀古墳群Ⅰ支群発掘調査概要》, 大阪府教育委員会.
22. 菅原正明 외, 1969,《河南町東山所在遺跡発掘調査概報》, 大阪府教育委員会.
23. 森 浩一・田中英夫, 1960,〈大阪府堺市塔塚調査報告ー畿内の古式横穴式石室に関連してー〉,《日本考古学協会第25回総会研究発表要旨》.
24. 藤井直正・都出比呂志, 1966,〈考古資料〉,《枚岡市史》第3巻(史料編1).
25. 上中町教育委員会, 1988,《向山古墳群第二次調査現地説明会資料》; 網谷克彦, 1991,《躍動する若狭の王者たち》, 福井県立若狭歴史民俗資料館.
26. 斎藤 優, 1970,《若狭上中町の古墳》, 上中町教育委員会.

27. 위의 책.
28. 上田哲也編, 1966,《姫路丁古墳群》, 東洋大学付属姫路高等学校考古学教室.
29. 松本政信 외, 1970,《宮山古墳発掘調査概報》, 姫路市文化財調査報告 I.
30. 枚本政信·加藤史郎 외, 1972,《宮山古墳発掘調査概報》, 姫路市文化財調査報告 IV.
31. 島田清·上田哲也·河原隆彦·大久保強, 1965,《印南野ー加古川工業用水ダム古墳群発掘調査報告ーその1》, 加古川市文化財調査報告3.
32. 鎌木義昌·問壁忠彦·問壁設子, 1965,《随庵古墳》, 絵社市教育委員会.
33. 陳 顕明, 1960,《土保山古墳発掘調査概報》, 高槻叢書 第14集, 高槻市教育委員会; 原口正三, 1973,〈土保山古墳〉,《高槻市史》第6巻(考古編).
34. 小林行雄, 1962,〈狐塚·南天平塚古墳の調査〉,《大阪府の文化財》, 大阪府教育委員会.
35. 北野排平, 1976,《河内野中古墳の研究》, 大阪大学文学部国史研究室研究報告 第2冊.
36. 田中彩太, 1978,〈古墳時代木棺に用いられた緊結金具〉,《考古学研究》第25巻第2号.
37. 吉村幾温·千賀 久, 1988,《寺口忍海古墳》, 新庄町文化財調査報告書 第1冊.
38. 岡林孝作, 1994,〈木棺系統論ー釘を使用した木棺の復元的検討と位置づけー〉,《橿原考古学研究所論集》第11.
39. 梅原未治, 1935,〈大和桜井町艸墓古墳〉,《近畿地方古墳墓の調査》1, 日本古文化研究所.
40. 奈良県立橿原考古学研究所編, 1990,《斑鳩·藤ノ木古墳第1次調査報告書》, 斑鳩町 외; 1995,《斑鳩·藤ノ木古墳第2·3調査報告書》, 斑鳩町 외.
41. 大手前女子大学考古学研究会編, 1983,《史跡円山古墳》, 野洲町教育委員会.
42. 前園実知雄·白石太一郎, 1995,〈藤ノ木古墳〉,《日本の古代遺跡を掘る》5, 読売新聞社.
43. 小林行雄, 1949,〈黄泉戸喫〉,《考古学集刊》第2冊(小林行雄, 1976,《古墳文化論考》, 平凡社에 수록되어 있음).

44. 白石太一郎, 1975, 〈ことどわたし考―横穴式石室墳の埋葬儀礼をめぐって―〉, 《橿原考古学研究所論集 創立35周年記念》, 古川弘文館.
45. 都出比呂志, 1986, 〈墳墓〉, 《岩波講座 日本考古学》第4巻, 岩波書店.
46. 上田三平, 1927, 〈花山塚古墳〉, 《奈良県に於ける指定史蹟》第1冊, 史蹟調査報告 第3, 内務省.
47. 北野排平, 1980, 〈大阪の終末期古墳〉, 《日本考古学協会昭和55年度大会資料》.
48. 北野耕平, 1985, 〈古墳時代の富田林〉, 《富田林市史》第1巻.
49. 大阪府教育委員会·太子町, 1956, 《松井塚古墳調査概要》.
50. 末永雅雄 외, 1972, 《壁画古墳高松塚調査中間報告》, 奈良県教育委員会·明日香村.
51. 和田晴吾, 1989b, 〈畿内·横口式石槨の諸類型〉, 《立命館史学》第10号, 立命館史学会.
52. 水野正好, 1970, 〈群集墳と古墳の終焉〉, (坪井清足·岸 俊男編) 《古代の日本》第5巻(近畿), 角川書店.
53. 猪熊兼勝, 1977, 〈斑鳩に於ける2墳墓の漆棺について〉, 《竜田御坊山古墳》, 奈良県史跡名勝天然記念物調査報告 第32冊.
54. 梅原末治, 1936, 〈摂津阿武山古墓調査報告〉, 《大阪府史蹟名勝天然紀念物調査報告》第7輯.
55. 米田義孝, 1977, 〈牽牛子塚古墳出土夾紵棺の復元〉, 《史跡牽牛子塚古墳》, 明日香村教育委員会.
56. 伊達宗泰, 1972, 〈漆塗木棺について〉, 《壁画古墳高松塚調査中間報告》, 奈良県教育委員会·明日香村.
57. 中井貞夫, 1972, 〈初田第2号古墳·初田第3号墳の調査概要〉, 《節·香·仙》第11号.
58. 梅原末治, 1921, 〈聖徳太子磯長の御廟〉, 《聖徳太子論纂》(梅原末治, 1920, 《日本考古学論攷》, 弘文堂書房에 수록되어 있음).
59. 坂靖, 1985, 〈出土遺物の検討-鐶座金金具の系譜〉, 《下司古墳群》, 同志社大学校地学術調査委員会調査資料 19, 83~101頁.
60. 樋口隆康·近藤喬一·吉本堯俊, 1967, 《和歌山県文化財学術調査報告》第2

册.

61. 和田晴吾, 1992a,〈群集墳と終末期古墳〉,(山中一郎·狩野 久編)《新版古代の日本》第5巻(近畿1), 角川書店.
62. 辻 裕司 외, 1994,《平成元年度京都市埋蔵文化財調査概要》, 京都市埋蔵文化財研究所.
63. 北原 治, 2001,〈上出A遺跡の縄文·弥生移行期の墓地について〉,《上出A遺跡》, 県営かんがい排水事業関連遺跡発掘調査報告書 16-2, 滋賀県教育委員会·滋賀文化財保護協会.
64. 柳沢一男 외, 2002,《鋤崎古墳》, 福岡市埋蔵文化財調査報告書 第730集.
65. 青木政幸, 2003,〈韓国無文土器時代丸太刳抜式木棺集成〉,《古代日韓交流の考古学的研究》, 科学研究費補助金基盤研究(B)(1)研究成果報告書(研究代表·和田晴吾).
66. 杉山富雄編, 2002,《鋤崎古墳》, 福岡市埋蔵文化財調査報告書 第730集.
67. 安村俊史, 2011,〈たかが釘"されど釘〉,《柏原市歴史資料館官報》第23号.
68. 進藤 武編, 2001,《天王山古墳·円山古墳·甲山古墳調査整備報告書》, 野洲町教育委員会.

3장 묘광과 분구의 출입구

1. 近藤義郎, 1976,〈原始史料論〉,《岩波講座 日本歴史》別巻2, 岩波書店.
2. 小林行雄, 1951·54·55,〈三重県那賀郡石山古墳〉,《日本考古学年報》1~3, 日本考古学協会; 小野山節 외, 1993,〈石山古墳〉,《紫金山古墳と石山古墳》, 京都大学文学部博物館図録 第6冊, 京都大学文学部考古学研究室.
3. 山本忠尚, 1985,〈調査技術論〉,《岩波講座 日本考古学》第1巻, 岩波書店.
4. 富樫卯三郎, 1978,《向野田古墳》, 宇土市埋蔵文化財調査報告書 第2集.
5. 山本 清, 1967,《造山第3号墳調査報告》, 島根県教育委員会.
6. 山村 宏·柴田 稔編, 1982,《新豊院山墳墓群D地点調査報告書》, 磐田市文化財保存顕彰会.
7. 桝井豊成編, 1990,《ヒル塚古墳発掘調査概報》, 八幡市教育委員会.
8. 金関 恕, 1961,〈若宮古墳〉,《山口県文化財概要》第4集; 下関市教育委月会,

1984,《綾羅木郷遺跡若宮古墳遺構確認調査概要》.
9. 堅田 直, 1993,〈古墳〉,《グラフィティ·日本謎事典》3, 光文社.
10. 山口讓治 외編, 1989,《老司古墳》, 福岡市埋蔵文化財調査報告書 第209集.
11. 和田晴吾, 1989a,〈古墳の築造過程を考える〉,《古市古墳群をめぐる諸問題》《藤井寺市の遺跡ガイドブック》4), 藤井寺市教育委員会.
12. 京都大学文学部考古学研究室向日丘陵古墳群調査団, 1971,〈京都向日丘陵の前期古墳の調査〉,《史林》第54巻 第6号, 史学研究会.
13. 佐藤晃一, 1992,《作山一号墳からのメッセージ》, 加悦町文化財調査報告書 第18集.
14. 伊達宗泰 外, 1977,《メスリ山古墳》, 奈良県史跡名勝天然記念物調査報告 第35冊.
15. 末永雅雄·森 浩一, 1953,《河内黒姫山古墳の研究》, 大阪府文化財調査報告書 第1輯.
16. 高橋美久二, 1988,〈木製の埴輪再論〉,《東アジアの古代文化》第56号.
17. 宇野隆夫·安 英樹, 1988,〈墓道〉,《谷内16号古墳》, 富山大学考古学研究報告 第2冊.
18. 甘粕 健·小野 昭編, 1993,《越後山谷古墳》, 新潟県巻町教育委員会·新潟大学考古学研究室.
19. 岸本雅敏, 1977,〈小杉町五歩一発見の前方後方墳〉,《連絡紙》第70号, 富山考古学会.
20. 会津大塚山古墳測量調査団, 1989,《会津大塚山古墳測量調査報告書》.
21. 和田晴吾, 1981,〈向日市五塚原古墳の測量調査より〉, (小野山節編)《王陵の比較研究》, 京都大学文学部考古学研究室.
22. 泉森 皎, 1976,《佐味田ナガレ山古墳》, 奈良県文化財調査報告書 第26集; 吉村公男, 1993,《ナガレ山古墳発掘調査概要》, 奈良県河合町教育委員会; 1994,《史跡ナガレ山古墳》, 奈良県河合町教育委員会.
23. 福井県立若狭歴史民俗資料館·立命館大学文学部, 1993,《城山古墳発掘調査現地説明会資料》.
24. 笠野 毅, 1979,〈景行天皇陵渡土堤改修区域の調査〉,《青陵部紀要》第30号, 宮内庁(1988,《書陵部紀要所収陵墓関係論文集》続, 学生社에 수록되어 있

음); 福尾正彦·佐藤利秀, 1995,〈景行天皇山辺道上陵整備工事予定区域の調査〉,《書陵部紀要》第46号, 宮内庁.

25. 福尾正彦, 1987,〈狭木之寺間陵整備工事区域の調査〉,《書陵部紀要》第38号, 宮内庁(1988,《書陵部紀要所収陵墓関係論文集》続, 学生社에 수록되어 있음).

26. 福尾正彦·徳田誠志, 1992,〈狭木之寺間陵整備工事区域の調査〉,《書陵部紀要》第43号, 宮内庁.

27. 福尾正彦·佐藤利秀, 1997,〈狭城盾列池後陵整備工事区域の事前調査〉,《書陵部紀要》第48号, 宮内庁.

28. 中井正幸編, 1993,《長塚古墳範囲確認調査報告書》, 大垣市埋蔵文化財調査報告書 第3集.

29. 吉井秀夫, 1997,〈久米田貝吹山古墳の発掘調査〉,《大阪府下埋蔵文化財研究会(第35回)資料》, 大阪府文化財センター; 岸和田市教育委員会·立命館大学文学部, 1997,《久米田貝吹山古墳発掘調査現地説明会資料》.

30. 福岡市教育委員会, 1988,《拝塚古墳遺跡説明会資料》.

31. 都出比呂志, 1979,〈前方後円墳出現期の社会〉,《考古学研究》第26巻 第3号, 考古学研究会.

32. 今尾文昭·青木勘時, 1991,〈中山大塚古墳第2次発掘調査報告書〉,《奈良県遺跡調査概報》, 1990年度 第1分冊.

33. 青木勘時, 1998,〈大和東南部の前期古墳について―天理市東殿塚古墳の調査成果を中心に―〉,《古代》第105号, 早稲田大学考古学会.

34. 和田晴吾, 1984,〈石川県国分尼塚1·2号墳〉,《月刊文化財》第254号.

35. 斎藤光利, 1990,〈三王山南塚1·2号墳発掘調査概報〉,《南河内町郷土史会報》第7号.

36. 吉田博行, 1995,《杵ガ森古墳·稲荷塚遺跡発掘調査報告書》, 会津坂下町文化財調査報告書 第33集.

37. 飯塚恵子·田口一郎編, 1981,《元島名将軍塚古墳》, 高崎市文化財調査報告書 第22集.

38. 大場磐雄, 1930,〈断夫山古墳の造出に就いて〉,《考古学雑誌》第20巻 第1号, 日本考古学会.

39. 藤井寺市教育委員会, 1993,《新版·古市古墳群》.
40. 末永雅雄, 1975,《古墳の航空大観》, 学生社.
41. 위의 책.
42. 木下亘 외, 1988,《史跡·乙女塚古墳》, 河合町文化財調査報告 第2集.
43. 高橋克壽, 1996,〈埴輪の世紀〉,《歴史発掘》第9巻, 講談社.
44. 岡内三真·和田晴吾·宇野隆夫, 1981,〈京都府長岡京市カラネガ岳1·2号墳の発掘調査〉,《史林》第64巻 第3号, 史学研究会.
45. 辰巳和弘, 1990,《高殿の考古学》, 白水社.
46. 佐藤晃一, 1992,《作山一号墳からのメッセージ》, 加悦町文化財調査報告書 第18集.
47. 小林行雄, 1974,〈埴輪〉,《陶磁大系》第3巻, 平凡社.
48. 塚田良道, 1996,〈人物埴絵の形式分類〉,《考古学雑誌》第81巻 第3号, 日本考古学会.
49. 京都大学文学部考古学研究室向日丘陵古墳群調査団, 1971,〈京都向日丘陵の前期古墳の調査〉,《史林》第54巻 第6号, 史学研究会.
50. 国立歴史民俗博物館編, 1997,《はにわ人は語る》, 第26回歴博フォーラム.
51. 国立歴史民俗博物館編, 1999,《はにわ人は語る》, 山川出版社.
52. 和田晴吾, 1997,〈石の棺と古墳時代の動向〉,《考古学がわかる》(《アエラムック》), 朝日新聞社.
53. 兵庫県立考古博物館, 2009,《池田古墳現地説明会資料》; 兵庫県立考古博物館, 2009,《池田古墳第2次調査現地説明会資料》; 兵庫県立考古博物館, 2011,《池田古墳第3次調査現地説明会資科》.
54. 近藤義郎, 2000,《前方後円墳観察への招待》, 青木書店.
55. 辻 秀人編, 2008,〈大塚森古墳の研究〉,《歴史と文化》, 東北学院大学論叢 第43号.
56. 高橋克壽, 1999,〈人物埴輪の出現とその意味〉国立歴史民俗博物館編《はにわ人は語る》, 山川出版社.
57. 吉井秀夫, 1998,《久米田月吹山古墳—第1~4次調査概報—》, 立命館大学文学部学芸員課程研究報告 第7冊; 南部裕樹編, 2013,《久米田古墳群発掘調査報告》1, 岸和田市埋蔵文化財調査報告書 11.

58. 奈良県立橿原考古学研究所編, 1999,〈黒塚古墳調査概報〉,《大和の前期古墳》Ⅲ, 学生社.

4장 '가두는 관'과 '열린 관'

1. 都出比呂志, 1989a,〈前方後円墳の誕生〉, 白石太一郎編《古代を考える 古墳》, 吉川弘文館.
2. 黄曉芬, 2000,《中国古代葬制の伝統と変革》, 勉誠出版.
3. 위의 책.
4. 岡林孝作, 1994,〈木棺系統論―釘を使用した木棺の復元的検討と位置づけ―〉,《橿原考古学研究所論集》第11.
5. 安村俊史・桑野一幸, 1996,《高井田山古墳》, 柏原市文化財概報 1995-Ⅱ.
6. 吉井秀夫, 1995,〈百済の木棺―横穴式石室墳出土例を中心として―〉,《立命館文学》第542号, 立命館大学人文学会.
7. 奈良県立橿原考古学研究所編, 1990,《斑鳩・藤ノ木古墳第1次調査報告書》, 斑鳩町 외.
8. 垂藤輝行, 1999,〈北部九州における横穴式石室の展開〉,《九州における横穴式石室の導入と展開》第2分冊, 第2回九州前方後円墳研究会.
9. 梅原末治, 1953,〈肥前玉島村谷口の古墳〉,《佐賀県文化財調査報告書》第2輯; 家田淳一 외, 1991,《史跡谷口古墳保存修理事業報告書》, 浜玉町文化財調査報告書 第2集.
10. 柳沢一男・杉山富雄, 1984,《鋤崎古墳―1981~1983年度調査概報》, 福岡市埋蔵文化財調査報告書 第112集.
11. 山口譲治 외編, 1989,《老司古墳》, 福岡市埋蔵文化財調査報告書 第209集.
12. 小田富士雄, 1982,〈横田下古墳〉,《末慮国》, 六興出版.
13. 柳沢一男, 1986,《丸隈山古墳Ⅱ》, 福岡市埋蔵文化財調査報告書 第146集.
14. 垂藤輝行, 1999,〈北部九州における横穴式石室の展開〉,《九州における横穴式石室の導入と展開》第2分冊, 第2回九州前方後円墳研究会.
15. 勢田廣行, 1992,《別当塚古墳調査報告書》, 荒尾市文化財調査報告書 第8集.

16. 東中川忠美, 1986,《久保泉丸山遺跡》, 佐賀県文化財調査報告書 第84集.
17. 三島 格 외, 1981,《城二号墳》, 宇土市埋蔵文化財調査報告書 第3集.
18. 柳田康雄編, 1979,《小田茶臼塚古墳》, 甘木市文化財調査報告 第4集.
19. 小田富士雄, 1966,〈九州〉,《日本の考古学 Ⅳ》, 河出書房.
20. 高木恭二, 1994,〈石障系横穴式石室の成立と変遷〉,《宮崎クリエイト》第6号.
21. 위의 책.
22. 蔵富士寛, 1997,〈石屋形考ー平人横口式石棺の出現とその意義ー〉,《先史学・考古学論究》Ⅱ, 熊本大学文学部考古学研究室創設25周年記念論文集.
23. 山城敏昭編, 1997,《塚坊主古墳》, 熊本県文化財調査報告 第161集.
24. 高木恭二, 1987,〈九州の舟形石棺〉,《東アジアの考古と歴史》, 岡崎敬先生退官記念論集.
25. 蔵富士寛, 2002a,〈石棚考ー九州における横穴式石室内棚状施設の成立と展開ー〉,《日本考古学》第14号, 日本考古学協会.
26. 梅原末治・小林行雄, 1940,《筑前国嘉穂郡王塚装飾古墳》, 京都帝国大学文学部考古学研究報告 第15冊.
27. 武藤直治・鏡山 猛, 1937,〈筑後一条石人山古墳〉,《福岡県史蹟名勝天然紀念物調査報告書》第12輯.
28. 佐田 茂, 1972,〈石棺への複数埋葬について〉,《筑後古城山古墳》, 古城山古墳調査団.
29. 角田徳幸, 1995,〈横穴式石室にみる山陰と九州ー石棺式石室をめぐってー〉,《古代の出雲を考える》8, 出雲考古学研究会.
30. 蔵富士寛, 2002b,〈装飾古墳の展開ー菊池川流域ー〉,《装飾古墳の展開》(発表要旨集), 第51回埋蔵文化財研究集会.
31. 小林行雄, 1951,〈家形石棺・上下〉,《古代学研究》第4・5号, 古代学研究会(小林行雄, 1976,《古墳文化論》, 平凡社에 수록되어 있음).
32. 柳田康雄, 2003,〈弥生木棺墓〉,《伯玄社遺跡》, 春日市文化財調査報告書 第35集.
33. 梅原末治, 1937,〈河内磯長御嶺山古墳〉,《近畿地方古墳墓の調査》2, 日本古文化研究所.
34. 椙山林継, 1983,〈古墳時代後期における地域性についてー横穴式石室の玄

門部構造一〉,《日本史学論集》上巻, 坂本太郎博士頡寿記念, 吉川弘文館.

5장 동아시아의 '열린 관'

1. 小泉顕夫, 1961, 〈新羅時代の特殊の墓制〉,《朝鮮学報》第21·22合併号, 朝鮮学会.
2. 김원룡(西谷 正訳), 1972,《韓国考古学概論》, 東出版(《한국고고학개론》1966의 번역).
3. 吉井秀夫, 1995, 〈百済の木棺ー横穴式石室墳出土例を中心として一〉,《立命館文学》第542号, 立命館大学人文学会; 吉井秀夫, 2002, 〈朝鮮三国時代における墓制の地域性と被葬者集団〉,《考古学研究》第49巻第3号, 考古学研究会; 吉井秀夫, 2007, 「古代東アジア世界からみた武寧王陵の木棺」,《日中交流の考古学》, 同成社; 亀田修一, 2004, 〈日本の初期の釘·鎹が語るもの〉,《文化の多様性と比較考古学》, 考古学研究会50周年記念論文集, 考古学研究会.
4. 山本忠尚, 2006, 〈囲屏石牀の研究〉,《中国考古学》第6号.
5. 安村俊史·桑野一幸, 1996,《高井田山古墳》, 柏原市文化財概報 1995-Ⅱ.
6. 柳沢一男 외, 2002,《鋤崎古墳》, 福岡市埋蔵文化財調査報告書 第730集.
7. 梅原末治·小林行雄, 1940,《筑前国嘉穂郡王塚装飾古墳》, 京都帝国大学文学部考古学研究報告 第15冊.
8. 高木正文編, 1984,《熊本県装飾古墳総合調査報告書》, 熊本県文化財調査報告 第68集, 熊本県教育委員会.
9. 위의 책.
10. 武藤直治·鏡山 猛, 1937, 〈筑後一条石人山古墳〉,《福岡県史蹟名勝天然紀念物調査報告書》第12輯.
11. 江田船山古墳編集委員会, 1980,《江田船山古墳》, 熊本県玉名郡菊水町.
12. 濱田耕作·梅原末治·島田貞彦, 1919,《九州に於ける装飾ある古墳》, 京都帝国大学文学部考古学研究報告 第3冊.
13. 関野 貞 외, 1916,《朝鮮古蹟図譜》第3輯, 朝鮮総督府.
14. 有光教一, 1937,《慶州忠孝里石室墳調査報告》, 昭和7年度古蹟調査報告 第

2冊, 朝鮮総督府.

15. 김재원, 1955, 〈쌍상총조사보고〉, 《쌍상총·마총·138호분》, 국립박물관고적조사보고 제2책, 을유문화사.
16. 関野 貞 외, 1916, 《朝鮮古蹟図譜》第3輯, 朝鮮総督府.
17. 최종규, 1991, 〈재언·이양선증 활석제 두침〉, 《고고학지》제3호, 한국고고미술연구소.
18. 강인구, 1997, 《경주 방내리고분군》, 학술연구총서20, 경주문화재연구소.
19. 東 潮·田中俊明, 1988, 《韓国の古代遺跡》新羅篇, 中央公論社.
20. 윤근일, 1992, 〈경주 출토 석침 소고〉, 《문화재》제25호; 국립경주문화재연구소, 1994, 《경주 서악지역 지표조사보고서》, 학술연구총서7.
21. 馬場是一郎·小川敬吉, 1927, 〈梁山夫婦塚と其遺物〉, 《古蹟調査時別報告》第5冊, 朝鮮総督府.
22. 吉井秀夫, 1995, 〈百済の木棺―横穴式石室墳出土例を中心として―〉, 《立命館文学》第542号, 立命館大学人文学会.
23. 亀田修一, 2004, 〈日本の初期の釘・鎹が語るもの〉, 《文化の多様性と比較考古学》, 考古学研究会50周年記念論文集, 考古学研究会.
24. 吉井秀夫, 2007, 「古代東アジア世界からみた武寧王陵の木棺」, 《日中交流の考古学》, 同成社.
25. 吉井秀夫, 2002, 〈朝鮮三国時代における墓制の地域性と被葬者集団〉, 《考古学研究》第49巻第3号, 考古学研究会.
26. 小泉顕夫, 1961, 〈新羅時代の特殊の墓制〉, 《朝鮮学報》第21·22合併号, 朝鮮学会.
27. 今西 龍, 1920, 〈洛山洞群第28号墳調査記〉, 《大正6年度古蹟調査報告》, 朝鮮総督府.
28. 関野 貞, 1917, 〈土浦里大塚〉, 《大正5年度古蹟調査報告》, 朝鮮総督府; 関野 貞 외, 1929, 〈高句麗時代之遺蹟〉, 《古蹟調査特別報告》第5冊, 朝鮮総督府.
29. 東 潮·田中俊明, 1995, 《高句麗の歴史と遺跡》, 中央公論社.
30. 関野 貞 외, 1929, 〈高句麗時代之遺蹟〉, 《古蹟調査特別報告》第5冊, 朝鮮総督府.
31. 吉井秀夫, 2007, 「古代東アジア世界からみた武寧王陵の木棺」, 《日中交流の

32. 梶本亀次郎·野守健, 1933, 〈永和9年銘塼出土古墳調査報告〉, 《昭和7年度古蹟調査報告》第1冊, 朝鮮総督府.
33. 吉林省文物考古研究所·集安市博物館編, 2004, 《集安高句麗王陵》, 文物出版社.
34. 위의 책.
35. 山本忠尚, 2006, 〈囲屏石牀の研究〉, 《中国考古学》第6号.
36. 위의 책.
37. 山西省考古研究所·大同市考古研究所, 2001, 〈大同市北魏宋紹祖墓発掘簡報〉, 《文物》2001年7期.
38. 西安市文物保護考古研究所, 2004, 〈西安市北周史君石槨墓〉, 《考古》2004年7期.
39. 山西省考古研究所·太原市文物考古研究所·太原市晋源区文物旅游局編, 2005, 《太原隋虞弘墓》.
40. 王 魏, 2001, 〈日中古代墳丘墓の比較研究〉, (後藤直·茂木雅博編)《東アジアと日本の考古学》1, 同成社.
41. 内田律雄, 2006, 〈黄泉の国の灯火〉, 《季刊考古学》第96号, 雄山閣.
42. 曹 永鉉(吉井秀夫訳), 2000, 〈新羅·加耶の横口·横穴式石室墳〉, 《考古学ジャーナル》461号, ニューサイエンス社.
43. 국립나주문화재연구소편, 2006, 《나주 복암리3호분》.
44. 西谷 正, 2007, 〈武寧王陵〉, (西谷 正編)《東アジア考古学辞典》, 東京堂出版.

6장 황천국과 횡혈식석실

1. 後藤守一, 1933b, 〈上代に於ける遺物遺跡〉, 《上代日本文学講座》第2巻(特殊研究篇·上), 春陽堂.
2. 小林行雄, 1949, 〈黄泉戸喫〉, 《考古学集刊》第2冊(小林行雄, 1976, 《古墳文化論考》, 平凡社에 수록되어 있음).
3. 白石太一郎, 1975, 〈ことどわたし考―横穴式石室墳の埋葬儀礼をめぐって―〉, 《橿原考古学研究所論集 創立35周年記念》, 吉川弘文館.

4. 村松武雄, 1955,《日本神話の研究》第2巻, 培風館; 菅野雅雄, 1973,《古事記説話の研究》, 桜楓社도 비슷함.
5. 西郷信綱, 1967,《古事記の世界》, 岩波書店; 西郷信綱, 2005,《古事記注釈》, 平凡社.
6. 神野志隆光, 1986,《古事記の世界観》, 吉川弘文館.
7. 倉野憲司·武田祐吉校注, 1958,《古事記·祝詞》, 日本古典文学大系 第1巻, 岩波書店.
8. 倉野憲司校注, 1963,《古事記》, 岩波書店.
9. 菅野雅雄, 1973,《古事記説話の研究》, 桜楓社.
10. 高木正文編, 1984,《熊本県装飾古墳総合調査報告書》, 熊本県文化財調査報告 第68集, 熊本県教育委員会.
11. 車崎正彦, 2005,〈古墳時代の支配と従属〉, 岡内三真; 菊池徹夫編《社会考古学の試み》, 同成社.
12. 寺前直人, 2006,〈ヨモツヘグイ再考〉,《待兼山論叢》第40号史学篇; 田中良之·村上久和, 1994,〈墓室内飲食物供献と死の認定〉,《九州文化史研究所紀要》39, 九州大学.
13. 西安市文物保護考古研究所, 2004,〈西安市北周史君石槨墓〉,《考古》2004年7期.
14. 田中良之, 2012,〈中村1号墳における葬送儀礼〉,《中村1号墳》, 出雲市の文化財報告書 第15.

7장 고분의 타계관

1. 大場磐雄, 1950,〈考古学上から見た上代人の他界観念〉,《宗教研究》第123号(大場磐雄, 1977,《大場磐雄著作集》第3巻, 雄山閣出版에 수록되어 있음).
2. 寺沢薫, 1989,《纏向石塚古墳範囲確認調査(第4次)概報》, 桜井市教育委員会.
3. 吉村公男, 1993,《ナガレ山古墳発掘調査概要》, 奈良県河合町教育委員会.
4. 宮原晋一, 1999,〈竪穴式石室の副葬品出土状況〉奈良県立橿原考古学研究所編《黒塚古墳調査概報》, 学生社.

5. 樋口隆康, 1998,《昭和28年椿井大塚山古墳発掘調査報告》, 京都府山城町埋蔵文化財発掘調査報告書 第20集.

6. 水野正好, 1974,〈埴輪体系の把握〉,(村井嵩雄編)《古代史発掘》第7巻, 講談社.

7. 京都大学文学部考古学研究室向日丘陵古墳群調査団, 1971,〈京都向日丘陵の前期古墳の調査〉,《史林》第54巻 第6号, 史学研究会.

8. 小野山節 외, 1993,〈石山古墳〉,《紫金山古墳と石山古墳》, 京都大学文学部博物館図録 第6冊, 京都大学文学部考古学研究室.

9. 佐藤晃一, 1992,《作山一号墳からのメッセージ》, 加悦町文化財調査報告書 第18集.

10. 中井正幸 외, 2003,《史跡昼飯大塚古墳》, 大垣市埋蔵文化財調査報告書 第12集.

11. 松本洋明 외, 2000,《西殿塚古墳・東殿塚古墳》, 天理市教育委員会.

12. 菱田哲郎 외, 1997,《行者塚古墳発掘調査概報》, 加古川市文化財調査報告書 15.

13. 中村一郎・笠野 毅, 1976,〈大市墓の出土品〉,《書陵部紀要》第27号, 宮内庁; 徳田誠志・清家裕二, 2000,〈倭迹迹日百襲姫命大市墓被害木処理事業(復旧)箇所の調査〉,《書陵部紀要》第51号, 宮内庁書陵部.

14. 京都大学文学部考古学研究室向日丘陵古墳群調査団, 1971,〈京都向日丘陵の前期古墳の調査〉,《史林》第54巻 第6号, 史学研究会.

15. 近藤義郎, 1977a,〈古墳以前の墳丘墓ー楯築遺跡をめぐってー〉,《岡山大学法文学部学術紀要》第37号(史学篇); 都出比呂志, 1979,〈前方後円墳出現期の社会〉,《考古学研究》第26巻 第3号, 考古学研究会.

16. 茂木雅博, 1988,〈前方後円墳の起源〉,《論争・学説日本の考古学》第5巻(古墳時代編), 雄山閣; 大塚初重, 1994,〈前方後円墳起源論〉,(明治大学考古学博物館編)《論争と考古学》, 市民の考古学1, 名著出版 등.

17. 水野正好, 1971,〈埴輪芸能論〉,(竹内理三編)《古代の日本》第2巻, 角川書店; 近藤義郎, 1977b,〈前方後円墳の成立〉,《慶祝松崎寿和先生63歳記念論文集 考古論集》, 松崎寿和先生退官記念事業会 등.

32. 千葉大学文学部考古学研究室, 1994~1999, 《大寺山洞穴第1~7次発掘調査概報》.
33. 藤枝市教育委員会, 1983, 《若王子・釣瓶落古墳群》, 志太広域都市計画蓮華寺池公園事業に伴う文化財調査概要.
34. 後藤守一, 1935, 〈西都原発掘の埴輪舟〉, 《考古学雑誌》第25巻 第8・9号, 日本考古学会.
35. 小林行雄, 1944, 〈舟葬説批判〉, 《西宮》第3号(小林行雄, 1976, 《古墳文化論考》, 平凡社에 수록되어 있음).
36. 小林行雄, 1951, 〈家形石棺・上下〉, 《古代学研究》第4・5号, 古代学研究会(小林行雄, 1976, 《古墳文化論》, 平凡社에 수록되어 있음).
37. 黄暁芬, 1998, 〈中国における横穴墓室の成立〉, 《考古学雑誌》第83巻 第4号; 1999, 〈墓制にみる古代中国の他界観〉, 《他界伝説》, 大阪府立弥生文化博物館図録 19; 伊藤清司, 1998, 《死者の棲む楽園―古代中国の死生観―》, 角川選書289, 角川書店.
38. 兵庫県立考古博物館, 2011, 《池田古墳第3次調査現地説明会資料》.
39. 町田 章, 1987, 《古代東アジアの装飾墓》, 同朋社出版.

8장   고분 축조에 관한 약간의 고찰

1. 小田富士雄, 1981, 〈南朝塼墓よりみた百済・新羅文物の源流〉, 《九州古代文化の形成》下, 九州文化史研究所紀要 第26号, 九州大学(小田富士雄, 1985, 《小田富士雄著作集》5, 学生社에 수록되어 있음).
2. 坂本太郎 외 校注, 1965・67, 《日本書紀》上・下, 日本古典文学大系67・68, 岩波書店.
3. 秋本吉郎校注, 1958, 《風土記》(《日本古典文学大系》2), 岩波書店.
4. 森貞次郎, 1956, 〈筑後風土記逸文に見える筑紫君磐井の墳墓〉, 《考古学雑誌》第41巻第3号, 日本考古学会.
5. 茂木雅博, 1994, 《古墳時代寿陵の研究》, 雄山閣.
6. 辻 秀人編, 2008, 〈大塚森古墳の研究〉, 《歴史と文化》, 東北学院大学論叢 第43号.

7. 佐藤晃一, 1992,《作山一号墳からのメッセージ》, 加悦町文化財調査報告書 第18集.
8. 中井正幸 외, 2003,《史跡昼飯大塚古墳》, 大垣市埋蔵文化財調査報告書 第12集.
9. 奈良県立橿原考古学研究所編, 1997,〈下池山古墳・中山大塚古墳〉,《大和の前期古墳》II, 学生社.
10. 丸山 潔編, 2006,《史跡五色塚古墳・小壷古墳発掘調査・復元整備報告書》, 神戸市教育委員会
11. 中村剛彰, 1995,〈郡家車塚古墳〉,《嶋上遺跡群》19, 高槻市文化財調査概要 21.
12. 和田晴吾, 1992a,〈群集墳と終末期古墳〉, (山中一郎・狩野 久編)《新版古代の日本》第5巻(近畿1), 角川書店.
13. 坂本太郎 외 校注, 1965・67,《日本書紀》上・下, 日本古典文学大系67・68, 岩波書店.
14. 和田晴吾, 2004,〈古墳文化論〉,《東アジアにおける国家の形成》(歴史学研究会・日本史研究会編) 日本史講座 第1巻, 東京大学出版会.
15. 위의 책.
16. 直木孝次郎, 1960,〈土師氏の研究〉,《人文研究》第11巻第9号, 大阪市立大学文学部(直木孝次郎, 1964,《日本古代の氏族と天皇》, 塙書房에 수록되어 있음); 和田 萃, 1969,〈殯の基礎的考察〉,《史林》第52巻第5号, 史学研究会.
17. 清水眞一 외, 1991,《桜井市城島遺跡外山下田地区発掘調査報告書》, 桜井市教育委員会.
18. 大林組プロジェクトチーム, 1985,〈現代技術と古代技術の比較による《仁徳天皇陵の建設》〉,《季刊大林組》第20号.
19. 梅原末治, 1955,〈応神・仁徳・履中三大天皇陵の規模と営造〉,《書陵部紀要》第5号, 宮内庁.
20. 石川 昇, 1989,《前方後円墳築造の研究》, 六興出版.
21. 直木孝次郎, 1960,〈土師氏の研究〉,《人文研究》第11巻第9号, 大阪市立大学文学部(直木孝次郎, 1964,《日本古代の氏族と天皇》, 塙書房에 수록되어 있음).

22. 堀田啓一, 2000, 〈百舌鳥古墳群と造墓集落について〉, 《古代学研究》第150号, 古代学研究会.
23. 鹿野吉則, 1999, 〈巨大古墳造営集団の動向ー土師遺跡の検討からー〉, 《同志社大学考古学シリーズ》Ⅶ.
24. 森田克行編, 1993, 《新池》, 高槻市文化財調査報告書 第17冊.
25. 坂本太郎 外 校注, 1965·67, 《日本書紀》上·下, 日本古典文学大系67·68, 岩波書店.
26. 白石太一郎 外, 1984, 〈箸墓古墳の再検討〉, 《国立歴史民俗博物館研究報告》第3集; 徳田誠志·清家裕二, 2000, 〈倭迹迹日百襲姫命大市墓被害木処理事業(復旧)箇所の調査〉, 《書陵部紀要》第51号, 宮内庁書陵部 等.
27. 鐘ケ江一郎, 2006, 〈一〇〇〇人で運ぶ大王の石棺〉, 《大王の棺海をゆく》, 海鳥社.
28. 北垣聴一郎, 2007, 〈古代の重量物運搬と修羅〉, 《大王の棺を運ぶ実験航海ー研究編ー》, 石棺文化研究会.
29. 和田晴吾, 1997, 〈石の棺と古墳時代の動向〉, 《考古学がわかる》(《アエラムック》), 朝日新聞社.

부론1 석관 출현과 그 의의

1. 黄暁芬, 2000, 《中国古代葬制の伝統と変革》, 勉誠出版.
2. 水野正好, 1974, 〈埴輪体系の把握〉, (村井嵓雄編)《古代史発掘》第7巻, 講談社.
3. 和田晴吾, 1983, 〈古墳時代の石工とその技術〉, 《北陸の考古学》, 第26号, 石川考古学研究会.

부론2 일본 고분의 특징과 가야 분구묘

1. 近藤義郎, 1983, 《前方後円墳の時代》, 岩波書店.
2. 都出 1991
3. 和田晴吾, 2004, 〈古墳文化論〉, 《東アジアにおける国家の形成》(歴史学研究

4. 吉井秀夫, 2003,〈朝鮮三国時代における墳墓の構築過程について〉,《古代日韓交流の考古学的研究ー墓制の比較研究ー》, 科学研究費補助金基盤研究(B)(1)研究報告書 研究代表・和田晴吾).

5. 浙江省・紹興県編 2002. ★원서 표기와 같음. 참고문헌 목록에 없음. 저자에게 확인 요청.

종장 가시화된 타계

1. 和田晴吾, 1994,〈近畿の刳抜式石棺ー4・5世紀における首長連合体制と石棺ー〉,《古代文化》第46巻第6号, 古代学協会 등.

2. 和田晴吾, 2004,〈古墳文化論〉,《東アジアにおける国家の形成》(歴史学研究会・日本史研究会編) 日本史講座 第1巻, 東京大学出版会 등.

3. 和田晴吾, 2004,〈古墳文化論〉,《東アジアにおける国家の形成》(歴史学研究会・日本史研究会編) 日本史講座 第1巻, 東京大学出版会 등.

4. 速水 侑, 1986,《日本仏教史 古代》, 吉川弘文館.

5. 川尻秋生, 2013,〈古代王権と仏教・寺院〉, 小林三郎・佐々木憲一編《古墳から寺院へー関東の7世紀を考えるー》, 六一書房.

6. 菱田哲郎, 2005,〈古代日本における仏教の普及ー仏法僧の交易をめぐって〉,《考古学研究》第52巻第3号, 考古学研究会.

7. 奈良国立文化財研究所飛鳥資料館編, 1976,《飛鳥鳥・白鳳の在銘金銅仏》.

나가는 말

1. 町田 章, 1987,《古代東アジアの装飾墓》, 同朋社出版.

2. 黄暁芬, 2000,《中国古代葬制の伝統と変革》, 勉誠出版.

3. 《歴史教育》第五巻第四号, 歴史教育委員会

초출일람

제1장 〈葬制の変遷〉, 都出比呂志編, 《古墳時代の王と民衆》(《古代史復元》第6巻), 講談社, 1989년 6월.

제2장 〈棺と古墳祭祀－《据えつける棺》と《持ちはこぶ棺》－〉, 《立命館文学》第542号, 立命館大学人文学会, 1995년 12월.

제3장 〈墓壙と墳丘の出入口－古墳祭祀の復元と発掘調査－〉, 《立命館大学考古学論集》I, 1997년 12월.

제4장 〈棺と古墳祭祀－《閉ざされた棺》と《開かれた棺》－〉, 《立命館大学考古学論集》III, 2003년 5월.

제5장 〈東アジアの《開かれた棺》〉, 《渡来遺物からみた古代日韓交流の考古学的研究》(《平成15~17年度科学研究費補助金・基盤研究(B)(1)研究成果報告書》研究代表・和田晴吾), 2007년 3월.

제6장 〈黄泉国と横穴式石室〉, 《吾々の考古学》, 和田晴吾先生還暦記念論集刊行会, 2008년 5월.

제7장 〈古墳の他界観〉, 《国立歴史民俗博物館研究報告》제152집, 2009년 3월.

제8장 2013년 9월에 새로 쓴 글. 다음 두 논문을 근간으로 작성했다. 〈古墳づくり

と大王の石棺〉,《大王を支えた人々》(第29回はびきの歴史シンポジウム), 羽曳野市·羽曳野市教育委員会, 2000년 11월;〈古墳はいかにしてつくられたのか〉,《西求女塚古墳はこうしてつくられた》シンポジウム講演資料集), 神戸市教育委員会, 2002년 10월.

부록1 〈石棺の出現とその意義〉,《立命館文学》第578号(《家根祥多教授追悼記念論集》)立命館大学人文学会, 2003년 2월.

부록2 〈日本の古墳の特徴と加耶の墳丘墓〉,《慶南の加耶古墳と東アジア》, 경남발전연구원, 2011년 3월. 〔국역본,《경남의 가야고분과 동아시아》, 학연문화사, 2011.〕

부록3 〈古墳の理解と保存整備〉,《遺跡学研究》제6호, 日本遺跡学会, 2009년 11월.

종장 2013년 11월에 새로 쓴 글.

자료 목록 및 출처

그림1   관·곽·실의 종류와 변천(永原 1999)
그림2   내부 시설과 묘광의 제유형(和田 1989)
그림3   굴착묘광 a류의 매장절차(수혈식석곽)(和田 1989)
그림4   구축묘광의 매장절차(목관직장)(和田 1989)
그림5   후지노키고분의 횡혈식석실 현문부와 석관(和田 1995)
그림6   아부야마고분의 석곽화된 횡혈식석실과 협저관(梅原 1936)
그림7   나루타키 1호분의 관고리와 출토위치(樋口 외 1967/일부 수정))
그림8   발굴된 묘광의 출입구(①, ②小野山 외 1993/③山村·柴田 1982/④, ⑤富樫 1978/⑥近藤編 1991~4/⑦, ⑧山本 1967/일부 수정))
그림9   발굴된 분구의 출입구(①宇野·安 1988/②甘粕·小野編 1993/③会津 1989/④和田 1981/⑤, ⑥泉森 1976·吉村 1993/⑦, ⑧, ⑨末永 1975/⑩中井編 1993/⑪吉井 1997/⑫福岡市 1988/⑬和田 1984/⑭吉田 1995/⑮飯塚·田口編 1981/⑯藤井寺市 1993(일부 수정))
그림10 쓰쿠리야마 1호분 분정부 출토 하지키와 토제품(佐藤 1992)
그림11 목제 하니와 토제의 하니와로 장식된 전방후원분의 상상도(高橋 1988)
그림12 이케다고분의 개념도
그림13 각 종의 가두는 관(①藤井寺市 1993/②安村·桑野 1996/③吉井 1995)

그림14 후지노키고분의 횡혈식석실과 가형석관(奈良県立橿原 1989)
그림15 규슈의 횡혈식석실과 관 1(①~④杉山編 2002/⑤柳田編 1979)
그림16 규슈의 횡혈식석실과 관 2(①高木編 1984/②山城 1997/③梅原·小林 1940)
그림17 일본열도의 열린 관(다음 논문에 사용된 삽화를 보완해 사용했다. ①, ②九州前方 1999/③濱田 외 1919/④江田 1980/⑤~⑦高木編 1984)
그림18 한반도의 열린 관 1(①, ②有光 1937/③金 1955/④関野 외 1916/⑤野守·神田 1935)
그림19 한반도의 열린 관 2(①, ②関野 외 1916/③尹 1992·慶州 1994/④馬場·小川 1927/⑤小泉 1961)
그림20 한반도의 열린 관 3(①関野 외 1929/②吉林 2004)
그림21 중국의 열린 관 1(①山西 1972/②, ⑤山西大学 2006/③, ④鄧·蔡 1983/⑥国家 2005)
그림22 중국의 열린 관 2(①陝西 2003/②天水 1992)
그림23 중국의 열린 관 3(①山西 2001/②山西 2005)
그림24 지부산고분의 석실과 장벽출입 횡구식가형석관(석옥형)(高木編 1984)
그림25 중국 북주·사군묘(西安 2004)
그림26 수혈식석곽의 부장품 출토 상황 모식도와 점토곽(①宮原 1999/②末永 외 1954)
그림27 아카보리챠우스야마고분 출토의 가형하니와 배치복원도(등택일부안)(野上 1976)
그림28 교우쟈즈카고분 서쪽 조출의 복원도와 출토 토기·토제품(穂積 2005·菱田 외 1997)
그림29 스야마고분 출토의 선형목제품 복원도(井上 2006)
그림30 다카라즈카 1호분의 돌출된 조출 복원도와 선형하니와(穂積 2005·福田 외 2001)
그림31 히가시토노즈카고분 출토 하니와에 그려진 배(松本 외 2000)
그림32 오츠카모리고분의 축조 절차(辻編 2008)
그림33 시키시마유적 출토의 토목구와 하지키(清水 외 1991)

그림34 《축성도병풍》의 수라와 기야리(名古屋市立博物館所藏)
그림35 석관 표면의 공구흔(和田 1983)
그림36 석공의 제작 공정과 공구(和田 1983)
그림37 미츠즈카고분에서 출토된 수라(藤井寺市 1992)
그림38 우류도유적에서 출토된 스에키에 그려진 수라를 끄는 말(中西 외 1980)
그림39 전방후원분·전방후방분의 분포도(永原 1999)
그림40 고분시대의 편년도(永原 1999)
그림41 전방후원분과 부분 명칭(오사카부 하비키노시 하카야마고분, 단 이 육교는 후세의 것으로 추정)(末永 1975를 바탕으로 수정)
그림42 이시야마고분 하니와 배열의 모식도(原案·京都大学考古学研究室, 三重県 2005)
그림43 나가레야마고분의 복원 정비와 전시의 일부

표1 분구와 내부 시설의 구축 패턴
표2 경주 부근의 열린 관
표3 발굴된 석관상
표4 동아시아의 열린 관
표5 대왕·천화의 죽음과 무덤 축조
표6 고분시대의 5개의 단계·6개의 획기

참고문헌

일서

会津大塚山古墳測量調査団, 1989,《会津大塚山古墳測量調査報告書》.
青木勘時, 1998,〈大和東南部の前期古墳についてー天理市東殿塚古墳の調査成果を中心にー〉,《古代》第105号, 早稲田大学考古学会.
青木政幸, 2003,〈韓国無文土器時代丸太刳抜式木棺集成〉,《古代日韓交流の考古学的研究》, 科学研究費補助金基盤研究(B)(1)研究成果報告書(研究代表·和田晴吾).
秋本吉郎校注, 1958,《風土記》(《日本古典文学大系》2), 岩波書店.
東 潮, 1981,〈燈籠山古墳〉,《磯城·磐余の前方後円墳》, 奈良県史跡名勝天然記念物調査報告 第42冊.
東 潮·田中俊明, 1988,《韓国の古代遺跡》新羅篇, 中央公論社.
東 潮·田中俊明, 1989,《韓国の古代遺跡》百済·伽耶篇, 中央公論社.
東 潮·田中俊明, 1995,《高句麗の歴史と遺跡》, 中央公論社.
足立克己·丹波野裕編, 1989,《古曽志遺跡群発掘調査報告書》, 島根県教育委員会.
甘粕 健·小野 昭編, 1993,《越後山谷古墳》, 新潟県巻町教育委員会·新潟大学考古学研究室.
網谷克彦, 1991,《躍動する若狭の王者たち》, 福井県立若狭歴史民俗資料館.

有光教一, 1937,《慶州忠孝里石室墳調査報告》, 昭和7年度古蹟調査報告 第2冊, 朝鮮総督府.

飯塚恵子・田口一郎編, 1981,《元島名将軍塚古墳》, 高崎市文化財調査報告書 第22集.

家田淳一 외, 1991,《史跡谷口古墳保存修理事業報告書》, 浜玉町文化財調査報告書 第2集.

池田次郎, 1981,〈石鎚山第1号・第2号古墳及び吹越8号古墳出土の人骨について〉,《石鎚

山古墳群》, 広島県教育委員会・広島県埋蔵文化財調査センター.

石川 昇, 1989,《前方後円墳築造の研究》, 六興出版.

石原道博, 1951,《新訂 魏志倭人伝他3篇》(《中国正史日本伝》(1)), 岩波書店.

出雲市教育委員会, 1988,《史跡今市大念寺古墳保存修理事業報告書》.

泉森 皎, 1976,《佐味田ナガレ山古墳》, 奈良県文化財調査報告書 第26集.

泉森 皎, 1977,《竜田御坊山古墳》, 奈良県史跡名勝天然記念物調査報告 第32冊.

磯部武男, 1983,〈古代日本の舟葬について・上〉,《信濃》第35巻 第12号, 信濃歴史学会.

磯部武男, 1989,〈舟葬考－古墳時代の特殊葬法をめぐってー〉,《藤枝市郷土博物館年報・紀要》NO.1.

伊藤清司, 1998,《死者の棲む楽園－古代中国の死生観－》, 角川選書289, 角川書店.

井上義光, 2006,〈特別史跡巣山古墳－第5・6次〉,《大和を掘る》24, 奈良県立橿原考古学研

究所附属博物館.

猪熊兼勝, 1977,〈斑鳩に於ける2墳墓の漆棺について〉,《竜田御坊山古墳》, 奈良県史跡名勝天然記念物調査報告 第32冊.

今尾文昭, 1984,〈古墳祭祀の画一性と非画一性－前期古墳の副葬品配列から考える－〉,《橿原考古学研究所論集》第6, 吉川弘文館.

今尾文昭, 1995,〈副葬品配列〉,《前期前方後円墳の再検討》, 第38回埋蔵文化財研究集会.

今尾文昭・青木勘時, 1991,〈中山大塚古墳第2次発掘調査報告書〉,《奈良県遺跡調査

概報》, 1990年度 第1分冊.

今西 龍, 1917,〈上里古墳〉,《大正5年度古蹟調査報告》, 朝鮮総督府.

今西 龍, 1920,〈洛山洞群第28号墳調査記〉,《大正6年度古蹟調査報告》, 朝鮮総督府.

岩崎二郎 외, 1993,《一須賀古墳群Ⅰ支群発掘調査概要》, 大阪府教育委員会.

上田三平, 1927,〈花山塚古墳〉,《奈良県に於ける指定史蹟》第1冊, 史蹟調査報告 第3, 内務省.

上田哲也編, 1966,《姫路丁古墳群》, 東洋大学付属姫路高等学校考古学教室.

上田宏範, 1951,〈前方後円墳の造出の推移〉,《考古学論攷》, 橿原考古学研究所紀要 第一冊.

内田律雄, 2006,〈黄泉の国の灯火〉,《季刊考古学》第96号, 雄山閣.

宇野隆夫·安 英樹, 1988,〈墓道〉,《谷内16号古墳》, 富山大学考古学研究報告 第2冊.

梅原末治, 1914,〈近時調査せる河内の古墳(上)〉,《考古学雑誌》第5巻 第3号, 日本考古学会.

梅原末治, 1920·21,〈河内国小山城山古墳調査報告〉,《人類学雑誌》第35巻 第8~10号, 第36巻4~7号, 日本人類学会.

梅原末治, 1921,〈聖徳太子磯長の御廟〉,《聖徳太子論纂》(梅原末治, 1920,《日本考古学論攷》, 弘文堂書房에 수록되어 있음).

梅原末治, 1925,〈上益城郡小坂の大塚古墳〉,《熊本県史蹟名勝天然記念物調査報告》第2冊.

梅原末治, 1935,〈大和桜井町艸墓古墳〉,《近畿地方古墳墓の調査》1, 日本古文化研究所.

梅原末治, 1936,〈摂津阿武山古墓調査報告〉,《大阪府史蹟名勝天然紀念物調査報告》第7輯.

梅原末治, 1937,〈河内磯長御嶺山古墳〉,《近畿地方古墳墓の調査》2, 日本古文化研究所.

梅原末治, 1953,〈肥前玉島村谷口の古墳〉,《佐賀県文化財調査報告書》第2輯.

梅原末治, 1955,〈応神·仁徳·履中三大天皇陵の規模と営造〉,《書陵部紀要》第5号, 宮内庁.

梅原末治, 1960,《大和の古文化》, 近畿日本叢書(梅原末治, 1973,《佐味田及新山古墳研究》復刻版, 名著出版에 수록되어 있음).

梅原末治·小林行雄, 1940, 《筑前国嘉穂郡王塚装飾古墳》, 京都帝国大学文学部考古学研究報告 第15冊.

江田船山古墳編集委員会, 1980, 《江田船山古墳》, 熊本県玉名郡菊水町.

王 魏, 2001, 〈日中古代墳丘墓の比較研究〉, (後藤直·茂木雅博編)《東アジアと日本の考古学》1, 同成社.

大阪府教育委員会·太子町, 1956, 《松井塚古墳調査概要》.

大塚初重, 1994, 〈前方後円墳起源論〉, (明治大学考古学博物館編)《論争と考古学》, 市民の考古学1, 名著出版.

大塚初重·小林三郎, 1971, 〈茨城県舟塚古墳〉, 《考古学集刊》第4巻 第4号, 東京考古学会.

大手前女子大学考古学研究会編, 1983, 《史跡円山古墳》, 野洲町教育委員会.

大場磐雄, 1930, 〈断夫山古墳の造出に就いて〉, 《考古学雑誌》第20巻 第1号, 日本考古学会.

大場磐雄, 1950, 〈考古学上から見た上代人の他界観念〉, 《宗教研究》第123号(大場磐雄, 1977, 《大場磐雄著作集》第3巻, 雄山閣出版에 수록되어 있음).

大林組プロジェクトチーム, 1985, 〈現代技術と古代技術の比較による《仁徳天皇陵の建設》〉, 《季刊大林組》第20号.

岡内三真·和田晴吾·宇野隆夫, 1981, 〈京都府長岡京市カラネガ岳1·2号墳の発掘調査〉, 《史林》第64巻 第3号, 史学研究会.

岡林孝作, 1994, 〈木棺系統論—釘を使用した木棺の復元的検討と位置づけ—〉, 《橿原考古学研究所論集》第11.

岡林孝作, 1997, 〈竪穴式石槨〉, 奈良県立橿原考古学研究所編, 《下池山古墳·中山大塚古墳調査概報》, 学生社.

岡本健一, 1999·2000, 〈蓬莱山と扶桑樹への憧れ(上·下)〉, 《人間文化研究》第1·2号, 京都学園大学.

岡本東三, 2000, 〈舟葬説再論—《死者の舟》の表象—〉, 《大塚初重先生頌寿記念考古学論集》.

小田和利 외, 1987, 《鬼ノ枕古墳》, 甘木市文化財調査報告 第19集.

小田富士雄, 1966, 〈九州〉, 近藤義郎·藤沢長治編, 〈日本の考古学〉Ⅳ, 河出書房.

小田富士雄, 1981, 〈南朝塼墓よりみた百済·新羅文物の源流〉, 《九州古代文化の形

成》下, 九州文化史研究所紀要 第26号, 九州大学(小田富士雄, 1985,《小田富士雄著作集》5, 学生社에 수록되어 있음).

小田富士雄, 1982,〈横田下古墳〉,《末慮国》, 六興出版.

乙益重隆, 1984,〈小鼠蔵一号墳〉,《熊本県文化財調査報告書》第68集.

小野山節 외, 1993,〈石山古墳〉,《紫金山古墳と石山古墳》, 京都大学文学部博物館図録 第6冊, 京都大学文学部考古学研究室.

角田徳幸, 1995,〈横穴式石室にみる山陰と九州ー石棺式石室をめぐってー〉,《古代の出雲を考える》8, 出雲考古学研究会.

笠野 毅, 1979,〈景行天皇陵渡土堤改修区域の調査〉,《青陵部紀要》第30号, 宮内庁(1988,《書陵部紀要所収陵墓関係論文集》続, 学生社에 수록되어 있음).

堅田 直, 1993,〈古墳〉,《グラフィティ·日本謎事典》3, 光文社.

金関 恕, 1961,〈若宮古墳〉,《山口県文化財概要》第4集.

鐘ケ江一郎, 2006,〈一〇〇〇人で運ぶ大王の石棺〉,《大王の棺海をゆく》, 海鳥社.

鹿野吉則, 1999,〈巨大古墳造営集団の動向ー土師遺跡の検討からー〉,《同志社大学考古学シリーズ》Ⅶ.

鎌木義昌·問壁忠彦·問壁設子, 1965,《随庵古墳》, 絵社市教育委員会.

上中町教育委員会, 1988,《向山古墳群第二次調査現地説明会資料》.

亀井明徳·永井昌文, 1982,〈谷口古墳〉,《末慮国》, 六興出版.

亀田修一, 2004,〈日本の初期の釘·鎹が語るもの〉,《文化の多様性と比較考古学》, 考古学研究会50周年記念論文集, 考古学研究会.

榧本亀次郎·野守健, 1933,〈永和9年銘塼出土古墳調査報告〉,《昭和7年度古蹟調査報告》第1冊, 朝鮮総督府.

河上邦彦, 2008,〈巣山古墳出土の船形木製品の復元と意義〉,《橿原考古学研究所論集》第15, 八木書店.

川尻秋生, 2013,〈古代王権と仏教·寺院〉, 小林三郎·佐ー木憲一編《古墳から寺院へー関東の7世紀を考えるー》, 六一書房.

川西宏幸, 1999,《古墳時代の比較考古学ー日本考古学の未来像を求めてー》, 同成社.

岸本雅敏, 1977,〈小杉町五歩一発見の前方後方墳〉,《連絡紙》第70号, 富山考古学会.

岸和田市教育委員会・立命館大学文学部, 1997,《久米田貝吹山古墳発掘調査現地説明会資料》.

北垣聴一郎, 2007,〈古代の重量物運搬と修羅〉,《大王の棺を運ぶ実験航海ー研究編ー》, 石棺文化研究会.

北野排平, 1976,《河内野中古墳の研究》, 大阪大学文学部国史研究室研究報告 第2冊.

北野排平, 1980,〈大阪の終末期古墳〉,《日本考古学協会昭和55年度大会資料》.

北野耕平, 1985,〈古墳時代の富田林〉,《富田林市史》第1巻.

北原 治, 2001,〈上出A遺跡の縄文・弥生移行期の墓地について〉,《上出A遺跡》, 県営かんがい排水事業関連遺跡発掘調査報告書 16-2, 滋賀県教育委員会・滋賀文化財保護協会.

木下 亘 외, 1988,《史跡・乙女塚古墳》, 河合町文化財調査報告 第2集.

九州前方後円墳研究会, 1999,《九州における横穴式石室の導入と展開》.

京都大学文学部考古学研究室向日丘陵古墳群調査団, 1971,〈京都向日丘陵の前期古墳の調査〉,《史林》第54巻 第6号, 史学研究会.

京都大学文学部考古学研究室向日丘陵古墳群調査団・都出比呂志, 2004,〈寺戸大塚古墳〉,《向日丘陵の前期古墳》, 向日市文化資料館.

김원룡(西谷 正訳), 1972,《韓国考古学概論》, 東出版(《한국고고학개론》1966의 번역).

椚 国男, 1975,《古墳の設計》, 築地書館.

久野邦雄編, 1974,《大和巨勢山古墳群(境谷支群)昭和48年発掘調査概報》, 奈良県教育委員会.

限 昭志, 1984,〈大鼠蔵尾帳幌宮古墳〉,《熊本県文化財調査報告》第68集.

倉野憲司校注, 1958,《古事記・祝詞》, 日本古典文学大系 1, 岩波書店.

倉野憲司校注, 1963,《古事記》, 岩波書店.

倉野憲司・武田祐吉校注, 1958,《古事記・祝詞》, 日本古典文学大系 第1巻, 岩波書店.

蔵富士寛, 1997,〈石屋形考ー平人横口式石棺の出現とその意義ー〉,《先史学・考古学論究》II, 熊本大学文学部考古学研究室創設25周年記念論文集.

蔵富士寛, 2002a,〈石棚考ー九州における横穴式石室内棚状施設の成立と展開ー〉,

《日本考古学》第14号, 日本考古学協会.

蔵富士寛, 2002b,〈装飾古墳の展開ー菊池川流域ー〉,《装飾古墳の展開》(発表要旨集), 第51回埋蔵文化財研究集会.

栗田茂敏,《葉佐池古墳》, 松山市教育委月会.

車崎正彦, 2000,〈古墳祭祀と祖霊観念〉,《考古学研究》第47巻 第2号, 考古学研究会.

車崎正彦, 2005,〈古墳時代の支配と従属〉, 岡内三真; 菊池徹夫編《社会考古学の試み》, 同成社.

小泉顕夫, 1961,〈新羅時代の特殊の墓制〉,《朝鮮学報》第21·22合併号, 朝鮮学会.

黄暁芬, 1998,〈中国における横穴墓室の成立〉,《考古学雑誌》第83巻 第4号.

黄暁芬, 1999,〈墓制にみる古代中国の他界観〉,《他界伝説》, 大阪府立弥生文化博物館図録 19.

黄暁芬, 2000,《中国古代葬制の伝統と変革》, 勉誠出版.

考古学研究会編, 1995,〈考古学研究会40周年に思うことー田中琢さん·佐原真さんに開く一〉,《考古学研究》第41巻 第4号, 考古学研究会.

神野志隆光, 1986,《古事記の世界観》, 吉川弘文館.

神戸市教育委月会, 1989,《史跡五色塚古項復元·整備事業概要》.

国立歴史民俗博物館編, 1997,《はにわ人は語る》, 第26回歴博フォーラム.

国立歴史民俗博物館編, 1999,《はにわ人は語る》, 山川出版社.

小島俊次, 1959,〈桜井市児童公園の古墳〉,《奈良県史蹟名勝天然記念物調査抄報》第11輯.

小島俊次, 1969,《マエ塚古墳》, 奈良県史蹟名勝天然記念物調査報告 第24冊.

後藤守一, 1933a,〈上野国佐波郡赤堀村今井茶臼山古墳〉,《帝室博物館学報》第6.

後藤守一, 1933b,〈上代に於ける遺物遺跡〉,《上代日本文学講座》第2巻(特殊研究篇·上), 春陽堂.

後藤守一, 1935,〈西都原発掘の埴輪舟〉,《考古学雑誌》第25巻 第8·9号, 日本考古学会.

小浜 成, 2005,〈埴輪による儀礼の場の変遷過程と王権〉,《王権と儀礼ー埴翰群像の世界ー》, 大阪府近つ飛鳥博物館図録 39.

小林行雄, 1944,〈舟葬説批判〉,《西宮》第3号(小林行雄, 1976,《古墳文化論考》, 平

平凡社에 수록되어 있음).

小林行雄, 1949, 〈黄泉戸喫〉, 《考古学集刊》第2冊(小林行雄, 1976, 《古墳文化論考》, 平凡社에 수록되어 있음).

小林行雄, 1951, 〈家形石棺・上下〉, 《古代学研究》第4・5号, 古代学研究会(小林行雄, 1976, 《古墳文化論》, 平凡社에 수록되어 있음).

小林行雄, 1951・54・55, 〈三重県那賀郡石山古墳〉, 《日本考古学年報》1~3, 日本考古学協会.

小林行雄, 1962, 〈狐塚・南天平塚古墳の調査〉, 《大阪府の文化財》, 大阪府教育委員会.

小林行雄, 1971, 〈解説〉, 《論集 日本文化の起源》第1巻, 平凡社.

小林行雄, 1974, 〈埴輪〉, 《陶磁大系》第3巻, 平凡社.

近藤義郎, 1976, 〈原始史料論〉, 《岩波講座 日本歴史》別巻2, 岩波書店.

近藤義郎, 1977a, 〈古墳以前の墳丘墓―楯築遺跡をめぐって―〉, 《岡山大学法文学部学術紀要》第37号(史学篇).

近藤義郎, 1977b, 〈前方後円墳の成立〉, 《慶祝松崎寿和先生63歳記念論文集 考古論集》, 松崎寿和先生退官記念事業会.

近藤義郎, 1983, 《前方後円墳の時代》, 岩波書店.

近藤義郎, 2000, 《前方後円墳観察への招待》, 青木書店.

近藤義郎編集代表, 1960, 《月の輪古墳》, 月の輪古墳刊行会.

近藤義郎編, 1991~4, 《前方後円墳集成》, 山川出版社.

近藤義郎・新納 泉編, 1991, 〈浦間茶臼山古墳〉, 浦間茶臼山古墳発掘調査団.

西郷信綱, 1967, 《古事記の世界》, 岩波書店.

西郷信綱, 2005, 《古事記注釈》, 平凡社(이 책은 《古事記注釈》第1~4巻, 1975~1989년의 저자 개정원본을 저본으로 한다).

斎藤 忠, 1937, 〈慶州邑忠孝里盗掘古墳の調査〉, 《昭和11年度古蹟調査報告》, 朝鮮古蹟研究会.

斎藤光利, 1990, 〈三王山南塚1・2号墳発掘調査概報〉, 《南河内町郷土史会報》第7号.

斎藤 優, 1970, 《若狭上中町の古墳》, 上中町教育委員会.

坂本太郎 외 校注, 1965・67, 《日本書紀》上・下, 日本古典文学大系67・68, 岩波書店.

佐田 茂, 1972,〈石棺への複数埋葬について〉,《筑後古城山古墳》, 古城山古墳調査団.
佐藤晃一, 1992,《作山一号墳からのメッセージ》, 加悦町文化財調査報告書 第18集.
佐藤晃一ふか, 1992,《史跡蛭子山古墳・作山古墳整備事業報告書》, 加悦町文化財調査報告書 第15集.
垂藤輝行, 1999,〈北部九州における横穴式石室の展開〉,《九州における横穴式石室の導入と展開》第2分冊, 第2回九州前方後円墳研究会.
島田清・上田哲也・河原隆彦・大久保強, 1965,《印南野－加古川工業用水ダム古墳群発掘調査報告－その1》, 加古川市文化財調査報告3.
清水眞一 외, 1991,《桜井市城島遺跡外山下田地区発掘調査報告書》, 桜井市教育委員会.
下関市教育委月会, 1984,《綾羅木郷遺跡若宮古墳遺構確認調査概要》.
白石太一郎, 1975,〈ことどわたし考－横穴式石室境の埋葬儀礼をめぐって－〉,《橿原考古学研究所論集 創立35周年記念》, 吉川弘文館.
白石太一郎 외, 1984,〈箸墓古墳の再検討〉,《国立歴史民俗博物館研究報告》第3集.
進藤 武編, 2001,《天王山古墳・円山古墳・甲山古墳調査整備報告書》, 野洲町教育委員会.
末永雅雄, 1975,《古墳の航空大観》, 学生社.
末永雅雄・森 浩一, 1953,《河内黒姫山古墳の研究》, 大阪府文化財調査報告書 第1輯.
末永雅雄 외, 1954,《和泉黄金塚古墳》, 日本考古学報告 第5冊, 綜藝舎.
末永雅雄 외, 1972,《壁画古墳高松塚調査中間報告》, 奈良県教育委員会・明日香村.
菅野雅雄, 1973,《古事記説話の研究》, 桜楓社.
菅原正明 외, 1969,《河南町東山所在遺跡発掘調査概報》, 大阪府教育委員会.
椙山林継, 1983,〈古墳時代後期における地域性について－横穴式石室の玄門部構造－〉,《日本史学論集》上巻, 坂本太郎博士頚寿記念, 吉川弘文館.
杉山晋作, 1990,〈人物埴輪の背景〉, (白石太一郎編)《古墳時代の工芸》, 古代史復元 7, 講談社.
杉山富雄編, 2002,《鋤崎古墳》, 福岡市埋蔵文化財調査報告書 第730集.
鈴木保彦, 1980,〈関東・中部地方を中心とする配石基の研究〉,《神奈川考古》第9号, 神奈川考古同人会.

須藤 宏, 1992,〈古墳出土の土製品と小型小像〉,《後二子古墳·小二子古墳》, 前橋市教育委員会.

関野 貞, 1917,〈土浦里大塚〉,《大正5年度古蹟調査報告》, 朝鮮総督府.

関野 貞 외, 1916,《朝鮮古蹟図譜》第3輯, 朝鮮総督府.

関野 貞 외, 1929,〈高句麗時代之遺蹟〉,《古蹟調査特別報告》第5冊, 朝鮮総督府.

勢田廣行, 1992,《別当塚古墳調査報告書》, 荒尾市文化財調査報告書 第8集.

石棺文化研究会, 2007,《大王の棺を運ぶ実験航海－研究編－》.

瀬戸谷晧編, 1987,《北浦古墳群·立石古墳群》第1分冊, 豊岡市教育委員会.

曺 永鉉(吉井秀夫訳), 2000,〈新羅·加耶の横口·横穴式石室墳〉,《考古学ジャーナル》461号, ニューサイエンス社.

대한민국문화재관리국편(永島暉臣慎訳), 1974,《무령왕릉》, 학생사.

高木恭二, 1987,〈九州の舟形石棺〉,《東アジアの考古と歴史》, 岡崎敬先生退官記念論集.

高木恭二, 1994,〈石障系横穴式石室の成立と変遷〉,《宮崎クリエイト》第6号.

高木恭二, 2007,〈石棺輸送実験からみた古墳づくり〉,《大王の棺を運ぶ実験航海－研究編－》, 石棺文化研究会.

高木正文編, 1984,《熊本県装飾古墳総合調査報告書》, 熊本県文化財調査報告 第68集, 熊本県教育委員会.

高島 徹, 1992,〈修羅の発掘〉,《修羅とその周辺》, 藤井寺の遺跡ガイドブック 5, 藤井寺市教育委員会.

高津和夫, 2010,〈大山陵古墳の築造に関する土木工学的考察〉,《古代学研究》第186号.

高橋克壽, 1996,〈埴輪の世紀〉,《歴史発掘》第9巻, 講談社.

高橋克壽, 1999,〈人物埴輪の出現とその意味〉国立歴史民俗博物館編《はにわ人は語る》, 山川出版社.

高橋克, 2005,〈東方外区の埴輪〉,《石山古墳》, 第24回三重県埋蔵文化財展, 三重県埋蔵文化財センター.

高橋克壽編, 1999,《前波の三ツ塚》, 可児市埋文報告 34.

高橋 工, 1991,〈高廻り2(長原170)号墳·古墳の形状と遺物の出土状況〉,《長原遺跡発掘調査報告》IV, 大阪市文化財協会.

高橋美久二, 1988,〈木製の埴輪再論〉,《東アジアの古代文化》第56号.

辰巳和弘, 1990,《高殿の考古学》, 白水社.

辰巳和弘, 1996,《'黄泉国'の考古学》, 講談社.

辰巳和弘, 1999a,〈舟葬再論ー東殿塚古墳出土の船画をめぐって〉,(森浩一・松藤和人編)《考古学に学ぶ》, 同志社大学考古学シリーズⅦ.

辰巳和弘, 1999b,《風土記の考古学》, 白水社.

辰巳和弘, 2002,《古墳の思想ー象徴のアルケオロジー》, 白水社.

伊達宗泰, 1972,〈漆塗木棺について〉,《壁画古墳高松塚調査中間報告》, 奈良県教育委員会・明日香村.

伊達宗泰 외, 1977,《メスリ山古墳》, 奈良県史跡名勝天然記念物調査報告 第35冊.

田中彩太, 1978,〈古墳時代木棺に用いられた緊結金具〉,《考古学研究》第25巻第2号.

田中一広, 1984,〈御所市巨勢山古墳群(タケノクチ支群)発掘調査概報〉,《奈良県遺跡調査概報》1983年度・第2分冊.

田中清美, 1990,〈造出しに関する覚え書き〉,《考古学論集》第3集, 考古学を学ぶ会.

田中良之, 2004,〈殯再考〉,《福岡大学考古学論集》, 小田富士雄先生退職記念事業会.

田中良之, 2008,〈断体儀礼考〉,《九州と東アジアの考古学ー九州大学考古学研究室50周年記念論文集》, 九州大学考古学研究室.

田中良之, 2012,〈中村1号墳における葬送儀礼〉,《中村1号墳》, 出雲市の文化財報告書 第15.

田中良之・村上久和, 1994,〈墓室内飲食物供献と死の認定〉,《九州文化史研究所紀要》39, 九州大学.

千葉大学文学部考古学研究室, 1994~1999,《大寺山洞穴第1~7次発掘調査概報》.

陳 顕明, 1960,《土保山古墳発掘調査概報》, 高槻叢書 第14集, 高槻市教育委員会.

塚田良道, 1996,〈人物埴絵の形式分類〉,《考古学雑誌》第81巻 第3号, 日本考古学会.

辻田 潤, 1924,《古事記新講》, 明治書院.

辻 秀人編, 2008,〈大塚森古墳の研究〉,《歴史と文化》, 東北学院大学論叢 第43号.

辻 裕司 외, 1994,《平成元年度京都市埋蔵文化財調査概要》, 京都市埋蔵文化財研究所.

堤 圭三郎, 1967,〈冑山古墳発掘調査概報〉,《(京都府)埋蔵文化財発掘調査概報》.

都出比呂志, 1979,〈前方後円墳出現期の社会〉,《考古学研究》第26巻 第3号, 考古学研究会.

都出比呂志, 1986,〈墳墓〉,《岩波講座 日本考古学》第4巻, 岩波書店.

都出比呂志, 1989a,〈前方後円墳の誕生〉, 白石太一郎編《古代を考える 古墳》, 吉川弘文館.

都出比呂志, 1989b,〈古墳が造られた時代〉, 都出比呂志編《古墳時代の王と民衆》, 古代史復元 第6巻, 講談社.

都出比呂志, 1991,〈日本古代の国家形成論序説ー前方後円墳体制の提唱ー〉,《日本史研究》343号, 日本史研究会.

寺沢 薫, 1989,《纒向石塚古墳範囲確認調査(第4次)概報》, 桜井市教育委員会.

寺前直人, 2006,〈ヨモツヘグイ再考〉,《待兼山論叢》第40号史学篇.

富樫卯三郎, 1978,《向野田古墳》, 宇土市埋蔵文化財調査報告書 第2集.

徳田誠志·清家裕二, 2000,〈倭迹迹日百襲姫命大市墓被害木処理事業(復旧)箇所の調査〉,《書陵部紀要》第51号, 宮内庁書陵部.

直木孝次郎, 1960,〈土師氏の研究〉,《人文研究》第11巻第9号, 大阪市立大学文学部 (直木孝次郎, 1964,《日本古代の氏族と天皇》, 塙書房에 수록되어 있음).

中井貞夫, 1972,〈初田第2号古墳·初田第3号墳の調査概要〉,《節·香·仙》第11号.

中井正幸編, 1993,《長塚古墳範囲確認調査報告書》, 大垣市埋蔵文化財調査報告書 第3集.

中井正幸 외, 2003,《史跡昼飯大塚古墳》, 大垣市埋蔵文化財調査報告書 第12集.

中西靖人, 1982,〈河内の弥生文化ー発生と展開ー〉,《シンポジウム 邪馬台国の謎を解く》, 大阪文化財センター.

中西靖人 외, 1980,《瓜生堂》, 大阪文化財センター.

中野 聰, 2012,《奈良時代の阿弥陀如来像と浄土信仰》, 勉誠出版.

中村一郎·笠野 毅, 1976,〈大市墓の出土品〉,《書陵部紀要》第27号, 宮内庁.

中村健二, 1991,〈近畿地方における縄文晩期の葬制について〉,《古代文化》第34巻第1号, 古代学協会.

中村剛彰, 1995,〈郡家車塚古墳〉,《嶋上遺跡群》19, 高槻市文化財調査概要 21.

永原慶二監修, 1999,《岩波日本史辞典》, 岩波書店.

奈良県立橿原考古学研究所編, 1989,《斑鳩·藤ノ木古墳概報》, 吉川弘文館.
奈良県立橿原考古学研究所編, 1990,《斑鳩·藤ノ木古墳第1次調査報告書》, 斑鳩町외.
奈良県立橿原考古学研究所編, 1995,《斑鳩·藤ノ木古墳第2·3調査報告書》, 斑鳩町외.
奈良県立橿原考古学研究所編, 1997,〈下池山古墳·中山大塚古墳〉,《大和の前期古墳》Ⅱ, 学生社.
奈良県立橿原考古学研究所編, 1999,〈黒塚古墳調査概報〉,《大和の前期古墳》Ⅲ, 学生社.
奈良国立文化財研究所飛鳥資料館編, 1976,《飛鳥鳥·白鳳の在銘金銅仏》.
南部裕樹編, 2013,《久米田古墳群発掘調査報告》1, 岸和田市埋蔵文化財調査報告書 11.
西川宏, 1960,〈造出し〉,《月の輪古墳》, 月の輪古墳刊行会.
西谷正, 1965,《藤の森·蕃上山二古墳の調査》, 大阪府教育委員会.
西谷正, 2007,〈武寧王陵〉, (西谷正編)《東アジア考古学辞典》, 東京堂出版.
日本考古学協会2010年度兵庫県大会実行委員会編, 2010,〈古墳時代の棺とその歴史的意義〉,《(同)研究発表資料集》.
野上丈助, 1976,〈埴輪生産をめぐる諸問題〉,《考古学雑誌》第61巻第3号, 日本考古学会.
野守健·神田惣蔵, 1935,〈公州宋山里古墳調査報告〉, 昭和2年度古蹟調査報告 第2冊, 朝鮮総督府.
橋口達也, 1980,〈甕棺内人骨等に附着せる布·蓆〉,《古文化論攷》, 鏡山猛先生古稀記念論文集刊行会.
橋本博文, 1988,〈埴輪の製作と起源論〉,《論争·学説日本の考古学》第5巻, 雄山閣.
八賀晋, 1974,〈律令時代の土木工事〉,《埋もれた宮殿と寺》(坪井清足·鈴木嘉吉編) 古代史発掘 第9巻, 講談社.
花田勝広, 1991,〈近江における最古の横穴式石室〉,《滋賀文化財だより》第158号, 滋賀県文化財協会.
馬場是一郎·小川敬吉, 1927,〈梁山夫婦塚と其遺物〉,《古蹟調査時別報告》第5冊, 朝鮮総督府.

土生田純之, 1993, 〈記紀と横穴式石室〉, 《季刊考古学》別冊4ー考古学から古典を読む, 雄山閣(土生田純之, 1998, 《黄泉国の成立》, 学生社에 수록되어 있음).

濱田耕作·梅原末治·島田貞彦, 1919, 《九州に於ける装飾ある古墳》, 京都帝国大学文学部考古学研究報告 第3冊.

速水 侑, 1986, 《日本仏教史 古代》, 吉川弘文館.

原口正三, 1973, 〈土保山古墳〉, 《高槻市史》第6巻(考古編).

春成秀爾, 1976, 〈古墳祭式の系譜〉, 《歴史手帖》4巻7号, 名著出版.

坂 靖, 1985, 〈出土遺物の検討ー鐶座金具の系譜ー〉, 《下司古墳群》, 同志社大学校地学術調査委員会調査資料 19.

東中川忠美, 1986, 《久保泉丸山遺跡》, 佐賀県文化財調査報告書 第84集.

樋口隆康, 1998, 《昭和28年椿井大塚山古墳発掘調査報告》, 京都府山城町埋蔵文化財発掘調査報告書 第20集.

樋口隆康·近藤喬一·吉本堯俊, 1967, 《和歌山県文化財学術調査報告》第2冊.

菱田哲郎, 2005, 〈古代日本における仏教の普及ー仏法僧の交易をめぐって〉, 《考古学研究》第52巻第3号, 考古学研究会.

菱田哲郎 외, 1997, 《行者塚古墳発掘調査概報》, 加古川市文化財調査報告書 15.

櫃本誠一, 1976, 〈前方後円墳の造り出しについて〉, 《岩橋千塚》, 和歌山市教育委員会.

兵庫県立考古博物館, 2009, 《池田古墳現地説明会資料》.

兵庫県立考古博物館, 2009, 《池田古墳第2次調査現地説明会資料》.

兵庫県立考古博物館, 2011, 《池田古墳第3次調査現地説明会資料》.

広瀬和雄, 2006, 〈古代人の心性を探るー弥生·古墳時代の首長墓からのアプローチー〉, 《日本人の心性を探る》, (広瀬和雄編) 歴史研究の最前線 6, 総研大日本史研究専攻·国立歴史民俗博物館.

福井県立若狭歴史民俗資料館·立命館大学文学部, 1993, 《城山古墳発掘調査現地説明会資料》.

福岡市教育委員会, 1988, 《拝塚古墳遺跡説明会資料》.

福岡市教育委員会, 1989, 《老司古墳》, 福岡市埋蔵文化財調査報告書 第209集.

福尾正彦, 1987, 〈狭木之寺間陵整備工事区域の調査〉, 《書陵部紀要》第38号, 宮内庁(1988, 《書陵部紀要所収陵墓関係論文集》続, 学生社에 수록되어 있음).

福尾正彦·徳田誠志, 1992,〈狭木之寺間陵整備工事区域の調査〉,《書陵部紀要》第43号, 宮内庁.

福尾正彦·佐藤利秀, 1994,〈安閑天皇古市高屋丘陵整備工事区城の調査〉,《書陵部紀要》第45号, 宮内庁.

福尾正彦·佐藤利秀, 1995,〈景行天皇山辺道上陵整備工事予定区域の調査〉,《書陵部紀要》第46号, 宮内庁.

福尾正彦·佐藤利秀, 1997,〈狭城盾列池後陵整備工事区域の事前調査〉,《書陵部紀要》第48号, 宮内庁.

福田 昭 외, 2001,《松阪宝塚1号墳調査概報》, 学生社.

福永伸哉, 1985,〈弥生時代の木棺墓と社会〉,《考古学研究》第32巻 第1号.

藤井寺市教育委員会, 1993,《新版·古市古墳群》.

藤井寺市教育委員会編, 1992,《修羅とその周辺》.

藤井直正·都出比呂志, 1966,〈考古資料〉,《枚岡市史》第3巻(史料編1).

藤枝市教育委員会, 1983,《若王子·釣瓶落古墳群》, 志太広域都市計画蓮華寺池公園事業に伴う文化財調査概要.

堀田啓一, 2000,〈百舌鳥古墳群と造墓集落について〉,《古代学研究》第150号, 古代学研究会.

穂積裕昌, 2005,〈墳頂部方形区画と《東方外区》〉,《石山古墳》, 第24回三重県埋蔵文化財展, 三重県埋蔵文化財センター.

前園実知雄·白石太一郎, 1995,〈藤ノ木古墳〉,《日本の古代遺跡を掘る》5, 読売新聞社.

桝井豊成編, 1990,《ヒル塚古墳発掘調査概報》, 八幡市教育委員会.

増田精一編, 1986,《武者塚古墳》, 新治村教育委月会.

町田 章, 1987,《古代東アジアの装飾墓》, 同朋社出版.

松尾禎作, 1951,〈横田下古墳〉,《佐賀県史蹟名勝天然記念物調査報告書》第10輯.

松阪市·松阪市教育委員会, 2003,《全国の船形埴輪》.

松本洋明 외, 2000,《西殿塚古墳·東殿塚古墳》, 天理市教育委員会.

松本政信 외, 1970,《宮山古墳発掘調査概報》, 姫路市文化財調査報告 Ⅰ.

枚本政信·加藤史郎 외, 1972,《宮山古墳発掘調査概報》, 姫路市文化財調査報告 Ⅳ.

丸山 潔編, 2006,《史跡五色塚古墳·小壺古墳発掘調査·復元整備報告書》, 神戸市教

育委員会

三重県埋蔵文化財センター, 2005,《石山古墳》,第24回三重県埋蔵文化財展.

三品彰英, 1973,〈古代祭政と穀霊信仰〉,《三品彰英著作集》第5巻, 平凡社.

三島 格, 1984,〈古代の百済と肥後(上)〉,《韓・日間の文化的特性と脈絡に対する再照合》, 大田日報社·熊本日本新聞社.

三島 格·小田富士雄, 1970,《丸隈山古墳》, 福岡市埋蔵文化財調査報告書 第10集.

三島 格 외, 1981,《城二号墳》, 宇土市埋蔵文化財調査報告書 第3集.

水野正好, 1970,〈群集墳と古墳の終焉〉,(坪井清足·岸 俊男編)《古代の日本》第5巻(近畿), 角川書店.

水野正好, 1971,〈埴輪芸能論〉,(竹内理三編)《古代の日本》第2巻, 角川書店.

水野正好, 1974,〈埴輪体系の把握〉,(村井嵩雄編)《古代史発掘》第7巻, 講談社.

宮原晋一, 1999,〈竪穴式石室の副葬品出土状況〉奈良県立橿原考古学研究所編《黒塚古墳調査概報》, 学生社.

武藤直治·鏡山 猛, 1937,〈筑後一条石人山古墳〉,《福岡県史蹟名勝天然紀念物調査報告書》第12輯.

村松武雄, 1955,《日本神話の研究》第2巻, 培風館.

茂木雅博, 1988,〈前方後円墳の起源〉,《論争·学説日本の考古学》第5巻(古墳時代編), 雄山閣.

茂木雅博, 1994,《古墳時代寿陵の研究》, 雄山閣.

桃崎祐輔, 2005,〈高句麗太王陵出土瓦·馬具からみた好太王陵説〉,《海と考古学》, 六一書房.

森 浩一, 1950,〈口絵解説〉,《古代学研究》第3号, 古代学研究会.

森 浩一·田中英夫, 1960,〈大阪府堺市塔塚調査報告ー畿内の古式横穴式石室に関連してー〉,《日本考古学協会第25回総会研究発表要旨》.

森 浩一·穂積和夫, 1985,〈巨大古墳·前方後円墳の謎を解く〉,《日本人はどのようにして建造物をつくってきたか》6, 草思社.

森 毅, 1985,〈棺の構造〉,《古墳の起源と天皇陵》, 帝塚山考古学研究所.

森貞次郎, 1956,〈筑後風土記逸文に見える筑紫君磐井の墳墓〉,《考古学雑誌》第41巻第3号, 日本考古学会.

森田克行編, 1993,《新池》, 高槻市文化財調査報告書 第17冊.

安村俊史, 2011,〈たかが釘されど釘〉,《柏原市歴史資料館官報》第23号.
安村俊史·桑野一幸, 1992,《高井田山古墳》, 柏原市文化財概報 1991~1993.
安村俊史·桑野一幸, 1996,《高井田山古墳》, 柏原市文化財概報 1995-Ⅱ.
柳沢一男, 1986,《丸隈山古墳Ⅱ》, 福岡市埋蔵文化財調査報告書 第146集.
柳沢一男·杉山富雄, 1984,《鋤崎古墳－1981~1983年度調査概報》, 福岡市埋蔵文化財調査報告書 第112集.
柳沢一男 외, 2002,《鋤崎古墳》, 福岡市埋蔵文化財調査報告書 第730集.
柳田康雄, 2003,〈弥生木棺墓〉,《伯玄社遺跡》, 春日市文化財調査報告書 第35集.
柳田康雄編, 1979,《小田茶臼塚古墳》, 甘木市文化財調査報告 第4集.
山口讓治 외編, 1989,《老司古墳》, 福岡市埋蔵文化財調査報告書 第209集.
山城敏昭編, 1997,《塚坊主古墳》, 熊本県文化財調査報告 第161集.
山村 宏·柴田 稔編, 1982,《新豊院山墳墓群D地点調査報告書》, 磐田市文化財保存顕彰会.
山本 清, 1967,《造山第3号墳調査報告》, 島根県教育委員会.
山本忠尚, 1985,〈調査技術論〉,《岩波講座 日本考古学》第1巻, 岩波書店.
山本忠尚, 2006,〈囲屏石牀の研究〉,《中国考古学》第6号.
吉井秀夫, 1995,〈百済の木棺－横穴式石室墳出土例を中心として－〉,《立命館文学》第542号, 立命館大学人文学会.
吉井秀夫, 1997,〈久米田貝吹山古墳の発掘調査〉,《大阪府下埋蔵文化財研究会(第35回)資料》, 大阪府文化財センター.
吉井秀夫, 1998,《久米田月吹山古墳－第1~4次調査概報－》, 立命館大学文学部学芸員課程研究報告 第7冊.
吉井秀夫, 2001,〈百済の墳墓〉, (後藤 直·茂木雅博編)《東アジアと日本の考古学》Ⅰ, 同成社.
吉井秀夫, 2002,〈朝鮮三国時代における墓制の地域性と被葬者集団〉,《考古学研究》第49巻第3号, 考古学研究会.
吉井秀夫, 2003,〈朝鮮三国時代における墳墓の構築過程について〉,《古代日韓交流の考古学的研究－墓制の比較研究－》, 科学研究費補助金基盤研究(B)(1)研究報告書 研究代表·和田晴吾).
吉井秀夫, 2007,「古代東アジア世界からみた武寧王陵の木棺」,《日中交流の考古学》, 同成社.

吉田博行, 1995,《杵ガ森古墳・稲荷塚遺跡発掘調査報告書》, 会津坂下町文化財調査報告書 第33集.

吉野秋二, 2010,《日本古代社会編成の研究》, 塙書房.

吉村幾温・千賀 久, 1988,《寺口忍海古墳》, 新庄町文化財調査報告書 第1冊.

吉村公男, 1993,《ナガレ山古墳発掘調査概要》, 奈良県河合町教育委員会.

吉村公男, 1994,《史跡ナガレ山古墳》, 奈良県河合町教育委員会.

米田文孝, 1977,〈牽牛子塚古墳出土夾紵棺の復元〉,《史跡牽牛子塚古墳》, 明日香村教育委員会.

若松良一, 1990,〈造出し出土の供献土器について―瓦塚古墳の調査から―〉,《調査研究報告》第3号, 埼玉県立さきたま資料館.

和田 萃, 1969,〈殯の基礎的考察〉,《史林》第52巻第5号, 史学研究会.

和田晴吾, 1981,〈向日市五塚原古墳の測量調査より〉, (小野山節編)《王陵の比較研究》, 京都大学文学部考古学研究室.

和田晴吾, 1983,〈古墳時代の石工とその技術〉,《北陸の考古学》, 第26号, 石川考古学研究会.

和田晴吾, 1984,〈石川県国分尼塚1・2号墳〉,《月刊文化財》第254号.

和田晴吾, 1987,〈古墳時代の時期区分をめぐって〉,《考古学研究》第34巻第2号.

和田晴吾, 1989a,〈古墳の築造過程を考える〉,《古市古墳群をめぐる諸問題》(《藤井寺市の遺跡ガイドブック》4), 藤井寺市教育委員会.

和田晴吾, 1989b,〈畿内・横口式石槨の諸類型〉,《立命館史学》第10号, 立命館史学会.

和田晴吾, 1992a,〈群集墳と終末期古墳〉, (山中一郎・狩野 久編)《新版古代の日本》第5巻(近畿1), 角川書店.

和田晴吾, 1992b,〈見瀬丸山古墳の石棺〉,《見瀬丸山古墳と天皇陵》(《季刊考古学》別冊2), 雄山閣.

和田晴吾, 1994,〈近畿の到抜式石棺―4・5世紀における首長連合体制と石棺―〉,《古代文化》第46巻第6号, 古代学協会.

和田晴吾, 1997,〈石の棺と古墳時代の動向〉,《考古学がわかる》(《アエラムック》), 朝日新聞社.

和田晴吾, 1999,《岩波日本史辞典》(共編著·監修永原慶二), 岩波書店.
和田晴吾, 2004,〈古墳文化論〉,《東アジアにおける国家の形成》(歴史学研究会·日本史研究会編) 日本史講座 第1巻, 東京大学出版会.
和田晴吾, 2013,〈棺〉, (土生田純之編)《事典·墓の考古学》, 吉川弘文館.
和田晴吾 외, 1992,《鳴谷東古墳群第3·4次発掘調査概報》, 立命館大学文学部学芸員課程研究報告 第4冊.
和田晴吾 외, 2003,《五塚原古墳第1·2次発掘調査概報》, 立命館大学文学部学芸員課程研究報告 第10冊.
和田晴吾 외, 2007,《若狭·城山古墳発掘調査報告》, 立命館大学文学部学芸員課程研究報告 第5冊.

국내서

강인구, 1997,《경주 방내리고분군》, 학술연구총서20, 경주문화재연구소.
김재원, 1955,〈쌍상총조사보고〉,《쌍상총·마총·138호분》, 국립박물관고적조사보고 제2책, 을유문화사.
국립경주문화재연구소, 1994,《경주 서악지역 지표조사보고서》, 학술연구총서7.
국립나주문화재연구소편, 2006,《나주 복암리3호분》.
윤근일, 1992,〈경주 출토 석침 소고〉,《문화재》제25호.
윤무병·박일훈, 1968,〈경주 서악리석실분〉,《고고학》제1집, 한국고고학회.
이강승·이희준, 1993,《경주 황성동석실분》, 국립경주박물관·경주시.
최종규, 1991,〈재언·이양선증 활석제 두침〉,《고고학지》제3호, 한국고고미술연구소.

중서

王 銀田·柳 俊喜, 2001,〈大同智家堡北魏墓石槨壁画〉,《文物》2001年7期.
吉林省文物考古研究所·集安市博物館編, 2004,《集安高句麗王陵》, 文物出版社.
国家文物局編, 2005,〈西安北周康業墓〉,《2004中国重要考古発現》, 文物出版社.
山西省考古研究所·大同市考古研究所, 2001,〈大同市北魏宋紹祖墓発掘簡報〉,《文物》2001年7期.
山西省考古研究所·太原市文物考古研究所·太原市晋源区文物旅游局編, 2005,《太原隋虞弘墓〉.
山西省大同市博物館·山西省文物工作賓会, 1972, 〈山西省大同石家寨北魏司馬金龍墓〉,《文物》1972年3期.
山西大学歷史文化学院·山西省考古研究所·大同市博物館編, 2006,《大同南郊北魏墓群》.
西安市文物保護考古研究所, 2004, 〈西安市北周史君石槨墓〉,《考古》2004年7期.
陳西省考古研究所編, 2003,《西安北周安伽墓》, 陝西省考古研究所田野考古報告 第21号.
天水市博物館, 1992, 〈天水市発現隋唐屛風石棺床墓〉,《考古》1992年 1期.
鄧 宏里·蔡 全法, 1983, 〈沁陽県発現北朝墓及画像石棺床〉,《中原文物》1983年1期.

찾아보기

가두는閉ざされた 관 37, 40, 76, 116, 120, 122, 123, 126, 128, 132~134, 138~146, 154~156, 166, 170, 171, 174, 178, 204, 215, 232, 233, 237, 280, 290~293, 307, 313, 315, 324, 342, 343, 345

가매장假埋葬 251~253

가장家葬 133, 230

가형家形석관 25, 31, 32, 34, 35, 37, 57, 62, 64~66, 68, 69, 75, 77, 123, 124, 128~134, 140, 164, 178, 184, 186, 189, 230, 232, 234, 235, 249, 265, 274~276, 290~292, 313, 315, 345

횡구橫口식가형석관 123, 128~132, 134, 142, 159, 166, 168, 169, 179, 180, 184, 185, 230, 234, 235, 291, 314

가형하니와家形埴輪 104, 111, 207~209, 211, 212, 216, 217, 224, 225, 230, 234, 237, 238, 281, 309, 310, 324~329, 335

개장改葬 39, 250~254

건칠乾漆관 69

고토도와다시ことどわたし 67, 133, 187, 190

고토도와타스事戶を渡す 176

곤륜崑崙산 217, 219, 220, 311

공호空壺 101, 102

관고리 69~71, 123, 141, 154, 155, 158, 313

관대棺臺 47, 72, 148, 154, 155, 158, 159, 170

구니國 177, 181, 254, 314

구덩이空堀 22, 93, 112

구비레부くびれ部 86

구사비아나矢穴 11
구획석仕切石 56, 126~128, 142, 143, 150, 151, 153, 156, 166, 167, 179, 233, 248
군집분群集墳 20, 34, 61, 73, 303
기야리木瓲 265, 266
꺾쇠 58~61, 154, 155
남태관籃胎棺 69
능교陵橋 200
단장單葬 49, 69
단차장單次葬 38~40, 253, 254
단축段築 9, 199
대왕분 27, 34, 73, 100, 103, 199, 245, 252, 253, 255, 264, 297, 337
도래인渡來人 61, 68
도리이鳥居 92, 111
도자시도殿の瀬戸 181, 183, 184
들어 나르는持ち運ぶ 관 31, 35, 36, 50~52, 54, 57, 62, 63, 68, 69, 72~75, 117, 123, 138, 141, 155, 174, 203, 222, 289, 290, 307, 323, 342
등명대灯明台 169
등명석燈明石 131
모가리殯 39, 40, 52, 103, 108, 176, 177, 182, 183, 190, 197, 218, 223, 228, 243, 264, 267
목관직장 30, 61, 89
묘광墓壙, 墓坑 9, 23~30, 41, 42, 48~50, 53, 54, 60, 65, 66, 74, 75, 82~91, 105, 109, 110, 112, 113, 117, 118, 197, 198, 200, 202~204, 208, 210, 213~215, 217, 227, 231, 245~249, 289, 304~307, 322~326, 342

구축묘광 24, 27, 28, 30, 83
굴착묘광 24, 27, 28~30, 42, 49, 83, 88, 117, 200, 202, 245, 246, 249, 304
무묘광 24, 27, 28, 30, 42
묘도 42, 68, 84, 86~94, 97, 100, 101, 113, 189, 247, 249
방분方墳 73, 84, 86, 89, 194, 199, 220, 224, 252, 286, 297, 302, 303, 311
벽사 사상 36, 37, 52, 54, 107, 140, 278, 279, 281, 308, 324, 334
벽화 38, 131, 133, 180, 236, 239, 343
보요步搖 154
복차장複次葬 38, 39, 253, 254
봉래蓬萊산 217~220, 268, 311
분구묘 34, 53, 74, 118, 119, 138, 170, 200, 201, 213, 220, 238, 277, 296, 297, 303, 305, 306, 316, 317, 339
사누카이트 273, 274
상식箱式석관 25, 34, 38, 50, 55, 56, 62, 76, 77, 8, 125~128, 142, 156, 179, 276
상형箱形목관 25
석관상石棺床 139, 147, 153, 159~161, 164, 166~169, 235, 315, 343

석궤石櫃 35
석붕石棚 125, 130, 131
석상石床 147, 153, 160, 164
석옥형石屋形 37, 125, 128~133, 142, 143, 159, 166~169, 179, 185, 233, 291, 292, 313, 315
석장石障 56, 125, 126, 128~131, 142, 143, 166, 167, 179, 233
석족좌石足座 147, 148, 150, 151, 154, 156, 168
석침石枕 129, 131, 142, 143, 147~151, 154, 156, 158, 166~168, 171, 179, 233, 343
석회침石灰枕 166~168
설치된据えつける 관 30, 35~37, 48, 50~57, 61~63, 67, 74~76, 117, 120, 123, 138, 139, 141, 155, 174, 200, 203, 214, 222, 230, 231, 251, 288~290, 307, 323, 324, 342
소그드sogd인 164
소찰혁철주小札革綴冑 205, 301
소혈 끼워넣기小穴入れ 51
송향석松香石 274
수라修羅 264~266, 286~288
수릉壽陵 21, 32, 40, 42, 198, 242~246, 249, 251~253
수장분首長墳 20, 57, 61, 73, 123, 198
수혈竪穴소석곽 76
수혈竪穴식석곽 24~26, 28, 29, 34, 36,
49, 52~54, 59~61, 74, 83, 84, 86, 88, 90, 116~119, 123, 139, 140, 154, 155, 177, 197, 206, 214, 215, 231, 245, 259, 263, 268, 279, 280, 284, 289, 304, 307, 322, 323
스에키 62, 84, 101, 103, 128, 133, 230, 231, 286, 287, 300
시상屍床 37, 47, 125, 126, 130, 131, 134, 143, 146, 148, 150~158, 164~171, 179, 233, 291, 292, 313, 343
시장자視葬者 199, 254~256, 260
식제埴製관 56
신수경神獸鏡 278
삼각연신수경三角緣神獸鏡 118, 205, 300
화문대신수경畵文帶神獸鏡 205, 206
쌍궐雙闕 164, 169
아스카飛鳥시대 8, 22, 24, 25, 32, 34~40, 57, 68, 69, 72~75, 116, 123, 134, 140, 178, 229, 249, 253, 276, 286, 289, 297, 303, 307, 339, 341
안료 29, 37, 43, 118, 125, 203, 204, 215, 221, 222, 279, 290, 292, 305, 308, 311, 324
앙와신전장仰臥伸展葬 39
야리간나鐁 94
야요이弥生시대 25, 34~36, 38, 39, 50~53, 57, 74, 76, 95, 97, 118, 119, 134, 200, 214, 246, 274, 276~279, 282,

289, 297, 303, 306~308, 316
열린開かれた 관 37, 38, 76, 77, 116, 125~135, 138~159, 162~171, 174, 179, 180, 184, 186, 187, 189, 233~235, 238, 239, 290~292, 314, 315, 342~345
요모츠히라사카泉津平坂 67, 176, 182~184, 189
요모츠헤구이黃泉戸喫 よもつへぐい 66, 133, 176, 187, 190
요석腰石 130
원분圓墳 73, 89, 104, 105, 194, 199, 211, 212, 220, 224, 245, 297, 302, 311
육교陸橋, 渡土堤 86, 89, 95~97, 100~104, 112, 200, 202, 316, 317, 322, 323
의례
    납관의례 48, 50, 53, 54, 66, 67, 72~76, 82, 83, 88, 89, 116, 117, 289, 307
    매납의례 48~50, 54, 66, 72~76, 82, 88, 91, 91, 116, 198, 204, 213, 214, 323, 326
    모가리의례 48, 54, 55, 73~76, 82, 116, 197, 226, 227
    묘상의례 48, 54, 67, 74, 76, 82, 88, 91, 92, 105, 107~110, 116, 198, 210~212
    묘전의례 48, 54, 67, 74, 76, 82, 116, 210~212
    지진地鎭의례 48, 198
장붓구멍 조합枘組 52
장지형長持形석관 25, 34, 35, 52, 55, 120, 121, 125, 126, 140, 142, 178, 264, 275, 276
전당殿堂식석곽 164, 166, 168, 343
전방후방분 93, 94, 101, 102, 194, 199, 220, 268, 297~299, 302, 311
전방후원분 54, 67, 73, 82~84, 86~97, 100~105, 109~111, 184, 194, 197~202, 211, 213, 214, 217~220, 223, 224, 242, 245, 247, 249, 253, 255, 258, 263, 268, 277, 284, 297~306, 311, 316, 317, 322, 323, 326, 329, 335, 336, 339, 341
전석塼石 125
점토粘土곽 24~26, 34, 47, 52, 60, 83, 86, 89, 105, 117, 140, 177
점토관상粘土棺床(粘土床) 29, 49, 118, 202, 203, 214, 289
정부釘付식목관 57~63, 72, 121~123, 126, 139, 141, 158, 178, 313
제방상 유구堤狀遺構 93, 112
조몬繩文시대 38, 50, 51, 76, 276
조출造出 67, 92, 97, 100~107, 111, 112, 198, 200, 202, 211, 212, 217, 218, 223~226, 268, 306, 310, 312, 316, 323, 326, 329

조합組合식목관 34, 35, 51, 52, 59~62, 76, 77, 117, 121, 125, 140, 230, 290
주장舟葬 228~230
주형舟形석관 25, 34, 52, 57, 84, 88, 89, 120, 130, 131, 140, 178, 264, 275, 276
주호周濠 6, 86, 93, 95~97, 100~108, 112, 199~202, 215, 220, 222, 224, 226, 236, 247, 257, 258, 268, 280, 316, 317, 322, 323, 329
즙석葺石 6, 9, 21, 23, 41, 42, 48, 49, 82, 91, 92, 95~97, 101, 102, 108, 198, 199, 208, 210, 215, 216, 220, 225, 236, 237, 247~249, 257, 258, 263, 267, 268, 305, 309, 320, 324, 330, 334, 335
직장분直葬墳 61
채석山取り 282, 285
천인석千引石(지비키이와千人所引磐) 67, 176, 183, 184
철정鐵釘 58~63, 122, 123, 134, 158
초당草堂 131, 144, 168, 180
칠관漆棺 25, 35, 69, 70, 307
칠도漆塗목관 35, 36, 134, 171
칠식침漆飾枕 150
토동묘土洞墓 160, 161, 189, 235, 315
토사 95, 97, 202
판석 29, 50, 56, 77, 125~128, 131, 143, 150, 153, 158, 160, 164, 167, 168, 179, 180, 184, 186, 202, 203, 263, 276, 289
판석 두르기板石囲い 142, 143, 150, 151, 153, 164, 166, 167, 179
판석적板石積석실 25, 126, 128
하니와埴輪 5, 6, 9, 21, 23, 25, 42, 48, 49, 52, 56, 62, 67, 81, 82, 91~97, 100~112, 175, 198, 199, 207~218, 222~230, 234, 236~239, 247~249, 257, 258, 262, 268, 280~282, 305, 309~312, 320, 324~331, 334~336
하지씨土師氏 256, 260, 261
하지키土師器 84, 91, 93, 100, 104~106, 133, 205, 210~212, 231, 258, 262, 335
할죽형割竹形목관 25, 28, 29, 30, 34, 35, 49, 52, 53, 59, 60, 74, 88, 117~119, 177, 197, 203~206, 214, 275, 277, 304, 307, 322
할죽형割竹形석관 25, 34, 52, 120, 140, 178, 275, 276
합장合葬 40, 159, 250~252
헤이안平安시대 274
현문玄門 64, 65, 120, 124
현실玄室 31, 47, 56, 64~67, 73, 7, 81, 116, 124, 126, 128, 130~132, 142, 147, 148, 151, 153, 156, 159, 167, 179, 183, 184, 186, 187, 189, 196, 214, 226, 231~239, 267, 278, 291,

292, 312, 329
협저夾紵관 25, 35, 36, 69, 70
혼백魂魄 사상 120, 140, 219, 232, 280, 308, 328, 336
황천국 신화 133, 175~177, 180~190, 234, 235, 238, 314, 315
횡구橫口식석곽 24~27, 31, 34~36, 40, 68~75, 123, 134
횡혈橫穴식석실 24~27, 31, 34~38, 40, 47, 55~76, 90, 108, 116, 120~135, 139~148, 153, 159, 169~171, 174~178, 181, 183, 184, 186~188, 190, 201, 219, 230~238, 249, 259, 276, 279, 286, 290~292, 302, 313~315, 317, 335, 343

지명

간토關東 27, 38, 39, 229, 262, 302
규슈九州 5, 25, 27, 37, 38, 55~57, 59~61, 63, 76, 116, 119, 122, 123, 125~135, 138, 141~146, 156, 159, 166~170, 174, 178, 179, 180, 184, 186~188, 190, 219, 224, 232~235, 238, 250, 251, 269, 276, 291, 292, 302, 313, 315~317, 335, 343
북부큐슈 27, 34, 50, 51, 55, 56, 125, 126, 134, 142, 147, 156, 180, 279

중부큐슈 126, 132, 142, 146
나라奈良 10, 23, 26, 27, 32, 35, 39, 58, 64, 68, 69, 92, 95, 96, 100, 103, 104, 113, 125, 187, 199, 200, 201, 205, 211, 220, 226, 236, 249, 257, 263, 264, 272~274, 284, 288, 290, 302, 307, 311, 314, 321, 328, 340, 341
도호쿠東北 5, 38
동아시아 8, 36, 108, 138, 139, 167, 169, 170, 235, 238, 243, 296, 303, 315, 316
미나미야마시로南山城 10
백제 32, 62, 122, 123, 134, 141, 154~156, 170, 171, 244, 313, 315
아리아케카이有明海 146, 147, 180, 291
남조 161, 170, 171, 315
북조 139, 153, 159, 160, 161, 166~170, 186, 189, 235, 238, 239, 315, 343
키나이畿內 21, 24, 25, 27, 31, 34, 35, 37, 39, 40, 51, 57, 59~63, 66, 68, 111, 116, 117, 119, 120, 122, 123, 125, 132~135, 140, 141, 170, 174, 178~180, 184, 187, 188, 197, 198, 200, 229, 230, 232~235, 237, 238, 245, 249, 255, 268, 276, 278, 279, 289~292, 302, 304, 308, 313, 315, 316, 335, 337, 341
한반도 11, 31, 73, 74, 76, 118, 119,

122, 134, 141, 146~158, 167, 169, 171, 201, 278, 279, 284, 302, 317, 340

호쿠리쿠北陸 27

고분명

가라에가다케カラネガ岳 2호분 104
가메즈카龜塚고분 224
가미엔야츠키야마上鷺谷築山고분 66
가부토야마甲山고분 77
가부토야마冑山 1호분 58
가이고메飼込 16호분 58
간코지寬弘寺 5호분 224
겐고시즈카奉牛子塚고분 69
고가네즈카黃金塚고분 307
고미네야마御嶺山고분 134
고보야마御坊山 3호분 39
고부이치五步一고분 93
고사카오츠카小坂大塚고분 56
고세야마巨勢山고분군 26, 58
고소시오타니古曽志大谷 1호분 101
고소조우小鼠藏 1호분 56, 128
고시키즈카五色塚고분 101, 112, 249, 320
고쿠부아마즈카國分尼塚 1호분 26, 30, 99, 101
고타니小谷고분 290
곤다고뵤야마譽田御廟山고분 259

교우쟈즈카行者塚고분 211
교자즈카行者塚고분 104, 281
구로츠카黑塚고분 113, 205~207, 307, 308
구로히메야마黑姬山고분 92
구메다카이부키야마久米田貝吹山고분 96, 99, 110, 112
구보이즈미마루야마久保泉丸山 2호분 126
구사하카艸墓고분 64
군게구루마즈카郡家車塚고분 249
기네가모리杵ガ森고분 99, 101, 102
나가레야마ナガレ山고분 94, 98, 106, 112, 201, 211, 321, 326, 327
나가하라다카마와리長原高廻り 2호분 222
나카야마오츠카中山大塚고분 100, 249
나카츠야마中津山고분 286
냐쿠오지若王寺고분군 229
노나카野中고분 26, 60
니시도노츠카西殿塚고분 200
니시츠카西塚고분 59
다니구치谷口고분 55, 125, 127, 142
다이넨지大念寺고분 66
다이센大山고분 258, 260, 277
다카라즈카宝塚 1호분 223, 224, 225, 312
다카마와리高廻り 2호분 226
다카마츠즈카高松塚고분 26, 68, 69, 289
다카야츠키야마高屋築山고분 95
다카이다야마高井田山고분 77, 121, 122,

134, 141
다테이시立石고분군 103호 60
단푸산斷山고분 102
데라구치오시미寺口忍海고분군 58, 62, 72
데라도오츠카寺戸大塚고분 23, 210, 342
도다이지야마東大寺山고분 26
도로야마燈籠山고분 100
도보산土保山고분 60
도츠카塔塚고분 59
로지老司고분 90, 125
마루야마円山고분 64, 65, 77
마루쿠마야마丸隈山고분 56, 126
마에나미나가츠카前波長塚고분 110, 112
마에츠카マエ塚고분 23
마츠오카松岡고분군 198
마츠이츠카松井塚고분 68, 123
마키무쿠이시즈카巻向石塚분구묘 200
메스리야마メスリ山고분 26, 27, 92
모리쇼군즈카森將軍塚고분 26
모즈미사사기야마百舌鳥陵山고분 104
모즈百舌고분군 261, 262
모즈오츠카야마百舌鳥大塚山고분 104, 105
모토시마나쇼군즈카元島將軍塚고분 99, 102
모토이나리야마元稲荷山고분 213
모토이나리元稲荷고분 110
무샤즈카武者塚고분 36
무코노다向田고분 84, 85, 87, 89
나미텐폰즈카南天平塚고분 60

미야아나宮穴 22호 145
미야야마宮山고분 59
미야코즈카都塚고분 290
미쯔데라 1호분 300
미츠즈카三ツ塚고분 287
반죠야마薯上山고분 259
뱃토즈카히가시別当塚東고분 126, 127
사이토바루西都原古고분군 298
사카다니境谷지구 8호분 58
사쿠라이코엔桜井公園 2호분 58
사키미사사기야마佐紀陵山고분(현 히바수히메노미코토日葉酢媛命릉) 26, 27, 96, 98, 100, 200
사키이시즈카야마佐紀石塚山고분 96, 98
사키佐紀고분 199
사키타테나미佐紀盾列고분군 103
산노야마山王山고분 26
산노야마미나미즈카三王山南塚 2호분 101
세곤코千金甲 1호분 166
세키진산石山고분 130, 131, 144, 145, 159, 234
쇼군야마將軍山고분 26, 89
쇼부자코勝負砂고분 306
스야마巣山고분 220, 221, 228, 236, 311, 329
스키자키鋤崎고분 26, 55, 77, 125, 126, 127, 135, 142
시기타니히가시鴫谷東 1호분 23
시로야마城山고분 94, 112

시모니시다이下西代고분 76
시모이케야마下池山고분 203
시부타니무코야마渋谷向山고분 95, 98, 200
시온지야마心合寺山고분 321
시죠四條고분 111
신보인新豊院야마 D2호분 85, 86
쓰구리야마作山 1호분 211
쓰기노와月の輪고분 26, 224
쓰도시로야마津堂城山고분 99, 103, 121, 199, 200, 316
쓰바이오츠카椿井大塚山고분 205, 207, 308
쓰츠미토쇼지堤当正寺고분 224
쓰카보주塚坊主고분 128, 129, 143
쓰쿠리야마作山 1호분 105
쓰키노와月の輪고분 239
아메노미야雨の宮1호분 321
아부야마阿武山고분 39, 69, 70
아이즈오츠카야마会津大塚山고분 93, 98
아카보리챠우스야마赤堀茶臼山고분 209
아카하게アカハゲ고분 68
안돈야마行燈山고분 200
야마야山谷고분 93, 98
야미치나가즈카矢道長塚고분 96, 99
야치谷内 16호분 93, 98
야쿠야마 1호분 26
에다후나야마江田船山고분 132, 144, 145, 234, 256

에비스야마姪子山고분 92, 94, 247, 148, 320
에이후쿠지키타叡福寺北고분(성덕태자묘) 69
오니노마쿠라鬼ノ枕고분 22
오다챠우스츠카小田茶臼塚고분 126, 127
오바카小墓고분 111
오야마토オオヤマト고분군 199, 263
오와리미야尾張宮고분 56
오츠카모리大塚森고분 41, 110, 111, 112, 247, 248
오츠카王塚고분 129, 131, 142, 169
오카메이시お亀石고분 68, 123
오카야마현 1호분 26
오토리즈카大鳥塚고분 259
오토메야마乙女山고분 104
온도가이케御堂ケ池 1호분 26
와카미야若宮고분 85, 87
와카사무코야마若狭向山 1호분 59
요로丁 1~3호분 59
요코타시모横田下고분 55, 126, 127
우라마챠우스야마浦間茶臼山고분 87
우라야마浦山고분 143, 144, 145
우류도瓜生堂 2호분 246
우메야마樒山고분 252
우스츠카臼塚고분 143
죠城 2호분 126
이나리야마稲荷山고분 256
이데라井寺고분 129

찾아보기 405

이마시로즈카今城塚고분 252, 262
이마자토쿠루마즈카今里車塚고분 111
이시가미 2호분 26
이시노무로石之室고분 132
이시노카라토石のカラト고분 26
이시누키나기노石貫ナギ/8호 145
이시야마石山고분 83, 85, 87, 89, 91, 106, 210, 325
이와바라岩原 IV-3호 145
이와세센즈카岩橋千塚고분 130
이와세오야마石瀨尾山고분군 298
이와토야마岩戸山고분 244
이즈미코가네즈카和泉黄金塚고분 206
이츠카하라五塚原고분 93, 98
이치오하카야마市尾墓山고분 26
이케다池田고분 112, 113, 239
이케지리池尻 2호분 목관 59
잇스카須賀고분군 58, 59, 72
자스리야마茶スリ山고분 320
죠시즈키銚子塚고분 26
쥬젠노모리十善の森고분 59
즈안쪄啤고분 60
즈루오진자 4호분 299
즈카자키 39호분 300
즈쿠리야마造山 3호분 84~86
지부산チブサン고분 184~186, 315
지야마찜山고분 59
지죠야마地藏山고분 66
타키啺㒲 1호분 70, 71

테라도오츠카寺戸大塚고분 91
하나야마니시즈카花山西塚고분 68
하시하카箸墓고분 199, 200, 213, 263, 264, 284
하이즈카拜塚고분 97, 99
하자이케箸佐池고분 63
하카야마墓山고분 259, 323
핫타初田 2호분 69
후나즈카舟塚고분 224
후루이치古市고분군 103, 259
후지노키藤ノ木고분 64, 65, 124, 125, 291
히가시노리쿠라東乘鞍고분 290
히가시토노즈카東殿塚고분 100, 211, 226, 227
히루이오츠카蛭飯大塚고분 211, 249

경주 동천동 와총 151
경주 방내리 36·40호분 151
경주 보문동 고분 150, 151
경주 서악동 격장총 151
경주 서악동 석침총 149, 151
경주 서악동 장산토우총 151
경주 쌍상총 고분 148, 149, 151
경주 충효동 고분군 148, 149, 151, 153
경주 황성동 고분 151
고구려 토포리 대총고분 147
고령 지산동 고분군 155

고성 율대리 2호분 306
김해 고분군 156
나주 복암리 3호분 171
부산 덕천동 고분군 170
부여 능산리 7호분 122
부여 능산리 중상총고분 122
선산 낙산동 불로산 28호분 156
양산 부부총(북정리 10호분) 153
여주 매룡리 2·8호분 149, 150, 151
원주 법천리 고분군 154
익산 대왕묘 121
창녕 계성 A-1호분 170
창녕 교동 고분군(의 동아대 조사 지구 1호분) 155
평양 고분 동리묘 158
평양 토포리 대총고분 156
평양 호남리 사신총고분 158
합천 옥전 M10호분 155
합천 옥전 M11호분 155

《조선고적도보朝鮮古蹟圖譜》 146
《풍토기風土記》 32

문헌

《고사기古事記》 175, 176, 183, 187, 188, 190, 222, 235, 238, 314, 343
《수서隋書》 223, 311, 329
《예기禮記》 219, 308, 328
《일본서기日本書紀》 32, 175, 187, 188, 199, 235, 242, 251, 256, 264, 310, 340